Beyond
the J Curve
Managing a Portfolio of Venture
Capital and Private Equity Funds

超越J曲线

PE/VC投资组合管理

[德] 托马斯·迈耶（Thomas Meyer）
[比] 皮埃尔-伊夫·马托内特（Pierre-Yves Mathonet） 著
孙兴亮 译

机械工业出版社
CHINA MACHINE PRESS

本书以从业者的视角，尝试为读者展示一个精心规划的私募股权基金投资计划的整体图景。作者采用一个严谨的框架结构，完整阐述了私募股权基金市场、私募股权基金结构、并购资本基金与风险资本基金的区别、投资程序、风险框架等，详细讨论了一份高收益投资计划的组成部分及其密切关系。建立私募股权基金投资计划是一项复杂的任务，伴随着一系列技术和组织层面的挑战。这本书是为那些已经投资私募股权基金或者准备设立私募股权基金投资计划的商业机构而作。作者聚焦于投资的原则，而不是描述具体的环境，核心不在于提出什么理想的计划，而是讨论各种方法的利弊与权衡取舍。

Copyright©2005 by John Wiley & Sons Ltd. All rights reserved.

This translation published under license. Authorized translation from the English language edition, entitled Beyond the J Curve: Managing a Portfolio of Venture Capital and Private Equity Funds, ISBN 978-0-470-01198-0, by Thomas Meyer & Pierre-Yves Mathonet, Published by John Wiley & Sons, Inc. No part of this book may be reproduced in any form without the written permission of the original copyrights holder.

This edition is authorized for sale in the World.

此版本经授权在全球范围内销售。

北京市版权局著作权合同登记　图字：01-2022-4619 号。

图书在版编目（CIP）数据

超越J曲线：PE/VC投资组合管理 /（德）托马斯·迈耶（Thomas Meyer），（比）皮埃尔-伊夫·马托内特 (Pierre-Yves Mathonet) 著；孙兴亮译. -- 北京：机械工业出版社，2024. 8. -- ISBN 978-7-111-76246-1

Ⅰ. F830.593

中国国家版本馆CIP数据核字第2024HG7003号

机械工业出版社（北京市百万庄大街22号　邮政编码100037）
策划编辑：李新妞　　　　　责任编辑：李新妞　坚喜斌
责任校对：贾海霞　张昕妍　　责任印制：张　博
北京联兴盛业印刷股份有限公司印刷
2024年9月第1版第1次印刷
169mm×239mm・26.5印张・1插页・428千字
标准书号：ISBN 978-7-111-76246-1
定价：99.00元

电话服务　　　　　　　　　　网络服务
客服电话：010-88361066　　　机 工 官 网：www.cmpbook.com
　　　　　010-88379833　　　机 工 官 博：weibo.com/cmp1952
　　　　　010-68326294　　　金 书 网：www.golden-book.com
封底无防伪标均为盗版　　机工教育服务网：www.cmpedu.com

对本书的评价

这是我读过的第一本全面覆盖私募股权基金估值、评价及业绩测量等重要主题的书。各种利益相关的人们曾经在期刊和文章中发表了很多关于这个富有争议的主题某一方面的观点——通常都是颇有偏见的观点。本书是第一次建立一个全面、整体、科学的框架。这种方法的成果斐然,包括私募股权基金漫长的生命周期中确定公允价值的创新方法论,投资组合设计及建立基准的方法,评级和基金打分系统的雏形。这是一本投资者必读之书,是私募股权基金经理实用的前沿参考手册。

——克里斯托弗·K.B. 布罗奇(Christopher K.B. Brotchie),
霸菱私募股权集团前首席执行官、ING 管理委员会委员

本书很大程度上填补了私募股权基金投资领域易于理解又思考深入的书籍的空白。它为投资过程的方方面面都以严谨的态度搭建了框架,将成为有限合伙人圈子宝贵的参考资料。但最重要的是,它搭建了一个平台,随着这一资产类别的不断演进,在对基金投资者角色的要求越来越高时,可以加深人们对私募股权资产的理解。

——克里斯·戴维森(Chris Davison),
阿尔梅达资本(Almeida Capital)副董事

私募股权基金和创业投资基金的交易、规模和传闻是如今很多新闻媒体关注的焦点。但在学术和技术出版物方面,情况则大不相同,还有很多研究和出版的空间。《超越 J 曲线》一书的作者们承担了这一富有野心的工程,分析了基金投资组合估值这个艰难而富有争议的领域。他们采用创新且综合的方法,旨在构建一个框架以供投资者实践,并提供了替代选择。这是一个广受投资者、

私募股权基金和创业投资基金从业人员欢迎的角度。这一话题很可能会引起大量的讨论，促进其他技术出版物的出版。《超越J曲线》理所当然将是这场辩论中一个彻底的开创性的贡献。

——哈维尔·埃查理（Javier Echarri），
欧洲私募股权与创业投资协会（EVCA）秘书长

祝贺托马斯·迈耶和皮埃尔-伊夫·马托内特出版了《超越J曲线》！他们打破了一个长期以来的禁忌——现在可以对私募股权投资进行建模了，应该受到高度赞扬。《超越J曲线》不仅揭示了私募股权基金公允价值的理论方法，而且提出了一个完整的方案，让投资者可以建立一个全面有效的私募股权投资计划。我个人坚信，我们的行业应该更多地采用这类方法，以便更好地解释私募股权投资的价值所在。

——皮埃尔·埃尔韦（Pierre Hervé），诺廷斯私募股权秘书长、
AFIC 巴塞尔 II 和 IFRS 工作组主席、EFRAG 创业投资基金工作组成员

《超越J曲线》对私募股权基金投资者来说是一份及时的指南，在理论分析与实操建议上实现了优雅的平衡。其侧重于投后监督与积极的投资组合管理，未来将促进私募股权资产更加有效的管理。

——布仁伦·金肯斯（Brenlen Jinkens），
首信合伙（Cogent Partners）欧洲公司董事

关于如何成为一名企业家，或者作为创业投资基金或私募股权投资基金的投资者如何投资企业，这样的著作已经很多。而如何从机构投资者视角考察私募股权基金的建议则严重缺失。《超越J曲线》正是以此为目标，为私募股权基金投资经理提供了如何将私募股权基金放在现代分散化投资组合中所急需的指导。作为一本入门级但又很深入、同时提供理论与实践的指南，这本书提供了实用且全面的教育与建议，帮助你穿过创业投资与私募股权基金投资这片充满阴暗与风险的水域。从初步的尽职调查到投资组合监督，本书为组合投资者提供了关于私募股权基金投资全面且深入的介绍。它应该成为任何当前和潜在私募股权基金投资者必备的参考。

——杰西·E. 雷耶斯（Jesse E. Reyes），
雷耶斯分析（Reyes Analytics）董事总经理

过去 20 年来，私募股权基金已经成为投资领域一个重要的特色，如今更是任何一家机构投资者都无法忽视的资产类别。尽管近几年私募股权基金吸引了众多的关注，但是很少有权威的研究来分析建立和管理一只私募股权基金的投资组合的核心构成。托马斯·迈耶和皮埃尔–伊夫·马托内特以严谨的知识考察了基金经理在处理这个只有业内人士才懂的资产类别时面临的问题。原则上，似乎聘请基金经理就可以投资于私募股权基金。然而，事实并非如此，《超越 J 曲线》是基金经理渡过私募股权投资这片浪潮起伏的海域的理想伙伴。

——雷·麦克斯韦（Ray Maxwell），
景顺私募资本（INVESCO Private Capital）普通合伙人

《超越 J 曲线》是第一本对多元化的私募股权基金组合管理做出全面解释的著作。在这本开创性的书中，迈耶和马托内特不仅提供了建立一个成功的私募股权基金组合所需的理论基础，也揭示了其实际操作的现实情况。在如今日益复杂的环境下，这本书对任何一家想要构建或管理私募股权基金或创业投资基金组合的机构投资者来说，都是一份宝贵的资源。

——马克·D. 怀斯曼（Mark D. Wiseman），
机构有限合伙人协会（ILPA）主席

托马斯·迈耶

献给我的家人,终于可以解释我整天在忙什么了;最重要的是献给米卡·金幸(Mika Kaneyuki),我的爱妻和挚友,我的力量源泉和生命意义所在。

皮埃尔-伊夫·马托内特

献给我的爱妻芭芭拉(Barbara),我的第一个支持者,我存在的意义,因为这本书,她忍受了无数个孤独的夜晚和周末;献给我的儿子约翰(John),让我成为最幸福的老爸;献给我的家人和朋友们。你们的支持是我写作的动力,所以,这本书也属于你们。

中文版推荐序

机构投资者如何投资私募股权基金,是机构投资者经常需要面对的重要课题,但对此系统深入的探讨似乎并不多见。在中国的金融市场上,包括创投基金在内的私募股权基金有14万亿元的规模,与其他类型的金融产品相比,在规模上并不突出,例如规模已经达到22万亿元的信托计划、27万亿元的银行理财、29万亿元的公募基金、30万亿元的保险资管、80万亿元的股票市场、150万亿元的债券市场,私募股权基金更多的是因为其作为另类投资中的一项重要资产而引人关注。

在实际的投资操作中,机构LP在投资债券、股票、不动产之外,为了获得较高收益,往往都会配置多只私募股权基金。在建立私募股权基金的投资组合时,需要有一套完整的方法论,指导精细化投资运作全过程,解决信息不对称和委托代理问题。

从这个决策的过程看,机构投资者首先考虑的是如何从众多管理人中筛选出适合自己的优质GP。作为长期投资者,机构LP需要一套系统的筛选方法,可能是从整体资产配置角度自上而下地确定私募股权基金的筛选标准,也可能是从私募股权基金的"盲池"中自下而上地择优录取,还可以建立"白马"和"黑马"的分散化组合。

其次是如何对GP做尽职调查和评价。调查的维度和深度是解决信息不对称问题的关键,这也依赖于对私募股权基金的认知程度。更重要的是,如何对GP进行评价。私募股权基金是一种评估型资产,既没有可参考的市场价值,也很难用净资产价值来评估,并且业绩数据还是不连续的。对GP的评价基本上都采用定性与定量相结合的评分法。本书作者详细介绍了自己开发的评分模型,从不同维度对私募股权基金进行打分,建立全行业的相对排名,依此调整业绩基准和所投基金的相对估值。这套评分系统富有启发性。

同样不容忽视的是投后监督。只靠有限合伙企业结构的激励是不够的，经济环境的变化、基金经理投资风格的漂移、委托代理问题产生的道德风险等都是投后监督需要关注的领域。正如本书作者所说，"掌握风险以及减少违背投资者利益甚至欺诈行为概率的唯一方式是与基金保持联系，理解他们的所作所为以及发展方向。"

近两年，在中国金融市场上，政府引导基金逐步成为私募股权基金的主力LP。需要注意的是，政府引导基金与市场化LP的投资目的是有差别的。比如财务回报与非商业发展目标之间如何进行权衡取舍？为了责任清晰以及决策透明，需要独立评估这两个维度。政策制定者需要关注的是：实现非商业目标是有代价的，不能既要引资招商，又希望每个项目都实现盈利。而基金经理需要关注的是：如果接受了非商业目标的资金，就不能只追求IRR了，低于行业标准的业绩可能是无法掩盖的。

本书引用了大量的学术研究成果和业内人士的观点，但是并没有局限于单纯的学术讨论，而是强调从实践角度把握如何建立私募股权基金投资组合并做好管理的主线，穿插实践中遇到的各种问题，深入浅出地分析探讨其理论成因和学术界的观点。

比如，GP最常见的募资策略是用历史业绩吸引LP，但是这样的宣传隐含一个前提假设，即头部基金的成功可以复制。本书作者引用了可以复制和无法复制两种观点的文献，也指出了在实操中存在的问题，难点在于如何证明私募股权基金的成功。这实际上质疑了历史业绩可以复制的观点。

再比如，流动性管理问题。私募股权基金是严重缺乏流动性的资产，与其他资产相比，私募股权基金的流动性管理还涉及未提取资本的管理和回款的管理问题。对配置型的机构LP来说，私募股权基金的收益高低与流动性管理水平的高低有很大关系。甚至在S基金份额转让时，未提取资本的估值也需要计算在内。作者花费大量篇幅详细介绍了流动性管理的方法和需要考虑的因素。

这本书聚焦于金融理论和政策研究中一直容易忽视的私募股权投资领域。长期以来，私募股权基金可以公开获得的信息有限，很多学者都难以系统了解其运作的细节；同时，相关研究也可能缺乏数据，私募股权基金的业绩数据往往被视为客户的隐私。本书成书时，欧美创投行业发展已经有一定时间的积累，机构 LP 已经积攒了一定的私募股权基金配置经验。两位作者当时正就职于欧洲投资基金，具有丰富的实践经验。因此，这本书对机构投资者配置私募股权基金具有难得的参考价值。

私募股权基金行业常常用酿酒作比喻。《超越 J 曲线》提供了较为系统的酿酒方法，各位酿酒师如何采摘葡萄，如何酿制，能否喝到甜美的葡萄酒，就取决于自己不断探索和思考的成果了。

是为序。

巴曙松教授
北京大学汇丰金融研究院执行院长
中国宏观经济学会副会长

译者序

当前,私募股权基金从业者面临前所未有的迷茫。

一方面,前些年宽松的募资环境消失了。第三方销售机构停卖私募股权基金,小三方不敢卖,自然人被套牢,机构资金短缺,只剩下政府和国企,还有12,554家私募股权基金管理人在抢着申报。募资的途径在哪里?

另一方面,股票市场长期低迷,终于引火到一级市场。以前注册制下,一级市场高估值,上市之后跌破发行价,实控人和投资者解限就抛售,一级市场投资者狂赚,二级市场投资者买单,这样的套路行不通了。监管机构暂缓IPO发行,打击上市公司财务造假行为,申报即担责,严守一级市场最重要的出路。退出渠道在哪里?对退出渠道收窄的预期进一步加剧了募资难的问题。

最近10年来,私募股权基金行业迅速发展,管理人和产品数量飞速增长。根据中国证券投资基金业协会的统计,截至2024年2月底,存续的私募股权、创业投资基金管理人共计12,554家,存续私募股权投资基金和创业投资基金合计54,895只,存续基金规模共计14.3万亿元。如此众多的管理人和产品,大多数都面临极大的退出压力。根据中国证券投资基金业协会的信息公示,2014年备案的私募股权投资基金还有59.6%尚未清算,创业投资基金还有83.4%尚未清算。随着监管门槛的提高,私募股权基金的运营成本也在不断攀升,经营不善的中小私募已经在加速退出私募股权基金行业。2023年注销的私募股权、创业投资基金管理人达1,725家,新登记的只有305家。

不只是私募股权基金管理人迷茫,私募股权基金的投资者(LP)更迷茫。前些年的私募股权基金深度套牢,大量自然人投资者被逼出私募股权基金市场,机构LP也面临如何筛选出优秀管理人(GP)的问题。

按照中国证券投资基金业协会的说法,国内的私募基金呈现出"小散乱差"

的特点。私募股权、创业投资基金管理人的存续管理规模在 5 亿元以下的占 82.5%，全职员工人数在 10 人以下的占 75.6%，创业投资基金单只规模在 1 亿元以下的占 70.6%，大量机构是小型管理人，人员少，产品规模小。如何从众多的机构中选出能成功的管理人和产品？前期成功的经验能够复制吗？随大众选择白马还是大机构跳槽出来的新团队黑马？自身的流动性如何管理？投后监督怎么做才能降低管理人的关联交易和道德风险？

国内的私募股权基金行业规模看似很庞大，但仍然处在发展中，不但管理人内部的专业投资人才不足，机构 LP 内部也缺乏专业投资人士。私募股权基金行业的可持续健康发展需要在人才专业性方面再提高。一方面，需要从理论深度上解决机构 LP 面临的问题，从方法论上解释如何投资和管理私募股权基金。另一方面，私募股权基金投资是一项实践活动，不但要有方法论，还必须有操作手册，最好是手把手教导如何筛选、投资、管理。

国内私募股权基金方面的研究论文和书籍已经不少。不足在于：国内期刊发表的论文大多与实践脱节，没有解答机构 LP 所面临的实际问题。也有很多国内学者在国外期刊上发表了优秀的论文，采用国内私募股权基金行业的数据，深入研究行业面临的问题，遗憾的是很少得到机构 LP 的关注。国内出版的私募股权基金相关的书籍大多面向私募股权基金管理人，包括如何募投管退、风险投资策略和并购策略、合规管理、优秀案例等，缺乏从机构 LP 视角剖析如何投资私募股权基金的书籍。

这就是我翻译本书的初衷。在您迷茫、焦虑的时候，不妨放下手机，静下心来读一读这本具有启发性的好书。

《超越 J 曲线》堪称境内外所有私募股权基金相关著作中最闪耀的著作之一，不但获得了众多私募股权基金大佬的认可，还得到了欧洲私募股权与创业投资协会（EVCA）和机构有限合伙人协会（ILPA）领导的推荐。

《超越 J 曲线》在理论和实操上建立了私募股权基金的全面、整体、科学的投资框架，非常适合机构投资者、私募股权基金从业人员、监管人员理解私募股权基金这类资产。本书由浅入深地讨论了私募股权基金的估值、评价、投后监督、流动性管理等永恒的话题，同时又引用了大量学术论文和业内优秀机构的论述，兼顾理论的深度和实践的直观性。

《超越 J 曲线》全书分为五个部分，共 23 章，从机构投资者的视角分析了投资私募股权基金的过程，包括投前尽职调查、评价打分方法，流动性管理，投后监督管理，S 基金等内容。

第一部分介绍了私募股权基金的环境，包括私募股权基金市场的基本情况，私募股权基金的结构、核心概念，并购基金与风险投资基金之间的差异，以及基金的基金（FOF）结构。这一部分是私募股权基金的基础知识，回答了很多准备进入私募股权市场的投资者所关心的问题，比如私募股权基金的成功能否复制？私募股权基金有哪些分类？机构投资者选择投资 FOF，做甩手掌柜，还是自己制订私募股权投资计划，自己筛选 GP 进行投资？

第二部分详细介绍了机构投资者的投资过程。首先从整体流程上概览，然后分别介绍了风险管理的框架，如何设计私募股权基金的投资组合，如何进行资金流动性的管理。在第 9 章，作者还模拟了一个实操案例，详细说明如何建立并实施一个私募股权基金的投资计划。

第三部分重点介绍了如何筛选私募股权基金的问题。首先介绍了私募股权基金的估值方法和业绩基准，介绍了基金评分的一些基本方法。其次结合定性打分的方法，详细介绍了如何对基金经理团队进行尽职调查，作者还专门提出了基于评分的经济模型。选择私募股权基金主要就是选人，尽职调查的内容非常值得国内机构 LP 尤其是政府引导基金学习。

第四部分主要是投后如何进行管理的问题。介绍了投后监督的方法和目标，还模拟了投后基金表现不佳时如何对基金进行重组的案例。第 20 章介绍了 S 基金市场，分析了买卖双方的动机、市场价格问题及交易问题。

第五部分强调了私募股权基金市场的不确定性。假如所投资的基金业绩不及预期，LP 如何认识这只基金甚至私募股权基金行业？投资私募股权基金不仅仅是追求最终的业绩，漫长的投资过程中还面临很多选择权的问题。投资私募股权基金是一个持续的长期的过程，就像酿酒一样，需要的是耐心。

这本《超越 J 曲线》之所以成为经典，离不开两位作者在私募股权基金管理领域的丰富经验。

托马斯·迈耶（Thomas Meyer）是慕尼黑联邦国防军大学和伦敦商学院的 MBA，特里尔大学博士，曾在德国空军服役 12 年，在德国保险集团安联股份公司（Allianz AG）从事企业融资和并购工作，曾任安联资产管理公司 IT 主管和安联亚太地区新加坡首席财务官。出版本书时，他负责欧洲投资基金（EIF）的风险管理工作。

皮埃尔－伊夫·马托内特（Pierre-Yves Mathonet）是伦敦商学院金融学理学硕士和布鲁塞尔索尔维商学院管理学硕士，现任阿布扎比投资局（"ADIA"）私募股权部门的风险主管。他曾担任欧洲投资基金私募股权风险管理部门的负责人，曾在科技集团 Donaldson, Lufkin & Jenrette 公司和瑞士信贷第一波士顿担任投资银行家，还曾在普华永道的审计和咨询部门工作。

此外，本书两位作者兼业内人士的论述有理有据，引经据典，参考文献多达 256 篇。这在私募股权基金领域的专业书籍中是非常少见的。这些参考文献中，有的文章链接可能已经找不到，但我仍然原封不动地保留下来。作者写作时的用心态度和专业精神大大提高了本书的可信度。

本书翻译耗时一年多，翻译过程痛并快乐着。无数个夜晚，伴着星星月亮，在台灯下埋头翻译，第二天在地铁上睡得东倒西歪。跑步搁置了，颈椎承担了巨大压力。但是看着翻译出来的成果，仿佛压榨出来的脑汁都散发着知识的芬芳。为了放空先入之见，我先是翻译了初稿，搁置半年后才开始修订。期间，人工智能在翻译领域得到应用，我也曾尝试用机器翻译，但是质量并不尽如人意。在细分专业领域，人脑的智慧仍然胜过机器。当然，所有翻译方面的问题都由我承担责任。

机械工业出版社的编辑老师非常有耐心，一直默默忍耐着我缓慢的翻译进度，后期又快速赶着编辑出版，感谢各位未曾谋面的编辑老师！感谢我的爱人，如本书作者托马斯所说，"终于可以解释我整天在忙什么了"。感谢我的老师巴曙松教授，在翻译本书之前，让我参与了《大而不倒》《金融的本质：伯南克四讲美联储》的章节翻译，积攒了一点经验，这才有了翻译本书的勇气和底气。感谢高姚文定同学，帮我查阅了很多英文名词的专门用法，并翻译了部分段落，他与年龄不相称的谦虚稳重，让我看到了年轻人对知识的渴求和后浪推前浪的希望。

私募股权基金是一个非常小众且专业的领域，不是从业人员或者对私募股权基金非常感兴趣的读者，可能没有耐心读这本书。部分原因可能是我的翻译不够信达雅。如果在阅读本书过程中遇到任何问题，欢迎各位读者与我联系，批评也好，交流也好，可以发送邮件到 brucesun123@hotmail.com，非常乐意与各位共同促进私募股权基金行业的长期健康发展。

致　谢

本书的撰写得到了很多人的无私帮助，我们在此对所有人表示衷心的感谢，特别是：

- 高蒂尔·蒙贾内尔（Gauthier Monjanel）和加布里埃尔·罗伯特（Gabriel Robet），感谢他们在本书案例研究中所做的辛勤工作。
- 弗朗西斯·卡彭特（Francis Carpenter），欧洲投资基金首席执行官，他让这个项目成为可能，并提供了大力支持。还有我们所有的同事，尤其是玛丽亚·莱安德（Maria Leander）在法律方面的建议，斯文·拉汉（Sven Lahann）检查并执行了我们的大部分理念，雅克·利利（Jacques Lilli）和布鲁诺·罗比诺（Bruno Robino）对尽职调查问卷的评论。
- 霸菱私募股权合伙的胡安·德尔加多·莫雷拉（Juan Delgado Moreira）博士、CFA和格施雷博士合伙股份有限公司的迈克尔·让·格施雷（Michael Jean Gschreii）博士对流动性管理的宝贵意见和建议。
- 首信合伙（Cogent Partners）的董事布仁伦·金肯斯（Brenlen Jinkens）和副总裁托德·康克尔（Todd Konkel）与我们分享了他们在二级市场交易方面的专业知识。
- 阿尔梅达资本（Almeida Capital）的副董事克里斯·戴维森（Chris Davison），感谢他最初的帮助和鼓励，并花时间阅读本书，给出了非常有价值的评论。
- EVCA的研究总监迪迪埃·格诺克（Didier Guennoc）博士，感谢他长期以来的支持与合作。

- 伦敦商学院（LBS）为我们提供了金融知识背景，并让我们得以相聚。同时，也要感谢纽约大学斯特恩商学院副教授亚历山大·永奎斯特（Alexander Ljungqvist）（伦敦商学院前客座助理教授）关于创业金融的难忘课程，以及伦敦商学院伊莱·塔尔莫（Eli Talmor）教授对折现率的深刻见解。
- 丹尼尔（Daniel）和弗洛伦斯·卡蒂亚德（Florence Cathiard）酿造了一款令人惊叹的葡萄酒，并帮助我们将酿酒和私募股权进行了类比。

最后，感谢约翰·威利父子出版公司的团队，他们帮助我们出版了这本书，包括我们的出版编辑蕾切尔·威尔基（Rachael Wilkie）、项目编辑薇薇安·威克姆（Vivienne Wickham）、营销主管彼得·贝克（Peter Baker）和助理编辑克里斯·斯温（Chris Swain）。

声　明

　　这本书是为那些已经投资私募股权基金或者准备设立私募股权基金投资计划的商业机构而作。我们不想提出什么理想的计划，只是讨论各种方法及其权衡取舍。在这样的背景下，我们研究了私募股权市场的操作，并与从业人员讨论了不同的方法。

　　本书表述的各种概念都是我们在欧洲投资基金工作期间研究和开发出来的。但是，本书中的陈述并不代表欧洲投资基金或其任何代表人的观点，也不代表欧洲投资基金的政策与业务实践。

目 录

中文版推荐序
译者序
致 谢
声 明

第一部分 私募股权的环境

第1章 简介 ...002
1.1 投资私募股权的路径 ...002
1.2 有限合伙人的观点 ...003
1.3 风险投资基金估值的挑战 ...003
1.4 可靠的数据还是本能的直觉 ...004
1.5 用模糊数字管理 ...004
1.6 评分 ...005
1.7 本书提纲 ...007

第2章 私募股权市场 ...008
2.1 作为中介的基金 ...010
2.2 预测成功的难题 ...015
　2.2.1 成功可以复制吗 ...015
　2.2.2 什么是成功 ...017
　2.2.3 对失败的容忍 ...018
2.3 投资圈的大体分类 ...019
　2.3.1 制度化特质的基金 ...019
　2.3.2 新进入者 ...022
2.4 私募股权市场动态 ...024
　2.4.1 繁荣与衰退周期 ...024
　2.4.2 有限合伙人与普通合伙人之间的关系 ...025
　2.4.3 有限合伙人与普通合伙人关系的生命周期 ...026
2.5 结论 ...029

第 3 章　私募股权基金的结构 ... 030
3.1　主要特征 ... 032
3.1.1　公司治理 ... 034
3.1.2　投资目标、基金条款与基金规模 ... 035
3.1.3　管理费与其他费用 ... 035
3.1.4　超额收益分成 ... 037
3.1.5　优先级收益率或门槛收益率 ... 037
3.1.6　普通合伙人的出资 ... 038
3.1.7　关键人物条款 ... 041
3.1.8　终止与分离 ... 041
3.1.9　瀑布式收益分配 ... 042
3.2　利益冲突 ... 043
3.3　找到平衡 ... 044

第 4 章　并购基金与风险投资基金的差异 ... 047
4.1　估值 ... 050
4.2　商业模式 ... 051
4.3　交易结构 ... 051
4.4　普通合伙人的角色 ... 052

第 5 章　基金的基金 ... 053
5.1　结构 ... 054
5.2　价值增值 ... 054
5.2.1　分散化 ... 055
5.2.2　资源 ... 056
5.2.3　筛选技能 ... 056
5.2.4　激励 ... 057
5.3　成本 ... 059
5.4　私募股权投资计划 ... 059
5.4.1　募集资金 ... 061
5.4.2　管理费和利润分配 ... 061
5.4.3　投资活动 ... 061

附录 5A ... 062

第二部分 投资过程

第 6 章 投资过程的基本概念 ...066
6.1 核心业绩驱动要素 ...066
- 6.1.1 基金经理筛选 ...067
- 6.1.2 分散投资的管理 ...067
- 6.1.3 认缴出资管理 ...068

6.2 投资过程描述 ...069
- 6.2.1 投资组合目标 ...069
- 6.2.2 投资组合设计 ...070
- 6.2.3 流动性管理和估值 ...070
- 6.2.4 投后监管 ...071
- 6.2.5 行动与实施 ...072

6.3 风险管理 ...072
- 6.3.1 风险测量框架 ...073
- 6.3.2 风险控制 ...073
- 6.3.3 风险转移 ...075

6.4 应对不确定性 ...076
- 6.4.1 减少不确定性 ...078
- 6.4.2 不确定性下的策略 ...078

第 7 章 风险框架 ...082
7.1 市场价值 ...085
7.2 市场风险还是信用风险 ...087
- 7.2.1 市场风险 ...087
- 7.2.2 信用风险 ...087

7.3 结论 ...088

附录 7A 传统 VaR 框架中纳入私募股权 ...089
- 7A.1 基于报告财务数据的 VaR 计算 ...090
- 7A.2 按模型定价 ...090

第 8 章 投资组合设计 ...092
8.1 投资组合设计框架 ...092
- 8.1.1 现代投资组合理论 ...092

8.1.2 "单纯"的配置方法 ... 094

8.2 投资组合构建技术 ... 095

8.2.1 自下而上的方法 ... 095

8.2.2 自上而下的方法 ... 096

8.2.3 混合方法 ... 097

8.2.4 投资组合监测 ... 099

8.3 风险-收益管理方法 ... 101

8.3.1 核心-卫星方法 ... 101

8.3.2 分散化 ... 103

第9章 案例分析：长期视角
——建立私募股权投资计划的策略方法 ... 110

9.1 寻找最优项目规模 ... 111

9.1.1 数据 ... 111

9.1.2 模型 ... 113

9.1.3 结果 ... 114

9.1.4 延伸问题 ... 116

9.1.5 结论 ... 119

9.2 克服进入壁垒：长期战略 ... 120

9.2.1 数据 ... 121

9.2.2 建模 ... 121

9.2.3 结果 ... 123

9.2.4 结论 ... 124

附录9A 公式 ... 130

附录9B 偏度和峰度 ... 131

附录9C 期望效用 ... 132

第10章 流动性管理

10.1 流动性管理问题 ... 134

10.1.1 建模 ... 135

10.1.2 流动性收益的影响 ... 136

10.1.3 超额认缴 ... 139

10.1.4　结论 ... 141

10.2　流动性管理方法 ... 141
10.2.1　流动性的来源 ... 142
10.2.2　外汇风险 ... 143
10.2.3　实物分配 ... 147
10.2.4　业绩测量的结果 ... 149

10.3　未提取资金的投资策略 ... 150
10.3.1　公开上市的私募股权基金 ... 151
10.3.2　其他另类资产 ... 152

10.4　现金流预测 ... 153
10.4.1　估计法 ... 156
10.4.2　预测法 ... 159
10.4.3　情景法 ... 163
10.4.4　控制框架 ... 165

10.5　结论 ... 166

附录 10A　现金流估计技术 ... 167
10A.1　现金流估计——例 1 ... 167
10A.2　现金流估计——例 2 ... 168
10A.3　现金流估计——例 3 ... 169

附录 10B　累计净现金流统计 ... 170

附录 10C　流动性管理测试 ... 171
10C.1　主要测试 ... 171
10C.2　流动性测试 ... 171
10C.3　业绩测试 ... 171
10C.4　匹配测试 ... 172
10C.5　情景有效性测试 ... 172

第三部分 设计工具

第 11 章 成熟的基金估值方法 ... 174
- 11.1 私募股权基金估值的自下而上方法 ... 175
- 11.2 估值的不连续性 ... 178
- 11.3 NAV 无法反映全貌 ... 180
- 11.4 投资组合公司不能孤立评估 ... 182
- 11.5 结论 ... 186

第 12 章 基准 ... 187
- 12.1 特殊问题 ... 187
- 12.2 单只基金 ... 189
  - 12.2.1 业绩测量 ... 189
  - 12.2.2 经典的相对基准 ... 190
  - 12.2.3 其他相对基准 ... 191
  - 12.2.4 绝对基准 ... 192
- 12.3 基金投资组合 ... 193
  - 12.3.1 业绩测量 ... 193
  - 12.3.2 基准分析 ... 194

第 13 章 内部评分系统雏形 ... 196
- 13.1 私募股权基金评分 ... 196
- 13.2 NAV 远远不够 ... 197
- 13.3 现有方法 ... 200
  - 13.3.1 外部机构基金评级 ... 200
  - 13.3.2 内部 VC 基金评估方法 ... 202
  - 13.3.3 方法的比较 ... 204
- 13.4 内部基金评分系统的新方法 ... 205
  - 13.4.1 评分公式化 ... 205
  - 13.4.2 预期业绩评分 ... 207
- 13.5 总结：NAV 和基于评分的估值 ... 214
- 13.6 结论 ... 215
- **附录 13A** ... 215

第14章 基金经理筛选过程 ... 218
14.1 基金经理筛选的相关性 ... 218
14.2 为什么做尽职调查 ... 219
14.2.1 作为审慎投资者要求的尽职调查 ... 220
14.2.2 作为更好投资决策基础的尽职调查 ... 220
14.3 尽职调查过程 ... 221
14.3.1 限制条件 ... 221
14.3.2 尽职调查问卷 ... 222
14.4 基金经理筛选过程 ... 223
14.4.1 "愿望清单"的决定 ... 223
14.4.2 项目来源 ... 224
14.4.3 项目筛选 ... 224
14.4.4 面谈团队 ... 225
14.4.5 估值 ... 225
14.4.6 深度尽职调查 ... 227
14.5 决策与认缴 ... 228
附录14A 用于说明的尽职调查问卷——风险投资基金 ... 229

第15章 基金定性打分 ... 246
15.1 打分的方法 ... 246
15.2 打分的维度 ... 248
15.2.1 管理团队技巧 ... 249
15.2.2 团队稳定性 ... 252
15.2.3 管理团队激励 ... 254
15.2.4 基金策略 ... 256
15.2.5 基金结构 ... 259
15.2.6 外部有效性 ... 260
15.2.7 整体匹配度 ... 261

第16章 基于评分的经济模型 ... 262
16.1 方法 ... 262

16.2　内在年限调整 ... 267
16.3　私募股权基金 IRR 预测 ... 268
16.4　预期投资组合收益 ... 270
16.5　讨论 ... 272
　16.5.1　方法的验证 ... 272
　16.5.2　假设的可靠性 ... 273
16.6　结论 ... 273
附录 16A ... 273
　16A.1　识别底部基金 ... 274
　16A.2　识别头部基金 ... 274
附录 16B ... 276
附录 16C　基于评分的私募股权基金估值
　　　　　——估值有多公允 ... 280
　16C.1　修订的 IAS 39 ... 280
　16C.2　估值模型（模型定价法） ... 284

第 17 章　私募股权基金折现率 ... 286

17.1　资本资产定价模型 ... 286
　17.1.1　无风险利率 ... 287
　17.1.2　股权风险溢价 ... 289
　17.1.3　贝塔 ... 290
17.2　私募股权基金的贝塔 ... 291
　17.2.1　基于上市公司比较的估值 ... 291
　17.2.2　标准回归贝塔的替代选择 ... 295
17.3　资本资产定价模型的替代选择 ... 300
　17.3.1　资本的机会成本 ... 300
　17.3.2　历史业绩 ... 301
17.4　总结与结论 ... 301

第四部分 管理工具

303

第 18 章　投后监督 ... 304
　18.1　监督的方法 ... 305
　　18.1.1　作为控制系统一部分的监督 ... 305
　　18.1.2　权衡 ... 306
　18.2　监督的目标 ... 307
　　18.2.1　下行保护 ... 307
　　18.2.2　创造价值 ... 310
　18.3　信息收集 ... 311
　　18.3.1　标准化监督 ... 315
　　18.3.2　具体监督 ... 318
　18.4　评估 ... 319
　18.5　行动 ... 321

第 19 章　案例研究：拯救你的投资——重组的方法 ... 324
　19.1　泪之谷 ... 325
　19.2　向委员会的报告 ... 327
　19.3　重组条款 ... 329
　19.4　收场 ... 331
　附录 19A　投资方案 ... 331
　附录 19B　历史记录 ... 332
　　19B.1　绿灯 1 号 ... 332
　　19B.2　绿灯并购基金 ... 333

第 20 章　二级交易 ... 334
　20.1　卖方及其动机 ... 335
　20.2　买方及其动机 ... 336
　20.3　二级市场价格 ... 339
　　20.3.1　估值的要素 ... 341
　　20.3.2　自上而下的分析 ... 344
　　20.3.3　自下而上的分析 ... 344
　　20.3.4　同类比较 ... 346
　20.4　交易问题 ... 346
　20.5　基金经理视角 ... 347

第五部分 拥抱不确定性

第 21 章　偏离头部基金 ... 352
　　21.1　战略投资 ... 352
　　21.2　政策目标 ... 354

第 22 章　实物期权 ... 359
　　22.1　私募股权中的实物期权 ... 360
　　22.2　实物期权分析 ... 362
　　22.3　一个扩展的策略和决策框架 ... 363
　　　　22.3.1　决策框架 ... 363
　　　　22.3.2　策略框架 ... 364
　　附录 22A　实物期权示例 ... 366

第 23 章　超越 J 曲线 ... 368
　　23.1　有人做得更好 ... 368
　　23.2　致命的原罪 ... 369
　　23.3　结构代替"直觉" ... 369
　　23.4　耐心是美德 ... 370
　　23.5　把水变成酒 ... 370

术语表 ... 371

参考文献 ... 380

缩写表 ... 395

Beyond the J Curve
Managing a Portfolio of Venture Capital
and Private Equity Funds

第一部分
私募股权的环境

第 1 章 简介

凯雷集团联合创始人大卫·鲁宾斯坦（David Rubenstein）曾经把私募股权比作性。他说，如果一个人带着理性的预期尝试任何一个，那么结果应该会令人满意。引用耶鲁捐赠基金 2002 年年报中的表述，私募股权"提供了非常有吸引力的长期风险调整收益，这得益于耶鲁大学拥有一批致力于挖掘市场非有效性的、给基金带来稳定增值的投资经理"。耶鲁大学捐赠基金自 1973 年制订私募股权投资计划到 2003 年期间，私募股权基金年化 29% 的收益无疑让很多潜在投资者认为这是一个很"性感"的机会。

不幸的是，这样的收益预期显得有些不够成熟，略微夸大其实。想要快速得到结果的人往往会大失所望。正如 Raschle 和 Ender（2004）所观察到的，"总体来说，私募股权基金市场在历史上并没有获得人们常说的有保证的高收益。从 20 世纪 80 年代早期以来，私募股权基金的市场规模扩张速度与其收益相当，仅仅是公开市场收益加上非流动性溢价"。私募股权基金在很大程度上是非流动性的。你要么趁早做好长期准备并采取系统性的方法，要么最好完全置身事外。业内人士认为，持续稳定地投资可能是最佳策略，而试图把握市场时机、频繁进出则会导致挫败。实际上，只有在足够长的时期内，通过系统的方法，严格地执行，才能获得丰厚的回报。

1.1 投资私募股权的路径

投资私募股权有很多种路径。我们认为，只有少数机构拥有投资非上市公司所需的经验和激励机制，因此，大多数机构会通过作为中介的有限合伙结构来投资。根据 Bosut（2003）的观点，"有限合伙是最理想的基金管理结构，不仅可以规避基金经理与有限合伙人（LP）之间可能的利益冲突，还能调动双方的积极性"。对机构来说，投资私募股权最合适的方法是通过基金的基金（FOF）专家作为中间人，或者通过制订相似的有组织有体系的内部私募股权基金投资计划。其他路径包括通过公开交易的私募股权投资工具，或者开设一个由私募股权专家管理的专户，这些与基金的基金相似，只是不涉及多人权益的集合。

1.2 有限合伙人的观点

虽然创业企业、企业家以及偶尔有投资人受到聚光灯的青睐，但是有限合伙人作为"投资人的投资者"，常常被人忽视。多数机构自身认为，这种投资与其他资产的投资类似，并不会特别留意他们无关紧要的行为。我们这本书就是关于私募股权基金投资组合管理的，聚焦在有限合伙人的投资过程，因为到目前为止很少有出版物能满足他们的需求。我们采用"私募股权基金投资计划"这样的表述，为了简化起见，我们不再区分机构内部的投资计划与外部专家代表机构管理的账户。一般来说，这类资产的中介机构还在持续演化中，对当前行业的深度讨论远超出了本书的范围⊖。

> 此刻，我们并不清楚有些梦想破灭的 LP 是否已经清醒地认识到，这是一场艰难的游戏。
>
> 哈佛商学院教授乔希·勒纳（Josh Lerner）（引自 Borel，2004）

1.3 风险投资基金估值的挑战

风险投资基金（Venture Capital）是私募股权基金的一个子类，它带来了特别的挑战，主要是因为很难对这类投资进行估值。我们之所以写这本书，一定程度上是由我们关于如何在新国际财务报告准则（IFRS）下符合公允价值的会计要求、如何在新巴塞尔协议（Basel Ⅱ）以及新资本充足率指引（CAD Ⅱ）下处置风险的内外部讨论所激发的。银行及受监管的其他机构投资者如保险公司，

⊖ 例如，公开上市的私募股权基金、公开上市的私募股权基金的基金以及抵押基金债务。2001年里程碑式的超前交易中，资本动力公司（Capital Dynamics）通过抵押私募股权基金债权募集了1.75亿美元。通过这种证券化，平常不购买私募股权的投资者也被动接触到了这类资产。

越来越关注这类风险的量化。

在讨论风险之前，我们需要先处理估值的问题，这一点已经显而易见。已有的技术只能在一定的限制条件及严格假设下使用，或者根本不适用于风险投资基金。由于评估创新技术投资的固有困难，到目前为止，早期投资已经给很多机构带来了巨大的问题，导致他们都不愿意涉足这类资产。通过评估单个投资组合公司对基金进行自下而上的估值，不仅不切实际，而且理论上也行不通——至少在早期是如此。我们将论证，采用所谓的净资产价值（NAV）评估投资一只私募股权基金的价值，仅仅是一种过于简单的方法，忽视了诸如待支付给基金的承诺出资这类重要因素，特别是所有从业人士都强调的最重要的因素：基金经理的水平。

1.4　可靠的数据还是本能的直觉

在投资界，大多数投资经理都有强烈的量化倾向，并对严格应用以决策科学为基础的工具集感到得心应手。精准预测收益、风险及相关性已经成为现代投资管理过程中必不可少的环节。特别是在对冲基金行业，偶尔甚至将部分投资决策委托给电脑"黑箱"操作，这可能是一种极端情形。人们严重依赖验证过的模型以及高质量的数据才能做出可靠的预测。

另一种极端情形是，根据史文森（Swensen，2000）的表述，"判断型投资者依靠本能的直觉，凭感觉管理投资组合。明智的投资操作应尽量避免这两种极端，融合理性的严格的量化准则与大量的酌情判断。将刚性的定量输入与柔性的定性输入结合起来完全符合这一理念，即成功的投资应刚柔并济"。

1.5　用模糊数字管理

在私募股权行业，数据质量低劣、可用性有限甚至根本不存在，严重限制了量化工具的应用。有人设想，未来某一天，透明度的提高、标准化的加强必将为量化管理打下基础。我们认为这不太可能，因为这个行业本来就是私人性质的，透明度有其局限性。而且，对风险投资基金来说，从概念上就是非常创新的，其发展环境还在持续演化。所以，在我们看来，精确的量化分析理论上不可行。

关注风险投资基金的"风险"可能更加离谱。实际上，由于风险投资基金的期限很长，以及其投资创新技术的本质，传统的风险测量方法根本无法捕捉到这个另类资产类别所特有的不确定环境中的"未知因素"。所以，投资过程必须考虑到这一点。由此，Courtney，Kirkland 和 Viguerie（1997）谈到，风险在于"另一个极端：如果投资经理找不到传统分析框架下有效的策略，那么他们就会完全放弃规划过程的严密分析，转而依靠本能的直觉做决策"。不幸的是，这种现象在风险投资基金投资过程中太常见了。

1.6 评分

在现有的信用评级原则基础上，我们开发了一个私募股权基金评分系统。这里说的评分是一种结构化方法，将定量和定性准则都考虑在内[⊖]。在这一技术的帮助下，我们开发了一套新的方法，解决私募股权基金投资计划的估值、投资组合管理和风险管理问题。Raschle 和 Jaeggi（2004）指出，"其他评级模型或者基于系统化方法的模型，至今从未在文献中发表，也未在私募股权行业实践应用。只有那些拥有明确的投资决策基础，并且能够陈述其决策依据的 FOF 投资者才能成功"。

专栏 1.1　　　　　　　私募股权似酿酒

私募股权基金是盲池投资，其存续期限很长，并且受经济周期影响较大。因为周期很难预测，而基金要运行很多年，多数投资者只能尝试寻找市场中可投的最好的基金，即所谓的第一四分位基金经理。为了解释这种方法，可以想想酿葡萄酒——私募股权行业用"成立年份（vintage year）"这样的表述不是没有理由的。通常来说，成立年份是指一只基金成立并且实缴首笔资金的自然年份。将私募股权基金与葡萄酒进行类比并非牵强附会，实际上经常被提及。

⊖ 我们用"评分（grading）"一词作为"评级（rating）"的正式定义，根据 Krahnen 和 Weber（2000），评级是基于违约的概念，因此不适用于私募股权基金。

> 从成熟年份清单开始挑选，选出一瓶好酒更容易一些。与酿酒类似，风险投资基金也有好年份和坏年景。有时，年份的重要性并不明显，直到基金到期；多数情况下，市场环境显而易见，到期仅仅是让大家开始害怕的结果成为现实而已。只有尝试足够多，经历时间足够久，才能确定品质如何，到底哪只硬通股能获得客观的收益。优质品牌总能胜出。
>
> Smart（2002）

传统资产类别与私募股权基金之间的差别可以类比为普通农业与酿酒业之间的区别。在同一块土地上，有时种植小麦，有时种植玉米，或者可以撂荒一段时间，这都是很常见的事情。但是你不能在酿酒和农业之间随意转换。葡萄园必须持续耕耘很多年。例如，史密斯拉菲特（Smith Haut Lafitte）酒庄的葡萄藤平均树龄为 30 年。与葡萄种植者一样，有限合伙人需要有长远的眼光和耐心。要么是这个市场吸引了你，你决定进入并留在这个市场，要么你就完全忘记这个市场的存在。进入壁垒和转换成本都高得令人望而却步。

尽管我们知道（或者至少假设我们知道）这个市场到处是盈利的机会，但是我们还必须以最佳方式做好管理。我们需要建立一个由优秀基金经理组成的投资组合，淘汰那些表现不佳的基金经理。与私募股权投资一样，葡萄酒也有好年份和坏年份之分。葡萄种植者不可能事前知道哪些年份能酿出好酒，哪些年份只适合酿醋。但是，为了充分利用好所有资源，他必须在每个年份都投入，因为根据历史观察，好年份的收益可以弥补坏年份的损失。每位葡萄种植者都遵守这个基本的方法，辛勤耕耘葡萄园。这种方法只能获得一定的平均收益，长期内才可能提高，因为天气等因素的影响随时间变化，任何改进只有经过几年后才能看到成效。

如果葡萄种植者想要有所改进，偏离了这种方法，那么收益也可能会改变。酿酒技术的发展与实验往往经过几个世纪的演变，这些变化的影响也只有通过长期观察才能看到。

1.7 本书提纲

本书中，我们以从业者的视角，尝试为大家展示一个精心规划的私募股权基金投资计划的整体图景。虽然我们不能提供一个魔法公式，让你迅速获得梦寐以求的可持续的两位数高收益[1]，但是我们详细讨论了这样一份投资计划的组成部分及其密切关系。本书的讨论中，我们聚焦在投资的原则，而不是描述具体的环境。建立一个私募股权基金投资计划是一项复杂的任务，伴随着一系列技术和组织的挑战。筹备一个计划的过程可能要耗时数年。要想在整个投资组合收益中产生效应，必须将相当比例的管理资产总额配置给私募股权基金。有人可能会说，最好将这项工作外包给一家基金的基金，但是对很多中型机构来说，建立自己的内部计划可能是一个合理的选择。本书分为如下五个部分：

第一部分分析了私募股权市场环境的整体框架，包括其结构及其动态；

第二部分定义了一个私募股权基金投资计划的投资过程；

第三部分描述了设计基金投资组合的主要工具：投资组合构建、流动性管理和基金评级；

第四部分介绍了一系列管理投资组合的工具，我们详细讨论了投后监督、二手交易及重组；

第五部分展示了在不确定环境下如何运用这些技术对投资组合进行管理。

我们介绍的应用于风险投资基金的技术一般来说也适用于私募股权基金，虽然对于后期阶段投资来说，其他工具可能更加有用。为此，在本书中，当数据、观察和概念通用时，我们使用"私募股权基金"一词，当讨论一些具体的挑战时，我们使用"风险投资基金"一词。

本书讨论的很多概念都是我们在欧洲投资基金工作时研究和发展的。但是，为了完成本书，我们还研究了私募股权市场的实操，并与从业人士讨论了不同的方法。这本书是为那些已经投资私募股权基金或者准备设立私募股权基金投资计划的商业机构而作。我们不想提出什么理想的计划，只是讨论各种方法与权衡。所以，本书中的观点仅代表作者个人的观点，不代表欧洲投资基金的看法。

---

[1] 如果能实现，那我们可能就不会花时间忙这些了，唉！

第2章 私募股权市场

通俗来讲，私募股权意味着这类证券不需要注册，也不能在交易所公开交易。私募股权投资通常被视为另类投资的一部分。Bance（2004）认为私募股权是"通过协商谈判投资于证券"，强调投资方法的非标准性。私募股权基金经理为那些不能或不愿通过公开股票市场融资的企业提供融资。私募股权是成本最高的融资方式之一。发行人一般是那些无法通过债权或公开股票市场获得融资的企业。

机构投资者一般只关注有组织的私募股权市场，中介机构为其提供专业的管理服务㊀。另外还有天使资本或非正式的私募股权市场，通常被戏称为"家人、好友和傻瓜"也不是没有道理的。非正式私募股权市场的投资数量可能是有组织的私募股权市场的数倍，但是对机构投资者来说，很难获得有效投资这些市场所必需的信息㊁。机构投资的规模往往是天使投资所不能承受的，而且必须满足一定的标准，才能判断这个投资机会是否符合机构的需要。

> **专栏2.1　　　　私募股权是一种资产类别吗？**
>
> 现代投资组合理论认为，资产配置比选择个股投资更加重要，要求估计不同资产类别收益的相关性。当一类投资被认为在潜在风险与收益方面相似但又与其他资产类别存在差异时，这类资产就称为一种资产类别。三大核心资产类别为股票、债券和短期证券或现金等价物。关于私募股权是否构成一种资产类别的讨论，主要是因为私募股权市场的数据稀缺且质量

㊀ 见 New（2001）。
㊁ 正如 Ender 和 Jaeggi（2003）所指出的，从历史情况来看，私募股权基金市场整体似乎并未实现这类资产相关联的"顶级收益率"。

不高。虽然很多大型知名的投资组合管理人一直在假设私募股权是一种资产类别的前提下运营管理，但是到目前为止，并没有可靠的定量分析提供直接的证据，证明这些投资的风险收益特征有所差异。

在有效市场，头部业绩和中部业绩的差别相对很小，这让资产配置决策变得非常重要。对于私募股权，头部业绩和中部业绩之间的差距在两位数百分比的范围。因此，对于资产配置决策，其作为一种资产类别的特征变得相关性很低。

可获得的统计数据有多重要？尽管私募股权基金存在一定程度的可比性，但是缺乏可靠的收益及相关性的衡量标准。主流的有限合伙企业在概念上非常相似，因此一定程度上可以建模；另一方面，较长的投资期和技术创新对历史数据的相关性提出了质疑。可获得的统计数据可能代表了一个特定的环境，但是环境可能会发生变化。

我们可以基于这样的数据进行预测吗？至少这些数据定义了这类资产的可能边界以及引力法则，同时也让即将进入私募股权市场的投资者形成基本的预期。演变的进程可能是成长、变化或者发展其中之一，私募股权作为所有资产类别生态系统中的一环，我们不能指望演变会改变其生态位的整体特征。红皇后的隐喻就代表了其在自然界中的处境，各种生物必须快速改变，以适应环境的威胁，一代一代繁衍生存下去。

在电影《爱丽丝梦游仙境2》中，爱丽丝向红皇后抱怨说，她必须不停地跑才能保持在原地。"在我们国家，"爱丽丝一边喘着气，一边说道："如果你像我现在这样，快速奔跑一段时间，你早就到别的地方去了。""真是个缓慢的国家！"红皇后说道："现在，你看我们这里，你使出全身力气拼命地跑，才能保持在原地。如果你想到别的地方去，就必须以两倍的速度奔跑！"

刘易斯·卡罗尔（Lewis Carroll）

按照这个原理，进化系统需要全力以赴地奔跑，因为周围的环境一直在变化。因此，我们认为，私募股权基金的历史数据可以提供一个衡量标准，可能需要适度做出修改，以识别结构性变化，弥补异常波动，并且还需要假设整个私募股权市场可得的基础统计数据虽然陈旧，但仍然具有一定的指导价值。

2.1 作为中介的基金

有组织的私募股权市场以有限合伙结构的基金为主,并以此作为最重要的金融中介。基金管理公司——有时也被称为私募股权公司——设立了这些基金。私募股权基金是未注册的投资工具,有限合伙人作为投资者汇集资金投向私人持有的公司。创投人士、并购投资者等投资专家(称为普通合伙人 GP 或基金经理)管理这些基金(如图 2-1 所示)。

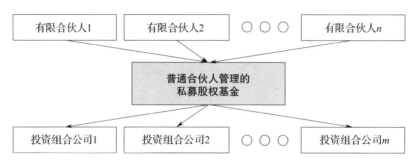

图 2-1 作为集合投资工具的私募股权基金

税务、法务及监管要求驱动这些投资工具的结构向更加透明(例如对待投资者就像他们直接投资于底层投资组合公司一样)、更低的税收以及有限责任(例如投资者以向基金的承诺出资为限承担责任)的目标前进。虽然条款与条件、投资者权利与义务都在非标准的合伙协议中约定清楚,但是有限合伙结构或者其他行政辖区所采用的类似的结构,经过近十年的演化,已经变得半标准化:

- 基金合约期限通常为 7~10 年。基金经理的目标是在合伙企业到期清算之前或清算时变现所有投资。通常根据条款可以延期 2~3 年。
- 投资者主要是养老基金、捐赠基金、基金的基金、银行或保险公司、高净值个人或家族办公室等机构投资者,是有限合伙人,向基金承诺出资一定金额。在基金到期之前不允许赎回投资。
- 大部分资金在 4~5 年的投资期内投向发现的新机会。之后,在退出期,只有现存的成功的投资组合公司才会得到进一步支持,并提供一些后续资金,以通过退出获取最大价值。管理人在此期间的主要精力集中在变现或转让投资上。

- 承付款项根据需要提取，例如及时做出投资，或支付成本、费用及管理费。因为私募股权基金一般不保留未投资的资金池，其普通合伙人会在确定要投资的公司后追加资本。所以，提取的大部分资金会立即进行投资。

- 实现收益之后，或者一旦收到利息或分红，会尽快将这些收益分配给投资者。所以，随着底层投资的变现，基金就自动清算了。但是，这些收益大多发生在基金生命周期的后半段。收益分配也可以以投资组合公司证券的形式进行，前提是这些证券可以公开交易。

- 管理费的多少取决于基金规模。费率一般是承诺出资的一定比例，2.5亿欧元以下的基金收取承诺资本的2.5%，较大型并购基金收取1.5%。基金费用会随着基金投资期完成而下降，并根据投资组合公司退出的比例进行调整。但是，各基金之间的差异相当巨大，尤其是与管理人如何处理投资活动中产生的收入与费用相关联，例如董事费用、交易成本。这些都将对收益产生影响，往往造成总收益与净收益之间的实质性差异。

- 普通合伙人的主要激励是业绩报酬，一般是基金实现收益的20%。业绩报酬受限于门槛收益率，其只适用于投资者收到本金及预定的最低收益率之后。

- 有限合伙人只是投资者，对基金的日常管理几乎没有影响力。有限合伙人与普通合伙人的利益基本一致，主要取决于管理人自身对基金的承诺以及利润分成或业绩报酬。

专栏2.2　　　　　　　　　　J 曲线

基金从成立到退出，其内部收益率（IRR）符合所谓的J曲线模式。私募股权基金在存续期的前几年，价值呈下降趋势，被称为"泪之谷"，在生命周期后几年才开始获得正收益（如图2-2所示）。这种现象在风险投资基金中更加显著，因为几年之后才能创造出价值。

这种模式也称为曲棍球棒，这可以用基金设立的成本与管理费以及基金经理所采用的估值政策等基金结构来解释。

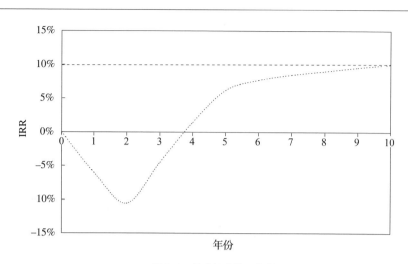

图 2-2 基金标准的 J 曲线

设立成本与管理费

通常管理费和设立成本是在首笔实缴出资之外支付的，所以，基金资产的初始价值低于初始投资资本。而且，在前几年，这些费用和设立成本与实际对外投资资本相比，显得高得不成比例，因为它们的计算通常是以基金总规模为基础，而不是对外投资资本。

估值方法

在基金运作过程中，中期内部收益率 IRR 把净资产价值（NAV）作为最后一笔现金流，并且假设投资组合以当前的基金估值全部清算。因此，中期 IRR 受限于估值方法及私募股权投资内在的不确定性。一般来说，基金早期更容易发生资产减值和销账，而不是增值。这是由保守的估值方法决定的。这些方法要求获悉减值情况后马上记录，并禁止提高估值，并且除非发生确保价值向上修正的事件，例如进行下一轮融资，或者在新的估值指引下公允价值发生变化，否则不再承诺投资。而且，成功投资的变现是需要时间的，在后几年才会发生。基于以上这些原因，即使是将来的头部基金，在早期通常也会出现负收益。

> 柠檬比珍珠成熟得早。
>
> ——创投圈谚语

同时，随着基金到期，中期 IRR 变得越来越有意义，因为其计算依赖主观估值越来越少，现金和股票实际分配越来越多。随着基金的运作时间越来越长，不确定性越来越小，误差的边际越来越窄。前 4~6 年的 IRR 对最终收益没有实际的指示意义。这一阶段之后，中期 IRR 将成为最终 IRR 的合理指标。根据 Burgel（2000），并购基金的这一阶段比早期基金和成长基金更加短暂。无论如何，基金的真实业绩只有在最后的收益分配给投资者后才会知晓。

投资组合的 J 曲线

投资组合是基金的线性组合，所以，有相似的 J 曲线模式（如图 2-3 所示），但是投资组合产生正 IRR 及实现最终 IRR 的时间更长，从这一点来说，其 J 曲线效应更显著。但是，投资组合的"泪之谷"并不会比组合基金的平均水平更深。后面这句结论仅仅在内部管理投资组合时成立，因为在外包的情况下，额外的费用会增加谷的深度，但是并不显著。

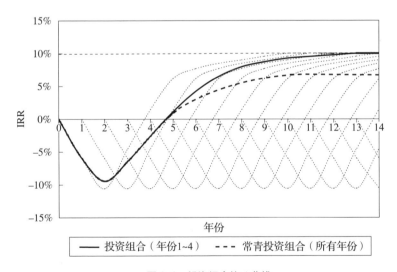

图 2-3 投资组合的 J 曲线

公允价值及 J 曲线的未来

新的公允价值评估指南（见 AFIC、BVCA 和 EVCA，2004）会让 J 曲线消失吗？根据引发这些新指南的修订后的国际会计准则第 39 号（IAS 39），不能存在审慎性偏差，投资组合公司的估值应该反映其经济价值，即

> 未来现金流的净现值。因此，只能扣除设立成本和管理费。但是，如果我们要计算一只基金的公允价值，也必须把这些因素考虑进去。因此，其影响也将消失。本书后文，我们提出了一种估算基金公允价值的方法。

从严格的法律角度来看，有限合伙份额是非流动的，但是在实践中，二手交易偶有发生[一]。私募股权基金有募集周期，普通合伙人过一段时间就需要重新回到资本市场，募集另一只基金。普通合伙人仰仗发行和销售证券时免于注册的政策，直接向合格投资者募资资金，或者通过注册代理机构募集。一家私募股权管理公司可以作为一个"团队"平行管理几个这样的合伙企业。通常，同一家管理人管理的前一只基金在投资期结束之前，或者大部分资金投出去之前，有限合伙协议不允许募集下一只基金。私募股权基金主要有以下功能[二]：

- 汇集投资者资金，投资于私营公司；
- 筛查、评估和选择具有高增长潜力的公司；
- 为公司提供融资，开发新产品、新技术，促进其成长与发展，对外收购，或者由经验丰富的经理人进行收购或买断；
- 控制、指导并监督投资组合公司；
- 寻找退出机会，处置投资组合公司实现资本收益。

简单来说，基金经理通过募集的基金数量以及从基金获得的收入致富[三]，$R=n\times r(s)$，其中 R 代表长期致富的前景，等于公司募集的基金数量 n 乘以每只基金的收入 $r(s)$。收入是基金规模 s 的函数，因为其不但影响管理费收入，还影响普通合伙人的业绩报酬。普通合伙人意图通过管理多只基金最大化 n，即一系列基金一只接一只地迅速募集且经常平行运作，以实现个人的财富积累。除了最大化投资业绩，他们还可以通过提高费率、增加管理资本来提高收入。可以通过向存续投资者募集更多资本，或者寻找新的投资者，来获取管理的资本。

[一] 见 Lerner 和 Schoar（2002）。特别是在证券化的背景下，有限合伙可能也会协商转让的权利。

[二] 也见 Thalmann 和 Weinwurm（2002）。

[三] 见 Sood（2003）。

如果普通合伙人意识到当前的基金业绩不佳，一旦结果被投资者明了，他们就没有信心募集下一只基金了。一种解决方法是尽可能迅速地募集下一只基金。如果已经不可能再募集新基金，只有最大化当前管理的基金所能获得的 $r(s)$。在这种情况下，基金经理开始拒绝有限合伙人缩减基金规模的意图。此外，当管理费取决于投资组合公司的估值时，业绩较差的管理人可能会通过避免对外投资来最大化收入。

2.2 预测成功的难题

虽然头部和底部管理人之间存在的天壤之别，为筛选头部管理人提供了绝佳的机会，但是这也存在将投资组合暴露给业绩不佳管理人的高度风险。如果一家机构运气极差，选择了业绩垫底的管理人，其收益可能会令人相当失望。

> 投资私募股权最大的风险不在于投资的是可能会倒闭的小型公司还是上市公司，虽然小公司无疑更容易倒闭，尤其对一些投资于早期或创业企业的基金来说。投资的风险在于投向那些没有技能去设立、运营并且成功退出投资组合公司的基金经理。
>
> Aitchinson 等（2001）

2.2.1 成功可以复制吗

很多私募股权基金吸引投资者的手段是头部团队实现的强劲历史业绩。人们有一个普遍的观念，认为私募股权的成功不是靠运气，而是靠团队技能。很多分析都认为，过去的成功是未来业绩的良好预测指标。人们理所当然地期望团结一致打造公司的基金经理能够把经验复制到新基金，从而获得更好的运气迎接成功⊖。他们的名字在业内广泛流传；他们为投资组合公司提供增值服务的名誉四海远播，好运自然会送上门来⊜。这就形成了良性循环，头部团队吸引更高

⊖ 见 von Braun（2000）或 Scardino（2004）。相反，如果上一只基金位于后 1/4，那么下一只基金业绩很好的概率似乎很低。也可参见 Tierney 和 Flolkerts-Landau（2001）："我们没有公司层面的业绩数据来验证管理层的业绩随着时间变化表现如何，但是私募股权基金行业的很多人士相信，头部管理公司能够持续超越它们的同行。"

⊜ 见 Pease（2000）："此外，市场中存在一个盛行的假设，我们发现言过其实了，即这些第一四分位基金一直由精选的一组普通合伙人组成。"

质量的标的。由于私募股权投资受限于专有交易流的数量与质量，这就为头部团队提供了更高的概率识别出投资机会，获得超越其他基金的信息优势。而且，除了名声之外，后续基金增加的规模也为它们加大了与创业企业及竞争对手基金谈判的筹码。

> 如果你的第一只基金的业绩位于第一四分位，那么下一只基金业绩位于前 1/4 的机会是 45%，位于前 1/2 的概率是 73%。新的基金管理团队达到前 1/4 的概率是 16%……私募股权基金的成功是持续的。
>
> 康纳·基欧（Conor Kehoe），麦肯锡公司合伙人

有人持不同意见。一家名为资产另类投资（Asset Alternatives）的研究公司对 182 家至少募集过两只基金的风险投资基金公司进行了研究[一]。作者发现，只有 5% 的公司能在 50%~75% 的时间内保持业绩在第一四分位，只有 3% 的公司能在超过 75% 的时间内保持业绩在第一四分位。那意味着所有公司中只有 8% 的公司能在半数时间内保持在第一四分位[二]。"实际上，如果头部企业有可能保持在第一四分位，那么它们处于 50% 和 75% 的可能性更大一些。"他们的结论认为，历史业绩是成功基金未来业绩的相当差的指标[三]。

即使基金的历史业绩能预测未来的成功，我们在投资前也无法观察到这一标准，因为在做出投资决策时，无法预知这只基金是否处于第一四分位。

举例阐述这一观点（如图 2-4 所示）：根据 von Braun（2000）所做的分析，如果第一只基金的业绩处于同业的第一四分位，那么投资者放弃第一只基金，转而投资后续基金就可以获利。根据 von Braun 的研究，第二只基金的业绩处于同业第一四分位的概率达 41%，这与麦肯锡所做的类似研究结果一致[四]。

[一] 见 Pease（2000）。

[二] 同样的，Scardino（2004）从 522 家来自全球跨越不同基金类型的私募股权基金公司中，发现 60 家（11%）能够实现持续的良好业绩。

[三] 也见 Söhnholz（2001）："因此，在配置过程的开始，很难评估一只特定的基金的潜在收益率和风险水平。这就迫使投资者高度重视基金研究与分析。"

[四] 见 Leiter（2001）。

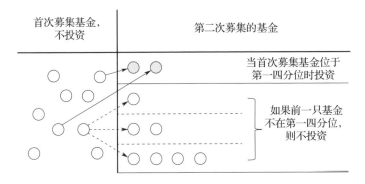

图 2-4 选择第一次的冠军可以获得更高的收益吗?

结论似乎非常合情合理。这样的团队已经证明了自己的技能,还保持了足够的冲劲渴望在第二只基金上表现最佳。然而,将这一发现转化为投资策略还存在两个问题:

- 通常在第一只基金的第二三年就开始募集后续基金。这一时点,完全不能确定第一只基金是否真的能实现头部收入,有限合伙人仍然需要在一个完全没有现实业绩记录的基础上做出投资决策。
- 而且,即使业绩记录可以大概确定,基金经理也会优先向存续的有限合伙人募集第二只基金。因此,他们很可能根本不会进行路演,实际上很少有机构能知晓这个机会。

2.2.2 什么是成功

一个难点在于,私募股权基金的成功很难证实。因为,股权的估值方法是基于比较的方法,前文提到的典型定义就是"第一四分位"⊖的业绩。如果我们将成功定义为基准线的分位点,那么应该基于同样的市场条件下进行比较,以确保是在同类相比,即同业中同一成立年份的基金。但是,从一个成立年份到另一个成立年份,同业的组成也会发生变化,同一管理团队管理的两只基金很少有完全相同的可比基金。换而言之,你可以将纽约马拉松前十名跑步选手与德国莱茵兰-普法尔茨州特里尔市的大众跑前十名选手进行比较,双方都是竞赛中的佼佼者,但完全不在一个层次。筛选第一四分位业绩的最佳基金是

⊖ 或者甚至是"头部十分位"(即10%),见 Fraser-Sampson(2004a)。

一项具有挑战性的建议，事实上很难在一致的比较基础上实现。甚至头部基金也无法每次都能达到第一四分位，因此，"第一四分位"是相对于大多数基金而言的。

> 无数金钱损失在一条假设上，即成功预测历史的模型也能预测未来。
>
> 亨利·考夫曼博士（Dr. Henry Kaufman）

最终，基准内的排位可能与那些以绝对收益为目标操作的投资者不相关，例如以长期年化收益率超过15%为目标。如果资产类别的整体收益较高，例如当同类群体中只有头部基金，那么这样的相对评估就不太重要了。如果你为有限合伙人带来10%的收益率，哪怕你成为垫底的基金经理，他们也会原谅你。有时，业绩目标以超过相关股票指数为标准，例如长期内每年超过英国富时全盘指数3%~5%。所以，即使收益率很低，基金业绩垫底，只要业绩与投资者的目标一致，他们就会感到满意。

也许对私募股权公司来说，成功的相对标准就是能否募集后续基金。一家公司"死翘翘"是需要花点时间的，因为业绩在很长时间内才显现出来。根据一般性条款和条件，当至少承诺出资的70%~80%已经提款并全部投资后，才允许成立一只新基金。汤姆森创业经济学（Thomson Venture Economics）副总裁杰西·雷耶斯（Jesse Reyes）（见Meek，2002）认为，募集第一二只基金相对容易，第三只才是最难的。如果你募集了第一只基金，那么通常也能在几年内募集第二只，因为第一只基金还没有实现收益，评价好坏还为时尚早。第三只之所以难，是因为到那时你最好有些成果展现给投资者。

2.2.3 对失败的容忍

有些情况下，基金拥有非常忠诚的投资者基础，甚至当业绩在绝大多数方面都表现很差时，也可以继续获得资金⊖。毕竟，有些投资者不是由单一收益目标驱动的，他们也看重战略利益。这些利益可能源于从投资组合公司学到了某些

⊖ Sood（2003）对此提出挑战："虽然这种方法可能与该话题的公认智慧相反，并且GP投资的一些基金经理提出了通过关系和渠道进行投资的理由，但这是投资者进行区分的机会。投资者需要问的真正问题是，FOF基金经理是从事'准入'业务，还是采取行动控制道德风险并实现收益最大化，因为这两种动机在某种程度上是不相容的。"

知识，例如在公司风险投资的情况下[1]。或者是贷款银行与需要申请贷款进行杠杆交易的基金经理之间的相关利益。同样，从一位基金经理换到另一位基金经理的事情过于重大，很多投资者似乎对不佳的业绩有不可思议的容忍度。换言之，历史表明很多基金经理明显不太可能实现持续的头部四分位业绩，却可以持续获得融资。

某种程度上来说，成功也可能是一个自我实现的预言。不仅基金管理团队之间需要强大的集体凝聚力，团队与有限合伙人之间的关系也是如此。在漫长的10年投资期内，共同经历风雨之后，对偶尔难免的小插曲就更容易忍受了。

2.3 投资圈的大体分类

2.3.1 制度化特质的基金

可持续性是一个很重要的因素。投资者希望普通合伙人具备稳定的组织部门和文化，可以让基金持续发展。咨询顾问或者家族的"守门人"向客户推荐基金时偶尔会用"制度化特质（institutional quality）"一词。当让他们详细阐述更具体的定义时，他们通常就变得有点含糊了。一般来说，这只是对那些特定团队所管理基金的概括表述，并没有具体的含义。

制度化特质一词是对基金管理公司的认可，这些公司资金实力雄厚，组织架构完善，拥有知名品牌及明星投资经理，只接受严选高品质有限合伙人投资。此外，这些公司还有清晰的战略和竞争优势，拥有责任共担的团队，通过不断吸引、培育、训练、留用人才获得可持续发展。它的业绩非常清楚，因为它管理的众多基金都获得了头部的业绩。这些知名的头部基金产品将高质量交易、人才、信息与资金交织在一起，能够建立名誉、商业谈判力等无形资产，使其立于不败之地。例如，美国一家近年享有盛誉的公司是红杉资本。红杉资本投资了苹果、雅虎、谷歌、3Com、思科系统等公司。Raschle 和 Jaeggi（2004）认为红杉资本的核心优势是正确的财务模型，以其人脉网络为投资组合公司快速招聘到最好的管理人员，以及市场下跌时的财务影响力和持久力。

由于这个行业非常年轻，且与某些人有关联，所以很难脱离某些个人建立

---

[1] 见 Meek（2002）。

一个品牌㊀。一家基金管理公司只有通过建立组织结构与流程，成为一个品牌，才能超越与其紧密相关的个人。到目前为止，这还是一个只存在于美国的现象㊁，但是慢慢地，基金品牌也将在欧洲建立起来。当然，制度化特质是一项很重要的决策依据，尤其对那些不熟悉私募股权的投资者来说。就像采购IT设备一样，"买IBM绝对没错"，投资一只知名的基金更容易让人接受。正如投资经理说的，"我无需向老板和董事会证明投资一家头部公司的正当性"。还有人称，制度化特质的基金在市场下行时更有弹性，或者略微自私地说，他们更可能获得投资者支持，因为既然基金享有如此盛誉，就更难以解释为什么要撤资了。

而且，持续成功的基金管理公司拥有忠诚的投资者，倾向于向未来的基金承诺出资，一定程度上也从基金的名誉中受益，因为他们也被视为高质量投资者。普通合伙人不需要走成熟的基金募资路演的过场，可以快速将其划入有限合伙人的范畴。因此，品牌有排外性，很难进入，这就为那些声称能够进入超募基金的顾问打开了机遇之门。有时，这些基金未能达到认缴规模，在有限合伙人那里吃了闭门羹，这就为新进入私募股权领域的有限合伙人打开了方便之门。对制度化特质基金相关的尽职调查主要是其庞大的现存投资组合、总基金管理规模以及管理费的增长，这可能会影响基于业绩报酬的激励结构。普通合伙人往往将条款定制化。结果，基金的结构——特别是高管理费和提高的业绩报酬收益——可能会偏离有限合伙人最初认为的理想的基金。

> **专栏2.3　　　　　　　　　　进入头部基金**
>
> 　　回顾私募股权基金的业绩历史，可以发现两个重要趋势：第一，私募股权基金的中位数收益低于公开股票指数；第二，第一四分位和最后四分位基金的收益相比上市公司股票基金更加分散。通常认为，私募股权基金第一四分位业绩的可复制性更高。假设基金的历史业绩与未来业绩相关，

㊀ Bushrod（2004c）认为"真正"的品牌存在于风险投资基金中，而不是并购基金。对并购基金来说，品牌似乎不那么相关，因为金融技术更像一件商品。

㊁ Maxwell（2004）以美国公司凯鹏华盈（Kleiner, Perkins, Caulfield, and Byers，简称KPCB）作为"品牌"的例子，说明其成功地建立了一个持久的组织，定期引进新人才，并且没有因为一些创始人的离职受到影响。

那么历史业绩良好的基金可能会超额认缴。如果前一只基金收益率很高，有限合伙人认购后续基金的兴趣会非常高。即使后续基金规模有时更大，但有限合伙人从不吝于认购更高的金额。

虽然成功的基金涨势良好，但可以有效配置到市场的资源是有限的。对风险投资基金来说，市场仅能吸纳有限的资金规模。引用格雷洛克资本（Greylock Capital）普通合伙人大卫·阿罗诺夫（David Aronoff）的话来说，创投领域的座右铭是"供不应求的资本追逐供过于求的创意"。如果说太多的机构想要从风险投资基金丰厚的收益中分一杯羹，那么这个行业就有人为制造膨胀的危险。当行业收缩时，即使再好的基金也需要缩减规模，强迫其有限合伙人将资本配置到其他基金或其他资产类别。

根据旗帜创业管理公司（Flag Venture Management，2003b）的说法，对新成立的基金的基金（FOF）来说，最大的进入障碍是如何找到最好的基金。接触到基金经理之所以对新进入者成为一个问题，也是因为私募股权市场有一项大家默认的传统，即普通合伙人为了感谢有限合伙人的忠诚，会保证其优先认购未来的基金产品。这种忠诚是相互的，如果有限合伙人与普通合伙人并肩穿越困难的投资周期，那么有限合伙人几乎肯定可以投资公司的后续基金；如果普通合伙人的初始基金业绩良好，基金有限合伙人非常可能在未来基金中继续成为投资者。要建立这样进入顶层基金所必要的良好名声与融洽关系，需要经历数十年。

> 但是，即使投资者有充分的知识和资源判断潜在的目标基金，也不能保证他们能够获得这些基金的准入资格。对高质量基金来说尤其如此，在将新的投资者纳入现有投资者库之前通常非常挑剔。
>
> Söhnholz（2001）

私募股权是一个封闭的圈子，故交关系为购买高需求基金提供了机会，新人往往被拒之门外。通常，当一家业绩良好的基金推出新基金时，前一轮基金的投资者会迅速超额认购。普通合伙人的关注点在于与现有有限合伙人维持良好的关系。寻找新的有限合伙人是一项昂贵的活动，考虑到结束募集的时机及未来关系的维护，会带来很多不确定性⊖。于是，基金经理但凡有能力则尽可能避免此类活动。在极端情况下，外界根本不会知道这个团队正在募集一只新基金。进入这个关系网络就需要识别头部基金，并且知道其募资活动的时间安排。大多数头部基金都会将认购机会优先分配给之前的投资者，但是也可能会分配一部分新基金份额给那些能带来价值的投资者，比如项目交易、退出机会、行业知识等。当然，对资金实力雄厚的、已经证明是市场长期资金的有限合伙人来说，认购基金不是什么难题。然而对于新手来说，这是一项进入障碍。

从历史上看，基金准入似乎是美国特有的现象，在新兴私募股权市场较少存在这个问题。但是，随着新兴私募股权市场越来越被认可、越来越成熟，基金经理需要限制基金规模，对有限合伙人也越来越挑剔。根据另类资产网（AltAssets，2003a）的数据，欧洲也有超募基金。中长期来看，这可能成为一个重要的趋势，从而不断增强领先的基金经理的投资者关系。

2.3.2 新进入者

私募股权基金公司经常流失专业人才，有经验的职业人士自立门户，发行自己的新基金。这些专业人士在旧基金的品牌下积累了业绩记录，并且在募集资金时引用这些投资记录。而且，旧基金的有限合伙人很有可能会支持这样一只新团队。

极少数有限合伙人会投资于毫无经验的基金经理管理的基金，而大多数有限合伙人则根本不会投资于基金经理的首只基金，或者在他们的投资指南中根本不允许投资。他们主要是担心这些公司没有持续的可追溯的业绩记录，对团

⊖ 另见 Lerner 和 Schoar（2002），他提出一种理论，认为私募股权基金经理通过选择证券的非流动性程度，可以影响公司所吸引投资者的类型。这可以让他们筛选出"资金实力雄厚"的投资者，即那些不太可能受流动性冲击的投资者，因为他们可以降低普通合伙人未来募集资金的资金成本。他们的分析是基于现有投资者与市场对管理人质量的信息不对称的假设。当普通合伙人不得不向外部投资者募集后续基金时，他们将面临次品问题（Lemons problem），因为外部投资者无法确定是管理人的水平较低还是现有投资者遭到了流动性冲击。当私募股权基金拥有公认没有流动性冲击的有限合伙人，比如捐赠基金、基金会和其他长期认缴私募股权基金的投资者时，转让限制就不那么普遍了。

队能否长期磨合还存疑○。有人可能会认为，投资者不愿投资跟没有可追溯的业绩记录没有太大关系，因为将历史等价于未来本就是一个过于"理想主义"的假设，更重要的问题是如果这只基金表现不佳，如何证明投资决策的合理性。然而，有些基金是正在冉冉升起的明星，例如，优秀的团队可能只是缺乏一个多元化基金可追溯业绩记录。因此，我们应该对首次募集的基金做出区分：

- 自立门户（spinouts）或者首次募集的基金。这些基金由曾在其他知名基金共事的经验丰富的基金经理决定自立门户时所创立并管理。只有当基金团队是从已有基金中剥离出来，并且团队非常成熟，很多有限合伙人才会投资这类首次募集的基金。他们之所以投资，是因为团队有熟练的技能、高度的积极性，不存在前一家公司面临的核心人员积极性降低、内部关系紧张或者继任问题悬而未决等问题。新团队可以采用原公司同样的策略，或者为了有区分度，常常追求独特的策略，聚焦在某一个行业赛道○。
- 首次合作的团队。一般是职业天使投资人合伙成立的基金，之前仅仅是松散的合作。在极端情况下，首次合作的团队缺乏经验，此前从未一起共事，私募股权的经验若有似无。在互联网泡沫期间，这样的团队在私募股权行业非常常见，最后因为给投资者造成损失而饱受诟病。无论公平与否，其造成的结果是首次合作的团队设立基金变得极度困难。然而，在新兴的前沿技术领域，往往缺乏知名团队的身影，除了将一群学者和技术专家聚集在有经验的私募股权基金经理身边之外，似乎没有别的选择，尽管仍然存在团队风险。

即使团队过去曾经成功地并肩作战，自立门户基金的成员之间可能会因为独立性而产生不切实际的期望，他们在团队中的角色还需要磨合，而最具决定

○ 还有一些更加"软性"的因素。机构投资的专业人士投资于新基金时，既没有补偿，也没有激励。如此看来，投资于一只以后业绩不佳的新基金，被认为是比再投资于一家知名公司更加严重的错误。在知名公司失败的情况下，很多其他名声显赫的投资者会犯同样的错误。

○ 由于未能为初级专业人士提供一条通往合伙人的清晰职业路径，几家私募股权公司已经流失了经验丰富的专业人士，他们已经脱离出来发行新的基金。在募资过程中，如果能够提供投资业绩记录，最好是作为一个团队，这会有很大的帮助。

性的可能是他们还缺乏有限合伙人的信任。然而，Sachar 和 Jinnah（2001）认为，在基金的基金投资组合中配置首次募集的基金具有重要的优点。最主要的是预期获得更高的收益，因为首次募集的基金一般比已经赚取财富的成名公司更有"饥饿感"。这样的团队不仅罕见地保持了积极性，因为他们自己的财富也依赖于当前的基金，而且他们还没有已投组合的负担，能够把所有精力全部投注到此次投资中。投资于首次募集的基金不仅为创造明天的明星基金提供了机会，投资者还享有更大的谈判空间，以获得更好的条款和条件，比如共同投资的机会⊖。最后，这些新进入者更加热切地希望与早期支持的投资者建立密切的关系。

2.4 私募股权市场动态

2.4.1 繁荣与衰退周期

组织有序的私募股权市场是不断变化的，间歇性地扩展与收缩。市场的规模主要以基金数量来衡量，与目标收益大致保持平衡。如果目标收益没有实现，投资者就会从行业撤回资金，传奇的成功故事则不断吸引新人入场。风险投资基金领域的繁荣与衰退周期尤其明显（如图 2-5 所示）。

- 风险投资基金领域的繁荣期往往由技术变革驱动，比如个人电脑成为消费品，20 世纪 80 年代生物技术行业的崛起，或者 20 世纪 90 年代的互联网革命。偶尔出现的天文数字般的收益让这个市场进入了机构投资者的图谱。当政府开始打造硅谷梦时，机构也受到政治的支持甚至压力，在这个领域活跃起来。多元举措吸引着新人涌入市场各个领域，包括投资者、基金经理、企业家。

- 这种繁荣毫不意外地导致基金过度供给，以极高的估值倍数收购微不足道的项目。典型的情况是，对创业企业的过度需求导致风险投资家试图到大学和研究实验室"掠夺"新点子。突然之间，从早期研发阶段的发明到荒诞不经的创造，不成熟的技术都被当作"拟向消费者销售""下

⊖ 柔基金投资者（Rho Fund Investors）的副总裁戈登·哈格雷夫斯（Gordon Hargraves）称："我们投资了很多首次募集的基金。这是我们信念的结果，首次募集的基金可以通过卓越的投资提升业绩，而不是仅仅以高额的管理费为代价。此外，你还经常可以通过培育新兴的管理人获得更好的条件。"

一个风口"推向市场。

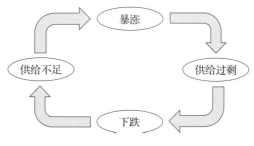

图 2-5 私募股权市场周期

- 衰退不可避免。很多繁荣基金意外轰然倒下，收益下跌，新资金来源枯竭，企业家重回咨询公司或者银行。很多机构悬崖勒马，干脆停止风险投资基金投资计划，向安全资产出逃（flight to quality），导致大多数边缘基金经理被市场洗牌⊖。
- 最后，行业中的基金经理及其管理的基金供应不足，这大概就是可持续的均衡状态。这种稳态导致项目竞争减少，收购项目估值倍数下降，重新让私募股权成为一个有利可图的市场。

在基金和资本供给不足的一般情况下，挑选品质基金难如登天。但是，即使垫底的基金业绩也够好，整个私募股权投资行业都获益匪浅。市场已经萎缩的时候，大多数活跃的基金经理都是高质量的。由于资金普遍缺乏，新的有限合伙人进入市场会易如反掌。但是，基金会比较谨慎，以防引起存续有限合伙人的反对。然而，在繁荣与过度供给期，这些高质量基金超越同一时期基金业同行的概率更高，往往会超募，有限合伙人很难再进入。

2.4.2 有限合伙人与普通合伙人之间的关系

有限合伙人的投资策略是围绕少数几家普通合伙人，聚焦市场的某些特定领域，比如特定行业、特定阶段。基于现有关系的基金规模增长是有限度的，尤其是对风险投资基金，因为有限合伙人有明确的扩张限制。随着配置资本的

⊖ 根据 PEO 专栏（The PEO Column，2004），在撰写评论时，一些业内人士宣称需要让 1/4 的私募股权基金消失，并对那些故意照顾而不是关闭其病入膏肓的管理公司的普通合伙人持批评态度。

增加，有限合伙人必须投资更多的基金，识别、评估同样质量的基金经理也变得越来越困难（如图 2-6 所示）。

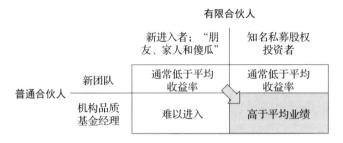

图 2-6 私募股权基金市场的分割

另一方面，普通合伙人需要的是资金实力雄厚、品牌值得信赖、专业知识充足、投资期限长久的有限合伙人。有限合伙人应具备私募股权行业的专业知识，熟悉行业的具体细节，特别是估值方法与行业基准。当然，逆向选择也充斥于私募股权市场。毫无经验的公司或者正在走下坡路的"过气公司"等劣质基金试图取悦毫无经验的投资者。而鸡飞蛋打的结果迟早将双方驱逐出市场。

也许，私募股权的未来是一个少数精英 GP 代表少数理性 LP 群体投资的市场，双方共享另类资产存在的理由：超额收益。

Borel（2004）

2.4.3 有限合伙人与普通合伙人关系的生命周期

为了维持持续投资项目，普通合伙人需要在当前合伙企业的资金全部投资后，立即启动募集新的基金，大约每 3~5 年一轮。有限合伙人与普通合伙人之间的紧密关系是通过多轮合作建立的（见表 2-1）。最初的标准非常严格，基金经理一般无法通过第一只基金迅速致富。这种关系经过几轮检验，形成经验增加与基金规模增长的良性循环。良好的业绩记录与经验本身就是一种资产。这是能力的反映，表明普通合伙人特别用心保护他们的名誉。名声越好的基金募资成本越低⊖。为了最大限度地降低费用，假如前一只基金的合作关系还算令人满意，基金经理一般会首先向前一只基金的投资者募集资金。当然，随着很多有

⊖ 见 Prowse（1998）。

限合伙人决定继续参与投资，这种趋势在下降，因为他们会自我安慰，"现在下结论还为时过早"，他们觉得维持现在的关系非常重要。

表 2-1　基金管理公司的生命周期模式

进入并成立	成长或竞争	下降或退出
缺乏辨识度	明星品牌	失宠
募资困难	忠诚的有限合伙人基础	有限合伙人离场，被其他类型投资者取代（二手玩家，市场新进入者）
登顶还是垫底，未知	很可能是头部业绩	不是顶级，但是业绩稳定
基金规模太小	基金规模正合适	基金规模太大，或者基金数量太多
基金规模太小，难以致富	利益分配最佳	核心基金经理获得成功
管理团队形成中	管理团队大展身手	继任问题，自立门户

为了便于讨论，我们将基金经理与投资者关系的生命周期分为三个阶段（如图 2-7 所示）：进入阶段；成长或竞争阶段；下降（失去竞争力）或退出（放弃或"成功"）阶段。普通合伙人与有限合伙人之间当然也存在一种共生关系。

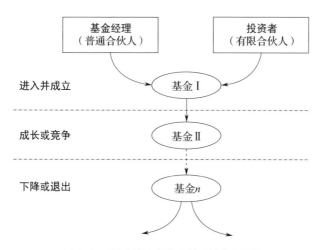

图 2-7　基金经理与投资者关系的生命周期

按理说，有时候艰难的初始资金募集过程可以被理解为"求爱期"。首次募集的基金在募集过程中特别看重辨识度，所以，往往采取独特的投资策略㊀。投

㊀ 见 Thompson（1999）。

资者和基金都面临着进入障碍。明确的是，缺乏可验证的业绩记录，让新团队难以募集到首只基金。新的有限合伙人同样面临进入障碍。比如，他们通常缺乏投资最佳基金的途径。而那些超募的基金管理人（意味着他们经常需要使用守门人等），则需要不断地向自己的资金方解释准备投资的项目。

假设投资者只投资头部业绩的基金，均值以下的基金都无法继续生存，那么这种看法过于简化了。与大多数人之间的关系一样，人们对错误和失败都有一定的容忍度，至少在一定时间内如此。毫不奇怪，"结婚"和"离婚"经常被用以形容基金经理和投资者之间的关系[一]。

投资者不仅仅会关注与基准水平相比较的团队业绩，他们主要关心的还是现金回报。因此，基金经理与投资者之间的关系能在较长一段时期内保持相对稳定。Lerner 和 Schoar（2002）提供了证据，表明连续基金的投资者具有高度的连续性，而且经验丰富的投资者有能力预测后续业绩不佳的基金。虽然基金经理显然能从忠诚可靠的投资者群体中获益多多，但是长期关系对有限合伙人也是有利的。

- 在高度不透明的私募股权市场，搜寻基金并尽职调查是一件耗费成本的事情，有限合伙人往往偏好熟悉的基金经理，不喜欢未经证实的投资建议。
- 对投资者来说，尤其需要抓紧优秀的基金经理不放，因为最好的团队拥有成熟的投资者基础，因此不需要再去四下募集资金（尤其是在成长阶段）。
- 也可能有更好的计划，因为有限合伙人会在早期就明确表态是否会支持后续基金。由于有限合伙人有自己的交际圈子，即使他们自己不想继续投资，往往也会向一个优秀团队推荐其他投资者。可预见的尽快关账（closing）可以更加有效地运用资金。

私募股权是一种投资，不是一种关系。如果你认为自己与基金经理存在一种感情上的关系，那么你未来可能不会进行投资。看看最近的历史。真正伤害投资者的是二次投资。

Sood（2003）

[一] 见 Hellman 和 Katz（2002）："就像一次争吵不应该毁掉一段婚姻一样，一只糟糕的基金也不应该毁掉基金经理和投资者之间的长期关系。但是，为了加强这种关系，双方需要能够认识到并讨论哪里出了问题，以及未来将如何改变，以最大限度地提高所有人成功的机会。"

尽管对失望的结果的容忍是有限度的，但是，在同等条件下，投资者宁愿跟随他们熟知的基金经理或者朋友圈推荐的基金经理，也不愿意投资新团队。最终，一旦基金经理取得了"成功"，无意再募集另一只基金，双方的关系就此终结。后续基金有新投资者加入时，很少有团队会急于"成功"。而且，如果有限合伙人对团队失去信心或者不再信任，比如当团队变得越来越傲慢自大，无法兑现承诺，有限合伙人最终也可能会结束双方的关系。这可能是一个渐进的下降过程。有些有限合伙人不再投资后续基金，需要由资金实力不那么雄厚的投资者或者将此视为"一次性"金融游戏的二手交易投资者来替代㊀。

2.5 结论

投资者及基金经理都依赖于建立长期关系。市场中充满了各种各样的逸闻趣事，经验丰富的市场玩家从这种关系中结成长久的"伴侣"，赚得盆满钵满㊁。对于首次组成的团队来说，大量的历史数据证明，其比成熟的基金管理团队有着更高的死亡率。我们不清楚有限合伙人的可比数据。但是，可以确定的是，大量从事私募股权业务的机构都不再投资，因为这些投资已经满足了他们的期望。他们很可能遭受了所有有限合伙人都面临的初始信息方面的不利因素，这使得识别或者结识最好的基金经理变得非常困难。我们可以得出结论，对普通合伙人和有限合伙人来说，都存在进入私募股权市场的障碍。对有限合伙人来说，要想获得有吸引力的可持续的收益，就要严格执行长期导向的投资策略，建立基金的投资组合。

㊀ 在基金经理走下坡路期间，有限合伙人也可能会在后续基金中持有较小的份额，以便在复苏时保留选择权。

㊁ 保证基金经理估值有效性的主要机制是，他们将自己个人财富的一大部分投资于基金。正因如此，我们认为目前风险投资基金行业小基金众多的碎片化格局不太可能改变。事实上，这个行业与其他创意行业（比如好莱坞）有许多共同的特点，数量有限的参与者聚集在一起，与潜在的进入者展开激烈的竞争。

第3章 私募股权基金的结构 ⊖

20世纪70年代末,美国监管政策的变化允许社保基金扩大对私募股权的投资,但主要是有限合伙制度的中介作用才促进了机构投资组合中纳入私募股权。根据Prowse(1998)所述,"私募股权的增长是组织创新——在监管与税收变化的帮助下——在一个特定市场引发创新活动的典型案例"。有限合伙制作为私募股权的主要形式,是私募股权市场存在的信息极端不对称与激励问题的产物。并不是所有地区都存在有限合伙结构,地方政府一般都默许机构模仿这种普遍的形式,为了简化起见,也因为我们的目的是强调宽泛的原则,下文只涉及有限合伙结构(如图3-1所示)。

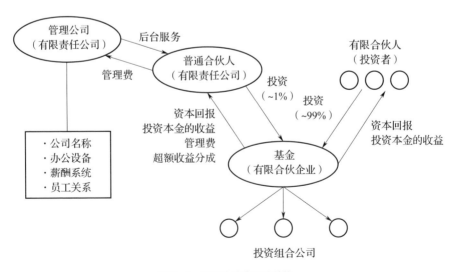

图3-1 有限合伙企业的结构

⊖ 本章不是律师写的。它包含一般性的信息,仅用于说明基本原则。

对基金来说，有限合伙协议决定了它的法律框架以及条款和条件。协议主要包括合伙人之间对资本收益或损失的分配，存续期间收益或损失的分配，向普通合伙人支付的管理费，可能的投资限制，以及重大治理问题。对普通合伙人来说，以运营协议为例，约定了业绩报酬在个人基金经理之间的分配与归属。管理公司与所有员工和普通合伙人达成协议。对管理公司来说，另一项运营协议约定了管理费的分配或者名称与商标的授权[一]。一家私募股权管理公司可以视为一个集团，同时管理几家这样的合伙企业。一般来说，在前一只基金投资期结束之前，或者当前基金大部分资金（通常高于70%）被投资之前，有限合伙协议不允许同一位基金经理募集下一只基金。

基金募集的主要文件包括《私募发行备忘录》（主要描述投资建议）、《认购协议》（包括认缴资本承诺与证券法豁免情况）、《有限合伙协议》（定义各方权利与义务）。

我们不打算详细讨论有限合伙协议中的各种条款与条件，因为随着基金经理与投资者的成长、新的监管政策及经济环境的变化，这些内容也在不断发展变化。我们旨在解释当前流行标准的主要原则及其基本原理。本质上，协议的条款是为了平衡基金经理及投资者之间的利益，防止任何形式的欺诈（道德风险）、谎言（逆向选择）或机会主义（敲竹杠问题）。设计激励机制是为了让基金经理将焦点放在最终的财富和业绩上，不至于利用协议的漏洞，制造过于乐观的中期业绩。Prowse（1998）分析了私募股权市场各参与主体利益分配的机制，他得出结论认为，诸如合伙协议或者咨询委员会等直接控制方式，都排在业绩激励（如普通合伙人的业绩补偿和声誉）之后。

有限合伙协议中条款与条件的特殊性源于成功的私募股权投资的一些特殊要求。所有相关方都要保持耐心，因为创业企业的发展需要数年时间。不仅仅是对公司建设抱有浓厚兴趣的合格基金经理，深明事理的投资者也需要守住底线并且需要相互信任——因为创投领域的大多数资产都是无形资产。他们还需要对挫折有更高的容忍度，因为这项活动充满了挫折。向30位专业的有限合伙人解释J曲线比向公众传达这个概念更容易[二]。普通合伙人不仅通过协议安排限

[一] 见 Muller（2004）。

[二] 这也可以解释为什么在这个行业中，基金经理不愿意受到公开披露限制的约束。上市公司的投资者只有通过频繁的好消息才能保持快乐。

制投资者离开合伙企业，还需要通过投资者关系建立信任。这种信任的建立得到了有限合伙人的回报，例如通过共同投资、投资后续基金、通过"备用基金（side-funds）"支持基金，以及偶尔解决有利于基金经理的协议中的歧义。特别是在这里，凯恩斯的观察是正确的，即如果决策"像婚姻一样，除了死亡或其他重大原因之外，是永久性的和不可分割的"，那么投资工作会做得更好。

虽然与婚姻的类比有些牵强，但是也有一些重要的相似之处，例如各方平等分担风险与收益。合伙企业的结构应尽量减少有限合伙人的成本，优化普通合伙人的收益，使其反映他们的附加值和市场状况，并最大限度地提高对所有合伙人的后端支付。双方的信任和开放式沟通以及对外部各方的保密性对于维持牢固的关系至关重要。一只业绩糟糕的基金不应该破坏长期的关系，而应该促成改变，以最大限度地提高所有人的成功机会。基于此，我们可以得出结论，投资后续基金不应成为自动操作，而是需要每次对投资合理性进行彻底审查，并与其他机会进行比较。

虽然投资者当然要"争取最好的交易"，但他们也必须明白，在动荡的经济环境中，普通合伙人和有限合伙人之间的权力不断变化，需要在长期目标和短期收益之间权衡取舍。因此，有很多关键问题要么不能写在协议中，要么无法执行，因此需要以不同的方式解决。

旗帜创业管理公司（Flag Venture Management，2003b）认为，合伙协议"应该提供一个框架，让 LP 和 GP 共同成功或失败的激励机制保持一致。我们并不希望从 GP 那里榨取到最后一步的妥协，以弥补'泡沫'基金的糟糕业绩。相反，我们希望建立一个前瞻性的双赢（或双输）的合伙协议"。

3.1　主要特征

根据 Blaydon、Wainwright 和 DeOliveira（2004）开展的一项调查，大多数普通合伙人和有限合伙人认为，有限合伙协议范本将是私募股权基金投资谈判的有用起点。作者发现协议范本的主要挑战包括风险投资基金和并购基金之间的差异、头部普通合伙人⊖的抵制以及普通合伙人和有限合伙人就标准文本达成

⊖ 拥有最佳业绩记录以及众多等待投资的机构支持的基金没有妥协的动力。他们会继续索取比同行更多的条件。

一致的可能性很低。

有限合伙人更倾向于加强有限合伙协议作为治理文件——尤其是信息披露方面（即与利益冲突、有限合伙人变更的信息披露、普通合伙人利益转移、实物分配的估值或有限合伙权益通过二级市场出售情况下的购买价格有关的信息）。他们还希望基金经理在资本缴款通知之前和之后证明自己遵守了有限合伙协议的条款。此外，有限合伙人可能会寻求其他方式来弥补私募股权投资相关的较高风险，例如通过设立更高的门槛或更有利的治理条款。

随着行业的发展，基金规模逐渐分化，专业型选手崭露头角，标准条款已经无法确保所有情景下的利益分配。未来合伙条款的变化最可能出现在有限合伙协议的细节中，而不是委员会结构的变化。当前有限合伙的形式最适合当下的市场环境，但是环境不会一成不变，一个不受监管的行业，"主流"在持续变化。在高度分裂的私募股权市场，各地区之间的竞争与差异体现在基金条款与条件的多样性，尤其在欧洲框架下更加明显。新条款与条件的涌现当然也受到监管与经济环境变化因素的驱动。

与主流的偏离甚至最新演化的最佳实践当然也受到新基金经理试图以差异化进入市场等因素的驱动。创新对新来者非常重要，因为他们只有通过差异化方法才能吸引投资者。首只基金特别重视募资的独特性。这意味着要制订一个恰当的或者差异化的投资策略作为成功的关键。因为机构投资者也需要分散自己的投资组合，也有差异化的需求。在募资艰难的环境下，一方面，投资者利用难得的谈判优势，从私募股权基金获得更有利的条款。另一方面，成功的普通合伙人控制住基金的入口，能够达成比市场平均水平更有利的条款。

随着普通合伙人与有限合伙人在市场周期中所处环境与激励的变化，双方的结构性关系也发生了变化。虽然很多主要条款一般不会发生大的结构性转变，但是一些细节，比如2.5%的管理费、计算方法及计算基础等都是可以协商的。在实操中，大多数有限合伙人都偏好标准化条款，因此，如果有潜在投资者想要对条款与条件做出重大修改，就会受到阻碍。

克服委托代理关系问题的关键是投资者与投资经理之间的经济考虑及利益一致性，而不是有限合伙协议以及由有限合伙人组成的咨询委员会。出于这种一致性，我们可以预见到管理费、业绩相关激励、门槛收益率以及最重要的，普通合伙人承诺将自己的大部分财富与有限合伙人一起投资等种种安排的结构。此外，还有关于再投资与回拨机制（claw-backs），以及非经济性条款，如关键人物条款、连带责任及信息披露义务。这些条款为有限合伙人适度控制基金的管理提供了便利。

> 事情的真相是，那些业绩最佳的基金——每个人都想投资的基金——即使在市场下行期也可以随心所欲地设置条款。
>
> Meek（2004b）

3.1.1 公司治理

法律○和合伙协议限制了有限合伙人对普通合伙人活动的控制力度。这些控制主要包括延长投资期、估值、利益冲突或与关键人物相关的问题。有限合伙人只能通过简单多数（比如延长投资期或基金存续期）或特定多数（例如离职惩罚条款）法则做出决策。其他公司治理工具包括咨询委员会或董事会这类机构。审计与估值委员会也可能发挥作用。偶尔，有限合伙人也会被邀请参加投资委员会。但是，有限合伙人真的要承担这份责任吗？一般来说，国际行业专家认为，基金经理应该在没有投资者的直接干预下做出投资或回收投资决策，否则这将淡化基金经理的责任，而且投资者一般来说既没有法律权限，也缺乏技术与经验来做出这样的决策。

公司治理的另一个重要因素是信息披露。像欧洲私募股权与风险投资协会（EVCA）、英国风险投资协会（BVCA）、法国风险投资协会（AFIC）等各私募股权和风险投资行业协会，都发布了估值及报告指南。遵循这些指南进行的信息披露义务越来越多地被纳入协议中。在日常报告中，基金经理也遵循着不同的方法。有些普通合伙人把细节减少到最低限度，披露给所有有限合伙人，而另外一些普通合伙人根据投资者的特定类型，分别披露不同细节程度的信息○。

○ 在有限合伙企业结构中，过于活跃的有限合伙人可能会被重新划分为普通合伙人，丧失其有限责任。

○ 结合美国《信息自由法案》关于公共机构有限合伙人透明度的辩论，这种方法被视为走出两难困境的一种方式。这种方法甚至发展到了这样的地步，即有限合伙人有义务尽快销毁基金经理提供的材料。

普通合伙人与有限合伙人在投资过程中全程保持密切交流是最有效地建立一致关系的非结构性方法，因为大家都不喜欢发生意外㊀。

3.1.2 投资目标、基金条款与基金规模

在有限合伙协议中，关于投资目标的表述应该具体一点，但是不要太过狭窄。Lerner（2000）称，私募股权基金被称为盲池是有原因的。投资者不应该试图去过度限制基金经理的灵活性，因为对于不确定的投资机会和存在的严重信息不对称，他们总是能找到途径绕开这些限制。

基金期限通常是 7~10 年，可以再延长最多 3 年，这意味着需要在更高的 IRR、充足的投资和退出时间以及投资者可接受的非流动性程度之间做出平衡。一般来说，基金期限延长需要每年批准一次（1+1 年，而不是一次性批准两年），管理费相应需要降低或减少到 0，以激励快速退出。

以有限合伙人承诺出资衡量的基金规模需要与投资目标一致。另一方面，各类因素比如管理层的资源或者潜在机会的数量都在无形中决定了基金的最大规模。业界公认，基金规模越小，普通合伙人工作越努力。虽然有限合伙人的承诺出资在协议中白纸黑字写明，但这并不是板上钉钉的事。当市场下行，资金流入伴随着投资活动的大幅减少，很多未实缴的资金都无法有效地投入运营。这不仅会使后续的基金规模变小，而且就算基金经理有心与投资者培育长期的关系，也可能会回笼资金，尽管会导致管理费的减少。

通常来说，基金财产一旦变现，会立刻分配给投资者。有些情况下，例如，投资者对基金经理信心十足，有限合伙协议会约定可以再投资。有限合伙人还经常给基金经理赋予自由裁量权，将投资期实现的收益进行再投资。再投资对风险投资基金并不罕见，但是很少适用于专注并购的基金。

3.1.3 管理费与其他费用

管理费提供了一个基本的补偿，这样基金经理可以全力支持基金的投资活

㊀ 见 Hellman 和 Katz（2002）："增强交流能够让 GP 和 LP 更好地理解对方的行动和动机，创造一种双方都表示渴望达到的长期关系的和谐氛围。"投资者还要求提高共同投资者和共同投资相关条款及条件的透明度。

动。在私募股权行业，报酬主要基于业绩，大家一致认为，普通合伙人不应该靠管理费获得巨额利润。管理费应该减少到一个较低的水平，使基金经理主要依靠超额收益分成的激励⊖。在投资期间，管理费是以认缴出资计算的，从而激励基金经理不要一味追求规模，而要关注投资质量。管理费在投资期末尾或者在募集下一期基金时逐渐减少。

管理费是有阈值的，既不足以维持基金的投资运营，也不够养活普通合伙人。对规模相对较小的基金，认缴出资2%的管理费勉强覆盖所有费用，而对规模大一些的基金，费率需要降低到让基金经理专注于提高投资业绩。于是，费用分布在这条"基带"上，通过普通合伙人和有限合伙人谈判筹码的变化而上下浮动。

如果管理费少得可怜，基金经理可能会寻求其他形式的补偿，比如担任投资组合公司董事会成员的报酬，提供咨询或管理服务的费用，或者担任交易顾问的酬劳。为了避免基金经理从投资管理中分散精力，有限合伙协议预见到了这种情形，约定这些费用全部或部分抵减管理费。毕竟，为什么投资者要为同样的服务支付两次费用？一次是管理费，另一次是间接投资的费用。

投资者接受一项费用标准之前，需要评估基金经理的成本基数，或者需要为管理费用设置上限。这项评估还需要考虑具体有限合伙人之外的因素，比如基金经理同时管理基金的数量。这种情况下，投资者频繁要求降低管理费，或者在有限合伙协议中加入排他性条款，以应对叠加收费的问题。有些投资者甚至将管理费加入预算管理，基金经理的费用在经营预算基础上收取，比如每年由咨询委员会批准。一方面，这些举措的好处是，经常以业绩为导向重新配置激励机制，但是另一方面，为有限合伙人赋予太多权力，他们可能会无意中将公司的预算降到难以吸引优秀的有干劲的员工的程度。

业界通常的做法是根据承诺出资来分配收入与费用，99%归投资者，1%归基金经理。有些业内机构认为，收入与费用应该按照资本收益与损失分配相同的比例来划分，即80%归投资者，20%归基金经理，超额收益分成为20%⊜。相

⊖ 关于费用，Bushrod（2003b）评论道，至少根据美国的数据，薪酬和奖金与基金业绩之间不存在直接的关系。

⊜ 见旗帜创业管理公司（Flag Venture Management，2003b）："FLAG（我们）一直把这一项作为谈判要点，但是很少有基金会考虑改变。"

反的观点认为，普通合伙人比有限合伙人的风险分散程度更弱，承担更高的风险暴露，因此需要获得相应的补偿。

3.1.4 超额收益分成

尽管私募股权行业历经波折，但无可辩驳的是，基金经理的主要动力是业绩驱动的超额收益分成。超额收益分成要么按照基金整体计算，要么以逐笔交易为基础计算。现在，多数超额收益计划都是以基金整体为基础计算的[一]。与基金整体分成一样，如果单笔项目的收益率超过门槛收益率或者优先级收益率，就可以提取逐笔交易为基础的超额收益分成。一般情况下，之前的损失和整个投资组合的业绩也需要考虑在内。逐笔交易的超额收益分成往往是不动产私募股权基金的特征[二]。人们常说，普通合伙人应该"靠管理费吃糠咽菜，靠超额收益山珍海味"。一般来说，20%的收益分配很合理[三]。通常，超额收益分成是整体计算的，不是逐笔计算，以避免误导激励。超额收益也可以是逐级递减的，比如基金经理获得的超额收益越高，提取的超额收益比例也越高[四]。

3.1.5 优先级收益率或门槛收益率

优先级收益率通常也称为门槛收益率，已经成为一项标准的有限合伙协议条款。引入这一条的合理性在于，确保普通合伙人仅能对超过标准的业绩获得补偿（Maxwell，2003a）。因此，有限合伙人拥有与其承诺出资（或投资资金）加上"无风险"收益率相对等的分配优先权[五]。同时，当前优先级收益率一般设为6%~8%，不考虑主流的无风险收益率是多少。

如果门槛收益率设置太低，就失去了作为激励手段的意义，反而会带来管理上的问题。但是优先级收益率也有些概念上的问题。普通合伙人面临一个两

[一] 见 Bygrave，Hay 和 Peters（1999）。
[二] 见 Weaver（2003）。
[三] 也不是没听说过，少数"明星"基金能够获得超过20%（25%或者甚至30%）的超额收益分成比例。事情总有例外。
[四] 见 Meek（2004b）。
[五] 无风险利率被视为与一只私募股权合伙企业的加权平均寿命（6~7年）具有相似到期日的国债收益率。在20世纪80年代后期，这一范围大概为6%~8%。有些投资者要求，优先级收益率的计算应该以承诺出资总额为基础。

难的问题，短期内为了优化 IRR 而退出一项投资，还是持有更长期、获得更高的收益倍数？标准的优先级收益率是基于 IRR 的，为激励普通合伙人采取前者，而基于收益倍数考虑的优先级收益率则激励普通合伙人采用后者○。

Maxwell（2003a）认为，优先级收益率带来的困扰远多于实用性："总之，虽然优先级收益率是现在普遍接受的标准条款，但是我认为它已经过了保质期。私募股权条款不是一成不变的，没有理由认为不可以考虑新方法。" Maxwell 提出了一个建立在浮动超额收益计划基础上的新模型，大体来说，乘数越高，超额收益分成越高。他认为，这比传统的优先级收益率能够更好地分配各方利益。

> 特别是，当投资组合价值跌到一定点位以下，获得超过优先级的收益基本无望时，设定的优先级收益率可能会诱导 GP 放弃继续努力。
>
> Covitz 和 Liang（2002）

虽然高门槛收益率是为了激励获得更高的业绩，但是也可能起到相反的作用。如果没有希望获得超额收益分成，那么挣扎在努力边缘的基金经理可能会受到逆向激励。这也可能会导致基金承担过高的风险。当基金业绩很好时，激励的费用用来奖励基金经理，但是如果基金经理表现不佳，并不会受到惩罚。基金经理承担的风险越高，业绩向上的潜力就越大，短期内遭受损失下跌的影响就越小。

3.1.6 普通合伙人的出资

这种承担过高风险的利益冲突可以减少或消除，只要基金经理将大额个人财富投入基金。那时，基金经理也同样承担基金损失的风险，就不会受激励去承担额外的风险，或者当超额收益分成和后续基金发行难以实现时，不会先行跳船逃跑。通常，私募股权基金投资者认为 1% 是标准，是可接受的○。实际上，

○ 虽然在只有一轮融资的后期阶段，优先级收益率的效果相当不错，但在有多轮融资的早期阶段，这种方法可能是无效的，因为许多融资都需要按阶段支付。

○ 见 Bushrod（2003b）："这通常被称为'伤人的钱（hurt money）'，意思是如果这笔资金损失了，足以对风险投资家的生活方式产生实质的影响，用私募股权的术语来说，这意味着基金没有产生足够的利润，没有给风险投资家留下任何获得超额收益的空间"。

1% 有时可能太低了[⊖]。

为了更好地理解其中的道理，让我们看一下普通合伙人和有限合伙人的相对风险敞口。对于首次合作的团队和新手基金，基金管理团队还没有积累足够的个人财富来进行如此大的投资，投资者想看到的是每一位团队成员将自己财富净值的一个重要比例用于投资。当然，这个比例是多少很难确定，需要深入地研究判断。普通合伙人对基金的出资通常是个人财富的一定比例，而有限合伙人的投资虽然绝对金额远高于普通合伙人，但通常只占其机构资产的九牛一毛。请看以下两个例子：

> 正如一位被要求向基金实缴出资的 LP 所说，该基金由一家大名鼎鼎的 VC 公司的两位拥有 15 年经验的基金经理管理，"这些家伙仅投入了自己资金的 2%。根本是杯水车薪"。
>
> Hellman 和 Katz（2002）

- 普通合伙人承诺向基金出资个人财富的 80%，而有限合伙人所投入的份额仅占其资产管理规模的 1%（如图 3-2 所示）。从绝对金额来看，有限合伙人从基金的高收益中获利丰厚，从相对金额来看，普通合伙人赚了大钱，个人财富巨额增长。但是，如果业绩不佳，普通合伙人受到的损失不成比例，因为他们损失了大部分资产，并且在同样的条件下很难再募集下一只基金。利益联盟可能从各个方面发生作用：既有强烈的激励产生超额业绩，普通合伙人也对个人资产的下行保护十分谨慎。
- 与普通合伙人没有将大量个人财富投入基金的情况相比（如图 3-3 所示），我们可以发现明显的差异。在获得超额收益的情况下，与前面的例子一样，他们的个人财富实现巨额增长。在业绩不佳的情况下，与有限合伙人相比，他们根本没有受到任何损失。无论基金表现如何，普通合伙人的相对状况都比有限合伙人好。

⊖ 见 Meek（2004b）："例如，那些仅仅因为这是标准而提出将基金的 1% 作为标准的人，不太可能让投资者相信他们所做的投资。艾德维克资产管理公司（Adveq）的安德烈·贾吉（Andre Jaeggi）对此表示赞同。'实缴出资的适当水平取决于基金经理的情况。如果凯鹏华盈的合伙人同意投入 10% 的资金，这是一个非常大的数额，但它对合伙人的伤害可能不会像新参与者实缴 1% 那么大。普通合伙人必须承担风险'。或者，用另一位投资者的话说：'我对百分比不感兴趣。我感兴趣的是损失实缴出资对基金经理的伤害有多大'。"

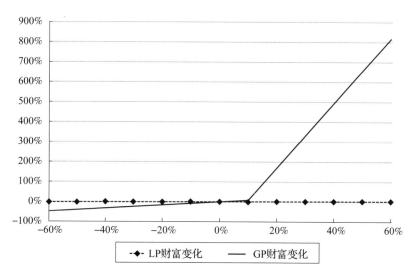

图 3-2 普通合伙人投入大量个人财富用于投资

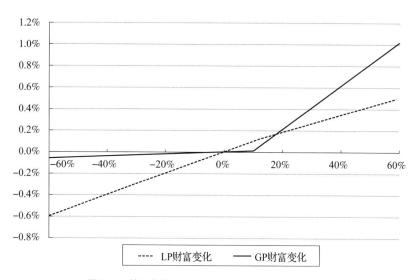

图 3-3 普通合伙人投入个人财富的很少份额用于投资

在世界历史上，从来没有人清洗租来的车。

劳伦斯·萨默斯（Lawrence Summers）

3.1.7 关键人物条款

如果一位被冠以"关键人物"的人士从团队离开，或者将自己的权益转让给管理公司，那么关键人物条款允许有限合伙人延迟出资、投资和退出活动，直到找到替代人物，或者甚至终止基金运作。根据团队规模、经验和紧密度的差别，一位或多位关键人物不能履职可能会对合伙关系产生重大不利影响。此外，设置关键人物条款就是为了预见高级基金经理退休的情况。

虽然传统的管理公司也依赖关键人士，但是与传统的投资不同，私募股权基金的投资者发现，由于基金的非流动性，没有关键人物保驾护航，这些投资很难退出或者退出成本很高。关键人物条款的重要性在于，确保投资者所信任的、负责投资其资本的个人确实会留下来完成投资。这一条款对于私募股权来说更常见，也更重要，反映了判断力与信任在守护这些投资中的重要性。

3.1.8 终止与分离

有限合伙协议预设了一项将普通合伙人除名的"正当理由"，也称为"恶性离职条款"。此时，投资暂停，直到选出一位新的基金经理，并且在极端情况下，基金可能会被清算。在实践中，以正当理由除名的条件非常难以定义和判断。在私募股权领域，根本无法合法地实施。特别是在创投领域，所有问题都是高度主观的，诉诸法律会给投资者带来很高的法律风险，因为证明人员的恶性行为既困难又耗时。因此，名誉在处理这些问题的时候扮演关键角色，因为市场从业人员有限，大家相互之间会不断出现交集。那些被正当理由除名的普通合伙人将因此无法募集基金，或者无法参与其他合伙企业的联合投资[⊖]。

"无故条款"或者"善意离职"的终止条款赋予投资者通过特定多数投票（一般超过有限合伙人的75%）就可以停止向合伙企业继续投资的权限。这一条款为终止无法运作或丧失信心的合伙关系提供了明确的框架，尤其对无业绩记

[⊖] 与 Benson（1990）关于商人法院的论点类似，商人法院传统上没有法律权威，但能够通过排斥的方式强制遵守他们的判决，这样做会让违规的商人破产："当公共警察和法院可用时，人们转向私营部门，因为人们对公共部门将社会秩序主流化的努力越来越不满"。作者的结论是，这种压力可能比法律施加的压力更有效。

录的基金来说特别重要 ○。

> 对 LP 来说最重要的决策就是，是否继续投资合伙人的下一只基金。除了退出，即不再继续投资下一只基金，LP 并无其他治理工具。
>
> Lerner、Schoar 和 Wong（2004）

3.1.9　瀑布式收益分配

基金实现的收益根据"瀑布式"顺序进行分配。通常，首先返还有限合伙人投资的所有本金加费用和支出（或者有时全部承诺出资）。其次，他们得到投资的优先级收益（即门槛收益率），通常以复合年化收益率计算。然后进入追赶阶段，普通合伙人收到全部或大部分分配资金。当达到协议约定的超额收益分成，追赶阶段结束。再之后，基金经理和投资者按照法律文件中约定的比例分配资金，通常为普通合伙人 20%、有限合伙人 80%。毫无意外，这种机制并不是标准化的。收益率可以季度复合计算，也可以年度复合计算。有时追赶收益的比例是 100%，而其他协议可能约定仅仅追赶一部分，甚至根本没有追赶收益。在 100% 追赶的情况下，有限合伙人只能等到普通合伙人全额收回投资，否则无法获得收益。

当然，从有限合伙人的角度来说，最简单也是最有利的方案是，直到所有投资本金全部支付给投资者之后，普通合伙人再开始收取超额收益。但是，这意味着直到几年之后，基金团队才能看到收入，这就导致激励不足。可接受的妥协方案是，普通合伙人从早期分配资金中提取少部分，直到实缴出资全部分配完毕，余额则直接分配给有限合伙人或者放入托管账户。投资者往往要求基金经理将一部分超额收益（一般为 20%~30%）放入托管账户，作为隐含回拨义务的缓冲资金。○

回拨机制是一种义务，在基金生命周期结束时，假设采用 20% 超额收益分

○ 这是一个钟摆如何来回摆动的例子：普通合伙人的责任被稀释了，因为有限合伙人增强的灵活性本质上意味着更强的参与度——界限在哪里？有限合伙人根本没有直接投资的技能和动机。此外，这违反了利益一致性；有限合伙人将受到资金方短期情绪波动的驱动，为此，可能会要么反应过度，要么根本不知道该怎么应对。

○ 与此相关的是连带责任：如果基金经理离开基金，而基金最终承担责任，例如对有限合伙人的回拨机制，则该条款要求剩余的团队成员对离职人员的责任份额负责。

成的结构，有限合伙人收到的资金少于实缴资本之和或者基金 80% 的利润时，则触发回拨机制。回拨机制在早期投资业绩不错，而其他投资在后期失败的情况下尤为重要，它确保基金经理收到的基金分配份额不会超过他们应得的。回拨机制的支付责任由收到超额收益分配的个人或主体承担。并购基金更可能面临纳入回拨机制条款的压力，因为并购基金一般比风险投资基金更早实现收益。在这种情况下，普通合伙人要求返还一些收益，以保全投资者的收益。Bushrod（2003b）认为，首次合作团队和以往表现不佳的基金对回拨机制条款的态度更加严格。

虽然从技术上来说，基金生命周期结束之前，不会构成最终的付款义务，但是建立预期非常重要。有些基金甚至在协议要求回拨义务之前就向投资者支付，以便给投资者留下好印象。当然，每年评估回拨机制可以理解，但是如果这意味着基金经理要自掏腰包，他们就不会落到白纸黑字上了。

3.2 利益冲突

咨询活动、先前基金、新基金募集活动、董事席位或者个人参与单个投资组合公司，这些都为利益冲突提供了肥沃的土壤。Walter（2003）区分了两种类型的利益冲突。在私募股权基金中，第一类冲突存在于公司自身经济利益与其客户利益之间，通常表现在租金的提取和风险转移的错误定价，通常通过利益的一致性来应对和缓和。第二类利益冲突存在于公司的客户之间或不同类型的客户之间，公司所处的地位使其以一方利益为代价有利于另一方，这类冲突的问题更严重，因为基金经理一般同时进行一系列活动。

利益冲突需要最小化，让基金经理专注于基金。即使这类外部活动不会影响有限合伙人，投资者也希望确保管理团队是在全力以赴，并且基金的日常管理没有留给毫无经验的团队成员应付。银行或金融集团的下属基金也存在内在的利益冲突问题。这种情况下，管理团队的独立性是确保实缴出资安全的前提条件。

在尽职调查阶段，不仅要考察合伙人的专业性，也要认真审查合伙企业管理的客观性。利益冲突通常并不明显，需要审视基金提案之外的内容。即使当前基金的结构能够保证利益一致性，避免与之前基金或平行基金的利益冲突，如果市场条件发生变化，或者涌现出更多吸引人的投资机会，管理团队可能会找各种借口忽视当前的基金。

虽然投资者试图通过精雕细琢恰当的有限合伙协议减少这类潜在的利益冲突，但是基金经理的利益还是会与资金供给方的利益相背离，即使经过最谨慎考虑的交易结构也无济于事。所以，只有持续不断地监督才能帮助尽早发现利益背离的迹象，及时阻止问题的发生。

3.3 找到平衡

有限合伙协议约定的经济激励与惩罚措施让基金经理完全与其委托人的利益一致。如果管理的基金业绩很好，则表明基金经理个人的行为良好，反之则不然。他们必须建立良好的可追溯的业绩记录，才能募集到新基金。如果业绩表现不佳，那么他们只能离开这个行业。这里面存在一系列权衡取舍，对有限合伙人来说很清楚，根本不存在"最优"基金。Meek（2004b）认为，"老练的投资者明白，确保基金经理受到追求超额业绩的正确激励的重要性。他们不是在寻找廉价的私募股权。相反，他们在寻找恰当的合理的平衡，通过与基金规模、类型和投资风格相一致的条款实现真正的利益一致性"。

专栏 3.1　　善意的结构可能带来无法预料的后果

1989 年，为了促进创业活动，德国政府制订了风险投资担保计划 BTU（联邦经济部对小型科技公司的资助计划）。为了推进 BTU 计划，德国清算银行（现在是德国复兴信贷银行的一部分）旗下的科技投资公司（TBG）投资的创业企业和私募创投机构一样多。而且，TBG 还对投资进行担保：假如创业失败，风险投资家可以只损失 50% 的投资，TBG 承担 75% 的损失（自身的全部投资和风险投资家的 50% 投资）。

2000 年之后，随着私募股权行业的衰落，德国的风险投资家在继续支持创业企业方面变得非常谨慎。他们甚至想尽办法清除较弱的市场参与者。对风险投资家来说，让一家投资组合公司破产比继续提供融资更有价值。Von Haacke（2002）给出以下虚构的案例，以说明风险投资家如何从自身利益出发，而不顾德国政府的用意。

在互联网泡沫的顶峰，一位风险投资家对一项信息通信技术（ICT）

投资估值 450 万欧元，并投资 150 万欧元占股 33%，同时获得了 TBG 的担保。两年后，这家公司需要新一轮融资。此时，这家公司的估值大约为 150 万欧元，而 33% 的股权价值仅有 30 万欧元。创业投资家要想从这家公司收回最初的 150 万欧元，需要付出大量的工作，承担风险并花费时间。从财务角度来看，让这家公司破产并直接从 TBG 获得 75 万欧元的补偿显然更可行。

根据 Von Haacke（2002）的表述，虽然大多数德国的风险投资家否认会这样做，但他们确实这样做了。有时候，企业家甚至不知道存在 TBG 担保。截至 2001 年底，TBG 共支付担保费用 5800 万欧元。从 2002 年开始，TBG 再也没有支付过担保费用，官方解释是，德国的 VC 行业再也不需要他们了。

利益的一致性也意味着各方之间的妥协，因为普通合伙人和有限合伙人的关系类似于一种"囚徒困境"。理论上有限合伙人在融资难的环境中可以获得更有利的谈判条款，但结果可能事与愿违。比如，假如经济条件发生变化，基金经理有强烈的动机迅速募集另一只条件更好的基金，很可能是从另一批投资者手中募集，从而不再把精力放在先前基金身上。另外，即使普通合伙人可以按协议约定收取管理费，他们往往也会非常通融，因为他们希望与投资者维持良好的关系，以便筹集后续基金。

寻求"正确的"平衡是一个持续的过程，因为对基金的出资承诺、基金资产价值、超额收益等指标之间的相互作用并不明显。旗帜创业管理公司（Flag Venture Management，2003b）的一篇分析表明，降低 50 个基点管理费会使有限合伙人的收益增加 100 个基点甚至更多（见表 3-1）。令人意外的是，这甚至超过了将超额收益分成从 25% 降到 20% 给投资者带来的收益。

表 3-1 作为管理费和超额收益分成函数的有限合伙人净收益

		净 IRR（假设 3 倍总回报倍数，资金 100% 投资）		
		超额收益分成（%）		
		20	25	30
管理费（%）	2.0	21.5	20.8	20.0
	2.5	20.4	19.6	18.7

来自：旗帜创业管理公司。

与其他条款一样，为了应对不断变化的经济环境，投资结构中也有很多创新。Meek（2004b）提到，一只并购基金给有限合伙人提供了两个选择：要么按照标准条款投资（8%的门槛收益率，20%的超额收益分成），要么设定15%的门槛收益率、30%的超额收益分成。但是，这可能会带来问题，因为有限合伙人的地位不再相同。财务实力更强的有限合伙人在基金中的份额更大，在理论上可以迫使基金采取风险更高的投资风格，损害其他投资者的利益。这个例子也强调了同等权益原则的重要性，同等对待有限合伙人被视为最佳实践。

第4章 并购基金与风险投资基金的差异

私募股权是指具有不同风险特征、流动性要求和收益的各种投资。私募股权基准数据库供应商汤姆森创业经济学（Thomson Venture Economics）将其分为：

- 风险投资基金，投资于早期阶段（种子期或初创期）或扩张期的试图开发新技术或利用快速成长技术的新公司。
- 并购基金，投资于需要金融资本改变所有权的成熟业务（一般为私有或从上市公司分立出来）㊀。
- 夹层基金，投资于寻求扩张或转型的成熟企业，通过发行附带担保或可转换权的次级债用于购买普通股㊁。

私募股权最主要及最重要的两个不同类别是杠杆收购和风险投资。它们构成一家典型机构的私募股权投资组合。在实践中，风险投资与并购及其他形式的私募股权㊂之间的界限并不那么清晰。分散投资于并购基金和风险投资基金的经典论点认为，它们是逆周期的，很大程度上代表了成长投资与价值投资的平衡㊃。这种观点是可信的，原因有两点。第一，并购基金主要借助债权融资，在公开股票市场下跌时期，债权价格"便宜"，此时并购基金表现很好。第二，风险投资基金以股票市场作为主要的退出路径，因此与小盘股指数具有强相关性。

㊀ "并购"是一个通用术语，包括管理层收购（即当前管理层收购公司）、管理层买进（即新进经理人或股东来自公司外部）、私有化交易（即私募股权公司收购其股份，公司摘牌）以及买入并持有策略，促进投资组合公司增值，因此主要通过收购获得价值增长。

㊁ 夹层融资介于股权和担保债权之间。尽管夹层融资提供了更加容易预测的现金流特征，但是，夹层融资不太可能提供可与其他融资形式相比的资本收益率。

㊂ 比如不良债权或其他更奇特资产形式，比如杠杆创业租赁公司。

㊃ 参见 Emery（2003）。但是 Giacometti（2001）认为，只有在这两种策略的收益率"剧烈错位"时期才会如此。

因此，风险投资基金在牛市期间可能表现更好 ⊖。

从历史数据来看（如图 4-1、图 4-2 所示），并购基金的收益更稳定，具有

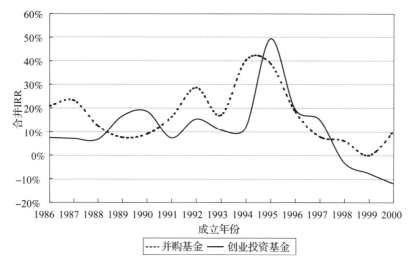

图 4-1 欧洲基金——按阶段和成立年份划分的合并 IRR

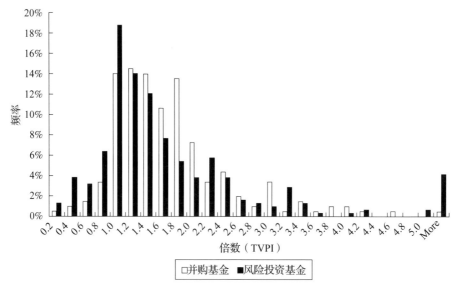

图 4-2 欧洲基金——按阶段划分柱状图

⊖ 由于存在时间差，上市公司股票与风险投资基金之间的相关性并不直接。这等于投资者购买了一个三年后公开市场所处价位的期权。

风险最小化的特征，而风险投资基金偶尔在特定市场可以获得更高的收益率，但是也可能造成更高的损失（见表 4-1）。投资者通过并购基金获得长期稳定的收益，通过投资风险投资基金追求更高的收益[一]。

表 4-1 并购基金与风险投资基金的比较

	并购基金	风险投资基金
主要关注	风险-可测量（成熟行业）	不确定性-不可测量（新兴技术或市场）
收益来源	杠杆，企业发展	企业发展、找到后续投资者
估值限制	现金流项目被信贷机构轻视	无，经常没有第三方密切关注
业务模式	大部分成功，有限数量的失败	少数成功，多数失败
阶段	稳定成熟增长期	种子期、初创期和扩张期
筛选	深入的财务尽职调查	有限的财务尽调，但是广泛的行业或产品尽调
行业	聚焦成熟行业	聚焦前沿技术或高速成长行业
成功因素	经验丰富的管理人员支持	企业家支持
融资	圈子融资和大额投资	有限的联合投资，几个投资轮次
公开市场敏感性	可能很低	可能很高
监督	现金流管理	成长性管理
方法	金融工程，企业重组	了解行业，产品开发和商业化

风险投资基金主要是向有创意、发明或产品，有高增长潜力的新兴企业提供资本，在技术、通信或健康护理行业非常活跃。一般来说，风险投资基金投资有两个阶段：

- 早期阶段。由于规模小，盈利能力未经验证，早期企业风险更高。
- 扩展阶段。这一阶段的公司已经为自己的产品建立技术和市场，但是需要进一步融资以追求更高、更快的增长。

[一] 市场上存在更多的"经验法则"，用来确定在私募股权资产配置中投资者关于风险与收益的最佳头寸。根据创业经济学（Venture Economics）数据，1990 年至 2000 年，并购基金与风险投资基金的认缴比例大约介于 3:1 和 2:1 之间。由于涉及成本问题，机构投资者打算将大额资金用于私募股权行业时，可以考虑将私募股权配置的 75% 认缴用于并购基金，25% 用于 VC 基金（资料来源：Giacometti, 2001）。

风险投资基金支持的公司通常无法与传统财务投资的企业进行比较，其典型特征让传统的投资组合管理技术难以应用。这些投资离退出还有好几年的时间，通常仍处于资金消耗阶段。在并购阶段，投资者组合公司已经建立，拥有有形资产，通常已经越过资金消耗阶段。

4.1 估值

由于经营历史有限，大多数投资组合公司尚未产生利润，风险投资基金投资的估值存在一系列问题。传统的估值方法只有在夸张的假设、采用不可信的信息前提下才能应用于风险投资基金。风险投资基金投资的估值主要基于对无形资产的评估，比如创始人的创业技能、经验、经历或专利。年轻的企业承担着无法简单量化的重大风险，因为往往不存在对标企业㊀。当前投资者与新投资者之间的投资谈判主要集中在股权稀释。一家公司的初始阶段投资者很少，根本没有估值一致性问题，高度依赖一个或少数几个融资渠道。投资估值通常不是基于现金流或者收入，而是基于投资组合公司产品的预期市场规模，或者相对于当前上市公司的预估价值。

由于缺乏第三方监管，风险投资家可能倾向于损失而不是过高估值。一家年轻公司的价值只有通过未来几轮投资才能得到验证㊁。过度膨胀和无法持续的估值所产生的损失可能需要几年时间才能暴露出来。

并购交易的估值风险是有限的。首先，投资组合公司的估值有更加坚实的基础，它拥有大量公认的工具进行定量分析。由于交易需要杠杆，商业贷款机构财团会进行详细的审查，高收益债券发行承销机构也会进行尽职调查。贷款

㊀ 风险投资基金的风险最终是投资者信心问题。很多时候，风险投资家只是停止投资的动作太快；也有这种情况，投资者精心扶持一家差劲的公司，试图以某种方式证明，只要安装一个足够强大的发动机，砖头都能飞起来。有时候，哪怕所有投资者都信心十足也无济于事：典型的例子就是 boo.com，快速消耗完了从摩根大通、高盛和 21Investimenti 等机构募集来的 1.2 亿美元（见 Malmsten, Portanger 和 Drazin, 2001），最后却以惨败告终。

㊁ 虽然对后期阶段私募股权基金来说，投资者与被投公司的关系对被投公司的估值几乎没有影响，但是，对风险投资基金来说，情况显然并非如此：他们可实现的价值在很大程度上受到其风险投资基金投资者谈判能力的影响。只有财务实力雄厚的投资者才能维持更长的谈判周期。实力较弱的风险投资基金只能处于弱势地位，在其四处寻找买家期间，投资组合公司消耗完了剩余的流动性。

机构的影响消除了杠杆内在的部分潜在风险。杠杆大小会有限制条件，为目标企业的总估值划定相应的上限。

4.2 商业模式

风险投资基金在每轮融资时只能投资小额资金。因为通常有吸引力的投资机会很少，并且很难评估，所以一开始就投资相对较多的数量。风险投资基金的收益来自承担巨大的风险开发新业务，以及集中精力开发那些可以通过出售或公开上市获得高倍数投资回报的公司。少数几项巨大的成功需要用来弥补众多的失败。风险投资基金投资的公司可以看作"半成品"，处于完成的中间阶段。从这个角度来说，它们是无法半路退出而不损失大部分投资本金的开发项目。本质上来说，风险投资基金的投资必定是一项长期的投资活动，这也解释了为什么基金经理对基金权益的流通性设置了严苛的限制条件。

由于后期私募股权市场的目标范围更宽泛，即使规模更大的并购基金也存在持续的交易流。购买私人公司的估值可能比上市公司还低。并购所需资本规模巨大，因此多数并购基金的投资数量很少。由于并购基金回报的驱动因素更加复杂多样，获取回报的方法也多种多样，将剥离不相关业务与金融工程或公司扭亏为盈和培养技能结合起来。并购基金经理需要提供广泛的战略和业务规划建议。他们更倾向于聚焦稳定的回报，而不是依赖于赚大钱。持续的胜利只会受制于少数的失败，但如此低的失败概率也限制了增长空间。

4.3 交易结构

VC基金一般不采用债务的方式，而是通过一系列股权投资逐渐获得一家公司的控制权。收益来自于建设公司和管理增长。由于内在的估值问题，风险投资家仅进行有限的财务尽职调查。他们一般不仅为建设公司提供资金，而且还提供行业知识和管理技能。投资规模可能相对较小⊖，主要为股权或半股权融资，没有杠杆或很低的杠杆⊖。为了实现投资收益，他们活动的焦点是识别后续

⊖ 这个领域10万欧元的初始份额并不罕见。
⊖ 有人可能会说，存在着隐性"杠杆"，比如通过大量使用类似期权的机制，以及存在融资受限的情形：初创企业从未得到充分融资，基金也没有资源为所有投资提供资金。

投资者或者"组团投资（club-deals）"安排。

并购基金经理会采取深入的财务尽职调查，有时候还依赖复杂的金融工程技术。因此，理解交易结构的风险、公司的经营要素以及经营效率至关重要。并购基金一般采用带巨大杠杆的债务融资⊖购买一家公司的全部或大部分股权。被收购公司的资产用于债务抵押担保，公司现金流用于偿还债务。一般来说，投资规模几乎没有限制⊜，因为有大量稳定增长的成熟公司可以成为目标，并且有大量机会在这些交易中运用大额资本。

4.4 普通合伙人的角色

创办一家公司与收购一家公司的方法是不同的。风险投资家支持企业家，而并购基金则与经验丰富的管理层打交道。VC基金的普通合伙人常常在基金投资的公司中发挥积极的作用，要么担任董事会董事，要么参与公司的日常经营管理。VC基金的评估主要靠定性标准。团队选择似乎是收益的核心驱动要素。基金投资者需要评估基金经理能够为投资组合公司增加多少价值。

在并购交易中，投资通常需要更多的分析和监督。经验丰富的并购基金经理可以放大自己的专业才能，试图将业绩不佳的业务扭亏为盈，或者改善盈利的业务。他们通常参与聘请新的管理团队或者制订重组策略。在运营公司中，为经验丰富的管理团队提供指导相对容易，而在一项早期阶段投资中，需要培养并训练管理团队。

⊖ 用自有资金购买一部分公司的股权（例如25%~40%），用债权购买剩余部分。
⊜ 通常需要超过1000万欧元的大笔资金。

第 5 章　基金的基金

私募股权基金投资计划的管理可以由公司内部完成，也可以外包给专业人士。由于制订内部计划的种种困难与限制，很多机构采用外包的途径，可以通过专用账户，也可以通过与其他投资者共同形成资产池。这种所谓基金的基金（FOF）途径是最常见的，本章对此展开讨论。

私募股权基金的基金是一种汇集一群投资者，以资本投资于分散化基金组合的工具㊀。银行、资产管理人、保险集团或私募股权专家管理此类工具。基金的基金和类似的架构可以追溯到 20 世纪 70 年代末至 80 年代初，但是主要成长于 20 世纪 90 年代。在美国，这一行业快速增长的一个重要因素是 SEC 监管政策的变化。在 1996 年以前，基金从根本上限于不超过 100 名合格投资者，而监管政策改变后，基金允许募集资金的人数达到 499 名合格㊁投资者。此外，这些年美国风险投资基金的巨大成功以及高净值个人的快速增长增加了对这一工具的需求。1999 年，基金的基金大约占美国私募股权资本募集总额的 20%㊂，到 2003 年，大约 160 家欧洲和美国的公司管理至少一只基金的基金㊃。

本章提出一个简化的私募股权投资计划模型，由机构投资者自己管理或者外包给基金的基金管理该计划，讨论这个计划的结构、价值增值及其成本。对

㊀ 大多数基金的基金要求最低投资额为几百万欧元，这对一些想要涉足私募股权的机构来说可能是一个问题。尤其是一些小型机构、捐赠基金或高净值个人和家庭，经常无法拿出充足的资金投资于这类非流动性资产。

㊁ 投资者必须是《1940 年投资公司法案》第 3c（7）节定义的"合格购买者"（一般包括拥有至少 500 万美元不加杠杆投资的个人）。他们还必须是《1933 年证券法》认可的"合格投资者"：通常包括总资产超过 500 万美元的实体，净资产超过 100 万美元的个人，年收入超过 20 万美元的个人，或与投资者配偶的联合收入超过 30 万美元的个人。

㊂ 见 Jo（2002）。

㊃ 见 Reyes（2004）。

愿意将长期资本投资到这类资产的金融机构来说，它们面临的问题是：基金的基金是否是一种"铺张浪费"的业务模式？建立一个内部私募股权投资计划能否避免富有争议的双重费用问题？

5.1　结构

基金的基金完全模仿私募股权基金的结构，通常以有限合伙形式，由普通合伙人管理日常运作事务[一]。作为回报，它们收取年度管理费，通常为基金认缴出资的1%~1.5%。为了保证普通合伙人与有限合伙人的利益一致，普通合伙人一般向基金出资。有限合伙人对合伙企业的管理没有控制权。

一般来说，基金的基金收取超额收益，通常与门槛收益率相结合，因此如果只能实现最低水平的业绩，它们只能获得一次利润。它们的期限为10~15年，与通常在3~4年的投资期内识别的目标基金的投资期限相匹配。人们认为"双层结构"是这种结构最主要的不利因素。基金的基金必须高出基准0.7%~3.4%的业绩，才能弥补这种额外费用结构的不足[二]，但是，由于存在规模经济，其投资的最终结果可能比自己管理计划更合理。

5.2　价值增值

有些基金的基金擅长某个特定的私募股权行业或区域，而其他基金的基金采用更普遍的方法。基金的基金管理如下相辅相成的活动：

[一] 当然，正如私募股权的所有领域一样，这些结构也在不断创新。例如，见另类资产网（AltAssets，2003年11月4日），"ViaNova以新颖的费用结构发行新的欧洲基金的基金"，描述了向拥挤的市场发行新的5亿欧元欧洲FOF的战略，希望这种新的费用结构使其在竞争中脱颖而出。为了回应典型投资者对FOF的双重管理费的担忧，ViaNova没有收取任何设立成本费、年度管理费或超额收益分成。相反，该FOF只收取基金2%的利息，并要求收取相当于投资者认缴金额2%的一次性初始费用。

[二] Jo（2002）分析了1992~1999年期间成立的48只美国基金的基金（13家资产管理人、15家银行和20只独立基金）。对于资产管理人，作者发现平均超额业绩分成为3.8%（13家资产管理人中只有5家收取超额业绩分成），平均管理费率为0.85%。对于投资银行和商业银行，管理费率范围为0.88%~1.25%；15家银行中，12家收取超额业绩分成，平均比例为6.6%；典型的超额业绩分成比例为5%。在20世纪90年代末，管理费率约为0.8%，超额业绩分成比例为10%；5年后，艰难的市场环境把管理费拉低到0.7%，超额业绩分成减少到5%。

- 对新成立的有限合伙企业进行主要投资。由于这类投资的"盲池"性质,评估基金管理团队的技能是关键。
- 选择性地直接与普通合伙人联合投资。这类活动要求具有直接投资的经验和技能。
- 存续基金的二级市场投资。对多数基金的基金来说,这本来是一项正当的投资活动,近年来像科勒资本(Coller Capital)这样的专业投资机构开始崛起,专门聚焦在此类机会。与联合投资一样,直接投资经验、对投资组合内的公司进行评估的技能以及快速执行力非常重要。

投资者期望基金的基金能够投资于头部业绩的基金,要么是那些成功的、"定向邀请"的基金,要么是在早期不知名的基金中发现未来的明星基金。基金的基金从几个方面提供增值,例如:

- 分散化与中间服务,可以扩大金融资源。
- 通过专业的尽职调查与监控,为不熟悉这类资产的投资者提供必要的资源,弥补信息的不足。
- 提供筛选技能,解决优劣私募股权投资的筛选难题,提供投资头部基金的机会。
- 为投资专家提供适当的激励,对基金经理的潜在不良行为施加可信的威胁,并改进有限合伙协议的条款与条件。

由于基金的基金已经与基金产生了联系,有人认为这不是盲池投资。新建立的投资组合很可能主要由这些基金组成。实际上,基金的基金在市场中被视为"半盲池"或"全明池"。作为半盲池,已知部分但不是全部意向普通合伙人,而作为全明池,几乎所有意向合伙人都已告知投资者。

5.2.1 分散化

基金的基金被私募股权投资者视为"安全天堂"。尤其在新技术、新团队或新兴市场中,基金的基金可以通过分散化实现合理的下行保护。不出所料,多项研究表明,由于存在分散化,基金的基金业绩与单一基金相似,极端情况较为少见。要建立一个地域分散化的基金的基金组合,需要具有专业化知识和国际化的基金经理。需要建立面向全球的研究流程，以识别区域，寻找、评估当地的普通合伙人，在国家法律法规和监管规则下，以恰当的激励和投资者保护条款达成协议。

小规模机构难以达到有价值的分散化水平，而对大型机构来说，投资于 VC 基金可能成本太高，因为这类投资的规模相比重大的管理职责来说太小了。基金的基金可以通过汇集小型投资者的资金而扩大规模，也可以只向基金的基金认缴一大笔出资而缩小规模，从而调解规模问题。对一家大型机构投资者来说，与其承担许多小型投资决策的重负，不如向一只 VC 基金的基金认缴一大笔资金。

正如凯恩斯所评论的，分散化是对无知的保护。机构投资者可以在一个特定的领域建立专业化，但是在私募股权领域并非如此。在这种情况下，让基金的基金代替自己投资，瞬间得到分散化，从监管单个管理人的责任中解放出来，从而使机构投资者大大受益。通过基金的基金投资最大的好处是，可以轻松进入私募股权市场，将筛选基金的工作外包，分散化水平提升，立即进入优质的私募股权合伙基金。

5.2.2 资源

通过基金的基金路径，投资者规避了繁重的研究、尽职调查、持续的监督、定期报告和行政管理。通常仅仅出于这个原因，所有工作就被外包给了专家。机构投资者通常缺乏专业知识和经验，而且如上所述，也缺乏从事此类投资活动的个人风险承担能力。投资于私募股权基金要求具有优质基金的广阔人脉关系网络，经过训练的投资判断能力以及组建均衡投资组合的能力。并且，流动性管理非常具有挑战性（见第 10 章）。这需要一支富有洞察力、关系紧密的全职团队，他们拥有充足的资源，能够访问研究数据库和模型，具有开展尽职调查、协商谈判以及签约的技能和经验。由于整体市场状况复杂，接近优质基金可能非常具有挑战性，对市场新手构成准入障碍。基金的基金持续活跃于市场，通晓圈内的话语，理解行业的制衡。

5.2.3 筛选技能

由于基金的基金拥有筛选技能和业内人脉关系，因此在对新公司做出见多识广的判断以及识别新兴创业企业方面具有额外的专长。基金经理往往欢迎基金的基金作为投资者，因为他们已经聚集了各类投资者，因此是一种低价资本来源。而且，个人投资者可能会进入或退出这类资产，而基金的基金是私募股权基金稳定的融资来源。更少的客户基数意味着基金经理可以花费更少的时间在募集资金和管理有限合伙企业上。从他们的观点来看，基金的基金可以视为外包的销售和客户关系部门。而且基金的基金还可以扮演专家的角色，向相对不那么成熟的投资者解释，尽管基金在早期遭受明显的"可怕的损失"，但基金仍然是"优质"的，只不过正处于J曲线的中间位置。基金的基金对投资通常采取不过多干预的方法。由于他们具有专业知识，一般不太可能屈从于从众心理。他们更愿意给基金经理充足的空间聚焦于投资组合公司。另一方面，如果有必要，他们往往有更多的技能和经验重组失败的基金。

5.2.4 激励

对机构投资者来说，内部私募股权投资计划可能会引发各种问题，主要与其企业文化和缺乏激励结构有关。直接投资的问题在于，这些机构无法为员工提供与业绩挂钩的充足报酬。虽然机构投资者从来不缺少评估投资建议的知识能力和构建交易所需智力水平的员工，但是从私募股权计划退出中获得利润是一项长期的艰苦卓绝的工作。如果没有"富得流油"的前景，谁都不会这样做。对于银行、养老基金或保险公司这类典型的保守的以资历为基础的机构，一项理论上无限的超额收益根本不会纳入其薪酬计划。而且，有一个很重要的学习曲线，如果薪酬不与业绩挂钩，员工一旦在自己的领域有竞争力并且发现更好的机会，很可能就会跳槽。机构就会回到原点重新开始。此外，缺乏承担风险和发现价值的激励机制也会影响投资决策㊀。

> 机构投资专家投资于新基金既不会收到报酬，也不会受到激励。因此，与投资一家成熟的公司相比，投资一只随后业绩不佳的新基金被认为是更加严重的错误。如果一家成熟企业陷入困境，那么很可能是许多其他有限合伙人都犯了同样的错误。
>
> Thompson（1999）

㊀ SCM战略资本管理（SCM Strategic Capital Management）的斯特凡·赫普（Stefan Hepp）博士表示，"很少有养老基金的资产管理人获得任何形式的基于业绩或激励的薪酬。那么，他们冒这么大的风险有什么好处呢？"（引自Bushrod，2004a）。

这个问题不仅与直接投资相关，而且与投资于基金相关。还有一种安全的做法，就是投资于其他人都投资的产品，比如投资于知名品牌。这样，如果业绩不佳，解释起来比投资于少有人知的公司更加容易。对于出类拔萃的业绩的奖励一般是升职到其他领域或者增加管理职责。这与私募股权投资的长期本质是相悖的，也可能会对行业至关重要的人际关系网络产生负面影响。相反，如果事情进展不顺利，很可能对个人职业生涯产生负面影响。人们不但不会立即终止，反而可能会称"现在断言还太早"，寄希望于问题能够得到解决，或者至少在自己离场前不会爆发。

低风险当然更具吸引力，因为显著的业绩不会带来什么好处，除了一句"谢谢"，而如果情况发展不利，你可能会丢掉工作，而且还可能影响选择的路径。海曼·罗伯逊公司（Hyman Robertson）的杰夫·辛格尔顿（Geoff Singleton）解释道："基金的基金是想进入私募股权领域客户的首选路径。基本上，我们认为其他路径都太难了。首先，他们需要找到在公司内部为他们投资的人士；一旦这些人了解了这项业务，就会有私募股权机构过来，为他们提供工作机会，投资者又会回到起点。"

Bushrod（2004a）

虽然金融行业的所有权与管理权一般是分离的，但私募股权领域并非如此。这个领域的管理层需要持有一大部分股权，并且与其他投资者一样受限于同样的通常带杠杆的风险与收益特征。这是私募股权领域分配收益和建立长期承诺的典型工作方法。为此，选择一群相互弥补但又志同道合的基金经理组队成为合伙人，激励结构确保他们发挥各自的最佳水平。此外，这在很大程度上也是由金融利基市场的波动引起的：由于私募股权的复杂性、长期性和非流动性，其不可能存在持续的、客观的、精确的期间业绩测量。因此，管理层亲自下场是树立投资者信心的重要示范效应。在基金经理的一生中，很少有几笔完整的交易在统计意义上显得那么重要，或者说，多数交易都太复杂了，无法把业绩记录完全归功于某个人。投资经理的水平只有在多年后才会显现出来，对于业绩差的经理来说往往为时已晚。只有合适的个人同时享有权益并且进行投资，才能在长期承担高风险和不确定的环境下保持利益的一致性。

5.3 成本

基金的基金经常由于多收一层管理费而被认为效率低下。然而，如果与内部投资计划相比，这个观点就值得商榷了。Smith（2000）认为，内部团队的成本和基金的基金收取的管理费相当。

外包给一只基金的基金的部分成本是超额收益。在没有投资业绩激励的情况下，内部投资计划能否有效运行是有争议的。根据 Otterlei 和 Barrington（2003）的观点，内部团队每年的成本与一只典型的基金的基金相比非常可观。作者发现，即使基金的基金经理收取 5% 的超额收益，这些费用对委托人收益的影响也并不显著。另一种观点认为，私募股权计划服从学习曲线，即由于刚开始缺乏经验，机构没有其他选择，只能选择基金的基金，然后成为基金的有限合伙人，最后随着业务越来越熟练，通过联合投资或者独立寻找项目，建立自己的投资组合。这种观点将基金的基金视为进入私募股权领域的台阶，通过规避学习曲线的成本并提供接触基金的机会，可能值得多付一层管理费。

最后，对大型机构来说，基金的基金作为中介，可以让他们聚焦自己的主业。这个好处胜过大多数成本方面的考虑。

5.4 私募股权投资计划

选择基金的基金而放弃成为基金投资者，对机构投资者来说会直接导致在一定程度上丧失控制权。对于打算长期参与私募股权领域的机构来说，建立内部的投资计划非常有意义。在技术问题上，内部投资计划和委托给一只基金的基金并没有太大的偏差。在本书中，我们对私募股权基金投资计划的委托人和该计划的管理人做出区分，前者作为委托人提供资源，后者作为代理人，在私募股权基金中作为有限合伙人进行投资。

投资计划管理人的目标是有效地投资于资产，达到委托人的收益预期。流动性需要得到有效的管理，以实现较高的总收益。持有流动性资产的金额太高会产生机会成本，因为这些持仓会减少委托人的潜在收益预期。由于委托人在其他更传统的资产类别上构建了更大范围、更分散化的投资，他们对较差的流动性具有更高的容忍度。另外，流动性管理要求具有专业知识，只有私募股权专业人士才具备。

投资计划的实施分为几个阶段（如图 5-1 所示），有时相互重叠——发行、运营、清盘[一]，并伴随着相应的现金流模式（如图 5-2 所示）。

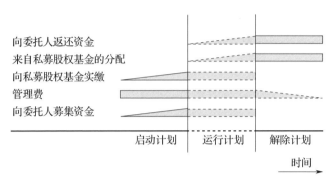

图 5-1　投资计划的阶段

- 基金的基金募集。
- 管理费。
- 向私募股权基金出资。
- 以提款和管理费的形式对私募股权基金的出资，以偿还本金和支付利润的方式从私募股权基金获得分配。
- 以偿还本金和支付利润的方式向委托人返还投资。

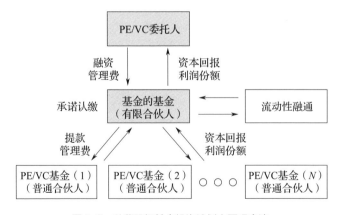

图 5-2　私募股权基金投资计划主要现金流

[一] 也有常青基金的基金，其投资计划没有明确的结束。

5.4.1 募集资金

募集资金可以是一次支付（所有资产由投资计划管理人管理）、按需出资（委托人保持并管理流动性）或者定期出资（根据确定的计划，资源管理的配置责任在委托人和投资计划管理人之间变换）。

- 对公开募集的基金的基金来说，一次支付型融资更加典型，他们不经常在资本市场募集，但是当市场情绪有利时，会募集尽可能多的资金。
- 按需出资型现金流管理是指当且仅当收到缴款通知时按要求出资的方式。当基金需要在投资组合中出资时，一般会要求实缴出资。这样的好处是显而易见的，在管理未出资的认缴资金池方面具有很强的规模经济效应。
- 还有一种定期出资的方式。投资者承诺定期（年度、季度、月度）出资，并且随着基金的基金开始产生收益，根据既定的支付计划向投资者返还资金。

资金实力雄厚的委托人在提供额外流动性方面更加灵活，投资计划可以设计更加有效的结构。

5.4.2 管理费和利润分配

基金的基金基于认缴出资额收取年度管理费，通常为 0.5%~1.5%，视投资规模而定。投资期结束后，管理费开始递减⊖。通常还有利润分配机制，比如门槛收益率加上大约 5% 的小额超额收益率⊜。

5.4.3 投资活动

5.4.3.1 私募股权基金出资与分配

当私募股权基金的基金认缴规模达到一定金额时，基金关账封闭，关账后开始实缴出资。迅速建立分散化的高水平基金的投资组合非常具有挑战性。基

⊖ 见 Otterlei 和 Barrington（2003）。
⊜ 也可参见 Jo（2002）关于 48 只基金的基金管理费、门槛收益率和超额业绩分成的分析。为了利益一致，基金的基金经理通常实缴 1%~2% 的资金。因此，他们不仅管理委托人的资金，还管理自己的资金。

金的基金最主要的吸引力不仅在于管理层的经验和专业，还在于为委托人提供了一个投资的渠道，由专业管理的私募股权基金使资金有效运作。根据艾德维克投资管理公司（Adveq）的分析㊀，很少有基金经理㊁被评为业绩表现"突出"或"稳健/良好"。此外，这些基金通常超额认购，只有通过邀请才能进入。

> 我个人认为，此时此刻，在3年期内投资于优质欧洲创业投资合伙企业的最大金额大约为3亿欧元。
>
> Fraser-Sampson（2004b）

在一个可接受的成立年份内，为了加速建立投资组合，偶尔会有二级交易，但这需要特定的技能和专业知识。由于二级投资机会的竞争与整个私募股权投资市场一样具有周期性，因此这并不总是一个可行的选择。

5.4.3.2 向委托人返还投资

什么时候应该向委托人返还投资？通过什么机制？他们应该再投资于债券或者认缴新的私募股权基金吗？根据一般原则，如果基金的基金在管理私募股权基金投资背景下没有新的增值服务，就应该将资金返还投资者。然而，由于资本约束是私募股权行业的驱动因素之一，基金的基金往往也不例外，因此采用到期自动清算的结构。

附录 5A

通常，基金的基金借鉴典型的自动清算型私募股权基金结构，即到期后立即向委托人分配资金。而一些典型的长期委托，比如代表保险公司、养老基金、捐赠基金或发展银行（比如卢森堡的欧洲投资基金或者德国复兴信贷银行）管理资金的机构，或者公开募集工具如瑞士私募股权控股公司（Swiss Private Equity Holding），采用更加长期的视角。其他的工具采用复合的结构，既有再投资也有支付计划。相关因素主要有两项：私募股权基金可投资资金规模和既定的回款计划。

私募股权并不保证在固定期限结束后有确定数额的回款。对绝大多数私募

㊀ 见 AltAssets（2003a）。
㊁ 14%的美国风险投资基金和5%的欧洲风险投资基金；12%的欧洲并购基金。

股权基金来说，现金流回款的时间不确定，金额也不确定㊀，但是资金支出、回流的相互作用服从一定的模式。在基金生命周期的前半部分，出资缴款金额大于分配金额。但是，在投资阶段结束之前，已经开始资金分配，并且随着基金生命周期的结束，总分配金额有望超过总实缴出资金额（如图5-3所示）。

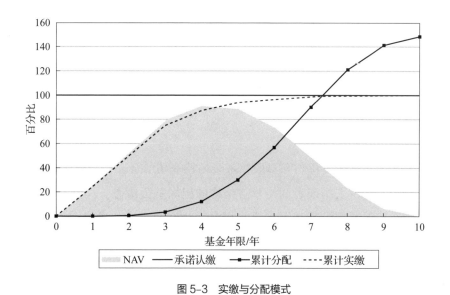

图5-3 实缴与分配模式

虽然大型机构可以接受私募股权资产类别的非流动性，但有些基金的基金却将私人投资者作为目标客户。为了保证一个有限程度的流动性，这些计划制订了明确的回款安排㊁。这些明确的向私人投资者的付款安排是协议一致同意的，独立于投资组合产生的实际现金流。

对于这样的基金的基金结构，在满足付款要求的同时保证投资组合充足的资金回流，非常具有挑战性。一定程度上，这类似于养老基金或储蓄计划产品。原则上，基金的基金需要处理类似保险公司资产负债管理的问题，伴随不同期限的合约以及新用户赎回和认购。因此，定期出资的模式有其自身的复杂性。有几个要素需要持续管理：

㊀ 对于定期返还部分股息或利息的夹层基金和并购基金来说，这个问题不那么明显。
㊁ 也可参见RWB AG私募资本基金（RWB AG Private Capital Funds）的协议条款。该合同本质上是一项储蓄计划，允许投资者每年提取资金，但有一个上限。由RWB AG在奥伯哈兴（Oberhaching）管理的各种基金的寿命为12~18年，并预计将对其私募股权基金组合中的分配进行再投资。

- 投资组合管理需要确保募集的资金有效地投入运转。长期、中期和短期流动性管理需要把这点考虑在内。这些任务之间存在反馈回路。
- 为了限制流动性缓冲的规模,需要匹配付款义务和回流资本。过度承诺策略必须反映付款安排。
- 假如回款超过了付款安排,超出金额需要及时用于再投资。这在基金的基金仍处于投资阶段、可以实缴出资并且还没有达到充分投资于私募股权基金的情况下,显得尤为重要。
- 流动性管理需要考虑个人合约的时效性和赎回率。这要求有一个合同档案数据库系统进行匹配管理。对销售人员获取新客户合约的关联可以对整个回款需求产生影响。

这要求复杂的金融工程与私募股权基金的特征相结合,包括未知的现金流、定期付款结构的支付安排或者固定收益结构的担保基金债务(见专栏 20.2)⊖。基金的基金经理需要保证现金可以满足回款安排的要求。如果投资组合的收益延迟或者未达到预期水平,就需要使用流动性工具作为缓冲。

⊖ 这类担保基金债务主要通过债务和股权之间的杠杆作用来实现对其股权投资者的回报。与需要避免过度多样化以获得有竞争力的回报的非杠杆基金的基金相比,通过更高程度的分散化可以获得稳定的回报。

Beyond the J Curve
Managing a Portfolio of Venture Capital
and Private Equity Funds

第二部分
投资过程

第6章 投资过程的基本概念

前面几章我们描述了私募股权市场及其结构和特征。本章旨在介绍私募股权基金投资组合的投资过程所涉及的基本概念,后文将会进一步详细解释。这一投资过程中的每一步都伴随着挑战。比如,尽管受到委托人规定的限制,基金经理往往被迫随波逐流。他们还常常以转移风险为名,犯过度分散化投资的错误。管理流动性的挑战常常数不胜数。但是,最重要的是,基金经理陷入新闻资讯分散注意力的泥潭,相应调整投资行为,未坚守完全自律的长期投资决策方法。投资过程描述了基金经理从收入来源中获取利润所采用的体系或方法。本章将证明,尽管令人沮丧,但并不存在理想的或最佳的投资过程。最适合某个基金经理的投资过程取决于他/她的目标和风险容忍度。这意味着权衡取舍在所难免。私募股权和风险投资的特征——长期主义、非流动性和风险的特殊性——意味着,必须在过度分散化和集中选择基金经理之间取得平衡。

6.1 核心业绩驱动要素

投资过程需要解决的主要问题是处理好战略资产配置、选择优秀基金经理的重要性、恰当分散化水平的管理以及让资金有效运作的承诺出资的管理之间的关系。

在现代投资组合理论中,投资组合的分散化在均值-方差框架下能够同时提高期望收益和降低风险。虽然该模型认为,对于公开转让的证券,资产配置的决策比选择单个基金经理更加重要,但是我们在第8章将会看到,现代投资组合理论并不完全适用于私募股权基金的组合。与基金经理的选择和承诺出资的管理相比,战略资产配置看似相关性更低。

我们没有特别的配置策略，因为我认为那将导致次优的投资决策。我们很大程度上也不受行业限制，将在 IT、通信和生命科学的广泛领域寻找机会。

Fraser-Sampson（2004b）

6.1.1 基金经理筛选

由于公开发行证券的市场有效性，主动管理几乎无法增加价值。因此，头部和底部基金经理的差距——无论是债券还是股票——只有几个基点到较低的百分比，相对较小。而私募股权的情况则完全不同。根据 Raschle 和 Ender（2004），最近 10 年内，头部美国 VC 基金的收益率是 VC 基金平均水平的两倍。筛选出并且特别是接触到这些所谓的头部业绩机构至关重要。这项技能往往被称为私募股权专家的核心竞争力，是一系列基金投资组合产生有吸引力的收益的关键业绩驱动要素。私募股权投资主要就是一种寻找阿尔法的方法。

6.1.2 分散投资的管理

现代投资组合理论认为，投资组合分散化不足具有更高的风险，缺乏对期望收益的充分补偿。但是，这种框架并不适用于私募股权基金，因为这类资产能够产生极端正收益，像买彩票一样。虽然分散化消除了不想要的方差，但是消除了想得到的偏度。

为了得到高水平的偏度，投资者可以有意识地选择保持低水平分散化：Hueng 和 Yau（2004）发现，这种情况下，投资者持有的投资组合不应超过 10 种不同的头寸。在第 9 章的案例研究中，我们再仔细研究分散化与偏度之间的权衡问题。假设有人自信能够选出最好的基金经理，理论上，愿意承担风险的投资者甚至可以放弃整个分散化的好处⊖。

然而，单纯从头寸的角度看分散化，未免过于简化了：将承诺出资的资金全部投资于投资组合公司就存在问题。为了实现分散化，需要考虑一系列权衡，没有最优解。有个自然的边界暗中为分散化设定了一个范围：不能将所有资金全部投资于一只基金，也没有足够多的基金可供无限地分散化。

⊖ 人们可能会质疑，机构是否应该对其投资组合中相对有限的私募股权基金进行风险规避。这种利基活动的本质是提供超额回报。相反，必须确保资本保护的是传统资产类别。然而，对于一只完全专注于私募股权的 FOF 来说，人们当然可以期待一定程度的风险规避。

6.1.3 认缴出资管理

能够选出基金固然非常重要，但是我们认为，成功的投资组合管理更加重要。仅看投资于组合公司的资产并不能反映基金收益的全貌。投资者主要关心投资于私募股权的所有资金的总收益。因此，很大一部分资金仍然未提取，如果没有其他用处，就只能产生毫无吸引力的公开市场收益率，甚至政府债券收益率。为了保持投资计划长期、完全投资于组合公司，需要采用所谓的超额认购策略，签署的认购金额超过实际可得的资金。

虽然多数投资者都担心基金投资的潜在损失，但是短期内似乎并不需要担心。如果基金的基金无法获得高收益，当然会失去投资者，但他们还是可能会破产，因为他们没有掌握实施超额认购策略所要求的流动性管理——有些基金的基金已经经历过这方面的重要问题。有传闻称，最近几年，基金的基金曾经试图解决这个问题，然而超额认购策略的问题并没有解决⊖。现金流时间的高度不确定性给基金造成了异常的挑战。在第 10 章流动性管理中我们会看到，投资者必须以高度分散化为目标，才能实现勉强可预测的现金流以维持超额认购策略。

虽然忽略时间因素的简化模型认为低水平分散化即可，但是，我们的目标是让尽可能多的资本真正投资于组合公司并最小化未实缴出资，这意味着基金成立年份的高度分散化。Hamilton Lane 公司的 Erik Hirsch 表示，"当然将缺少成立年份的分散化列为过去人们犯的最严重的错误之一"⊜。要在有效运用资金与保持投资组合构成和单个基金投资质量的平衡之间把握好方向是一项艰巨的任务。对这个过程的管理是私募股权基金投资计划的另一个关键业绩驱动要素。

为此，我们描述了预测基金现金流的技术。主要方法是通过基金的内部评级体系来决定它们可能的最终 IRRs。这些 IRR 的估计值可以用作现金流设计的输入变量，也可以作为估值时现金流折现分析的基础。在第 13 章，我们提出了一个解决私募股权基金投资计划估值、投资组合及风险管理等问题的方法。

⊖ 见 Hutchings（2003）为数不多的记录案例之一：私募股权控股（Private Equity Holding，PEH，一种上市基金的基金工具）"遵循向基金超额认缴的政策。当退出渠道枯竭，基金要求注入更多资本，而不是向 PEH 返还现金时，这种情况就变得糟糕了。上周，PEH 将其持有的份额名义价值下调了 90%，承认了过去 18 个月的严重亏损。"

⊜ 引自 Borel（2004）。

6.2 投资过程描述

管理投资计划的主要挑战是在"筛选"和"资本运作"这两个收益驱动要素之间保持均衡。在忽视未实缴出资的前提下,通过筛选,只投资于最优质量的少数基金,可以最大化期望收益;通过高度分散化可以平滑现金流,因此可以差不多完全地投资于私募股权,以放弃可能的极端正收益为代价,产生更高的总收益。

一般的投资目标是增加总投资组合收益,或者减少总投资组合风险,或者二者的结合。为了管理私募股权基金组合,我们需要设计一个投资流程(如图 6-1 所示),像应对风险一样解决不确定性问题。

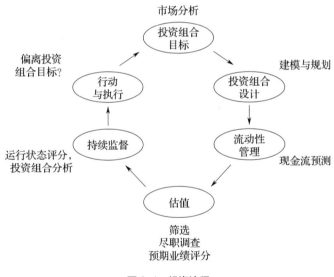

图 6-1 投资流程

6.2.1 投资组合目标

投资过程的起点是投资组合目标的确定。这些目标由委托人设立或者需经其同意。识别市场的趋势以及多少资金可用于投资,对投资策略和目标设定至关重要。投资组合的构建要求识别有吸引力的行业及最佳策略。与组建基金一样,投资计划经理也需要得到恰当的激励,他/她的利益要与委托人的利益一致。这一分析的结果是形成规范化的投资组合目标。

6.2.2 投资组合设计

以目标为基础，可以构建投资计划，设计投资组合。现代投资组合理论为投资者广泛接受另类资产提供了理论基础。在上市公司投资组合中加入不相关的资产，比如私募股权，可以改善投资组合的风险与收益特征。但是，这个观点可能被夸大了。Barber 和 Zage（2002）认为，"上市公司与私募股权之间的相似性多于差异性，并且肯定比很多私募股权业内人士声称的相似性高得多"。私募股权的无效估值不仅掩盖了上市公司与私募股权之间的本质相关性，而且模糊了风险。引用《经济学人》（2004b）的说法，"声称私募股权波动性更低，因此风险更低，就好像说当你待在室内很少看窗外时，天气当然没有什么变化"。

作为现代投资组合理论下不同资产类别相关性范式的替代，我们在第 8 章描述了构建私募股权基金投资组合的最佳实践，即自上而下、自下而上和核心－卫星方法，以及单纯分散化的基本原理。

6.2.3 流动性管理和估值

我们将流动性管理作为业绩驱动的核心要素之一，并且在第 10 章描述了不同的方法。我们发现，稳健地规划现金流以实现资源优化的需求与公允评估投资组合价值之间存在着联系。在近期国际财务报告准则（IFRS）关于私募股权基金公允价值处理的一次讨论中，一位匿名审计师略微带有煽动性地建议，应该在整个业内开展一次讨论："在现金流业务的最后一天，应该投入多少资金用于私募股权的评估？难道这些资金——投资者的资金——不应该用在更深入的尽职调查和交易监控上吗？"在我们眼中，公允估值是良好运作投资组合管理的副产品，而不是结束之后才后知后觉。

如果能可靠地预测，你也可以决定基金的价值。但反过来并不一定成立。即使获得一项资产的价格，可能的结果范围也实在太宽泛了。估值——尤其是对公允价值的一致意见——往往不能成为预测的基础，因为预测所需要的洞察力既看不到，也无法获得一致同意。

我们通过分析私募股权基金产生的现金流的不同情景来着手解决估值问题（见图 6-2）。与基金经理是关键的观点一致，我们认为基金的估值主要取决于利益分配、基金经理的技能和意愿的适当结合。本质上来说，估值模型的相关参数来自于私募股权市场基于评分的基准。第13章介绍的基于评分的经济模型（GEM）引发了一系列其他问题：

- 要评估一只私募股权基金，这些现金流推断需要折现。问题是，该采用什么折现率？或者换一种说法，投资者预期从这类资产中获得的收益是多少？正如我们在第17章介绍的，这个问题的答案并不那么清晰。
- 对接头部基金一般被视为成功的私募股权投资的关键，而投资于其他非头部基金看起来似乎都没有意义。但实际上投资于非头部基金也有很好的理由（不仅仅因为筛选并投资头部基金是极度困难的），其中包括发展的观点和战略目的。但有趣的是，完全收益导向型投资者哪怕认为这些动机是无关的，也会采取这样的投资，因为它们附带实物期权价值，在一个不确定的环境下能够保护私募股权基金投资组合。我们将在第22章解释实物期权价值的问题。

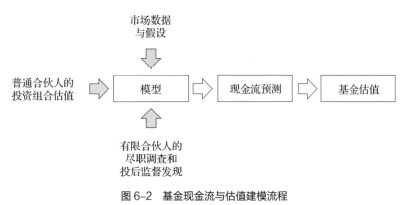

图 6-2　基金现金流与估值建模流程

6.2.4　投后监管

对有限合伙人来说，投后监管并不仅限于特定的基金投资，还需要考虑整个管理关系的组成。在持续运营过程中，有限合伙人需要监管投资组合的构成，包括识别私募股权市场的趋势，跟踪竞争对手在私募股权的配置。

对投资组合中所有合伙企业进行集中度分析可以提供相关的洞察力，比如行业、阶段、地域、群组、成立年份以及基金之间的交叉投资。压力测试可以提供早期的预警信号，提高投资组合的透明度。跟踪整体认缴规模、实缴出资与分配、至今投资收益或预期投资收益对投资组合管理来说也非常重要。识别出过度暴露的头寸可以让投资目标再次聚焦。严重的失衡也可以通过主动投资组合管理得到缓解。

对单只基金来说，需要跟踪协议条款和风格的合规性。持续监控和审查投资工具是否符合目标和指导原则，从而做出投资组合管理决策。在第 18 章我们引入"运营状态评分"的概念，作为预期业绩评分的补充，并且用其管理监控的强度。

投后监管基于与各相关方的定期会面，跟踪计划与实施的策略，分析基金的财务、投资、评估和退出信息，分析相关的市场趋势、单个投资与投资组合的风险，业绩测评，业绩基准，确保法律和税务持续合规等。监控还与流动性规划有关。通过季度缴款通知，可以收集现金流规划所需要的信息——预期的提款、规划的用途，会 100% 提款吗？是否应该缩小基金规模？最后，监控的结果成为再投资决策的基础。

6.2.5　行动与实施

联合投资、二级交易和基金重组都是主动管理投资组合的方式。基金重组的主要目的是阻止价值破坏，而不是创造价值增值。第 19 章的案例研究将更详细地解释这个问题。

投资组合层面的主动管理可以通过二级市场的抛售或证券化实现。我们将在第 20 章解释这两个概念。在实践中，这些工具只能在有限的条件下应用，因为通过买卖交易重新平衡投资组合可能成本过高，并且受到交易机会相对稀缺的限制。虽然二次销售往往造成损失，但是有潜在获利机会的二手仓位收购机会稀缺，并且很难识别。证券化需要非常专业的技能和一定的规模，才能吸引承销商和潜在投资者的注意。这些债务很难在市场上投放，并且成本很高，因为通常需要保险包装和评级。

6.3　风险管理

私募股权基金组合的风险管理方法主要依靠风险的测量、控制和转移。

6.3.1 风险测量框架

在讨论任何一项投资的收益预期与风险时，起点都是一个恰当的资产估值。一只基金的会计估值方法与经济属性之间存在差异。尽可能逼近地模拟经济现实是有效管理的关键。一般来说，基金是通过单独评估每一家投资组合公司，加总得到组合价值，并最后计算投资者在基金中的相应份额价值来进行估值的。在第 11 章中，我们证明这种方法从基金投资者角度并不能反映经济实际情况。

私募股权投资兼具债权和股权的特征，因此无论是标准信用模型还是在《新巴塞尔协议》背景下（将在第 7 章解释）的市场模型都很难适用。私募股权基金实际上是盯住模型，通过现金流折现分析决定基金的经济价值，作为风险评估的基础。

6.3.2 风险控制

理论上，通过金融市场对风险的定价，从而调整风险收益，可以量化控制风险。但是，一级市场私募股权基金投资并没有有效的风险调整定价，因为人们还没有很好地理解这类资产类别的风险。数据的缺乏、投资的盲池属性以及整个行业是风险最高类别的事实，使得风险的分类与量化非常困难。对买入并持有型投资来说，资产的性质决定了投资者的收益。而在私募股权领域，我们只能通过限制基金经理与同行承担同样的风险，投资于与同行等价的风险资产，采用非定量的方法控制风险。只要投资严格限制在制度化水平的私募股权基金，那么以风险调整收益既不可能、也无必要。因此，保持高度可选择性是基金筛选的典型方法。如何设定分界线取决于可投的范围以及投资组合的目标。

专栏 6.1　　　　　　风险调整定价

在私募股权基金体系内如何定义贝塔（β），以便可靠地定量分析单个投资组合的 β 值，使其期望收益显然是该 β 值的正线性函数？这个问题与定量风险管理相关，因为可以据此调整基金的事后收益，从而反映市场的风险价格。没有这样的机制，风险承担将无法得到充分补偿。不幸的是，人们对私募股权整体上的了解并不深入。

对于基金的初始投资，并不存在有效的风险调整价格设置（相比高收益债券，至少理论上来说风险越大，收益越高）⊖。所有的初始头寸都是平价购买（即没有溢价或折价），没有预先定义的利息支付，只有一个不确定的业绩和事先确定的费用结构。虽然基金结构和管理费偶尔会进行调整，但是这些变化并不足以覆盖风险⊜。对于这样的盲池投资，不确定性不允许在定价中进行风险调整。这更像是一种由当前盛行的市场因素驱动的整个行业范围的调整，而不是一种差异化的定价机制。对初始基金投资来说，费用相对标准化，投资者要么相信要么不信基金会提供充足的收益。为了阐明这个观点，以 2003 年两只基金寻找投资者的实际情况为例：

	基金 A	基金 B
描述	聚焦于媒体行业创业投资的首只基金	后续中期阶段一般并购基金
团队	首次合作团队，无创投经验，有限的行业经验	有系列退出经验的管理团队，前一只基金的 IRR 位于前 25%
地域目标	立足南欧，聚焦南欧的区域性基金	立足伦敦，主要投资英国
基金规模	3000 万欧元	1 亿英镑

有人可能会争论这两个提议的增长潜力，但是传统观点认为基金 A 的风险更高。假设基金期限和其他条款与条件几乎相当，投资者在这些案例中的成本主要受管理费和超额收益影响：

	基金 A	基金 B
管理费	2.5%	1.75%
超额收益	20%	20%

⊖ 然而，对于二级市场交易，采用的是溢价，或者更常见的是折价。此时，即使是劣质的投资项目，也可以产生利润。

⊜ 见 Peninon（2003）："需要牢记在心的最重要的一点是，私募股权基金的某些特征是其成功的内在因素，因此不需要重新审视。私募股权基金公司采用的基金结构完全适用于对非上市公司的中长期投资。顾名思义，这类投资需要时间——无论说的是高科技创业企业还是更传统企业的并购——以及令人满意的退出环境，以便创造价值。投资者承诺的是 10 年的合伙关系，他们不需要根据短期业绩重新审视向该基金的认缴出资。受到此类资产政策变化影响或者私募股权在总资产中比例暂时过高的投资者，可以寻求二级市场交易"。

为了便于比较这两个提议，我们计算了所谓的盈亏平衡 IRR——基金投资组合所产生的使有限合伙人可以覆盖所有在基金上的投资本金与费用的最低收益。对于基金 A，盈亏平衡 IRR 大约为 7%，而对于基金 B，不到 5%。因此，基金 B 作为拥有制度化特质的建议投资，实际上比风险更大的基金 A 更加便宜。

基金 A 是在私募股权的安全投资转移阶段寻找投资者。它不会以打折的方式募集资金，这么小的基金规模，管理费几乎无法覆盖运营成本。基金 B 的团队的收益超过其年薪的三倍。结果，基金 A 最终无法募集关账，让团队大失所望。在另一种市场环境下，它有可能找到出于恰当的策略或其他原因寻找这类机会的投资者，后文我们将讨论其中一些原因。

总之，私募股权市场无法精确区分不同行业和地域的风险大小，只能做出宽泛的区分，比如并购或 VC 等细分领域。在机构私募股权资产类别内，传统的定量策略方法如 β 无法区分稳定的和可靠的风险之间的差别，因此投资者必须依靠主观判断。

6.3.3　风险转移

原则上，我们可以通过选择规避、提供支持、控制或转移等措施来缓解风险。规避风险，或者在特定协议条款支持下对投资条款做出重大改变，是私募股权中最常用的方法。通过严格地清除不利条款，投资者希望可以最小化风险。

为什么无法完全规避风险？原因之一是机构优质基金的供给无法满足市场的需求，具有可验证业绩记录的头部基金的数量少于最终进入前 1/4 的数量。此外，指数跟踪型的被动投资方法在这个流动性不足的市场上也不可能实现。

私募股权投资需要承担很多风险。可能的负面影响可以通过分散化或投后监管控制来缓解。在基金投资组合层面，像透支功能之类的风险转移机制在流动性管理中会用到，因为这主要归于传统的工具。证券化是另一种风险转移机制。但是，这是一种金融工程技术，通常仅用于基金组合层面。对于私募股权投资自身，很难进行风险转移。在单个投资组合公司层面，有时会有担保，如法国中小企业融资担保公司或德国科技投资公司 TBG 实施的项目（见专栏 3.1）

那样，但这些是国家支持的安排。

> 我们可以得出结论，在过去五年中，1/3 的并购资本掌握在不到 24 名基金经理手中，即所有投资管理人总数的 10%。对于创业投资基金来说，对应的数字是，过去五年中，大约 15% 的资金掌握在不到 24 名基金经理手中，大约占一定投资额度以上投资管理人总数的 5%。
>
> Raschle（2002）

总体来说，风险难以量化到可以采用金融业普遍使用的复杂的风险转移工具的程度。通过与跟投 LP 搭好关系，可以在一定程度上实现风险共享。由于其雄厚的资金实力，他们可以踏足其他投资者无法踏入的领域。他们可以帮助应对运营问题，甚至可以通过共享监督权力，引导降低费用。他们推广市场规范，引导更高的可预测性，因为同一批基金经理的后续基金可以更快地关账。

采用这些策略可以降低风险，但是不能消除风险⊖。在私募股权领域，我们面临的难题是，识别风险相对简单，但是难以采取行动降低风险或消除风险，这类风险管理要么成本太高，要么根本不可能。

6.4　应对不确定性

私募股权基金的运营环境不仅充满风险，而且遍布不确定性。不确定性是指未识别或无法测量的风险和可能性。因此，精心设计的投资过程要能够适应不断变化的环境。因为风险无法精确量化，甚至无法知晓，因此，风险与收益之间的关系只能通过简化的方法来管理（见表 6-1）。

专栏 6.2　　　　　　　风险与不确定性

经济学家通常会对"风险"和"不确定性"进行区分。风险是指根据过去的经验判定某事件发生的概率，而不确定性是指没有客观的方式可以决定其概率的事件。在有效市场中，风险与不确定性没有区别，因为所有市场参与者面临的不确定性是相同的。然而在私募股权市场，投资者面临不同程度的不确定性。对事件及其可能性的度量可以将不确定性转变为风险。对于

⊖　关于另类资产风险管理更详细的讨论，我们推荐 Jaeger（2002）的文章。

私募股权来说，在实操中很难在风险和不确定性中间画一条界线，大多数情况下并不会作区分。

由于实现收益所需的时间较长，我们在试图量化私募股权的风险时面临很多问题。由于这个行业的不透明性，并非所有结果都可知。我们很难掌握所有信息，并且数据的质量普遍很差。特别是在创业投资基金领域，技术变化飞快，新商业模式不断演变，从繁荣到衰退期很短，投资周期漫长，很难甚至不可能系统地收集数据，从而建立具有统计意义的模式。

尽管如此，私募股权领域仍存在显著的可评估甚至可衡量的因素，而且人们对事件及其可能性的了解比通常认为的要多。因此，我们认为，更清晰地区分风险和不确定性是管理一项私募股权投资计划时非常有用的工具。专业人士可以将学到的知识放到一个新的或变化的环境中，根据其经验进行推断。虽然除了在特定情况下，精确量化几乎不可能，但专业人士可以将不同维度的经验和见解与预期收益的类别相联系。这些类别可以进行一个粗略的近似定量估计。

不确定性越高，离散评级技术越稳定。它们缺乏精确度，但是由于用在内在假设和近似错误的背景下，"数学上精确的模型可能完全错误"。特别是结构化的定性评估可以克服定量模型的缺陷，得出关于未来的陈述（见 Troche, 2003）。

由于伴随不确定性的往往是重大的机遇，一项私募股权投资计划基于当前的评级，投资于那些过去表现出风险高于其他基金的基金，理论上也说得通，甚至不可避免。在一个以创新为导向的行业，对于行业发展方向的观点可能迥异，因此两位投资者可能会得出完全不同的前瞻性评估。但是，我们认为，这样的投资应该只有在可比条件下，在对基金的风险进行结构化评估的基础上，在一套"不确定性预算"的框架之内，才可以进行。

表6-1 各种不确定性程度下的风险 – 收益管理

确定	风险	不确定
已知	服从概率分布	未知或虚假的"已知"
计划并执行	测量、分析、设定范围	监督、学习、适应

未来不仅有一系列同样有意义的情景，而且通常还伴随着真正的不确定性：不可预知的技术突破可能会改变整个竞争环境，消费者口味可能发生重大改变，或者新的机会不断涌现。面临这种程度的不确定性，用 Courtney、Kirkland 和 Viguerie（1997）的话来说，"关键是要避免束手就擒、完全凭直觉行事的冲动"。他们认为，情景分析应高度定性，基金经理需要系统地梳理自己知道的信息和可能知道的信息。

6.4.1 减少不确定性

应对不确定性的最佳方式当然是尽可能地减少它。在有效市场中，风险和不确定性之间没有区别，因此所有市场参与主体面临的不确定性是相同的。不确定性还为挖掘市场无效性、超越他人提供了重要的机会。不确定性的减少来自于各层面的投资过程。可以通过研究、尽职调查和监督等减少不确定性，但是这些都有制约因素，因为收集信息既昂贵又耗费资源。

与处理风险一样，避免不确定性往往也是最佳选择。在私募股权领域，并非所有人都面临同样程度的不确定性，与他人相比缺乏专业性时，尤其需要避免参与。因此，应对不确定性的一个简单方法就是，用专业性排除明显次优的方案，或者那些在专业领域之外的方案。

6.4.2 不确定性下的策略

如果不确定性无法规避或降低，那么在不确定性条件下的主要策略就是模仿生物系统，在进化论和一套相对简单的行为规则下，在不断变化的环境中建立生存和发展的机制。在第 22 章，我们谈到私募股权行业就像生态系统一样，因为私募股权市场特定的结构很像生物系统，在持续变化的条件下建立成功的机制。

6.4.2.1 进化论

很多人认为这个行业具有达尔文主义的性质⊖。不断变换的环境，比如陈旧

⊖ 比如，可参见 Callan Associated（2003）。当然，将风险投资基金市场视为一个生态系统，认为是一个演变的过程，并不完全符合达尔文（Darwin）的理论。这种机制更接近拉马克（Lamarck）关于进化的观点。他认为，个体一生中在组织中获得或改变的一切，都在繁殖过程中被保存下来，并传递给下一代。然后，后代从父母离开的地方开始适应，使进化得以向前推进。

技术的淘汰，就可以导致基金的失败，而"奇怪的动物"也可以演化为"优势物种"。虽然这不会成为进化论的讨论主题，但是我们进一步查看生态系统[一]也是有意义的，在演化过程中，生态系统在应对不确定性和变化的环境过程中建立了一种机制。根据 van der Heijden（1996）的观点，生态系统不断朝着恶劣环境下勉力生存与有利环境下自我发展的双重目标前进。私募股权行业的大多数参与者都形成了一套在市场中自谋生存发展的技巧。因此，我们可以将其与生态系统相提并论。在大多数占优的长期策略中，不确定性都占支配地位，进化论的观点应声向前。在私募股权市场，一系列特征显著占优，让我们不得不认为，允许进化论存在的这些结构不是一种巧合，而是环境压力的自然结果。

将私募股权基金市场描述为一个生态系统并不牵强，不确定世界中挣扎的物种为生存而进化斗争。生态系统是指所有成员通过共生关系从彼此的参与中获益的系统。这个词源自生物学，是指自我循环的系统。很多有生命的物种都可以分为两类或多类相互依存的种类。正如我们在第 2 章私募股权市场中介绍的，LP 和 GP 可以视为共生的伙伴，相互依存以维持在市场中的地位。进化论的主要机制可以用"适者生存"和基因突变这两个原则来解释[二]。进化不仅发生在个体，随着新的适应或者实验的不断涌现，还会发生在整个群体中。一系列基金的投资组合可以视为一个"物种"，即使个体失败或者"死亡"，这个物种仍然存续。

生命系统通常被定义为能够通过自然选择而进化的系统[三]。其主要特征是通过对外部刺激做出响应、生长和繁殖，并传递遗传信息。

- 对市场的新动态保持积极响应是关键，尤其是聚焦创新的风险投资基金。市场的激烈竞争要求不断争取投资者，并对 LP 的监督做出反应。为了募集新基金，在某些特定的市场进行专业化分工将大有裨益。
- 成长对每个人都有吸引力，但是有规模和年限的限制。成长主要通过不断复制成功来实现：产生一系列后续基金，或许规模越来越大，并且同

[一] 在生态学中，生态系统是生物及其生存环境的一个群落，作为一个单位发挥作用。
[二] 我们用定性打分的方法（见第 15 章），分别测量了当前市场最佳实践的适用性或者突变的程度。
[三] 对一只基金的基金来说，"灭绝"以各种形式出现——投资者从私募股权投资中退出，并将该计划退出，或者完全停止投资。

时管理几只基金——尽管这很容易导致"帝国过度扩张"。
- 孵化新基金是这个行业的典型特征。成功的秘诀传授给新的团队，应用到新的市场领域。繁殖的方式主要有两种：通过后续基金或通过新团队，将公司的社交网络、经验、方法和过程等"遗传结构"传递下去。基因突变是"遗传物质的可遗传变化"，未必是随机的。它可以被视为一次新的实验。

实际上，有限合伙结构由于其对环境变化的适应性，似乎能够不断进化，一定程度上甚至激发了另类资产行业发展的"寒武纪大爆发"㊀。

6.4.2.2 简单性

Bookstaber（1999）曾提出一个非常粗糙的风险管理框架，但忽视了关于环境的重要信息。虽然对任何一种环境来说这都是次优的选择，但是这样一个粗糙并且相对不复杂的方法却能够更好地适应环境的大致变化，或许是最佳的长期策略。当然，系统的这种解决方案并不高明。不如说其目的在于保持方法的一致性。应对不确定性的其他方法包括：

> 这种采用粗略决策规则、忽略有价值信息的行为模式，在其他物种中有着很好的存活记录。
>
> Bookstaber（1999）

- 随着环境的持续变化，无法以协议方式应对所有不可测的结果，也无法提前制订涵盖所有可能情形的流程。相反，协议是在一系列既定的规则下拟定的，是为了达到利益的一致性，因此，至少在理论上，基金经理可以被授予高度的自主权。基金具有一定程度的灵活性以适应环境的变化。
- 与所有生态系统一样，速度可以是一种生存策略。通过对环境系统监控和寻找早期预警信号，可以及时做出反应。
- 至于对分散化的管理，投资者需要应用相对不那么复杂的工具，比如

㊀ 距今约 5.4 亿至 4.9 亿年前的寒武纪，是地球生命历史上的一个重要节点；在这一时期，大多数主要动物群体首次出现在化石记录中。这一事件有时被称为"寒武纪大爆发（Cambrian explosion）"，因为这种形式的多样性出现的时间相对较短。

"单纯多元化",而不是根据现代投资组合理论观点最优的配置。因为相关性数据要么不精确、不可靠、不稳定,要么根本不可得。构建投资组合的目标是通过设定清晰的相关性最低的分散化维度,以确保基金之间高度的独立性。

- 基金的估值不能依靠公开市场报价,而是主要根据同业群体的普遍情况来建模,只能得到大致近似的宽泛的收益范围。这种方法作为解决方案非常局限,但是可以实现差异化区分。

6.4.2.3 新尝试与实物期权

正如 Beinhocker(1999)所指出的,面对不确定性,最稳健的策略是"在每一匹马身上都下注"。激烈的竞争环境往往难以预料,尤其是伴随着技术的不断创新,预测它们将会如何变化本就十分困难。过去的行为模式未必是未来的可靠指引。随波逐流寻找投资者的人们为那些试图差异化的竞争者创造了机会。如果没有新的尝试,基金不再后续募集或者失败了,老基金就会越来越落后于头部团队。这样,投资组合无法随着新的发展而进化,只能原地僵化。

此外,有限合伙人的投资决策不仅需要反映基金的投资价值,而且还要反映其实物期权价值。第 8 章我们将考察如何设计一个私募股权基金的投资组合,并以可能的策略探索这个"生态系统"的特征。投资一只私募股权基金的实物期权似乎是一个相对研究较少的领域。对于这种偏离主流投资的管理,我们在第 22 章提出一个关于不确定性的预算。

第 7 章 风险框架

2004 年 6 月，巴塞尔银行监管委员会发布了《巴塞尔协议 II》的最终文本，该协议规定了银行投资私募股权时必须预留的超额资本储备数量。提议的新规让银行投资于私募股权基金的成本更加高昂。由于私募股权在委员会议程上的优先级并不高，因此对于这类资产的具体处理方式尚不明确。正如 BVCA 主席 Margaret Chamberlain 所评论的，"从我和零售银行的讨论来看，他们关心的主要是新规则如何影响他们最大的投资：零售账户和商业贷款账户……只代表他们资本的一小部分，私募股权，则排在最后"。㊀

先不考虑潜在的定量计算的影响㊁，如何让私募股权基金适用《巴赛尔协议 II》下标准的风险评估框架？因为这类基金不会违约，不会落入信用风险的框架。另一方面，市场风险也不适用，因为私募股权基金不存在每日的公开交易价格以计算风险价值（VaR）。本章我们将会看到，在《巴赛尔协议 II》下，私募股权基金并没有恰当的风险评估方法。我们认为，对投资者来说，一只私募股权基金的经济价值和相应的风险测量相关性更高。但是，在讨论这个问题之前，我们先进一步观察私募股权基金的市场价值问题。

> **专栏 7.1　　　　　独立风险管理功能**
>
> 相比其他资产类别，私募股权基金的风险管理基础并不稳固，因为数据相对陈旧且质量太差，个人很难建立精确的定量计算结果做出投资决策。此外，私募股权市场的动态和市场结构在持续演变。因此，所有风险管理

㊀ 引自 Northedge（2004）。
㊁ 关于分散化的私募股权基金的基金投资组合的分析，我们参考了 Weidig 和 Mathonet（2004）。

方法都是主要基于定性的指标，只能通过对市场的长期观察来确定。在私募股权基金投资框架下，一项独立的监督功能中是否有风险管理的一席之地？相关问题的观点如下：

- 创业投资基金的财务模型依赖于一系列往往夸大其实的假设。结论需要认真解读，并且经常是富有争议的。当发生问题时，往往已经太晚，所以，风险管理如何实施"控制"？
- 风险管理一般从一开始就可以介入，即投资前。由于市场不透明，机构的投资经理会面临同样的问题。因为没有独立的信息来源，私募股权很难收集信息。
- 为了形成自己的观点，风险管理要么需要依靠同一位投资经理提供的有待验证的信息，要么需要独自进行尽职调查。出于成本考虑，二次尽职调查似乎不是一个有意义的方法，在任何情况下，对盲池投资的评估将会和投资经理的评估一样固执己见，实际上模糊了风险管理与投资决策之间的区别。重新做一次分析通常并不会增加价值。
- 独立的监督功能在大多数投资工具以合伙形式存在的情况下很难推广，高级管理层习惯自行投资，因此理论上需要提供一种有效的制衡。

风险管理的角色——如果存在这个角色的话——往往缩减为提供报告的功能。另一方面，私募股权投资计划变得越来越制度化，特别是在银行、社保基金或保险公司持有的情况下，受制于监管部门的监督。对这类机构来说，独立的风险管理功能可以在以下几个领域提供增值服务（见表7-1）：

- 即使估值不能得到独立验证，风险管理也可以界定——或至少检查——估值方法，确保得到持续的严格执行，让投资决策透明化。
- 投资经理在投资委员会中代表有限合伙人，可以潜在地获取上市公司的内幕信息。因此，相比其他资产管理人，应该引入合规功能。
- 投资经理倾向于关注单一项目。随着投资组合的扩大，不同维度的分析变得越来越复杂,需要从整个版图进行评估和监督。
- 独立的风险管理功能可以提高专业水平和透明度,有助于控制投资经理的"动物本能"。资产管理领域的最佳实践表明,业绩的评估和预测最好独立进行。而且,风险管理应当对约定的限制进行监督,并将其提交给估值委员会。
- 一般来说,在这个行业里存在着关系主导和模糊经济理性的重大危险。对有些投资经理来说,随着时间的推移,他们与基金经理或其他有限合伙人变得"亲密",就会出现利益冲突。
- 独立的风险管理职能也可以规避尽职调查风险,即当投资机会稀缺或者难以接触到头部基金时,投资标准下降或者方法不一致的风险。

受监管的机构投资者通常不会评估私募股权基金的投资风险,或者建立分散化投资组合。这种情况下,他们更喜欢寻求基金的基金,要求确保他们委托的基金经理清晰地理解并能够控制风险。年轻的 FOF 如果缺乏可信的风险监督和管理流程,会发现很难吸引这样的机构客户。

表 7-1　风险管理的角色

风险管理的职责	主要活动(举例)
风险治理	建立风险政策 文件授权级别 建立限制条件
风险测量	最优化测量 / 流动性 超额认购策略 检查操作风险
风险监督	制作风险报告 强调例外 检查限制条件,采取适当行动
合规	检查估价的公平性 检查集中度 检查缴款 / 还款 防止内幕交易 编制合规报告

> 但是，我们也要提出警告，独立的风险管理功能依赖于组织内部开诚布公的交流，这在私人投资文化中尤其困难，因为在私人投资文化中，关系往往被视为"专有的"，实际上在很多情况下提供了一张个人安全网。

7.1 市场价值

市场价值之所以引人注目，是因为资产市场提供一种"信息聚合"的功能。因此，市场价值反映了一类资产的大量"情报"。一个市场的信息效率越高，价格发现和信息聚合就越有效。而且，市场通过交易资产的价值进行自我学习。公开证券市场信息非常密集，一般来说，大量同质化资产份额在证券交易所以公开报价同时持续买入卖出，提高了流动性和信息可得性[1]。这让公开交易证券逐日盯市变得容易、准确且成本效益高。

> 你知道长期投资的定义吗？就是失败的短期投资。
>
> ——投资圈流传的笑话

对于私募股权，Geltner 和 Ling（2000）将市场价值定义为给定时点最可能或者预期的交易价格。市场价值等于机会成本，即资产持有者因未卖出资产而放弃的价值，也是潜在购买者为了得到它必须付出的价值。这种方式定义的市场价值近似于在一个高流动性的密集市场所观察到的实际交易价格，即买方数量等于卖方数量的市场出清价格[2]。私募股权二级市场是缺失的或者说是高度不完善的。因此，私募股权市场并非信息有效市场，存在严重的价格分散。原则上，非流动市场背景下的回报特征可以通过观察可观察到的（虽然不常见）现金流进行衡量，要么通过考虑资产的估值报告来衡量。

理论上，可以通过观察私募股权市场的交易价格来估计市场价值。这些交易价格应围绕市场价值分布。这个市场相对冷清，并且每种底层资产的交易频率非常低。私募股权投资的实际回报只能通过观察基金生命周期内产生的现金

---

[1] 在公开市场，（实践中）有无数的分析师和分析工具在消化所有的可得信息。各种估值结果、需求和供给信息的实时变化导致共识价值和可实现价格的范围非常狭窄——由于存在有效的套利，一个"标准的估值工具"适用于所有的投资。在极端情况下，观察到的价格等于市场价值。

[2] 这在概念上非常接近 IAS39 定义的公允价值的概念。

流来考察⊖。由于每项交易都是买卖双方私下谈判的，因此不可能准确知道任何私募股权资产在任何时点的市场价值。即使观察到，交易价格也只是市场价值的"噪音"指标。根本问题在于，在私募股权市场中，独特的资产在没有公开披露价格的情况下进行交易，而且这些交易长期内是在极少数买卖双方之间以不经常和非常规的方式进行的。

此外，参与各方可能会获得更好的信息、更高的谈判技巧，或更少的完成交易的压力。因此，在给定的交易中，一方可以获得更好的交易，特别是当卖方对短期流动性给予更高的溢价，而买方则更看重回报，而不管持有期多久——这是二级交易的典型情况。资产对买方的价值也可能比卖方的价值更高，例如，对于一家正在消耗现金且卖方无法进一步融资的初创企业，买方具有更强大的能力来开发公司的价值。由于没有人能够观察到资产的真实市场价值，谈判双方都不知道"真实"的价格。这意味着资产价值的计量存在重大误差，市场价值只能通过评估技术估算。事实上，与房地产或古董一样，创业投资基金主要是一种评估资产类别，其估值不是基于众多市场参与者的共识，而是由少数专家评估决定⊖。

如果让两名评估师在同一时间对同一资产进行估价，并且相互之间不许沟通，他们几乎肯定不会得出完全相同的市场价值评估。给定的经验评估价值与同一时点上不可观察的真实市场价值之间的差异称为"评估误差"。即使评估人员并非不称职、疏忽或偏袒，也存在这种情况。评估值也可能存在偏差。这是由于评估师的行为非常理性，因为私募股权和风险投资基金评估指引有保守倾向，或者因为评估师更倾向于依赖观察到的交易价格"事后回头看"。估值精度和估值"即时性"之间存在权衡取舍。

交易价格和评估价值是经验可观察值。必要时可以随时进行评估，但交易很少发生。作为比较基金业绩的基础，交易价格不一定比评估值更好或更差。评估价值基于交易价格作为依据，交易价格受评估价值的影响。因此，两者都

⊖ 见 Kaserer，Wagner 和 Achleitner（2004），讨论了测量基于现金流的收益与基于资产价值的收益的潜在意义。

⊖ 见 Cheung 等（2003）："上市股票更容易赋予一个市场价值，而私募股权的 NAV 是由普通合伙人确定的。由于缺乏一个可供私募股权益买卖的流动性市场，私募股权基金的价值是由普通合伙人认定的。对私募股权投资确定一个独立的潜在的价值，很大程度上是基于专家根据自己对投资潜在收益和/或与其他投资的比较，对每一项投资的估值。"

包含误差，因为经验上可观察到的价格或估值与"真实"市场价值的基本概念之间存在差异。市场价值是理论或概念结构。它们总是存在并随着时间的推移而变化，因为有关资产的新闻不断传来。对于私募股权基金而言，市场价格是不可观察的，交易价格可能与交易资产的经济价值存在差异。

对于短期内不必在资产市场进行交易的投资者来说，他们感兴趣的是长期经济价值，而不是市场价值。经济价值通常基于现金流贴现分析进行估算。由于时间跨度长，可能出现的情形多种多样，确定经济价值通常是非常主观的。

7.2 市场风险还是信用风险

7.2.1 市场风险

市场风险是由于市场价格或市场利率的不利变动（如利率或汇率波动）而产生损失的风险，而信用风险是由于交易对手未能支付承诺款项而产生的风险。在应对市场风险时，需要考虑的时间跨度相对较短。另一方面，信用风险的时间跨度更长 ⊖。股权投资主要面临市场风险，人们会认为私募股权投资应在此框架内处理。在私募股权基金的背景下套用公募股票基金投资的概念是有问题的。评估私募股权基金需要克服的问题在概念上是不同的，主要是因为它们是盲池投资。用于量化风险特征的数据可得性有限，估值难以确定。这种投资通过筛选独特的非流动资产获得长期价值增长。并且私募股权基金没有业绩记录，只有其管理团队可能存在业绩记录。

基于市场的方法不适用于典型的私募股权基金，因为它取决于在相当长的一段时间内追踪基于共识的估值的能力。有关私募股权的信息很难以非汇总形式获得，也很难说已公布数据的相关性有多大

7.2.2 信用风险

正如 Webb（2001）指出，"私募股权是信用或市场风险状况的变化带来更有趣挑战的一种工具。在首次公开募股（IPO）之前，私募股权缺乏流动性，没有可用的市场价格。这与无法对冲的信贷非常类似，并且在违约情况下，其回

⊖ 直到这些风险消除。关于市场风险与信用风险的深度讨论，请参见 Dowd（1998）。

收率几乎为零。因此，在其生命的这一阶段，需要像传统信贷一样进行处理，对未来现金流进行预测和压力测试。然而，随着 IPO 日期的临近，这种情况开始发生变化，你必须考虑如何在 IPO 时对冲你的股票"。

股权融资的一个主要特征是没有偿还期限，并不适用于具有既定寿命的自清算的私募股权基金结构。一般而言，在大多数行业从业者看来，私募股权资产流动性较低，需要更接近违约风险评估的风险分析，而不是市场风险范式。将私募股权基金根据增长预期分为不同组别进行评级的方法，在行业中广泛使用。

"违约"的定义在风险投资基金支持的初创企业中并不适用。从技术上讲，这样的公司已经处于违约状态，因为如果没有风险投资基金投资者的进一步资金支持，公司不太可能偿还债务。在这种情况下，违约概率取决于对投资者进一步为创投支持公司提供融资的能力和意愿的评估，以及投资者采用的融资模式。换言之，如果没有对风险投资基金投资者的评估，也不要求他们提供担保，就不会向初创企业提供信贷。因此，评级对象也应该包括基金，而不是孤立的初创公司。目前尚不清楚如何区分公司及其投资者，也很难从初创企业中以无偏见的形式和足够大的数量获得具有统计意义的历史数据。

就私募股权基金而言，违约事件没有共同的定义。理论上，基金违约可以定义为未能向有限合伙人偿还本金⊖。此外，未达到回报预期（例如门槛收益率）的基金理论上也可以被视为违约。然而，这种状态只能在基金期限到期时才能检测到，因此不构成真正意义上的"事件"。

7.3 结论

私募股权基金投资兼具债务和股权的特点，标准信贷和市场模型都难以适用。私募股权是一种买入并持有的投资，盈利水平的弹性来自于在相当长的一段时间内挖掘公司的能力，以及等待适当的市场窗口盈利退出的能力。从 LP 的角度来看，投资是否持有至到期，或 LP 是否打算在基金到期前退出，估值将非常不同。因此，应在假设投资者有能力和意愿在风险投资基金整个生命周期内

⊖ 在基金层面，很难获得一个足够广泛无偏的样本来估计违约概率和违约损失率。公开可得的私募股权数据库只提供了整体的数据，因此用途不大。

持有的前提下进行评估及相关风险权重设定。此外，重要的是要考虑各种金融结构和工具，以保护投资者利益以及协调投资者与这个行业被投资对象之间的利益一致性。

特别是对于股权投资，巴塞尔委员会㊀指出："为股权投资建立内部风险评级体系是一种良好的实践。这涉及根据公司性质、管理实力、行业动态、财务状况、经营绩效、预期退出策略、市场状况及其他恰当因素等，对每项投资进行评级。不同的评级因素可能分别适用于直接投资和间接投资。"

对于长期持有股权，市场风险与信用风险之间的区别并不那么清晰㊁。对于私募股权基金，主要是无法观测的经济价值具有相关性。用于决定一只基金经济价值的方法与信用风险评估领域所采用的技术有很多共同点。

附录7A 传统VaR框架中纳入私募股权

通常，风险价值（VaR）用来衡量因意外但可能发生的市场变动而造成的损失㊂。然而，VaR的概念很难应用于私募股权或非流动性投资㊃。为了解决这个现实问题，西蒙斯（Simons，2000）建议，"私募股权应该尽可能频繁地进行评估，只要有重大事件发生"。关于报告频率，也存在权衡：报告次数越多，每期的错误就越多。在缺乏市场价值的情况下，私募股权投资组合的VaR计算可以利用财务报告数据，也可以按模型计价。

㊀ 见巴塞尔银行监管委员会（Basel Committee on Banking Supervision，2001）。

㊁ 见瑞信集团（Credit Suisse Group，2001）："我们认为，股权风险敞口的定义需要更好地区分长期持有的股权和短期持有的股权。我们认为，长期持有股权的资本要求应根据IIF提案确定，并根据其（收购时的）账面价值确定这些持股的违约风险敞口（EAD）。对于短期持有的股权，我们认为资本要求应基于市场风险/压力测试框架，而不是同样由IIF提议的PD/LGD/EAD框架。"

㊂ 对于这些分析，我们忽略了其他流程，比如压力测试或情景分析。这些方法适用于市场风险和信用风险。

㊃ 比如可参见Layton（2000）："VAR的价值通常是有限的，比如，在动荡的市场中，在更奇异的市场中，在稀释工具中（例如私募股权投资——私下的或公开的）。"或者Dunbar（2000）："遗憾的是，用Benson的话来说，应用到私募股权领域时，像VaR这样的标准化技术'完全没有意义'。核心问题是流动性：对于未挂牌的公司，买卖头寸的机会往往非常罕见。"

7A.1 基于报告财务数据的 VaR 计算

人们可以根据报告的资产价值——如净资产价值（NAV）计算私募股权的回报。净资产价值是根据自律监管背景下制订的估值准则计算的，旨在反映整个投资组合的公允价值。在某些情况下，该价值可以在按市值计价的框架内得出。净资产价值仅偶尔反映真实的市场价格，即基金资产在给定时点在公开市场交易中出售的价格。这是由于不可避免的估值错误以及普通合伙人遵循的策略性信息披露政策。投资者通常利用公司新一轮第三方融资作为将其持有的股权与市场挂钩的机会，参考新投资者支付的每股价格。即使人们确实接受中间融资轮次会影响价值的观点，但这样的事件太少，无法进行传统的统计分析 ⊖。

对于以内部收益率（IRR）表示收益的资产类别来说，标准差的概念是有问题的。计算标准差需要定期进行可靠的估值。本质上来说，私募股权无法提供这一点。当然，标准差可以采用出于报告目的的估值来计算。但是，这些估值往往偏保守，并且基于账面价值，尤其是在早期阶段，它们倾向于低估标准差。因此，投资报告不足以计算投资的任何"波动性"。

7A.2 按模型定价

通常，按模型定价被视为一种解决办法。这类用于推导市场价值的财务模型非常复杂，也需要输入大量数据 ⊜。巴塞尔银行监管委员会（2001年）建议，作为识别直接持有的私募股权投资潜在风险权重的一种简单方法，可以使用公开交易的小型股票的回报序列作为代替 ⊜。这是基于这样的假设，即影响小型私

⊖ 见 Dunbar（2000）："由于'高于账面价值的估值'引起大量的争议，其他投资者采用更加保守的观点，在完全退出头寸之前，拒绝对初始投资的价值确认任何变化。他们的观点是，盯市的估值很容易受到不同融资风格产生的偏见的影响。"

⊜ 见 Dunbar（2000）。

⊜ 3i PLC 用下面描述的方式评估所有的未上市股权投资（见 3i PLC, 2002）："新投资通常在前12个月以成本估值，或者稍后，直到收到自投资之日起至少6个月的经审计账目。对一家公司的任何投资，如果已经失败，或者预计在未来12个月内失败，那么估值就为 0。其他投资（科技投资除外）的价值是用 3i 公司持有股权份额占公司估值比例得出的，公司估值是用最新经审计的盈利乘以 FTSE 小盘股指数（或国际上同等的指数）相关行业的平均市盈率，经 3i 公司剔除损失公司下调后计算得出的。如果计算的结果少于 3i 公司有形资产净值的一半，则投资估值为 3i 公司有形资产净值的一半。科技投资的价值按照上述方法得出，但如果投资于一家正在执行计划的公司，则估值不低于成本。"

营公司价值的外部因素与影响小型上市公司价值的因素相同。而且，小公司股票市场通常代表了作为私募股权主要退出工具的市场——无论是通过首次公开募股（IPO），还是在合并和收购情况下通过公司估值。此外，在基金管理公司对被投资公司的定期估值和业绩评估中，往往将上市公司作为可比对象。但是，这一建议与一些金融研究相冲突⊖。与市场指数的关联可能在某种程度上有助于对直接持有的后期私募股权投资组合进行时点估值。这种简单方法的潜在假设可能在某种程度上适用于IPO前的投资，但它们绝对不适用于风险投资基金。

总之，市场风险的简略方法的理论和实证基础都比较薄弱，比如使用股票市场指数作为可比指标，而复杂的方法对数据的要求又很难满足，即使是直接持有的私募股权投资组合也是如此。

⊖ 例如，经常参考 Zimmermann，Bühler 和 Scherer (1997)。在一篇更新的论文中，这项研究扩展到了欧洲上市交易私募股权工具（见 Bauer，Bilo 和 Zimmermann，2001）。这些作者还发现，"债券和私募股权之间根本没有关联，或者甚至有一点负相关关系。私募股权和传统的股票之间有很弱的正相关关系。令人意外的是，即使私募股权公司的底层投资公司大多数为小公司，小盘股私募股权公司之间的相关性也不是特别高。"风险投资基金距离退出太远，与股票市场的可测量的相关性甚至更少。美国市场的数据可能与此相反——见 Maxwell（2002a）："尽管私募股权特别是风险投资基金与美国小盘股具有高度相关性——或许是由于近期科技和互联网 IPO 表现出风险投资基金的特征，但是与其他资产类别的相关性稳定为负相关。这些结果未得到欧洲数据的支持（见 Bauer，Bilo 和 Zimmermann，2001），如引文中所认为的，这可能是市场过热期间的短暂现象。此外，只有在大类中（比如科技或生物科技），才能与细分的市场基准建立联系，因为新兴的科技在现实市场指数中没有代表性。另外还有实操问题，比如将市场倍数用于初创公司时，存在初始投资阶段收益为负或收益正在增长的问题。"

第 8 章 投资组合设计

> 私募股权因拒绝使用其他资产类别基本的投资决策分析概念而臭名昭著。
>
> Borel（2004）

本章首先讨论私募股权基金投资组合如何适用或不适用传统的投资组合构建方法。我们解释了为什么我们认为现代投资组合理论与私募股权的相关性有限，以及一种更"天真"的方法如何能够产生良好的结果，以估计私募股权基金在全球投资组合中的适当配置。一旦配置确定后，就可以开始单独构建私募股权基金的投资组合了。我们描述了标准的投资组合构建技术，即自下而上和自上而下的方法。最后，我们提出了管理风险 – 收益关系的多种方法。

8.1 投资组合设计框架

8.1.1 现代投资组合理论

> 几乎不可能采用标准的风险 – 收益最优模型来决定对私募股权的"正确"配置，因为很难正确估计私募股权的风险溢价及其与其他资产类别恰当的相关性。
>
> Helen Steers（2002）

1952 年，马科维茨（Markowitz）在《金融杂志》上发表了一篇文章，阐述了构建投资组合的基本原则，即组合完全不同风格的资产以最优化风险 – 收益关系。这些原则是将私募股权这一低相关性或不相关资产类别纳入传统投资组合的主要推动力之一。虽然现代投资组合理论及其多元化原则在传统资产管理者中被广泛接受，但其与私募股权的相关性尚未得到广泛承认和应用。

8.1.1.1 数据的缺乏

现代投资组合理论采用严格的数学技术来设计投资组合。为了使模型发挥作用，需要了解期望收益和风险，以及每项资产的收益与投资组合中所有其他资产收益的相关性。虽然公开市场管理人可以依赖可靠的统计数据来支持他们的分析，但私募股权尤其是风险投资缺乏此类数据。事实上，私募股权的收益率、波动率和相关性分析受限于公开可得数据的时间序列相对较短，并且这些数据不能完全代表市场，往往存在幸存者偏差问题。最重要的是，数据并没有完全反映这类资产的不确定性。此外，由于用于私募股权基金的标准业绩衡量指标 IRR 是资本加权的，而对于公开市场资产，传统上是时间加权的，因此，如果不进行重大调整，就无法分析私募股权和其他资产类别之间的相关性。

8.1.1.2 非正态分布

此外，现代投资组合理论的主要假设之一，即收益率服从正态分布，显然不适用于私募股权。私募股权收益率的分布与正态分布存在显著差异。私募股权的实证结果表明，周期性收益率的标准差较大，收益率分布存在显著的偏度和超额峰度⊖。因此，私募股权很难纳入均值–方差的概念。

8.1.1.3 但是可能存在相关性

> 无论收购还是创业投资，糟糕的私募股权实践都可能与公开市场产生更高的相关性，因为它选择"随波逐流"，而不是创造价值。
>
> Barber 和 Zage（2002）

一些从业人员认为，投资决策的关键是资产和子资产配置，私募股权投资组合的管理就像公开股权投资组合一样，依赖许多相同的工具和公认的原则，同时根据市场的具体情况进行调整。尽管存在这些困难，但他们使用调整后的历史风险、收益和相关性数据作为未来的合理近似值，将私募股权投资纳入其投资组合模型⊜。普遍的观点认为，将私募股权加入公开发行的股票和债券中可以使投资组合更加接近有效前沿，从而实现更好的风险–收益平衡⊜。即使人们

⊖ 见 Cochrane（2001）。
⊜ 见 Simons（2000）、Arthus 和 Teïletche（2004），Kaserer 和 Diller（2004）。
⊜ 比如参见华盛顿堡资本合伙公司（Fort Washington Capital Partners，2004）。

普遍认为私募股权和公开股票之间的相关性很低，但真的是这样吗？能够简单地比较苹果和橙子吗？也就是说，将市场价格与根据不完善的私募股权估值准则获得的评估数据进行比较㊀？保守主义偏差和不频繁的价值重估导致私募股权相对于公开股票的波动性和相关性的人为减弱。事实上，归根结底，投资组合公司与上市公司在同样的宏观经济环境下运作，面临同样的交易条件、利率和监管制度。此外，通过交易转让或 IPO 退出，通常依赖公开市场提供估值参考或流动性并加以吸收。因此，可以认为公开股票和私募股权的回报之间存在一定程度的相关性。

8.1.2 "单纯"的配置方法

> 我们提倡采用两阶段法，对上市股票和债券部分采用最优化方法，但对不太可预测的市场，如私募股权，则采用更直观的方法。
>
> Ian Barnes（Russel），引自 Sormani（2003a）

如上文所述，私募股权的特殊性质让人们对仅仅应用传统的资产配置技术产生了怀疑㊁。因此，尽管一些基金会将 30% 的资金配置到私募股权，但机构投资者通常基于常识采用"单纯"的配置方法，将私募股权风险敞口限制在大约 5%~10%㊂。这种"单纯"的配置方法可以根据以下基本因素的分析进行估算：

- 绝对规模。如果配置的金额不够大，就不允许建立一个专门的团队，这是获得高于平均水平的绩效所必需的。如果配置金额太大，则找不到足够多的投资机会，或者因为不得不投资于质量较低的基金而拉低业绩。
- 相对规模。如果配置金额相对于整个投资组合并不大，就不会对整个投资组合产生任何重大影响。如果配置金额相对于整个投资组合来说太大，投资者可能会面临投资多元化不足的问题，从而承担私募股权特有的风险，比如缺乏流动性。

㊀ 至少到目前为止。见 AFIC，BVCA 和 EVCA（2004）为解决直接投资者的需求而制订的新的私募股权估值指南。

㊁ 见 Kaserer，Wagner 和 Achleitner（2004）："我们想要强调的是，关于私募股权投资收益率的条件分布和无条件分布缺乏明确的实证结果，这是一个严重问题，让任何资产配置决策都相当棘手。实际上，即使分布参数一个轻微的变动，都会对投资组合配置产生巨大的影响。因此，即使对这些参数的估计有轻微的偏差，都会导致资产配置出现巨大的错误。"

㊂ 比如参见 New（2001）。

- 现有组合的构成。在投资组合中加入私募股权的好处必须在考虑现有投资组合的基础上进行分析。通常的想法是考虑投资者想要分散的不同风险维度（如行业、国家、公司规模等），以及评估私募股权的配置对整个现有投资组合中这些风险维度的影响。例如，配置高科技早期投资会对主要投资于"旧"经济的投资组合带来更加重要的分散化影响。

在已经包含小盘股配置的投资组合中增加私募股权的分散化所获得的收益微乎其微。一般来说，引入风险投资和私募股权的目标应该是提高收益，而不是分散化。

Brown 和 Morrow（2001）

最后，如果还有疑问，可以跟踪其他机构对私募股权的配置，这也提供了有关私募股权相对于其他资产类别的吸引力的相关信息。

8.2 投资组合构建技术

一旦确定配置私募股权，就可以开始构建其单独的投资组合了。投资组合通常以自下而上或自上而下的方法构建。自下而上的方法是基于基金经理的研究，即重点是筛选所有投资机会，挑选最佳基金经理。而自上而下的方法是基于策略研究，即投资者聚焦于策略和确定的配置范围。二者虽然看似相互矛盾，实际上却是相互补充的，因此往往同时采用。

8.2.1 自下而上的方法

由于私募股权的特点是排名前四分位和后四分位基金业绩之间存在巨大差异，因此只有具备良好的筛选技能，投资于这类资产类别才合乎情理。一般来说，投资者确实遵循自下而上的方法，因为人们普遍认为，基金管理团队的质量是最重要的标准，比行业或地域分散化更重要㊀。自下而上的方法也称为"筛

㊀ 摩利基金管理公司（Morley Fund Management）的威尔金斯（Wilkins）在接受另类资产网 2003 年 2 月的采访时称（AltAssets February 2003b）："我们采用的是自下而上的方法，我们并没有那么多不同的盒子需要根据地域或行业来填满，我们在任意时间买入接触到的最好的基金，来进行私募股权投资，不管这些基金关注哪些领域，我们一直保持一个观点，我们不想拥有太多相互竞争的基金。"

选技术"（如图 8-1 所示），其起点是识别合适的投资，然后进行深入分析和尽职调查，以便根据其吸引力对基金进行排名⊖。然后，选择那些最好的基金，将所有资金配置到私募股权（有关基金经理筛选过程的更多信息，请参见第 14 章）。投资者关心的不是行业、国家或基金风格及其相关性，而是基金经理是否为"头部 1/4"，以及他们是否在核心专业知识之外以 LP 的利益为代价从事活动，这会降低其排名。这些问题主要通过尽职调查程序和构建有限合伙协议来解决，其中包括各种承诺和投后监管。

图 8-1　自下而上的方法

自下而上的方法有几个吸引人的特点。这种方法应用最广泛，简单易懂，而且很稳健，因为它完全依赖于排名。它通过将投资组合集中于最高阿尔法的基金（即预期业绩最高的基金）来提高预期业绩，同时通过足够数量的基金和避免集中于任何单一基金来控制风险。然而，自下而上的方法并非没有问题。由于它是非常机会主义的，可能导致投资组合不平衡，承担的风险远高于预期。

8.2.2　自上而下的方法

自上而下的方法优先选择行业、国家、基金风格或趋势，而不是选择单个基金。可以说，遵循自上而下方法的投资者更加重视管理战略、资产配置和投资组合的分散化。

自上而下的方法（如图 8-2 所示）以"大局"为出发点。人们分析宏观经济状况，然后确定战略资产配置，即在可能的情况下使收益最大的行业、国家和基金类型的组合。评估的主要标准是政治、经济和货币风险，但是也考察市场接受股权作为投融资方式的程度，以及创业活动环境的有利程度。在这个前提下，再评估影响投资能力的因素，如尽职调查标准、会计和税务问题以及法

⊖ 所谓合适的投资，我们指的是投资期间可获得的、符合投资组合策略和限制的所有潜在投资机会。

律权利的可执行性。最后考虑有吸引力的投资机会的可得性和投资退出机会的可用性，例如股票市场。在最广泛的意义上，认缴资金配置的年份也可能被视为自上而下方法的一部分。

图 8-2　自上而下的方法

在确定战略资产配置后，就该制订高水平的认缴出资计划了。这取决于投资者期望的风险敞口水平、风险承受能力和可用的投资资源。然后根据现金流预测和压力测试确定最终的认缴出资策略。随后，我们再寻找符合既定配置计划的基金。

还有一些投资者想要模仿上市公司所采用的自上而下的方法，这种方法基于资产在风险和收益方面的历史业绩，作为未来投资业绩的替代变量。他们试图挖掘不同私募股权行业跨地理区域的低相关性。虽然这种方法肯定有其优点，但是也存在一系列现实问题，主要是私募股权财务数据的可得性和数据质量有限。由于只有接近变现的完全清算的基金数据才可靠，因此任何量化方法反映的都是过时的经济环境，对未来的指示作用很小。即使不过于严格或量化，自上而下的方法也可以作为一种工具，要么通过尝试发现私募股权中的"下一个风口"来产生阿尔法，要么作为一种帮助避免"炒作"的理智检验。根据从这一高水平配置中推导出来的预筛选标准，基金经理可节约分析单个投资方案的时间。

除了确定子类投资组合权重的问题之外，自上而下的方法最主要的缺点是，如此严格的配置在现实中根本不可行。在实操中，可能很难找到并投资足够多的优秀管理人，从而填满每一个预先确定的子类资产配置。实际上，在这个特定行业往往只有一两个优秀的管理人在运作，并且他们每三四年才募集一次资金。

8.2.3　混合方法

由于单纯的自下而上或自上而下的方法都存在问题，多数投资者采用混合方法⊖（如图 8-3 所示）。实际上，即使一位坚定信任自上而下方法的人，也不会仅仅为了满足配置目标而投资于质量不高的基金。同样，没有一个挑选基金的人会仅仅因为有机会投资于优秀的团队而将所有资金投入单一行业。投资者非常清楚分散化的重要性，但他们不是根据不同资产类别之间的相关性进行多元化，这种方法严重依赖于过去的信息，而是根据所投资基金的投资策略来确定目标配置。基本上，这是一种自上而下的方法，资本被平等分配给不同的资产类别，而不考虑其未来的演变⊜。

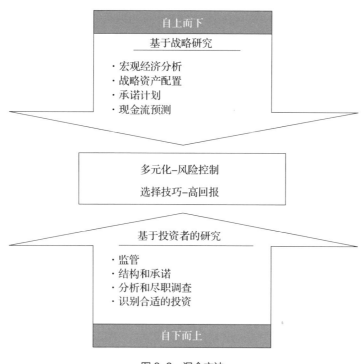

图 8-3　混合方法

⊖ 见 www.adamsstreetpartners.com：" 雅登投资（Adams Street Partners）的投资策略和投资流程对一个具体的投资机会自上而下和自下而上的特征都进行审查。"

⊜ 赫尔墨斯养老金管理（Hermes Pension Management）私募股权主管罗德·塞尔柯克（Rod Selkirk）在接受另类投资网 2003 年 3 月 11 日的采访时称："我要强调的是，我们的投资策略更像是一个框架，而不是死板的配置。我们从来不会投资于低于标准的基金，仅仅是因为我们的资产配置模型强行规定，必须将一定金额认缴到一个特定类型的基金。"

以下投资策略以私募股权 FOF 基金为代表。它们专门投资于成熟的私募股权市场，例如美国、英国及部分精选的欧洲经济体，瞄准欧洲和美国的"精英联盟"私募股权基金，并按阶段、赛道、地理位置和时间进行分散⊖。他们的目标是根据投资策略建立分散化的投资组合。这样的投资组合中，所有的策略拥有同等的权重。

在基金选择过程中，声称采用自上而下或自下而上方法的投资者都强调采用积极主动方法的重要性。投资者不能只是等待投资机会，而是必须积极寻找符合其投资纲领的基金，并在这些基金进入市场筹集资金之前开始接触。这需要对市场环境进行持续监测。为了采用自上而下的方法，投资者需要有一个可用的空间，并且"愿望清单"中有足够多的基金，以建立多样化的投资组合。

最后，不同方法的采用也有一条发展路径⊖。在投资计划的早期阶段，主要目标之一是将资金快速投入最佳可用团队中运营，以最大限度地减少流动性闲置。由于早期的项目无法依靠成熟的关系，可用的投资机会仅限于数量有限的可接触的"愿望清单"基金。这使得自上而下的方法难以实施，因为配置目标的意义不大。在建立了规模庞大的投资组合后，自上而下的方法才开始变得重要，因为聚焦投资（例如某行业或某团队）可能会产生风险。

8.2.4 投资组合监测

详细的资产配置有助于实现有效的分散化，消除随意选择基金的问题，但也存在为资产分配同等权重，以及同时由主要市场板块为代表的问题。此外，由于市场波动和收益分配活动导致的投资估值的重大变动，可能会导致配置超

⊖ Sherburn 和 Griffiths（2002b）描述了一种方法，"包括建立一套独特的私募股权策略的组合，在多个维度上分别进行分散化。这些维度可能包括行业重点、投资规模、地域聚焦和私募股权子类别（比如杠杆收购、风险投资基金、成长资本和不良投资）。因此，主要目标是集合一个能够产生卓越收益率的优秀管理人的组合，每一家管理的策略尽可能与组合中所有其他策略区分开来。其次，采用这种方法的投资者对组合中的每一个策略赋予同等的权重，将基金的集中度最小化。比如，对伦敦的大型并购私募股权基金经理和硅谷的早期阶段风险投资家投资同样的金额。这种管理人驱动同等权重的组合构建方法也限制了私募股权子行业的权重，即使是投资者可能特别重视的子行业。"

⊖ 见 Magnani（2003）。

过最大限额⊖。再者，由于有限合伙人投资的是盲池，投资主要基于基金经理宣称的投资策略。基金可能并不会遵守，而且也不应该死守策略。例如，在艰难的市场环境下，偏离原策略去寻找更有前景的投资领域才更合情理。因此，为了确保资产配置保持在既定的范围内，有限合伙人在管理基金的配置类型时，一项主要任务是持续监测并调整投资组合的结构⊜。

在基金层面，调整投资组合结构的首要方法是持续评估正在进行中的对主基金的投资。但是，这种策略可能受限于适当投资机会的可得性，或者受限于达成交易的延迟。而且，当私募股权投资组合非常庞大时，通过最初阶段的交易进行调整可能并不充分。另一种调整投资组合的方法是二级交易。但是，这对专业性要求高，而且并不总是存在交易机会。另外，在投资组合公司层面，与基金经理联合投资是增加对特定行业敞口的一种工具，但是这也要求特殊的技能。最后，另一个选择是利用上市小盘股，确保投资计划尽可能符合既定的目标资产配置。当需要管理重要的大额认缴出资的时候，这可能成为一项具有重要价值的投资。

⊖ Rouvinez（2003b）认为，对于成熟的 FOF 组合来说，真实的分散化往往比基金数量所显示的少。其原因是，由于基金的提款速度或投资组合的发展差异，有些基金拥有更高的权重。他将每只基金的总风险暴露定义为：

$$TEXP_i = 未提款承诺认缴 + NAV$$

为了便于分散化的管理，Rouvinez 讨论了同等基金数量（equivalent number of funds，ENF），即为了获得与最初各异的投资组合相同的收益波动率，同质的投资组合应该包含的基金数量。根据作者的分析，一个投资组合 ENF 的合理代理变量等于：

$$ENF = \frac{(\sum_{i=1}^{n} TEXP_i)^2}{\sum_{i=1}^{n} TEXP_i^2}$$

其中 n 为投资组合中基金的数量。举个例子，我们考虑一个三只基金的投资组合，风险暴露分别为 1、1 和 4。这里，ENF 只能是 2，并且公式表明，两只具有同样风险暴露的基金的组合，具有相同的收益波动率。然而，根据风险暴露的分散化管理也不是没有问题。首先，真正的财务风险暴露应该等于经济价值，而不是 TEXP。其次，NAV 相关的估值问题使得 TEXP 作为决策标准显得甚至更加问题重重。最后，可能会刺激适得其反的行为，比如减少对显示出最大增值可能性的基金的配置。为了避免这种情形，私募股权基金的分散化可以选择以认缴出资为基础进行管理。

⊜ CPR 私募股权（CPR Private Equity）的泽维尔·卡隆（Xavier Caron）在接受另类资产网（AltAsset, 2003 年 4 月）采访时称："我们没有严格的配置。我们都知道私募股权领域中，严格的配置根本不起作用。这些分割作为风险控制来考虑更有价值；例如，几年前，我们承受了来自投资者要求过度配置在早期投资的压力。但是，我们还是决定不违反最初设定的限制。事后看来，那是一个明智的决定。"

8.3 风险-收益管理方法

投资组合设计的目标是组合本质上以完全不同的方式运作的资产，实现风险-收益关系的最优化。如前所讨论的，对私募股权来说，这项任务非常具有挑战性，因为传统的方法与私募股权完全不相关。因此，对私募股权基金组合来说，风险-收益关系的管理要求一些额外的技术。本节我们首先解释，如何通过构建两个或更多子组合的投资组合，改善风险-收益关系的管理。本节结尾，我们对投资于私募股权基金的投资组合分散化的优劣做出评价。

8.3.1 核心-卫星方法

> 基金筛选的过程可以分为核心和非核心的配置。核心组是保守的主流投资工具，具有完善的可追溯历史业绩。非核心配置可能是一个经验丰富的管理团队募集的首只基金，或者从更大的机构分裂出来的团队的首只基金。
>
> Sormani（2003a）

前面我们考虑了将投资组合作为一个整体而构建。另一个选择是构建一个由不同子组合组成的投资组合。这样的方法是基于行为投资组合理论，组合可以像金字塔一样层层进行搭建。一个成功得到分散化的核心层或者底层，为投资组合提供下行保护（风险规避），而未得到分散化的卫星层或者顶层的目标是上行收益（风险追求）⊖。这种方法的目的是增强风险控制，降低成本，提高价值。这种核心-卫星方法是一种配置资产、财富保值增值的方式。

像"核心-卫星"规则中所体现的行为投资组合，是合理配置组合资产的明智方式。例如，其可以设计为：

- "核心"投资组合：制度化特质的基金，能够募集大额资本，预期可以产生可预测的基本收益。
- "卫星"投资组合：主流之外的利基策略基金（新兴市场、新团队、专业化基金等）。

⊖ 见 Statman（2002）："避免贫穷的欲望让步于追求财富的欲望。有些投资者就像私人购买彩票一样，用未分散化的投资组合的几只股票填满最上层。无论买彩票还是未分散的投资组合，都不符合均值-方差的投资组合理论，但是二者都符合行为投资组合理论。"

专栏 8.1　　　　利基策略（Niche Strategies）

根据"核心－卫星"方法设计好投资组合的公开交易资产之后，核心投资组合的关联一般是被动的，而卫星投资组合的关联是主动的。对私募股权来说，这类资产类别的特征不允许主动管理（见第12章关于基准的讨论）。所以，核心投资组合一般被视为由制度化特质的基金组成，而卫星投资组合是由利基策略基金组成。大多数利基策略被视为存在高度不确定性，让投资者暴露在无回报的特定风险之下，出于分散投资的原因而包括在投资组合中。

据美林证券私募股权组的 Kevin Albert 所述，"利基策略的定义完全无定形，是大量资金投向的纯粹创业投资基金和杠杆收购之外的所有类型的统称"（Alphones，Hellmann 和 Wei，1999）。为了做出区分，我们提出采用定量基金评分系统（见第15章）测量一只基金与主流的制度化特质基金偏离的程度。

与利基策略问题相关的是专业化基金（specialist fund），其瞄准例如电信、IT、生物技术和生命科学等行业，或者特定私募股权阶段，包括种子期资本和早期创业投资。将职业生涯奉献于建立特定行业知识基础的经理人，在该特定行业发展独特的商业关系，最好的定位就是成功投资于这个特定的行业。他们独特的技术背景或差异化的策略可以预期能够获得吸引力的收益。根据另类资产研究（2002），"一般来说，机构认为，专业化基金具有更高的边际风险，因为其很可能受限于单一行业的业绩"。高度的技术风险导致投资者更偏好专业化基金而不是通用基金（generalist fund），后者没有明显的投资聚焦，与专业化基金相比，往往缺乏在复杂行业的专业知识。

此外，我们认为还存在如下区别：

- "投机型"的利基策略在市场中有不同的供给：比如二级市场，其模式清晰并且被广泛接受，但是由于缺乏二级股权的卖方，该策略常常无法实施。结果，很难达到目标投资组合的资产配置。追求这种策略的主要驱动力是被验证过的潜在的超额业绩。这项业务的核心成功因素是获得投资机会以及达成交易的快速执行力。
- "体系化"的利基策略在市场中的供给源源不断：比如，首次组建的团队或者企业创投，投资机会的可得性从来不是问题，有可观的持续项目池。但超额业绩的潜力却成问题，这样的策略是为了追求投资组合的分散化。核心成功因素是投资组合管理和筛选技巧。

对于想要分散投资组合但又不放弃通过主动管理策略获得更高收益的潜在可能性的机构来说，这可能是一个有效的策略。另一个优势是灵活性，可以根据特定的投资目标合偏好定制投资组合。它还提供了一个框架，可以让那些自认为可以更好地控制风险或者愿意承担更多风险的投资者瞄准并控制某些领域。核心和卫星策略的组成显然取决于投资者的关注点和专业知识。有些人认为风险投资基金是卫星，而另一些人认为平衡型并购基金和风险投资基金组合是核心。这种方法的另一个优势是，它允许花费更多的时间在卫星投资组合上，这有望产生超额收益，而花费更少的时间在核心投资组合上，是因为它风险更低。

8.3.2 分散化

> 投资者如何应对高度变化的环境？如果他们愚蠢，可能会尝试挑选一两个赢家。如果他们很专业，就会采取平均策略。你会发现，1996年以来，UM的投资组合每个完整的年度至少有5种不同的VC基金。他们是专业的。
>
> Oren（2003）

分散化是有限合伙人尝试管理风险 - 收益关系的专业领域。因此，投资组合设计的另一个重要问题是，仓位的最优数量是多少。研究表明，对大多数资产来说，无论要分散什么风险，20种就足以实现充足的分散化[1],[2]。

只要在投资组合中增加一种新资产的边际收益超过边际成本，就应该增加

---

[1] 见 Flag Venture Management（2001）。
[2] 见 Weidig 和 Mathonet（2004）。

分散化。在私募股权领域，分散化的投资组合很难实施，因为获得适当的投资机会并不容易，并且机会是有限的，因为交易成本和监督费用非常高昂。而且，过度分散化会导致收益回归平均值，这与投资这类资产的主要目标相冲突，其初衷是获得顶层基金，产生超出均值的收益。

8.3.2.1 单纯分散化

由于可得数据的质量极差，马科维茨的"大 D 分散化"很难应用在私募股权领域。一个可替代的选择是"单纯分散化"或"小 d 分散化"[一]。Kempf 和 Memmel（2003）称，当数据和预测都不可靠时，等值权重是理论上最优的解决方案。Lhabitant 和 Learned（2002）认为，反正现代投资组合理论从来没有得到完全程度上的应用[二]，"单纯分散化"（也称为"1/N 启发式"）在实践中"**通常能得到合理分散化的投资组合，令人意外地在一定程度上接近有效前沿**"。而且，分散化也有"自然边界"：既不能把整个认缴出资委托给一只基金，因为基金规模不够大，也不能无限分散化，因为没有足够多的基金。在没有信息可以区分不同资产的情况下，单纯分散化是最优策略[三]。我们认为这在不确定情况下是恰当的方法，而马科维茨的"大 D 分散化"仅提供了处理风险的方法。

专栏 8.2　　　　　市场择时

市场择时可以看作配置策略的一部分[四]。市场择时导致投资者持有的投资组合偏离了长期目标，常常产生风险。众所周知，不同成立年份的基

[一] 见 King 和 Young（1994）关于不动产基金组合的分析。

[二] 见 Lhabitant 和 Learned（2002）："很少有投资者在做出复杂的投资组合决策时，会充分考虑这些相关性（即风险的非线性性）。相反，他们更愿意用更简单的规则配置资产，比如平均分配到可得的资产上。很多反馈问卷的人甚至承认，根本没有任何资产配置策略！"

[三] 然而，单纯分散化的方法可以进一步精炼。Brands 和 Gallagher（2003）发现，对于股权基金的基金，确保不同投资风格具有同等代表性的投资策略比单纯的抽样方法业绩更好。也可参见 Shearburn 和 Griffiths（2002b）："最后，这些投资者选择充分多的策略来提供分散性，分散风险。在定量分析的基础上，高盛（Goldman Sachs）采用这种方法构建投资组合，在我们管理的广泛的私募股权投资组合中，瞄准 18~25 种不同的策略。"

[四] 见 Flag Venture Management（2003a）："FLAG 将花费一整个周期来构建基金的基金组合，通常需要 3 年。我们不会每年或者每两年募集一次资金，然后将其分配给最好的可用的基金，而是等待我们简短名单上的顶级经理人来募集新基金。"

金之间的业绩存在差异。为了确保在更好的年份入伙,通常认为,成本平均的方法,在每个成立年份持续投资比较明智,相反的情况是,通过预测哪个成立年份会产生更高的收益进行市场择时。因此,成本平均法可以视为时间上的单纯分散化。投资者通常不能预测技术和金融市场的长期发展,也做不到看准时机。

因此,试图预测哪个成立年份代表最佳投资机会,一般被认为是不可能的。1990年和1991年的困难时期,经济衰退加上海湾战争,出乎意料是一个好的成立年份:基金逆势而上,仍然在这些年份成功吸引了投资者,并获得了好业绩,这主要是因为退出期恰逢20世纪90年代末期的技术市场泡沫[一]。虽然行业一致认为市场择时是无效的,但是总有一些传闻称有些投资者相信自己可以做到,虽然目前还没有证据证明。

时间能治愈理智无法抹平的创伤。

塞涅卡(Seneca)

以主动投资组合管理策略看准市场时机——上市公司股票已经证明存疑——对私募股权来说风险很高,事实上更可能是碰运气。有点矛盾的是,择时对收益有重大影响,但是私募市场的择时和公开市场的择时一样困难[二]。VCH股权集团(2003)发现,平均来说,根本无法评估成立年份的质量,但是并购基金和风险投资基金以与经济环境不同的方式对其产生影响。对风险投资基金来说,对资本市场和IPO窗口的预期具有相关性,并且对资本市场周期的反应比并购基金更强烈。并购基金在低迷的资本市场环境下也可能获得成功。

[一] 1992年美国并购基金和风险投资基金的资本加权平均IRR分别为24.4%和24.6%(资料来源:Piper Jaffray Private Capital,2003)。

[二] 见Malkiel和Firstenberg(1976):"我们特别反对根据预测市场趋势的能力进出股票市场的建议。想要玩这种择时游戏的投资者必须对整体经济、公司利润、利率以及影响证券市场的整个国际经济、政治和社会发展进程拥有不同寻常的先见之明。至少可以说,这种无所不知的存在很难证实。"

即使在相对较差的时期，好的基金经理常常也能获得可观的业绩。在任何情况下，投资者都必须亲身参与市场，以"保留参与游戏的权利"并获得接触头部基金的机会。如 Smith（2001）所说，"在如今的环境下，择时能力的问题是不切实际的——一位基金投资者拒绝了一只基金的认购，就不可能再收到下一只基金邀请"。认购私募股权基金应该是一个长期的战略决策，而不是短期的战术性决策。事实上根本不可能把握进入或退出这类资产类别的市场时机。而且，任何跨越如此长时期的市场预测都是徒劳无益的尝试。

通过集中下注来对抗所采用的资产配置，市场择时者冒着持有与长期目标不一致的投资组合而造成严重损失的风险。市场择时者明确地将投资组合偏离长期战略目标，使投资者暴露于本可避免的风险之中。

最佳投资实践很简单，就是制订一个投资策略并坚守策略，无论当前环境是好是坏。很多投资者为了获得更高水平的分散化，采用所谓的"平均成本法"。已验证的做法是在整个成立年份持续投资固定金额，稳定地向最好的基金认缴出资。这种方法有助于缓解投向估值过高年份的过度风险暴露问题。平均成本的原则是设立一个投向每一种私募股权基金类型的年度投资目标，避免想要在周期中择时的倾向。假设过去成功的经验将来继续有效是非常危险的：心理期望是由最近的经验形成的。而且，私募股权市场会在趋势中反应过度并且受到干扰。在市场繁荣时期，追求质量、保持高于其他投资者的严格要求非常重要，而在低迷的市场环境下，更加灵活一点才更合理，因为往往整个成立年份的质量都会变得充满吸引力。

平均成本法导致成立年份的分散化。它可以降低风险，因为有助于缓解投向估值过高年份的过度风险暴露问题。平均成本的原则是设立一个投向每一种私募股权基金子类型的年度投资目标，避免想要在周期中择时的倾向。当投资组合对所有成立年份的风险暴露不够平衡时，投资二级交易会有所裨益。坚持预算的配置非常重要：投向创业投资基金和并购基金的新机会与每一种策略收益的涨跌保持一致。小心谨慎的投资者会避免向当下的热门策略过度认缴出资的诱惑，而坚持长期的计划。

虽然单纯分散化不如传统的投资组合模型严格，但是其对审慎的投资者非常有价值，因为可以通过管理如下几个维度避免投资极端集中化[⊖]：

- 基金经理或普通合伙人数量。建立投资组合时，考虑的核心维度之一就是选择具有特殊管理风格或策略以及在特定行业具有专业知识的普通合伙人。关于风格和策略没有正式的定义。所有可能会影响风险－收益特征的维度都应该考虑进来，尤其需要注意的是私募股权基金聚焦的阶段（风险投资、并购、夹层等），广撒网还是专业聚焦，基金规模或者目标公司体量。另外，设立多位普通合伙人可以降低潜在的过度依赖少数几个核心投资专家的风险。
- 成立年份和日历年份。委托投资应在整个经济周期全过程内，不应该集中在任何一年。私募股权基金的收益是有周期性的，成本平均或单纯分散化随着时间的推移可以降低在错误时间踏入的风险。
- 行业。投资配置应该覆盖不同行业技能的基金经理。这在一个行业热度降低或者是逆周期行业时，可以提供保护。但是，对创业投资基金来说，投资机会可能在少数几个行业最容易实现，即那些可能有重大技术突破的行业。
- 地理位置。投资组合公司的地理位置可以在对抗国家经济或地区经济下滑中提供保护。但是，地理位置分散化有其局限性，因为有些国家发展不充分（从私募股权基金市场来说），无法提供充分有前途的公司，因此可能对收益产生负面影响。

J.P.摩根的团队在互联网泡沫时期在技术领域下了大注，最后损失惨重。

《经济学家》(The Economist, 2005)

总之，如果没有考虑这类资产类别的特殊性，一个分散化的策略就非常不

⊖ 标准普尔对私募股权基金组合支持的结构化票据进行评级。评级的基础是以多维方式对私募股权基金组合的分散化水平进行分析。以下维度表明了投资组合的分散程度：基金经理或普通合伙人的数量和基金或有限合伙企业的数量，基金成立年份和日历年份，私募股权基金或策略的类型，行业或部门，地理区位以及单一的投资敞口。在标准普尔看来，为评级票据的持有人提供下行保护的主要是投资组合的分散化程度（见Erturk，Cheung和Fong，2001）。

充分。实际上,一方面,过度分散化投资于多个团队,会为收益上行封顶,而另一方面,过度暴露在某些行业,可能会产生重大风险(例如投资于20只不同的互联网基金)。而且,仅仅投资于多个团队而未能管理其他维度(如上)的分散化问题,会严重损害投资组合。实际上,当基金高度相关时,实现分散化会更加缓慢。一个不平衡的投资组合,例如高度风险暴露在早期投资或特定成立年份,运作起来会损害分散化的好处。此外还有规模不经济的情形。投资项目的数量而不是投资金额,设定了基金投资组合的成本基础——法律费用、尽职调查和监督成本。并且,越来越难以识别和找到合适的基金,因为优质的投资机会数量是有限的。因此,对私募股权基金来说,投资组合分散化对风险与收益的管理用处有限。

8.3.2.2 偏度

分散化有两个影响,只要资产的收益不完全相关就可以降低风险,但是也增加了正态分布程度。私募股权基金具有正偏态收益分布,右侧伴随着长长的厚尾(如图8-4所示)。正偏态分布有几个与对称的正态分布相区别的特征:小额损失更可能发生;小额收益频率更低,而大额收益更加频繁。

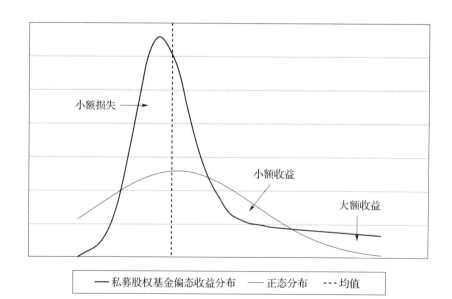

图8-4 私募股权基金偏态收益分布与正态分布

LP已经认识到，超过一个特定的点，增加分散化的收益很可能会减少。为了避免这类过度分散化使收益缩减到均值水平的问题，越来越多的投资者积极地缩减想投资的基金经理数量。

Borel（2004）

投资者可以理性地选择低程度分散化，因为达到正偏态所获得的收益远多于承担更高的风险分散对成本的补偿。对私募股权基金来说，收益分布与买彩票一样：少数大奖的中奖金额将弥补许多小额的损失。和彩票一样，买入所有点数可以保证选到获胜点数，但是相关成本超过了总收益；投资太多的基金可以确定，少数头部业绩不能充分弥补许多业绩平庸的或低于标准收益的基金 ⊖。因此，买彩票和买风险投资基金一样，常见的策略是少买几注，假定可以凭运气或筛选技巧收获赢家而不必白白支持输家。

8.3.2.3 最优分散化水平

对私募股权基金来说，很难确定什么是最优的分散化水平。实际上，除了前文所描述的困难，要回答这个问题还需要先解决下列问题：

- 什么是投资者识别顶级团队——甚至更重要的——结识顶级团队的能力？
- 投资者追求的风险承担与追求收益之间如何实现平衡——投资者的风险偏好是什么？富有争议的是，FOF基金经理将个人财富跟投到基金，将FOF基金的全部资源配置到此类资产，其风险头寸与一家将九牛一毛的资产比例配置到私募股权的机构相比完全不同。但是，两组投资者的风险偏好可能存在巨大差异。
- 投资者是否心存其他的非商业化的目标或战略目标，比如促进技术进步，或增加就业？

我们可以得出结论，私募股权的分散化问题没有程式化的答案，因此，在第9章中，我们提供了一个案例研究来阐述分散化问题相关的思考过程。

⊖ 见 Waters（2005）："然而，巨额收益集中在少数几只基金上，让大多数投资者只能获得平庸的收益。"

第9章　案例分析：长期视角
——建立私募股权投资计划的策略方法⊖

一家欧洲养老基金的管理委员会投票通过了一项新的资产配置组合，要求建立欧洲私募股权投资组合。"长期来看，私募股权投资最合情理"，委员会主席拉塞尔·卡拉汉（Russell Callahan）称，"这一微小的调整可以在不继续增加雇员缴款的前提下，提高我们支付退休金的能力"。投资委员会主席凯西·罗斯蒙德（Kathy Rosemond）热情回应道："这一新的组合将使我们充分利用欧洲私募股权市场的机会。"但她随即补充道："我们正在审慎管理风险，财务状况保持稳健。"

养老基金的私募股权投资不会采用直投方式，而是通过基金，初始配置规模为从上市股票组合中提取的1亿欧元。如果投资计划成功，这一规模可以增加到5亿欧元⊜。养老金的总资产大约为113亿欧元。大约70亿欧元投资于欧盟和国际化股票，40亿欧元投资于欧盟和国际化债券，3亿欧元投资于对冲基金。

为了管理这个计划，基金聘请了哈里·盖尔（Harry Cover），一位知名的经验丰富的私募股权FOF经理，他还邀请了芭芭拉·雷德（Barbara Red）作为风险管理团队成员协助。他们的挑战是建立这个新批准的私募股权投资计划，并实现8%的最低收益。在此之前，基金还要求哈里明确提出所需的资源以及计划的策略。

⊖ 加布里埃尔·罗伯特（Gabriel Robet）与皮埃尔-伊夫·马托内特（Pierre-Yves Mathonet）和托马斯·迈耶（Thomas Meyer）合作，并在二人指导下准备了这个案例。案例中的角色和事件都是虚构的。该案例研究的目的是强调思考过程，无意提供任何建议。

⊜ 2002年，欧洲基金的基金平均规模为2.81亿欧元。见欧洲私募股权与风险投资协会（European Private Equity & Venture Capital Association，2002）。

9.1 寻找最优项目规模

新上任的私募股权投资计划主管哈里·盖尔想要确定最优的计划要素，包括投资的数量和所需要的资源。和其他任何一位理性投资者一样，他的目标是超过最低收益目标，并且最小化投资组合风险。哈里阅读了关于这个主题的最新研究[1]，并认识到，虽然私募股权基金风险很高，但是随着投资组合中的基金数量增加，投资组合的风险在降低。

但是，哈里很好奇：多少分散投资才够？随着投资的增加，一个私募股权投资组合很可能会增加成本。如果这些成本对投资组合的业绩有显著的影响，那么必须在基金过多（分散化"过火效应"）和基金过少（过度风险暴露于基金的特定风险）之间找到平衡。

哈里想知道未来私募股权投资组合的最优分散化水平。为此，他搜集了一些数据，让芭芭拉在既定规模和分散化情景下模拟投资组合的期望业绩（包括管理成本）和风险。

9.1.1 数据

第一步，哈里需要投资组合管理成本的合理预测。下面的估计主要基于他从养老基金财务部获得的对冲基金投资计划团队的信息，以及他以前作为私募股权 FOF 基金经理的经验：

- 人力成本。养老基金内部有三类职能：投资管理、后台部门和财务控制。哈里发现，计算管理费用的一个简单又可接受的办法是，采用财务部提供的每个员工的平均管理费用。管理费用包括综合行政费用、租赁办公室和 IT 系统的固定费用。他的估计见表 9-1。
- 差旅费。哈里假设，为了监督投资组合中的每只基金，每年平均需要出差两次。每次差旅费大约 1500 欧元，每项投资每年的平均差旅费为 3000 欧元。
- 尽职调查。尽职调查支出是在尽职调查过程中产生的所有额外的具体交易相关的费用。例如，尽职调查支出包括法律和差旅费。尽职调查支出

---

[1] 见 Weidig 和 Mathonet（2004）。

大约每项投资每次收取 15,000 欧元。

例如,一个投资组合投资于 20 只基金,基金平均存续期限为 12 年,管理费用估计见表 9-2。

表 9-1 人力成本支出

团队成员	年度平均支出	经常性支出	平均产出	平均每只基金每年成本
投资管理	150,000	100,000	8 只基金	31,250
后台	125,000	100,000	25 只基金	9,000
财务控制	125,000	100,000	50 只基金	4,500
合计				44,750

资料来源:财务部

表 9-2 投资组合管理费用举例:20 只基金的组合,存续期 12 年

	年度成本	一次性费用	合计
人力成本与资源			
投资管理	625,000		7,500,000
后台	180,000		2,160,000
财务控制	90,000		1,080,000
差旅费	60,000		720,000
尽职调查		300,000	300,000
合计	955,000	300,000	11,760,000

哈里决定采用 IRR 作为私募股权标准的业绩指标,但是需要将投资组合的管理费用"转换"到 IRR 的公式中。他将年度管理费用表示为年度费用与认缴资本的比例,作为粗略的计算。为了简化,他将尽职调查费用在存续期内平均分配,加入年度成本中。例如,1 亿欧元的投资组合投资到 20 只基金,基金平均存续期为 12 年,则每年管理费用占 1 亿欧元投资组合的比例计算公式为:

$$0.98\% = \frac{955,000 + (300,000/12)}{100,000,000}$$

这一比例将从投资组合的预期 IRR 中扣除，从而计算投资组合的净业绩。

除了费用的信息，哈里还需要获得业绩的数据。因此，他决定订阅一个知名的私募股权基金数据库，以便获得模拟所需的统计数据。这个数据库覆盖了 282 只欧洲的风险投资基金和 195 只欧洲并购基金。数据库包括每只基金从成立以来的累计收益率（IRR）。最终的 IRR 只有在基金清算之后才能计算，而未清算的基金的 IRR 成为"期中 IRR"。期中 IRR 可以作为最终 IRR 的估计。为此，哈里采用的样本所覆盖的基金最小成立年限为 5 年，即"成熟期"的基金[⊖]。

哈里让芭芭拉考虑样本的潜在偏差，比如选择性偏差和幸存者偏差。最后她得出结论，样本可以代表整个行业群体[⊖]。

9.1.2 模型

很多作者认为，现代投资组合理论不适用于私募股权，因为没有持续报价，收益服从非正态分布，并且没有相关性的可靠数据。基于所有这些理由，芭芭拉决定从数据库随机选取成熟的私募股权基金，采用蒙特卡洛模拟构建虚拟投资组合。这样可以产生收益的概率分布函数。

对于一只典型的私募股权基金的基金，要在预定的投资期内，完成对成立年份基金的持续投资，一般投资期为 4 年。虽然这个项目是长青基金，哈里还是建议将其大幅缩减成 4 年的一系列 FOF 基金。芭芭拉在模型中模拟了这一行为。模型每运行一次，就会从 4 个连续年份的随机集合中随机筛选出同等数量的基金。这个过程重复多达 100,000 次。因为在一个既定年份筛选成立的基金数有时会大于可得的数据量，模型允许一只基金被多次选取。

为了便于比较，哈里让芭芭拉对每次模拟的投资组合模型给出如下结果（公式见附录 9A）：

- 投资组合的期望最终收益率，以包含管理费用的平均收益率计量。管理费用的计算是基于哈里的假设，取决于基金的数量和投资组合的规模。为了简化起见，假设认缴资本平均投资于每只基金，投资组合的收益率

⊖ 见 Weidig 和 Mathonet（2004）中对奥利弗·伯格尔（Oliver Burgel）的研究。
⊖ 见 Weidig 和 Mathonet（2004）。

以每项投资收益率的算术平均值计量。
- 投资组合的风险。由于私募股权投资是高度非流动性的，缺乏市场价格，其风险无法用时间序列的波动率计算。芭芭拉考虑了两个可能的风险计量指标：

  （a）最终收益率的标准差。投资组合的风险越大，越可能偏离期望最终收益率。

  （b）最终收益率低于一定门槛的半绝对离差。这个门槛设定为8%，是私募股权基金投资组合可接受的最低收益率。

- 夏普比率，以期望收益率减去无风险利率（设定为3%）与标准差的比率计算。
- 索提诺比率，以期望收益率减去8%（半绝对离差的门槛收益率）与半绝对离差的比率计算。

最后，芭芭拉在几种情景下运行模拟，投资组合规模的范围从1亿欧元到5亿欧元，分散化水平从1只基金到50只基金。

9.1.3 结果

芭芭拉模拟的结果见图9-1及表9-3。和预期的一样，随着投资组合中加入的基金越来越多，标准差呈下降趋势，但是不受投资组合规模的影响（如图9-1所示）。大多数分散化所带来的收益发生在20只基金以内，而超过30只基金所获得的收益变得很少。

随着投资组合中加入的基金越来越多，平均收益率直线下降（如图9-2所示）。管理费用似乎对小型、分散化的投资组合影响更大，因为成本是投资项目数量的函数而不是认缴资本的函数。

这两个观察可以得出结论，一定存在一个最优投资的数量，超过该数量则分散化所带来的边际成本超过边际收益。和预期的一样（如图9-3所示），随着加入投资组合的基金越来越多，夏普比率增长到一个最优值之后开始下降。

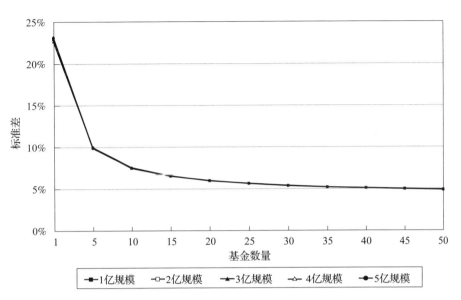

图 9-1 投资组合的标准差与基金数量

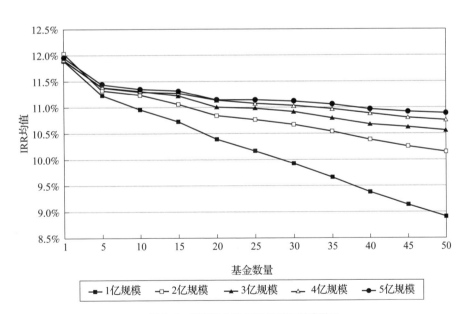

图 9-2 投资组合的 IRR 均值与基金数量

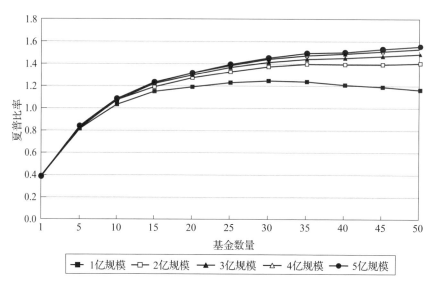

图 9-3 投资组合的夏普比率与基金数量

投资组合规模越小，最优的分散化水平越低。从芭芭拉偏爱的索提诺比率[○]来看（如图 9-4 所示），对于 1 亿规模的投资组合，最优分散化水平在 10~20 只基金，随后该比率开始急剧下降；对于 2 亿~3 亿规模的投资组合，最优分散化水平为 25~35 只基金；对于 4 亿~5 亿规模的投资组合，最优分散化水平为 30~40 只基金。

然而，对偏小的投资组合（最高 2 亿规模）来说，超过这一门槛的分散化水平是显然有害的；对大一些的投资组合来说，超过最优分散化水平后，似乎仍然能够分散风险而不会对索提诺比率造成太大的影响。

9.1.4 延伸问题

现在，哈里该考虑过度分散化的第二个潜在负面影响：在低分散化水平，投资组合收益率的概率分布函数高度正偏态，该特征会随着越来越多的基金加入投资组合而趋于消逝，而分布函数也接近正态分布的形状。哈里推测，随着

○ 索提诺比率是夏普比率的一个变体，用下行偏差值来区分不利的波动率和一般波动率。索提诺比率是超过无风险利率（或某个阈值）的超额收益率与下行半方差的比率，因此衡量的是相对于"不利"波动率的收益率。有争议的是，索提诺比率可以让投资者以更好的方式评估风险，而不是简单地查看相对于总体波动率的超额收益率，因为投资者主要关心的是下行风险。

基金数量的增加，投资组合风险的降低，他不仅会产生额外的成本，也会放弃收割一些超额收益的机会。因此，投资组合的最佳偏态与风险比率应该有一个最佳分散化水平 ⊖。令他高兴的是，哈里注意到芭芭拉已经主动把概率分布函数的偏度（如图 9-5 所示）和峰度（如图 9-6 所示）加入模型的结果。

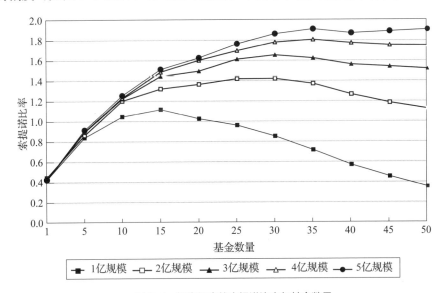

图 9-4　投资组合的索提诺比率与基金数量

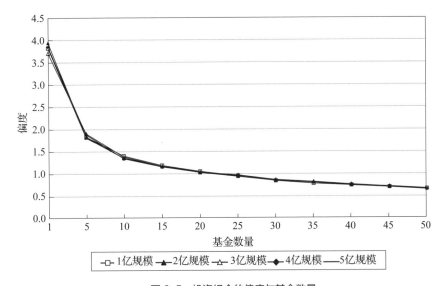

图 9-5　投资组合的偏度与基金数量

⊖ 见附录 9B 关于偏态的更多细节。

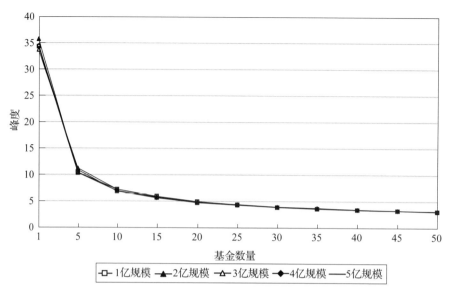

图 9-6　投资组合的峰度与基金数量

为了便于比较,她提出一个简单的偏度与标准差的比率。这个数据证实了哈里的直觉(如图 9-7 所示):无论投资组合的规模多大,这一比率在 5~15 只基金时达到最优,随后开始下降。

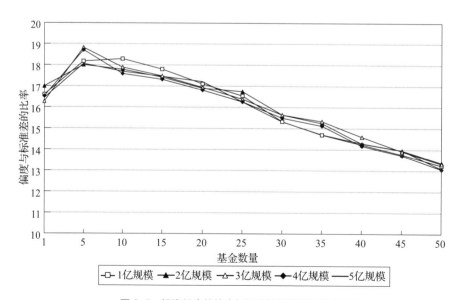

图 9-7　投资组合的偏度与标准差的比率与基金数量

现在，哈里考虑能不能把成本与偏度分析整合在一起。他做了些研究，发现对均值方差和偏度敏感型投资者的效用函数可以通过泰勒序列表示[一]。

如前在索提诺比率所观察到的（如图9-8所示），投资组合的索提诺比率增加到一个最高点，然后随着越来越多的基金加入投资组合而开始下降。投资组合的规模越小，最优分散化水平越低。对于1亿~2亿规模的投资组合，索提诺比率在5~15只基金时达到最大值，随后开始迅速下降。对于3亿~5亿规模的投资组合，索提诺比率在10~20只基金时达到最大值。然而，虽然对偏小的投资组合（最高2亿规模）来说，超过这一门槛的分散化水平显然是有害的，但是对规模大一些的投资组合来说，超过最优分散化水平后，似乎仍然能够分散风险而不会对索提诺比率造成太大影响。

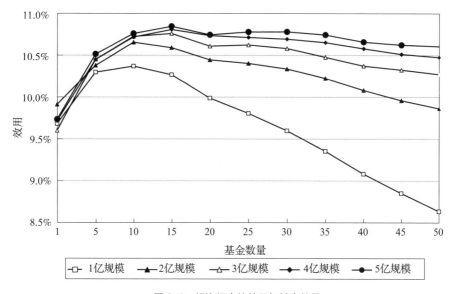

图9-8　投资组合的效用与基金数量

9.1.5　结论

显然，结果表明，分散化水平存在一个门槛，超出该范围，分散化最好的结果是毫无用处，最坏的结果则对投资组合有害。并且，投资组合的规模越小，

[一] 见附录9C关于期望效用的更多细节。

这一门槛越低。

而且，哈里还意识到分散化存在另一个局限性，而芭芭拉的模型并没有考虑到。模型假设投资能力是无限的，但是，投资组合的规模（基金经理太多或者资金太多）对分散化的收益设置了限制。只有少数头部基金以及最渴望投资的基金才限制自己的管理资本规模。要有效利用大额资本或者在过多的基金中分散投资，哈里别无选择，只能用均值水平的基金投资，而这些基金最终会拉低业绩。

哈里考虑了模型预测业绩的几个局限性。在芭芭拉的模型中，私募股权基金是随机筛选的，从而产生模拟投资组合。这个筛选的过程并不是随机的，由于行业存在严重的进入壁垒，接触到最好的基金非常困难。考虑到均值水平的私募股权基金与排名前 1/4 的基金收益率存在巨大的差异，并且由于这一资产类别的前 1/10 的业绩比其他资产具有更强的可重复性，能接触到最好的基金至关重要。哈里知道，一家新的有限合伙人要花费数年积累声誉和关系，才能进入头部基金的白名单。因此，新进入的有限合伙人的投资组合的业绩很可能低于模型预测的收益率，甚至可能低于最低目标 8%。

在与董事会成员会面之前，哈里在犹豫，他能否为这个崭新的投资计划建立一个持续的策略，以克服行业的进入壁垒，并使他能够长期超越最低目标收益率？

9.2 克服进入壁垒：长期战略

哈里很清楚，虽然自己是投资老手，但是他所在的养老基金是私募股权行业的新机构。因此，他不得不面对严重的进入壁垒。而且，为了达到最低目标收益率 8%，他明白必须接触到最好的基金经理。哈里的想法是设计一项投资策略，可以让他随着时间的推移接触到越来越好的基金，虽然需要用分散化投资的方式限制投资组合的非系统性风险。

哈里读过几篇研究，称头部基金经理倾向于在长期内保持超群的业绩。基于这些发现，可以建立以下策略。由于存在市场进入壁垒，哈里的第一笔投资无法投资于后续基金，因此只能投资于新基金。然后，大获成功的新基金（即排名前 1/4 的基金⊖）会募集后续基金，为了向市场证明其"顶级品质"而寻求存续投资者的支持。因此，第二批项目投资时，哈里将开始获得头部基金的份额，并且会投资另一个新的基金池。几批投资之后，哈里将会改善头部基金的触达情况，虽然其中有些基金可能不会成功。

哈里想要查证这个观点，因此需要搜集额外的数据。

9.2.1 数据

哈里决定继续采用前面工作使用的数据库。但是，除了业绩数据，他还需要以下信息：

- 新基金与接续基金的区分⊜。
- 排名前 1/4 的基金（即头部业绩基金）和其他基金的区分。数据库中，业绩的排名是按成立年份和资产类别（创业投资基金或并购基金）分类的。

他再次让芭芭拉为他的想法建立模型。

9.2.2 建模

芭芭拉的新模型和前面的相似。用户明确说明了投资组合想要的基金数量，新的未验证的基金平均认缴金额，以及之前投资项目中最好的基金经理的接续基金。

和前面一样，虽然这个投资计划是长青基金，她还是将计划按批次分为 4 年，并且假设平均每个团队 4 年募集一只新基金。芭芭拉在模型中模拟了该行为。对于第一批项目，她假定无法接触到已得到验证的头部基金。模型从新基金群体中随机筛选基金。结果，有些基金成为前 1/4。在第二个基金募集周期中，模型筛选第一批基金中所有达到前 1/4 的基金的接续基金，以及新基金池中剩余的基金，如此重复直到第五批。这个过程重复达 10,000 次。

⊖ 当一位基金经理决定募集一只后续基金时，还不知道前一只基金的最终业绩。这里芭芭拉假设中期 IRR 可以认定为业绩排名前 1/4 的基金。

⊜ "新基金"是一个管理团队共同募集的第一只基金。"后续基金"是同一个管理团队募集的后续的基金（第Ⅱ、Ⅲ、Ⅳ期等）。

专栏9.1　　　　　　　　　随机筛选

受伯顿·马尔基尔的《漫步华尔街》一书启发，1988年，《华尔街日报》发起了如今都广为人知的"飞镖选股比赛"。马尔基尔提出："一只蒙着眼睛的猴子向报纸财经版扔飞镖，随机选出的投资组合和专家仔细筛选的股票业绩一样好。"这场比赛中，《华尔街日报》的工作人员假扮成猴子的角色。他们随机选出的投资组合与专业投资经理选出的投资组合进行比较。6个月后，比较专家组的股票和飞镖组的股票上涨情况（不包含股息），令人意外的是，100场比赛中多达39%的情况下飞镖组获胜。

研究投资策略的一个简单的方法是，基于随机选取的标的作为基准，验证特定策略的优势。对于私募股权基金，采用这样的方法要谨慎而为，因为并不了解所有的基金经理，所知的基金经理中并不是每个人都募资，并不是所有募资的基金经理都接受一位投资者。尤其是头部业绩的基金，并不主动寻找新的有限合伙人，往往限制投资者进入。

我们并不知道哪些投资行为与模拟中采用的随机选取算法保持一致。举例解释这一点：你不能将历届奥运会上100米比赛的成绩汇总起来，以此统计数据得出结论称，你在大街上随便遇到的30个人平均能在11秒内完成100米冲刺。很大程度上，这还是一个寻找阿尔法的方法，通过严格的尽职调查，选出最好的基金投资意向。简而言之，可能也让世界自然保护基金会（WWF）大大松了一口气，私募股权领域不能用猴子（随机筛选）来进行投资。

因此，任何模拟都需要从投资者的"足迹"开始分析：投资者知道并且能够接触到哪些基金？在我们的情景中，我们简单假设一位经验不足的投资者初始无法接触到最好的基金。当然，这值得商榷，因为即使首只基金——可以相对容易接触到——也经常可以在前1/4的排名中表现足够好。但是，这对可以随机筛选的基金群体构成了一种限制。在任何情况下，投资者的"足迹"将完全取决于个人，并且需要具体分析。

为了模拟进入壁垒和筛选技巧，芭芭拉改进了模型，按业绩（四分位法）和成立年份将基金排名，并做了如下假设：

- 为了考察进入壁垒，模型假设不能选择排名前 20% 的基金。接续基金没有这个限制。
- 为了考察筛选技巧，模型假设可以规避排名后 20% 的接续基金。新基金不适用这个限制。

芭芭拉还让模型考虑筛选技巧学习曲线的可行性。如前所述，筛选技巧更可能让我们规避最差的基金，而不是接近头部基金。在下一批投资中，底线在不断提高，可以规避越来越多业绩较差的基金。基于此前的研究，芭芭拉决定建立 20 只基金或更多的投资组合以控制风险，同时保证充分的上行空间。为了更进一步明确策略，她设计了四种不同的情景：

- 情景 1：保持新基金总数固定在 20 只，新基金和接续基金同样的认购金额（100 万欧元）。
- 情景 2：保持基金总数固定在 20 只（即投资接续基金则减少新基金数量），新基金和接续基金同样的认购金额（100 万欧元）。
- 情景 3：保持新基金总数固定在 20 只，认购接续基金 10 次（新基金 100 万欧元，接续基金 1000 万欧元）。
- 情景 4：保持基金总数固定在 20 只（即投资接续基金则减少新基金数量），认购接续基金 10 次（新基金 100 万欧元，接续基金 1000 万欧元）。

9.2.3 结果

芭芭拉模拟的结果见图 9-9 和本章结尾的表 9-3 和表 9-4。和预期的一样，所有情景下，投资组合的业绩都随着投资批次的增加得到了改善。增长最快的发生在第一批和第二批之间。虽然基金总数和新基金与接续基金的划分似乎对投资组合的业绩没有实质的影响，但是看起来增加对接续基金的认缴金额可以显著改善最终的业绩。

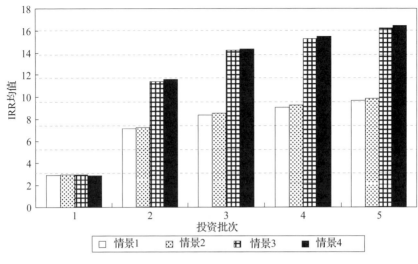

图 9-9 克服进入壁垒——长期策略

9.2.4 结论

这些模拟结果表明,一个新的未经验证的基金池作为未来头部业绩的"摇篮"非常重要。考虑到市场存在的进入壁垒,模型表明,至少需要一个基金募资周期(即 4 年),才能建立管理委员会所期望的最低 8% 收益率的投资组合。而且,哈里还知道,只有向接续基金认购更大的金额,才能实现这样的业绩。

此外,哈里还意识到"代际传承问题",每三到四个基金募资周期,行业就会发生普通合伙人的人员变动,因为创始人作为与许多公司品牌挂钩的名字,开始退休或者不再全职工作。这个继任问题与私募股权基金关联极强,因为委托的周期很长。随着头部业绩的人员退出市场,新团队将代替他们。基于这些原因,哈里知道自己必须一直投资于新的未验证的基金池,从而保持头部业绩的池子稳定。

现在,哈里已经具备了所有的要素,可以回去向委员会陈述关于新设立的私募股权投资计划的观点了。今天是星期五,哈里觉得邀请芭芭拉在一家新开的法国餐厅共进午餐是一个好主意。经过一周的紧密工作,他们决定不谈论任何与业务有关的话题,好好品尝一下餐前菜香煎鹅肝,和来自阿尔萨斯地区美味的甜白葡萄酒。哈里是一个资深的海洋迷,他告诉芭芭拉周末很可能会去玩帆船。芭芭拉也喜欢运动,但是这个周末她没时间,因为她的儿子约翰要参加一场曲棍球比赛。突然之间，哈里忍不住想到新的投资计划，将曲棍球和著名的"曲棍球棒"或"J曲线"联系起来。

实际上，按照惯例，从首次提款中支付管理费和设立成本，一般会导致初始收益率为负。然后，随着后续轮次的融资和第一个项目的退出，基金收益开始上升。哈里知道委员会之前没有私募股权基金的经验，认为应该引起他们的充分注意，即此前估计的投资计划最终期望收益率并不会直接实现，需要花费数年才能达到8%的目标收益率。因此，他告诉芭芭拉，在向委员会汇报前做最后的努力，估计一只基金和整个投资组合的标准J曲线。

她采用模型中使用过的数据，得到了如下的结果。

对于一只基金，通常需要3~4年才能实现正收益，需要6年多才能达到8%以上的目标收益率（如图9-10所示）。

对于整个计划，等同于长青投资组合，她决定用每年一只标准化基金、每年认缴同等金额组成简化的投资组合，估计其J曲线。毫不意外的是，获得正收益和超过目标收益率的时间更长了（如图9-11所示）。对于一个仅在前4年投资的组合，通常需要4~5年才能获得正收益，需要几乎8年才能达到8%以上的目标收益率。对于投资计划来说，也需要4~5年才能实现正收益，而投资计划从来没有达到过最低的目标收益率。这些结论验证了哈里的观点，即投资计划应该作为一个持续的FOF或4年一批来管理。

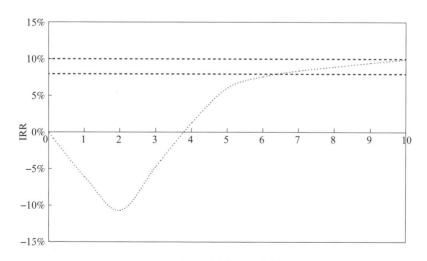

图 9-10　基金标准的 J 曲线

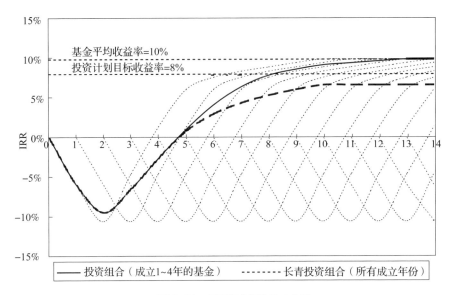

图 9-11 投资组合标准的 J 曲线

表 9-3 投资组合最优化结果

情景：真实筛选（允许多次抽取）　　风险规避系数 =2
市场：欧洲　　有偏性偏好系数 =4
运行次数：100,000　　峰度规避系数 =0
投资期限：4 年　　最低可接受收益率 =8%
投资聚焦：所有私募股权基金　　无风险利率 =3%

基金数量	包含成本的均值（%）	标准差（%）	半离差（%）	偏度	峰度	夏普比率	索提诺比率	偏度/标准差	效用（%）
投资组合规模：1 亿欧元									
1	11.9	23.2	9.3	3.84	34.23	0.38	0.42	16.59	9.7
5	11.2	10.1	3.9	1.84	10.30	0.81	0.83	18.18	10.3
10	11.0	7.7	2.8	1.41	7.16	1.03	1.04	18.29	10.4
15	10.7	6.7	2.5	1.20	5.82	1.15	1.11	17.81	10.3
20	10.4	6.2	2.3	1.07	4.84	1.19	1.02	17.11	10.0
25	10.2	5.8	2.3	0.97	4.28	1.23	0.95	16.54	9.8
30	9.9	5.6	2.3	0.86	3.79	1.24	0.85	15.33	9.6
35	9.7	5.4	2.3	0.79	3.53	1.23	0.71	14.70	9.4
40	9.4	5.3	2.5	0.75	3.30	1.20	0.56	14.24	9.1

（续）

基金数量	包含成本的均值（%）	标准差（%）	半离差（%）	偏度	峰度	夏普比率	索提诺比率	偏度/标准差	效用（%）
45	9.1	5.2	2.5	0.71	3.14	1.19	0.45	13.77	8.9
50	8.9	5.1	2.6	0.68	3.01	1.16	0.35	13.24	8.7
投资组合规模：2亿欧元									
1	12.0	23.3	9.2	3.96	35.61	0.39	0.44	17.00	9.9
5	11.3	10.2	3.9	1.84	10.25	0.82	0.86	18.01	10.4
10	11.2	7.7	2.7	1.37	6.86	1.07	1.20	17.79	10.7
15	11.1	6.8	2.3	1.18	5.61	1.19	1.32	17.43	10.6
20	10.8	6.2	2.1	1.04	4.66	1.27	1.36	16.90	10.5
25	10.8	5.9	2.0	0.98	4.32	1.32	1.42	16.75	10.4
30	10.7	5.6	1.9	0.88	3.86	1.37	1.42	15.64	10.4
35	10.5	5.4	1.9	0.83	3.66	1.39	1.37	15.25	10.3
40	10.4	5.3	1.9	0.76	3.32	1.39	1.26	14.29	10.1
45	10.3	5.2	1.9	0.73	3.18	1.39	1.18	13.96	10.0
50	10.1	5.1	1.9	0.68	3.03	1.40	1.12	13.37	9.9
投资组合规模：3亿欧元									
1	11.9	22.9	9.3	3.72	33.60	0.39	0.42	16.27	9.6
5	11.4	10.2	3.8	1.92	11.11	0.82	0.89	18.82	10.5
10	11.3	7.8	2.7	1.39	7.15	1.07	1.22	17.89	10.8
15	11.2	6.8	2.2	1.18	5.71	1.22	1.44	17.49	10.8
20	11.0	6.2	2.0	1.05	4.76	1.29	1.49	16.94	10.6
25	11.0	5.9	1.9	0.96	4.23	1.36	1.61	16.39	10.7
30	10.9	5.6	1.8	0.88	3.86	1.41	1.65	15.64	10.6
35	10.8	5.4	1.7	0.83	3.65	1.44	1.62	15.34	10.5
40	10.7	5.3	1.7	0.77	3.36	1.45	1.56	14.60	10.4
45	10.6	5.2	1.7	0.72	3.18	1.46	1.54	13.92	10.4
50	10.6	5.1	1.7	0.68	3.01	1.48	1.52	13.32	10.3

（续）

基金数量	包含成本的均值（%）	标准差（%）	半离差（%）	偏度	峰度	夏普比率	索提诺比率	偏度/标准差	效用（%）
投资组合规模：4亿欧元									
1	11.9	23.4	9.4	3.87	34.37	0.38	0.42	16.52	9.7
5	11.4	10.1	3.8	1.90	10.78	0.83	0.89	18.71	10.5
10	11.3	7.7	2.7	1.35	6.80	1.08	1.23	17.59	10.7
15	11.3	6.7	2.2	1.17	5.53	1.23	1.48	17.32	10.8
20	11.1	6.2	2.0	1.04	4.64	1.31	1.60	16.81	10.8
25	11.1	5.9	1.8	0.95	4.22	1.38	1.69	16.26	10.7
30	11.0	5.6	1.7	0.87	3.81	1.44	1.78	15.49	10.7
35	11.0	5.4	1.6	0.82	3.61	1.47	1.80	15.12	10.7
40	10.9	5.3	1.6	0.75	3.29	1.49	1.77	14.17	10.6
45	10.8	5.2	1.6	0.71	3.14	1.51	1.75	13.72	10.5
50	10.8	5.1	1.6	0.66	2.96	1.53	1.75	13.06	10.5
投资组合规模：5亿欧元									
1	12.0	23.4	9.4	3.84	34.53	0.38	0.42	16.43	9.8
5	11.4	10.1	3.8	1.82	10.30	0.84	0.91	18.06	10.5
10	11.3	7.7	2.7	1.37	6.89	1.08	1.25	17.70	10.8
15	11.3	6.8	2.2	1.18	5.60	1.23	1.51	17.46	10.9
20	11.1	6.2	1.9	1.07	4.75	1.31	1.62	17.22	10.8
25	11.1	5.9	1.8	0.95	4.24	1.39	1.76	16.25	10.8
30	11.1	5.6	1.7	0.86	3.79	1.45	1.86	15.32	10.8
35	11.1	5.4	1.6	0.80	3.51	1.49	1.91	14.71	10.8
40	11.0	5.3	1.6	0.76	3.31	1.50	1.87	14.30	10.7
45	10.9	5.2	1.5	0.72	3.20	1.53	1.89	13.97	10.7
50	10.9	5.1	1.5	0.67	2.96	1.55	1.90	13.08	10.6

表 9-4 投资组合长期策略结果

情景：随机选取
市场：欧洲
运行次数：10,000
投资聚焦：所有私募股权基金

新基金接触（上限）=0.800
头部基金接触（上限）=1.000

批次	平均业绩	平均新基金数量	平均头部基金数量	筛选技巧学习曲线	新基金筛选技巧（下线）	头部基金筛选技巧（下线）
情景 1：每一批投资中，再投资于过去的头部基金和新的基金池。保持新基金总数固定，每只新基金认缴 100 万欧元，每只过去的头部基金认缴 100 万欧元。						
1	2.93	20.00	0.00	0.100	0.000	0.200
2	7.13	20.00	1.80	0.050	0.100	0.250
3	8.38	20.00	2.90	0.033	0.150	0.283
4	9.05	20.00	3.60	0.025	0.183	0.308
5	9.68	20.00	4.00	0.020	0.208	0.328
情景 2：每一批投资中，再投资于过去的头部基金和新的基金池。保持基金总数固定，每只新基金认缴 100 万欧元，每只过去的头部基金认缴 100 万欧元。						
1	2.97	20.0	0.0	0.100	0.000	0.200
2	7.26	18.2	1.8	0.050	0.100	0.250
3	8.50	17.3	2.7	0.033	0.150	0.283
4	9.24	16.8	3.2	0.025	0.183	0.308
5	9.88	16.5	3.5	0.020	0.208	0.328
情景 3：每一批投资中，再投资于过去的头部基金和新的基金池。保持新基金总数固定，每只新基金认缴 100 万欧元，每只过去的头部基金认缴 1000 万欧元。						
1	2.95	20.00	0.00	0.100	0.000	0.200
2	11.38	20.00	1.80	0.050	0.100	0.250
3	14.18	20.00	2.90	0.033	0.150	0.283
4	15.25	20.00	3.60	0.025	0.183	0.308
5	16.17	20.00	4.00	0.020	0.208	0.328

（续）

批次	平均业绩	平均新基金数量	平均头部基金数量	筛选技巧学习曲线	新基金筛选技巧（下线）	头部基金筛选技巧（下线）

情景 4：每一批投资中，再投资于过去的头部基金和新的基金池。保持基金总数固定，每只新基金认缴 100 万欧元，每只过去的头部基金认缴 1000 万欧元。

批次	平均业绩	平均新基金数量	平均头部基金数量	筛选技巧学习曲线	新基金筛选技巧（下线）	头部基金筛选技巧（下线）
1	2.93	20.0	0.0	0.100	0.000	0.200
2	11.61	18.2	1.8	0.050	0.100	0.250
3	14.37	17.3	2.7	0.033	0.150	0.283
4	15.49	16.8	3.2	0.025	0.183	0.308
5	16.45	16.5	3.5	0.020	0.208	0.328

附录 9A 公式

见表 9-5。

表 9-5 公式

项目	公式
投资组合最终期望收益率	$\frac{1}{n}\sum_{i=1}^{n} x_i - Cost_p$ 其中 x_i 是基金 i 的最终收益率，n 是基金数量，$Cost_p$ 是投资组合的管理费用，具体解释见第 9.1.1 节。
MAR	可接受的最低收益率（本案例中 IRR 为 8%，TVPI 为 1.5）
标准差	$\sqrt{\dfrac{\sum_{i=1}^{n}(x_i-\bar{x})^2}{n}}$
半离差	$\sqrt{\dfrac{\sum_{i=1}^{n}[\max(0, MAR-x_i)]^2}{n}}$
偏度	$\dfrac{\sum_{i=1}^{n}(x_i-\bar{x})^3}{\dfrac{n}{\sigma^3}}$

（续）

项目	公式
峰度	$\dfrac{\sum_{i=1}^{n}(x_i-\bar{x})^4}{\dfrac{n}{\sigma^4}}$
夏普比率	$\dfrac{E(r)-Rf}{\sigma}$ 其中 R_f 为无风险利率
索提诺比率	$\dfrac{E(r)-MAR}{\text{半离差}}$

附录9B 偏度和峰度

偏度是描述随机变量概率分布不对称性的参数。图9-12中的两个概率密度函数有同样的均值和标准差，但左边的是正偏态，右边的是负偏态。正态分布的偏度是0，任何对称的数据偏度都接近于0。

图9-12 偏度

一个分布的偏度计算公式如下：

$$\text{偏度}=\dfrac{\sum_{i=1}^{n}(x_i-\bar{x})^3}{\dfrac{n}{\sigma^3}}$$

峰度是数据相对于正态分布有尖峰还是扁平的一个测量指标。正态分布的峰度是3。尖峰（峰度大于3）是指同时具有尖峰厚尾的分布。平阔峰（峰度小于3）是指同时具有矮峰细尾的分布。图9-13中的两个概率密度函数有相同的均值和标准差，但左边的分布是平阔峰，右边的是尖峰。

图 9-13 峰度

一个分布的峰度计算公式如下：

$$峰度 = \frac{\sum_{i=1}^{n}(x_i - \bar{x})^4}{\dfrac{n}{\sigma^4}}$$

附录 9C 期望效用

期望效用是一个概率密度函数（pdf），有四阶矩：均值、方差、偏度和峰度。投资者的效用可以用泰勒序列表示，例如：

$$U(r) = E(r) - \frac{1}{2!} \times A \times 方差 + \frac{1}{3!} \times B \times 偏度 - \frac{1}{4!} \times C \times 峰度$$

其中：

- 期望效用是想要的，因此是正的。
- 收益率的方差是不想要的，因此是负的（A 为风险规避系数，典型值为 2-4）。芭芭拉将系数设定为 4。
- 正偏态是想要的，负偏态是不想要的，因此是正的（B 为偏度偏好系数）。
- 超过 3 的超额峰度表明比正态分布更加尖峰厚尾。一般来说，峰度是不想要的，因此是负的。但是在这个案例中并不清楚。出于质疑，芭芭拉将系数设定为 0（C 为峰度规避系数）。

如果概率密度函数是正态的，则没有偏度（为 0），也没有超额峰度（等于 3）。投资者的效用仅受均值和方差影响，最优化过程是寻找均值方差有效的投资组合。如果概率密度函数不是正态的，正如私募股权中一样，投资者可能会对另外两阶矩（偏度和峰度）比较敏感。最优化过程是寻找均值方差 – 偏度 – 峰度有效的投资组合。

第 10 章　流动性管理[一]

事实证明，私募股权基金的投资风险很大，原因有很多，特别是投资期限长和缺乏流动性。现金流回款时间的高度不确定性给风险投资基金造成异常的挑战。现金流的估计是基于历史数据，例如现有交易的经验。建立这样的投资模型是管理过程中重要的一部分。

我们在更宽泛的背景下考虑私募股权投资计划的流动性管理：仅仅考虑典型的资金管理相关的问题远远不够（本章不会具体涉及）。未提取资本，即承诺认缴中的资本和暂时未再投资到私募股权基金的回款，对充分利用私募股权投资的资源实现高收益至关重要。因为保持满仓投资于私募股权非常具有挑战性，甚至接近满仓都很难，所以很大一部分专用资源可能处于闲置状态。为了物尽其用，必须在产生可观的投资收益与保持合理的流动性之间找到平衡。本章的目的就是阐述私募股权基金投资计划流动性管理的几种方法，及其风险和权衡。

我们简单假设在计划运营期间，目标是尽量保持认缴资本水平固定，私募股权投资计划的投资经理决定是否向委托人分配资金。委托人与投资经理之间的协议安排预留一定程度的灵活性非常重要。在付款计划或者有债务融资的 FOF 中建立严格的回款进度表，会对流动性提出高度确定性的要求，因此让 FOF 付出相当大的代价。对于确定的回款进度表，基金担保债务会出现同样的复杂问题。为了满足日常付款目标，需要具有特定的流动性缓冲，作为长期无法从基金分配资金的补偿。大额支出或者支付债务的利息会成为流动性的另一个用处，一般会对现金提出更高的要求。

[一] 我们非常感谢霸菱私募股权合伙人胡安·德尔加多·莫雷拉（Juan Delgado Moreira）博士、CFA 和格施雷博士合伙股份有限公司的迈克尔·让·格施雷（Michael Jean Gschreii）博士提出的宝贵意见和建议。本章所表达的观点是我们的观点，不一定得到他们的认同。

10.1 流动性管理问题

私募股权基金投资计划流动性管理需要充分考虑总体投资策略、未提取资本的管理、可利用的资源以及时机掌握方面的相互依赖。因此，实现整个投资计划较高的总收益率㊀是一项复杂的任务，不仅要求建立定量模型，拥有金融工程技术，还要求具有高度的判断力和管理原则。这些都不是一蹴而就的，只有遵守严明的纪律，积跬步以求慢慢改进，最终累积产生重大影响。

到目前为止，有关这一主题的出版物还很少㊁，相关问题的重要性似乎被低估了。对于大型机构投资者，它们有成熟的分散化的私募股权基金投资组合，事实上不会构成一个问题。它们的投资计划一般都已经产生现金，并随着时间推移得到分散化。对这些大型投资者来说，私募股权往往只占资产负债表上无关紧要的一部分，其他资产总能快速地变现。在这种情况下，私募股权能否对所有在管资产的投资组合的有效前沿产生足够大的影响，可能是另一个问题。它们还可以用其他可匹配的统计提取/偿还模式的资产类别，例如不动产或对冲基金，来补充私募股权的份额。

但对于那些试图从头开始建立一个重要的私募股权投资计划的机构来说，相关的复杂性和风险可能会成为一个很高的进入壁垒。因此，这样的投资计划要想达到可持续的高收益水平，很可能需要数年时间。投资计划早期犯的错可能会在中期造成严重的后果。在保持资金有效运转与维持投资组合的组成与单个基金投资质量的平衡之间运筹帷幄，是一项艰巨的任务。

在私募股权基金中，有限合伙人首先向基金认缴一笔资金，普通合伙人为了支付投资款或各种费用和开支，从投资者认缴资本中逐笔提取资金。从机构投资者的角度来看，这种方法的好处是，私募股权基金获得的利润份额受限于实际投资的资金规模以及投资的条款。私募股权基金的 IRR 基于实缴资本以及基金分配金额，而不仅仅是投资者认缴的资本。普通合伙人在给定期限内是否会分配具体的金额，并没有协议安排。而且，在向私募股权基金认缴出资与实际提取资金对外投资之间，通常有相当长一段空档期。

流动性管理构成了总收益的重要组成部分。流动性是为了兑现私募股权基

㊀ 关于估值的讨论见第 11 章和第 16 章，关于业绩测量的讨论见第 12 章。
㊁ Kogelman（1999）与 Meyer & Gschrei（2005）是少数几篇相关出版物中的两篇。

金投资相关的到期缴款通知的可用现金或可用现金的保证。换句话说，流动性管理是为了满足缴款通知而保证有充足但不过多的现金，同时有助于整个投资计划的总收益。一只私募股权基金的 IRR 并不等于向基金认缴的大笔资本的总收益㊀。因此，披露的私募股权收益数字仅仅是有限合伙人真正实现的收益的一个片面反映。

10.1.1 建模

为了解释这个问题，下面我们讨论三种情景。我们以耶鲁大学投资办公室的 Takahashi 和 Alexander（2001）提出的"耶鲁模型"为基础举例。他们在自己的另类投资计划背景基础上建立模型，进行情景分析。虽然这是有限合伙企业平均流动性资金流的一个简化模型㊁，但这是一个理论上非常合理的工具，可以用来估计现金流和未来头寸，评估基金认缴水平的改变以及假设不同的缴款、分配和潜在净收益率所产生的影响。在情景（A）中，向一只私募股权基金认缴出资 100 万欧元，产生的 IRR 是 15%（如图 10-1 所示）。

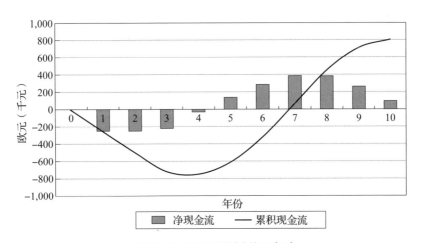

图 10-1　私募股权基金情景（A）

㊀ 巴塞尔银行监管委员会还要求对未提款认缴资金进行风险加权（http://www.bis.org/bcbs/qis/qis3qa_o.htm）。

㊁ 在最初的形式中，这个模型只能有限区分各种流动性资金流。但是，该模型很容易扩展，可以增加更多细节，比如管理费的不同特征。当然，"平均"的基金经验大不相同，取决于时间期限（见下文情景分析的部分）。预期的投资环境并不一定与任何历史时期相似，但是像耶鲁模型这样的应用，可以捕捉到各种情景，支持假设分析。

基金经理不会在第一天就完成所有投资，有限合伙人也无法预料会收到多少次缴款通知。而且，直到通知才知道缴款的金额，并且这些通知会延续基金的整个存续期，但主要是3~5年的投资期内。虽然认缴的资本很少全部提取，但基金经理会在基金投资期内以及后续募资时多次提款。合伙协议约定了回复缴款通知的最后期限，一般是两个星期。无法按时缴款的后果可能很严重，因为充足的流动性非常重要。基金设立后很多年，才会向投资者分配本金和利润。这些时间点往往更难预测。

10.1.2 流动性收益的影响

从前面的例子可以看到，只有有限的一部分资金会立即投入运营⊖。而且，认缴金额一般不会全额提款，大多数基金最终要求实缴最高80%~95%的认缴金额。在情景（A）描述的案例中，仅有75万欧元实际用于投资。基于认缴资金的管理会模糊一项事实，即仍有大量的闲置流动性。假设未提款资金和回款的收益率为典型的国债收益率4%，那么本例中基金认缴资金可实现的总收益率可以达到10.6%，相对而言，IRR为15%，这一点相当不错，但是尚未完全开发出私募股权投资的所有潜力。在两个假设情况下，总收益率可以达到IRR的水平：

- 假如未提款认缴资金和基金分配的所有资金能够以与私募股权基金相同的收益率进行投资。
- 100%认缴资金全部在第一天投资于私募股权基金，并且在最后一天全部回款。在这种情况下，根本没有未提款认缴资金。

我们不用分析这种不切实际的情况，来看下一个情景（B）中描述的加速版投资计划（如图10-2所示）。

为了便于理解，我们假设第二只私募股权基金的时间框架与情景（A）相同。这只基金产生的IRR同样为15%。我们再次假设未提款认缴资金和回款的收益率为4%，基金认缴资本可实现的总收益率达到13.3%。最后，投资者关心的反而是缓慢投资节奏的周期。情景（C）反映的就是这种环境（如图10-3所示）。

⊖ 谨记，普通合伙人也有强烈的动机将尽可能多的资金有效地投入运营，因为他们同样参与分配超额收益。

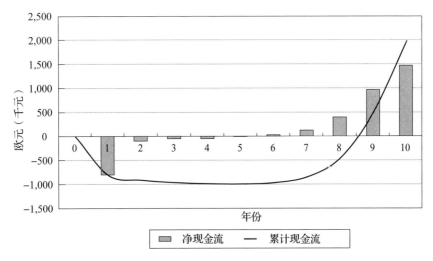

图 10-2 私募股权基金情景（B）

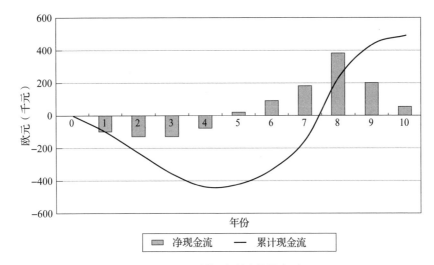

图 10-3 私募股权基金情景（C）

为了便于解释，我们再次假设情景（C）中的私募股权基金覆盖与前一个例子类似的时间框架，同样产生 15% 的 IRR。假设未提款认缴资金和回报的收益率同样为 4%，基金认缴资本可实现的总收益率仅为 8.3%。这个结果很有意思，这三个例子中的 IRR 和资金收益率都相同，情景 A、B、C 的总收益却不同，主要原因是总体资本投入运营的时间效应（如图 10-4 所示）。

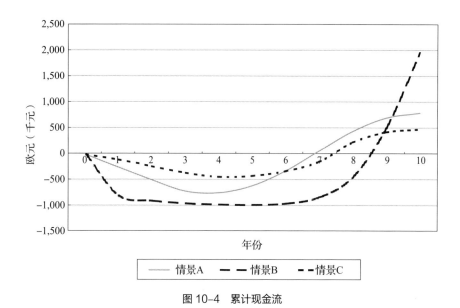

图 10-4　累计现金流

总结起来，对于资金收益率在个位数的典型区域，时间效应对总收益有显著的影响。未提款认缴资金更高的收益率可以对总收益提供补充⊖（如图 10-5 所示）。

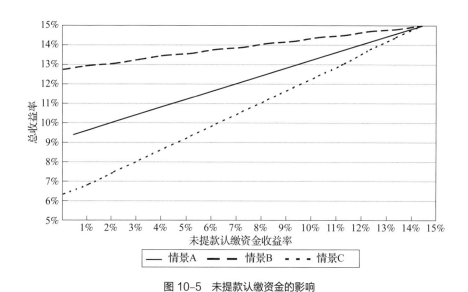

图 10-5　未提款认缴资金的影响

⊖ 见 Kogelman（1999）："要实现私募股权的充分利用，认缴资本和收益分配都必须投资到有潜力达到目标私募股权收益率的金融工具。这是 IRR 作为业绩指标的一般假设。"

然而，收益率与流动性之间存在内在的利益冲突，私募股权基金的 IRR 与未提款认缴资金的投资收益率变得相同时的极端情况不值得考虑（见下文）。

10.1.3 超额认缴

平均来说，每年对外投资的有限合伙人的认缴出资只占 20%~40%。因此，投资者必须找到恰当的方式，使这些毫无产出的投资的机会成本最小化。投入私募股权基金和从私募股权基金回款的时机和金额大小都是未知的，直到通知才知情。但是对于分散化的私募股权基金投资计划，服从一个可预测的模式。因此，有限合伙人可以采取超额认缴的策略，即为了实现目标投资水平，承诺认缴高于可利用资源的水平。

$$超额认缴比例 = \frac{签约认缴金额}{可用于缴款的资源}$$

超额认缴比例低于 100% 表明资源利用效率低下。有资料表明超额认缴比例一般为 125%~150%[○]。激进的超额认缴策略是计划投资阶段的特征，此时资本需要快速投入运营。投资组合建立起来之后，那些着眼于长远、预计进行再投资或者做出新承诺的计划会受到投资组合平均回报率的限制，平均回报率为超额认缴比例设置了上限。

超额认缴策略并不是简单地设定一个每年认缴配置的最大金额，而是需要对私募股权基金现金流特征有详细的了解。

- 超额认缴比例可以在实证数据基础上确定。假设平均实际催缴的认缴资金不超过 90%，那么超额认缴水平在 110% 左右就是可行的[○]。
- 认缴与实际投资之间的时间间隔可以反映在资本投资的期限特征上，为收益率提供额外的基点。

○ 例如：施罗德私募股权基金的基金（都柏林股票交易所上市），超额认缴比例为 130%；VCH 最佳 VC 超额认缴比例为 140%；休伊特投资集团建议超额认缴比例为 125%~135%（见 Schwartzman，2002）。

○ 见 Schaechterle（2000）："《创业经济学》期刊的统计数据分析表明，投资于私募股权的基金，将投资者认缴资金剩余部分投资于短期投资的比例最高可达 65%。这造成的机会成本稀释了投资者私募股权配置业绩的大约 1/3。瑞士再保险合伙集团（Swiss Re and Partners Group）开发了一个适度超额认缴模型作为投资策略的一部分。"

- 要实现更高的超额认缴水平，有限合伙人的投资组合需要在几个年份中进行分散。随着收益开始分配，理论上可以补充可利用的资源，用于新资本实缴。
- 如果没有成立年份的分散化，极端情况下，所有的私募股权基金同时达到最大投资规模（如图10-6所示）。

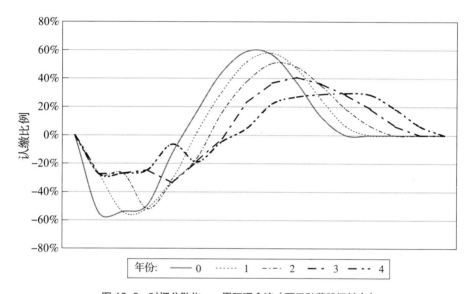

图10-6 时间分散化——累积现金流（两只私募股权基金）

在分散化的私募股权投资组合中，不同基金类型的现金流特征可以在投资组合方法内进行描述。并购基金和夹层基金一般比风险投资基金提款更快（1~2年），风险投资基金往往将提款延续到4~5年[○]。并购基金和夹层基金开始分配也更快，因为它们通常每年都有收入，例如次级债的利息或优先股分红。它们还投资于一些知名的公司，退出年限更短。

如这个例子所示，时间维度上进行分散对超额认缴策略来说至关重要。对于生命周期较短的投资计划，这可能会成为一个问题[○]。

对于私募股权，尤其是风险投资基金，分配计划的不确定性、基金投资估

○ 见Maginn和Dyra（2000）关于美国市场的描述。
○ 见Steers（2002）："机构投资者发现，要想让资金运作起来，他们需要认缴超出私募股权配置政策30%~40%的资金。作者发现，2001年，欧洲大陆投资者为了让更多的资金用于实际投资，超额认缴大约为战略配置的40%，英国投资者的超额认缴水平为16%。"

值的未知变化、无法预测的向有限合伙人的现金分配,为预测产生流动性的事件增添了极大的困难。风险投资基金的现金流固然难以模拟,但是仍然可以建模,即使是风险投资基金的投资计划,超额认缴策略仍然有效⊖。

10.1.4 结论

要实现私募股权基金资产类别的潜在收益率,未提款认缴资金也需要恰当的管理。实现的手段包括提高未提款资金的投资收益率,投资于有加速投资计划的基金,投资于 S 基金,以及超额认缴策略等。要在资金快速投入运营与投资组合达到完美平衡之间实现完美的融合,非常具有挑战性。这要求对历史现金流进行研究、分析和建模,并有一个精心规划、严格执行的规划过程。

超额认缴策略和未提款资金投资策略的成功实施取决于现金流预测的质量和精确度。而且,有限合伙人的总体投资组合组成对这样的预测有影响:高度分散化的私募股权基金投资组合,尤其是代表不同成立年份的基金,对平滑净现金流有巨大的贡献。因此,要将资源切实有效地投资于私募股权是一件非常具有挑战性的任务,因为这需要将所有相互依赖的关系综合考虑。

10.2 流动性管理方法

流动性管理是指公司充分考虑运营流动性和战略流动性两个方面,解决稳健操作实践的责任问题。

- 运营流动性或资金管理,包括正常预期或可能的业务条件下的日常现金需求。此类资金管理并非私募股权投资计划所特有,因此这里不再详述。
- 战略流动性考虑的是长期的流动性需求,要识别各种未预期的和潜在的不利业务条件的可能性。这一点之所以重要,是因为会对投资计划最终的可行性产生潜在影响。

管理流动性风险的方法是尽量控制因超过最大认缴限额或低于超额认缴水平而可能出现的强制出售的可能性。在避免资金短缺和流动性过剩之间存在权

⊖ 见 Real Deals (2004b):"莫布雷资本(Mowbray Capitla)计划投资 1 亿欧元,其中的 300 万主要投资于早期阶段的风险投资基金,同时采用了超额认缴策略。"

衡，因为现金的回报率通常低于投资计划的目标收益率。流动性风险主要与到期时可能无法履行合同义务有关。

延期支付可能产生罚金。一般来说，在私募股权基金中，有限合伙人无法按时根据认缴金额兑付提款通知的情况下，合伙协议会约定一定的惩罚条款。通常，在宽限期内，未支付金额需要缴纳利息。在极端情况下，不能付款可能导致投资者在基金中的权益被没收。私募股权基金付款与回款的随机性本质导致流动性工具占有相对很大的仓位，并且要求一定的借款额度，以平滑现金流的高峰与缺口。

10.2.1 流动性的来源

兑付认缴款项一般是通过现金流入来实现，可快速变现的资产或公司借款的能力可以提供补充。要让认缴资本实现有竞争力的总收益，投资者需要管理提款期间未催缴资金的投资以及已分配资金的再投资。债券资产与私募股权基金的期限结构应该相匹配，并且应该是很容易分散化的稳定的融资来源，例如：

- 后续融资。当委托人正在管理流动性的情况下，他可能会作为后续融资的供给方介入，这一点非常有价值，因为流动性回款可能需要时间。如果资金分配超过了委托人的认缴水平，就需要重新协商投资计划。
- 流动性底线。前面已经讨论过，委托人或投资计划经理需要管理短期和中期借款额度。为了兑付认缴资本缴款通知，需要备好现金，但是需要设定一个流动性底线以防这些资源用尽。构建一个灵敏的流动性底线，需要反映预计资金需求的金额和时间，或者流动性供给方的评级等因素。
- 期限投资。虽然将认缴资本保留为短期金融工具很有诱惑力，但是这样的政策会对总收益造成负面影响。要实现更高的收益率，需要预测私募股权基金现金流的特征，并将其与同样期限的资产进行匹配。由于投资计划的不确定性，期限结构只能进行有限匹配。
- 资产变现。鉴于这种不匹配，流动性风险增加了。因此，不能只靠到期资产提供现金，偶尔还需要将仓位变现。为了限制市场波动可能带来的损失，必须对任何准备金账户的投资资格执行严格的标准。

- 有限合伙人份额出售。私募股权基金是非流动性投资，一般不允许提前赎回。有限合伙人一般禁止转让、分配、抵押或以其他方式处置其有限合伙权益，或者未经普通合伙人事前同意就退出合伙企业。然而，二级市场正在成长，成熟的基金投资可以变现。但是有限合伙份额变现成为流动资金存在重重困难。需要花费相当长的时间识别买方以及进行交易谈判。如果有时间压力，重大损失几乎不可避免（见第 20 章）。

- 私募股权基金收益分配。应当建立再投资计划，充分考虑潜在的资金分配时机的不确定性及重要性。因为私募股权基金投资是投机性的，要求长期认缴出资，因此，收益分配的时机和金额都具有不确定性。也有可能部分或全部的收益分配是以限售流通股形式存在的实物分配。因此，考虑再投资情况下的计划会导致相当大的流动性风险暴露。

- 有限合伙人违约。如果几次缴款通知都不能及时兑付，投资者的最后结果将是违约⊖。但是，不能兑付提款要求会产生严厉的惩罚，例如终止有限合伙人参与基金未来投资的权利，丧失收益分配或收入的应得权益，但必须承担基金损失或合伙企业费用的义务，丧失委托权的转让或合伙企业权益的出售，持续承担支付违约金利息的义务，没收部分或全部合伙企业权益，以及承担基金经理可能对违约投资者采取的其他措施或法律后果。

10.2.2 外汇风险

外汇汇率管理让事情变得更加复杂，这适用于所有层面的流动性管理过程。对私募股权基金来说，外汇风险来自以下几个方面：

- 在基金分配收益时，如果需要将所需的现金兑换成价值更高的货币，则可能需要比预期更高的数额。
- 同理，由于汇率变化，收益分配可能会减少。

⊖ 这也对私募股权基金的其他投资者产生了溢出效应，因为他们不得不介入违约的合伙人。因此，尽职调查很重要的一部分就是评估其他有限合伙人的财务实力和对该类资产的认缴金额。

- 当然，一般来说，未实现的收益或损失对任何一种以外币形式持有的资产都有影响。对于非流动性且长期持有的资产类别，这不会构成实质的影响。

外汇风险与私募股权基金有多大相关性？Probitas Partners（2003）提供了一只 Hicks Muse 管理的美元基金作为例子。这只基金投资于一家电话黄页出版商 Yell 公司，在伦敦交易所上市。Yell 公司是在美元价值高于英镑时收购的。2003 年，投资者收到英镑计算的收益分配，兑换成美元是有利的。已实现和未实现价值合计计算，当时欧元投资者在 Yell 公司的股权收益是其投资额的两倍，而美元投资者在同笔投资中的收益则是 2.6 倍。当然，汇率波动对投资产生负面影响的例子也可以找到。

我们可以假设，与私募股权业务（尤其是风险投资领域）特定风险相比较，外汇风险可以忽略不计，美元、英镑或欧元等主要货币之间的波动在长期内倾向于互相抵消，因为这些货币通常在一个波动范围内交易。但是从欧洲投资者角度来看，一个真实的每月私募股权基金的案例提醒我们要谨慎。图 10-7 是 1997 年中至 2003 年中期间，汇率波动对认缴金额的影响。

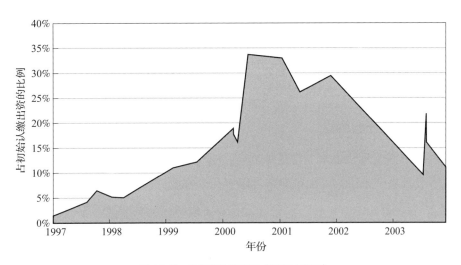

图 10-7　汇率波动的影响（美元 / 欧元）

汇率的影响评估如下：

1. 假设未提取资金投资于以欧元计价的无风险证券（3 个月期的

EURIBOR），并且对于每次缴款通知，要求的金额都在约定日期兑换。
2. 将其与以下情形进行比较，即认缴资金在第 1 天兑换为美元，未提取资本和回款都投资于无风险美国国债（3 个月期）。所有回款都以美元存储。

2004 年中，持有欧元的投资者及时兑换为美元，与以美元持续保存未提取资金的投资者相比，会损失 11% 的认缴出资。然而，假如投资者将美元收益分配在回款日兑换成欧元，损失会增加到 18%。

一般来说，应对外汇问题的方法主要有三种：规避、分散或对冲。

- 私募股权基金的投资者一般会试图避免货币风险暴露，但并不总是可行，尤其是对于全球运营计划来说。
- 分散化可以是跨越时间和跨越货币的一揽子投资，假设前提是外汇波动与时间和现金流的金额不存在相关性。对于分散化的基金投资组合，资金流入和流出应该达到免受外汇风险干扰的保护程度。就像 Weidig 和 Mathonet（2004）详细解释的，在不同私募股权基金之间进行分散可以在很大程度上降低投资风险。但是对于国际化的私募股权基金投资组合，外汇风险暴露无法达到同样程度的分散化。因此，外汇风险的相对重要性可能随着分散化水平的增加而增加。
- 当应用到一只私募股权基金整个生命周期时，控制外汇风险的金融工具价格非常高昂 ⊖。现金流时间和金额的不确定性看起来太高，无法实施有效的对冲。这些特征表明，潜在的对冲可能是高度无效的。当然，通常的债券管理背景下，现金流在合理范围内是可以预测的，对冲还是有一席之地的。

专栏 10.1　　新兴市场外汇问题

到目前为止，我们的讨论主要限于欧洲和美国私募股权市场的货币。通常，投资者不需要将货币相关的决策作为私募股权投资的首要决策，因

⊖ 见 Probitas Partners（2003）："Abbott Capital 一位董事总经理、纽约基金的基金经理人 Jonathan Roth 称，他的公司从来不做外汇对冲。他说'对冲的成本高不可攀'。"

为他们可以通过其他金融工具或方法获得货币风险敞口⊖。因此，认缴的货币应该尽可能与投资的货币相匹配。至少在成熟市场，对于创业投资基金来说，通常假设货币波动相对于承担的整个投资风险来说不那么重要。因此，有限合伙协议一般不涉及外汇问题。

关于新兴市场的私募股权基金的特殊情况，我们有些特别说明。这里的投资者不仅仅存在重要的货币风险暴露，而且基金经理通常将境外有限合伙人作为主要目标，因为国内投资者很少有充足的资产投资于这类非流动的合伙协议。

举几个例子可能有助于我们总结几条建议。假设在新兴市场，有限合伙人认缴了一只美元基金，当地货币在最后三个季度相对美元下跌了25%。提款和报告都是用美元计价。对于给定的投资组合公司，你可以认为市场业绩仍然和预期的一样，因此投资价值没有变化。从境外投资者角度来说，保持成本法估值毫无疑问会导致投资组合公司价值高估。相反，估值的浮动受汇率波动影响的幅度远超过欧洲或美国的私募股权基金，虽然账面价值仍然和保守的估值指南保持一致，保留在相同的水平。因此，在多币种的投资组合中，基础货币需要进行监测。即使投资者可能感觉他们没有通过投资本国货币（主要是美元或欧元）来做出货币决策，投资组合公司的估值和收益也可能由于货币波动而具有更高的波动性。

对于专门为境外投资者设立的合伙企业，这些有限合伙人是否应该承担全部货币风险尚存争议。在这种情况下，可以在有限合伙协议中加入减轻外汇问题、协调投资者与基金经理之间利益的条款。例如：

- 对于基金持仓相对较大而持有期限预期相对较短的情况，逐笔交易进行对冲可能既经济又有效。为此，应该准备一个特定的对冲预算或缓冲资金，以补偿汇率波动。
- 如果投资者认为新兴市场的货币被高估了，那么应该用这种货币

⊖ 汇率波动不一定会相互抵消。对私募股权基金来说，现金流遵从特定的模式——投资期主要是现金流入，退出期伴随更高的资金流出。汇率变化的长期趋势可能会产生重大的正面或负面影响。如果你对长期货币发展有明确的观点，如果没有其他适合长期投资的货币衍生品，基金投资是其中一种投资方式。

认缴，并且如果可行，尽量延迟回款。同理，如果认为货币相对于美元被低估，那么应该用美元认缴，并且尽快支付回款。
- 新兴市场很常见的情况是，公司用美元或欧元开展大部分销售。有限合伙人应确保基金经理要么不投资于收入与支出之间的货币错配超过某一阈值的公司，要么从事对冲目的以外的交易，要么在投后监督活动中跟进这样的情况。
- 存在多币种风险暴露的基金经理应该对项目筛选承担责任，有限合伙协议中应该包含货币分散限制的条款。

考虑退出时机时，应该激励普通合伙人将汇率因素考虑进去。如果超额收益仅仅基于投资者的货币进行计算，会产生代理问题，因为让本金全部暴露在货币风险中，而基金经理只会从中获益。例如，除了门槛收益和超额收益以基金的币种计算外，投资者还可以要求以底层投资的货币计算超额收益，以便消除汇率的影响；不应该支付由于货币升值产生的"利润"造成的超额收益，因为这不是出于基金经理的技能。在超额收益计算中包括外汇变动的安排以及其他协议条款，可以缓解这种情况。

这些观点给人的启发是，在投资于新兴市场时，私募股权所面临的货币风险本质上与其他资产类别没有区别。因此，应该在投资决策过程中明确包括货币的决策，并且在此前提下的私募股权流动性管理需要对有限合伙协议做出相应的修订。

认缴出资应当与投资计划的负债相匹配，如果可能，投资经理应当降低外汇风险暴露。以其他货币表示的私募股权基金投资应该是个例外。虽然以相应货币承担大量负债的全球化投资者可以建立全球分散的私募股权投资组合，但是在通常情况下，应当采取措施将外汇风险暴露降至最低。

10.2.3 实物分配

在美国的创业投资基金市场，实物分配是一种广泛接受的分配机制，普通合伙人以上市公司股票的形式而不是现金向有限合伙人分配收益。实物分配一般发生在基金的投资组合公司已经实现 IPO，或者以股份交易方式完成出售的情形。在 IPO 较为活跃的时期，实物分配的重要性更高，但是到目前为止，欧洲的普通合伙人很少采用这种机制。

普通合伙人受限于股票锁定期的限制：平均在 180 天内，内幕信息知情人[一]不能处置股票，不能出售可转换为或可交换为公司普通股的任何证券。锁定期结束后——这是公开信息——风险投资家可以自由出售或分配股票，但是仍受到某些制约。虽然普通合伙人控制一家上市公司股票的大量头寸，并且出售头寸的能力受到限制，但是对有限合伙人来说限制很少[二]。基金协议中通常禁止分配股票，尤其在风险投资基金中，有限合伙人更偏好现金，但是风险投资的性质以及 IPO 退出策略作为美国历史中的主流有利于股票分配。

在一致看涨的 IPO 市场，分配的股票很可能会升值，因此给有限合伙人带来更高的收益。风险投资基金投资者持有的头寸通常由未受限股组成，并且只占投资组合公司已发行股份总数的较小部分，相对容易清盘。因此，IPO 之后将头寸货币化一般并不太困难，成本也不太高。但是，风险投资基金与并购基金的实物分配存在显著差异，因为近几年上市的并购基金投资组合公司比风险投资基金背景的公司规模更大，质量更高。因此，并购基金的实物分配通常涉及的金额更大，导致有限合伙人产生重大的清盘问题。投资规模越大，清盘越困难[三]；并购交易的投资周期越长，实物分配的税收优势越没有意义。

对有限合伙人来说，实物分配可能具有优势，因为他们可以加速变现，并且比通过普通合伙人进行增量发行对股价下跌的影响更小。只要有限合伙人拥有的股票少于公司发行股票总数的 5%，他们收到分配的股票就不用面临普通合伙人所面临的限制。虽然通常情况下无关紧要，但是如果持有的投资期非常短，有限合伙人收到的现金分配就需要缴纳大额资本利得税（如 20 世纪 90 年代末

[一] 有限合伙人应当在合伙协议中加入避免内幕信息知情人问题的条款和条件，例如普通合伙人在拥有重大未公开信息时不得进行分配。

[二] 在美国，这样的出售受第 144（a）条规则的管制（见 Edgar，Sweeney 和 Taylor，2001）；在任意给定的 3 个月期限内，出售股票不得超过已发行股份总数（在给定股份类别内）的 1% 与前 4 周平均每周交易量的较大者。或者，普通合伙人可以选择通过增量发行退出头寸，但会对股价产生重大负面影响。

[三] 尤其对于最大的有限合伙人，这可能成为一道难题。而且，如果分配给有限合伙人的股票超过已发行股份的 5%，就会被认定为受益所有人，与普通合伙人受到同样的出售限制（见 Wiesner 等，2002）。

美国的风险投资基金）。

主要劣势在于出售压力和价值损失。有人可能会认为，普通合伙人根据自己掌握的内部信息，会选择在股价达到估值高峰时分配股票⊖。因此，有限合伙人的目的是尽快出售头寸，给实物分配后的股价带来下跌压力。尤其对纳税主体来说，有限合伙人最终收到的现金与分配的股票价值往往差异巨大。

在仍然不活跃的市场管理分配的小盘股公司股票，对有限合伙人来说是一个挑战，因为他们只能做出出售或持有的决策。而且，分配行为导致大量股票上市，对股价产生负面影响。分配后立刻将股票变现往往产生负收益。

另外，美国的有限合伙人经常采用技术手段对冲未分配的证券。由此带来的复杂性在于，这些股票缺少融券服务，使对冲成本非常高昂，以及实际上这可能会带来风险。如果卖出看涨期权作为对冲策略的一部分，在要求行权时却无法交割股票，有限合伙人就会处于"裸空"状态⊖。

有限合伙人应当在合伙协议的条款和条件中建立一些防御，尤其需要充分详细地处理估值流程和估值方法。IRR 及相应的超额收益计算应该在股票分配后建立在市场价格基础上。在美国，普通合伙人的收益一般是基于 15~20 日的平均股票价格（分配前 10 日及分配后 5~10 日）。而且，普通合伙人应该承担过程中产生的费用（例如手续费），管理费应当相应扣除。

有限合伙协议中也可能预料到，一次只能分配不超过 10 日的交易量（以分配前 10 日的平均交易量为准）。根据 Evans 和 Marks（2002）的观点，普通合伙人的最佳实践是将大额所有权头寸分为 8~10 份，然后在一段较长的时期内，以一种交错的、一定程度上可预测的方式向市场供应股票。

10.2.4 业绩测量的结果

为了测量私募股权基金投资的业绩，有限合伙人必须计算从提款到最后清算的收益率（见表 10-1）。

⊖ 另外还存在利益一致性问题。普通合伙人也投资于自己管理的基金，也会从分配后的股价下跌中遭受最大的损失。通常情况下，除非普通合伙人相信可以让所有人的价值最大化，否则不会实施实物分配。
⊖ 见 Evans 和 Marks（2002）。

表 10-1 业绩测量的调整

	所需的调整
毛收益率（即税前）	无
净收益率（即资金分配流之前）	一次性费用（设立、构建） 管理费
有限合伙人的净收益率（即资金分配流之后）	分配给普通合伙人的超额收益
有限合伙人的最终净收益率	汇率收益或损失（以外币认缴的） 投资收益或损失（实物分配的）

10.3 未提取资金的投资策略

不应该给予投资计划的投资经理在私募股权基金投资中不需要的资源。在需要保持大额流动性缓冲的情况下，投资计划的目标收益率应当要求未提取资金用于增长目标进行管理，从而优化流动性。我们发现了未提取资金管理的主要策略（如图 10-8 所示）。

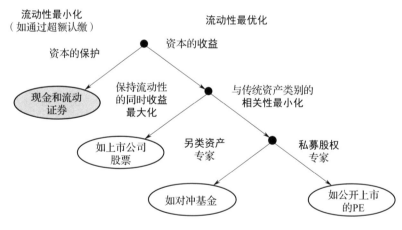

图 10-8 未提取资金管理的主要策略

如上所述，为了减少基金经理手中的闲置资金，理想的提款应该即时到账或者约定定期缴款，并且还应该遵循超额认缴策略。在大额未提取资金头寸无法避免的情况下，例如通过长期债券风险敞口最大化——这需要可预测性、计划性，或者通过其他高收益资产类别的风险敞口最大化，可以增加收益。为此，

Kogelman（1999）建议投资上市公司股票。

由于非私募股权资产不是私募股权基金投资计划经理的核心技能，这意味着，如果可以安排灵活的后续融资，还不如留给委托人管理。无论如何，流动资产与非流动的私募股权基金之间的溢价限制了未提取资金的收益率。此外，通过投资其他在其核心技能范围内的资产，例如公开上市的私募股权基金或其他流动性另类资产，资金的运营可以更有效率。

10.3.1 公开上市的私募股权基金

上市的私募股权基金的基金㊀可以提供一些流动性，并快速建立了多元化的私募股权基金投资组合。它们是专门为了吸引那些想要保持流动性同时又不用专门设立投资计划就能投资于私募股权资产类别的投资者。上市的 FOF 经常在净资产价值（NAV）基础上打一个很大的折扣进行交易。因此，这样的工具是进入此类资产的重要方式，因为它们增加了策略性资产配置的灵活性，并且可以快速建立私募股权基金投资的风险敞口㊁。

它们可以在机构投资者的投资组合中占有一席之地，但是也具有"普通"私募股权基金的很多特征㊂，同时保留了一些未上市私募股权基金的特征。据多位行业专家称，上市私募股权基金工具领域仍然未得到充分研究㊃。因此，精明的投资经理可以利用这些工具创造价值，让投资计划（作为这个市场的专家）管理私募股权基金及公开交易的私募股权基金的投资组合可能是一种有意义的策略。

㊀ 例如瑞士上市的 FOF，如 Absolute、AIG、CastlePrivate Equity、Private Equity Holding、ShaPE。

㊁ 见 Bushrod（2004a）："据瑞典养老基金 AP7 的 Daniel Barr 所说，要实现分散化和最优配置，包括立即提款等问题，一个创新方法是：'由于完全新成立的基金，相比管理的资产，每年流入基金的资金相当大，所以我们可以从开始就认缴流入资金的 4%，通过未来资金流入的认缴达到最佳年份的分散化。我们还设立了一个上市私募股权基金的平行计划。我们有一个在伦敦和苏黎世上市的 8 只不同基金的投资组合，都作为长期投资合计达到 4%，而且在未上市认缴出资提款前还作为持股的地点（holding place）。'"

㊂ 上市 FOF 需要解决持有大量现金但是没有像有限合伙结构那样将现金有效地分配给投资者所带来的无效率问题。为此，Pantheon 的上市 FOF 工具 PIP 引入了参与贷款票据（participating loan notes），投资者的出资可以转换为可赎回份额。这些票据初始并不需要实缴，允许 PIP 在需要时向投资者催缴，因此不需要持有如此大额现金。

㊃ 见 Meek（2004a）。

另一个例子是 shaPE 资本，提出投资于公开上市的私募股权基金，从而在保持一定流动性的同时最大化私募股权资产类别的收益[○]。Zimmermann 等（2004）从事的一项研究表明，上市私募股权公司与标准上市公司股份相比存在长期业绩优势，但是对于提供即时流动性的目的来说，这样的投资范围太狭窄了。作者们确定了 1986 年至 2003 年间成功上市的总计 287 只[○]公开上市私募股权工具[○]。

英国的风险投资基金管理机构^四可以在伦敦股票交易所上市交易。但是，目前吸引投资者的不是这些机构的流动性和业绩，而是事前税收减免。初始所得税减免仅适用于新发行的股票，必须持有 3 年才能保留减免。因此，这些投资还没有实际的流动性。对新股票的需求会更多，二手股票则没么多。为了解决流动性缺乏的问题，有些风险投资基金管理机构提供股票回购服务，一般是在 NAV 基础上打个折扣。

无论风险投资基金管理机构还是 FOF，公开上市私募股权基金的一个主要客观限制是市场的不活跃，导致买卖价差很大。而且，大多数这类交易结构都有折扣，市场价格反映了市场的流动性相对缺乏。当然，这对两个方向的交易都有影响。如果某人想要买入大额头寸，可能需要花费几个月的时间，并且将价格推高；同理，如果某人持有大额头寸，可能要花费数月才能卖出。NAV 基础上的大幅折扣与未上市基金的二次交易折扣相当。此外，虽然公开上市私募股权基金的基金宣称其国际化分散的投资组合是优势，但是正如前文所讨论的，股东们面临着相关的外汇风险。

10.3.2　其他另类资产

Borello 和 Bader（2004）提出，股票型对冲基金是私募股权基金未投资资本的一个有吸引力的选择，理由是：

- 一般认为，对冲基金与债券和股票的相关性特征与私募股权基金相似。
- 存在不对称的业绩模式，上行参与度最大化，但是下行参与度有限。

○ 见 www.shape-capital.com："投资于上市私募股权公司的资产金额是有限的，从而最大化投资比例，同时确保中期内的流动性。"

○ 实施最低流动性限制后，结果有 114 只流动性股票。

○ 由于英国公司数字较大（113 家），欧洲的数据（163 家）是有偏的。

四 见 Sormani（2004b）。

- 大多数股票型对冲基金的流动性相对较好，可以让投资者在需要资本投资时定期向私募股权基金投资组合提供资金。

作者发现，将未投资的私募股权认缴资金投资于股票型对冲基金可以产生一个组合的风险暴露，风险调整收益比单独的私募股权基金或者上市公司股票都高。虽然熊市下的参与率较低，但在牛市保留了大部分的上行潜力。

与对冲基金业绩挂钩的另类投资正越来越成为公认的财务管理工具。美国的加州公务员退休基金（CalPERS）和荷兰的公共部门养老金（ABP）等养老基金将其资产的最高 10% 配置到对冲基金或对冲 FOF。投资者也可以不签订直接协议，而是购买与选定对冲 FOF 的收益挂钩的指数产品。

然而，这仍然存在重大的流动性风险，因为退出头寸一般需要 1~2 个月。这些工具的流动性有限，目前尚未形成成熟的二级市场，在实践中，发行人或筹划者可能会提前终止，并且没有最低价格保证。除了典型的投资风险，这类产品的报告与估值依赖于发行人提供的报价，存在与另类投资估值相关的问题。

10.4　现金流预测

投资于非流动性资产给投资组合管理带来特殊的挑战，因为现金流的时间和金额存在高度不确定性。策略性认缴规划的主要目标就是建立并保持与投资策略相一致的均衡且稳定的投资组合。投资组合的均衡性不仅依赖于基金投资的认缴水平，还取决于提款和分配的频率与时机。有效的私募股权基金投资计划要求对单只基金的未来现金流模型进行精准评估，以便指导认缴出资与维持投资组合的平衡性。

正如我们在上文讨论中看到的，最大化未提取认缴资金的收益率往往需要持有流动性受限的资产。这些头寸的盈利变现可能需要 2~3 个月。过程越早开始越好。因此，建立有效的流动性管理极度依赖于预测和规划的方法论。预测模型必须在理论上简洁且合理，能够纳入并响应实际的现金流经验和估值。这些模型还应当能够分析不同的收益率情景和回款变化率对投资组合的影响。预测需要考虑已知特征的现有交易以及未知特征或将要选择特征（例如认缴水平）的未来交易（见表 10-2）。

表 10-2 现金流的组成

	已知或可用规划	可预测	难以预测或不确定
未来将加入投资组合的未识别的私募股权基金	认缴水平（计划）	签约的时间窗口（估计）	特征、条款与条件（情景）
近期将要加入投资组合的已识别的私募股权基金	认缴水平（计划）	私募股权基金开始运营的时间（估计） 缴款通知的时间和规模（估计，预测） 流动性时间（估计） 管理费（估计） 设立费用（估计） 等值溢价（估计）	资金回款的时间和规模（预测，情景） 私募股权基金的到期期限（预测，情景）
已在投资组合的私募股权基金	认缴水平（有限合伙协议） 基金的生命周期（有限合伙协议） 管理费（有限合伙协议） 设立费用（有限合伙协议） 等值溢价（有限合伙协议） 流动性事件（已披露）	缴款通知的时间和规模（估计，预测） 资金回款的时间和规模（短期，估计） 流动性事件（估计）	资金回款的时间和规模（预测，情景） 私募股权基金的到期期限（预测，情景）

尤其对于私募股权基金投资计划来说，这是一项需要采用综合方法的复杂活动。一般来说，密切的交流、经验与不同工具都是至关重要的。流动性风险管理需要对预测现金流进行综合的定期分析。盲目依赖定量模型与常见的"直觉"方法一样，都是灾难的根源。成熟的另类投资经理与 FOF 投资经理开发了专门的工具⊖，将一系列输入变量纳入考虑范围：

- 市场数据和经验数据（主要来自数据服务公司，例如创业经济学（Venture Economics），但也有内部数据）形成了预测预期提款和分配的统计输入变量。对成立年份水平、投资环境与退出环境（关于预期提款和回款的实证数据）的评估对此进行了补充。

⊖ 合众集团（The Partners Group）的模型（见 Wietlisbach，2002）区分了策略性和技术性认缴资金管控。其私募股权管理方法建立在四大支柱之上：经验数据、实际数据、投资咨询和量化管理。

- 由于单纯定量的方法存在局限性,估算与估值需要进行重要的主观判断。主要问题在于不透明市场的数据质量较差。只有具备高水平的专业知识,才有可能解读经验数据和观测数据。
- 实际提款和分配的数据构成了单只私募股权基金投资估值的基础(监测实际提款和分配的输入变量)。此外,监测投资组合的质量也有关系:虽然债务注销不会立刻与现金流产生关联,但是它们可能会减少进一步的融资需求。
- 预测是在不同模型的协助下生成的。一般来说,成熟基金的预测比新基金头几年的预测准确度更高。估计早期投资阶段的退出也是极度困难的。

简单地说,我们可以区分三种进行预测的方法(见表10-3)。

表10-3 预测现金流的方法

技术		策略
估计法	预测法	情景法
短期(一般3~6个月)	中期(一般1~2年)	长期(一般超过2年)
基于当前市场状况	基于特定市场环境	基于不确定的环境
主要是数据收集与分析	主要是定量建模	主要是规划

- 估计法用当前条件的评估识别未来事件的可能性。其优点是准确,但要求在相对较短的时间范围内。
- 预测法超越了短期的时间范围,主要依赖于趋势的分析。通常需要专家的意见,对当前趋势的可持续性及其变化进行评估。
- 情景法可以认为是一系列预测,但其结构和目的更加复杂。它们旨在根据当前趋势的合理变化描述不同的环境。

情景法与预测法之间有重要的区别。大概来说,预测法的意图在于假想的预测的未来图谱,而情景法的目的是对未来做出更好的决策。当然,二者的区别并不像表10-3描绘的那样清晰明确,通常,预测工具融合了所有这些方法的要素。

10.4.1 估计法

估计就是在数据不完整、比较和经验的基础上形成观点。由于短期内统计数据的价值较低，在这种情况下，估计技术比预测更有价值。估计法可以用于未来几个月内将要签约的私募股权基金的新增认缴，以及近期内已经认缴私募股权基金的流动性事件，比如：

- 私募股权基金的新增认缴及其首次提款可以提前 3~6 个月以合理的准确性从交易管道分析中推导出来。投资经理一般会和其他潜在投资者进行沟通。他们对当前的募资环境、可实现认缴及其规模的可能结果都有很好的了解。
- 当然，还有一系列流动性事件是已知或很有可能会发生的。有时候甚至会公开宣布退出（例如 IPO 形式），还会讨论可能的价格区间。

定期更新此类事件的一览表构成了估计短期和中期流动性需求的起点。

10.4.1.1 估计技术的案例

私募股权基金向投资者分配的资金显然对短期信息及其变化更加敏感。通过与普通合伙人更加密切地交流以及综合判断，可以显著地改进估计。

霸菱私募股权合伙企业（Baring Private Equity Partners，BPEP）率先开发了一个现金流模型，对 BPEP 直接管理的基金向投资者分配的净资金流做出最准确的可能估计。为了应对策略退出价值和日期的不确定性，这个模型采用了概率方法。BPEP 的投资经理通常被要求提供最早、平均和最晚的退出日期，低、中、高的退出价值，每个事件相关的概率以及这些估计的基础。这样的估计将采用如下的形式（如图 10-9 所示）：

$$Pa;min+Pa;med+Pa;max=1$$

以及

$$Pt;min+Pt;med+Pt;max \leq 1$$

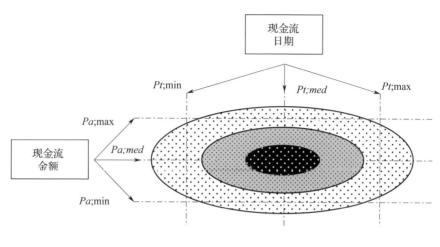

图 10-9　BPEP 的估计网格

现金流日期的概率相加未必等于 1，这迎合了现金流不确定是否会发生的情况。当估值符合 EVCA 准则时，BPEP 会定期、一致且严格地进行估计。对该方法的评价如下：

- 模型预测的准确性依赖于对投资组合退出价格和日期的估计，因此受到市场环境和买方情绪不确定性的限制。但是，如果每季度系统地运行这种预测，将会提高准确性，并实现自我学习。
- 退出价值和日期是不确定的持续变量。由于退出价值建立在成熟的估值方法基础上，其准确度比退出日期可能更高[⊖]。
- 退出日期只能在一个较短的时间范围内估计。通常来说，超过 6 个月的估计就没有相关性，预测技术变得更加重要。

这种方法在 BPEP 自己直接管理的投资组合中得到成功应用。这种情况下，BPEP 作为普通合伙人当然享有信息的特权。

　　我们的估计已经在 12 个月内都足够准确（可以用其进行预测），并且我们围绕两套基本假设进行运作（提供了两种情景）。

Juan Delgado-Moreira，BPEP

⊖ 提高私募股基金估值方法的标准化程度（见最新的 EVCA、BVCA 和 AFIC 的估值指南）将会进一步增强不同私募股权基金之间的可比性。

然而，有限合伙人需要克服重大障碍才能获取质量可靠的及时信息，以便进行自下而上的分析和精确的预测。对有限合伙人来说，由于缺乏详细的信息，自下而上的分析通常在有限的情况下才成为可能，估计结果也往往缺乏准确性。

一般情况下，基金经理在交易实际完成前不愿披露像融资或退出等事件的信息，目的是保护其谈判地位。因此，这不是定期标准报告的一部分，仅仅在个别情况下，例如 IPO 时，才会及时告知投资者。然而，有多种分析技术（比如二次交易估值的技术）可以形成有根据的猜测。对有限合伙人来说，估计的形成要么出于好的提问技巧，要么出于有根据的猜测。此类估计的基础可以是与基金经理的交流，关于可能的新投资或有计划的变现，或者对基金到期期限和当前退出环境的评估（见附录 10A 的例子）。

每家投资组合公司的三种退出价值和三个日期的组合产生九种可能的结果。仅仅十家公司的组合就产生亿种不同的结果。一个相对简单的蒙特卡洛模拟有助于确定可能结果的范围。借助敏感性分析（考虑更长或更短的时间期限，或更高或更低的变现水平），可以检验结果的稳定性。

- 估计结果可以视为离散分布的输入变量。对风险进行判断的波动率（收益率的标准差）隐含在输入变量内。
- 另一种方法是将投资经理的输入变量视为连续分布。采纳其平均估计，假设价值和时间都服从正态分布，退出价值和退出时间存在一个确定的标准差[⊖]。
- BPEP 采用的第三个选择是专门建立一个非正态概率分布，曲线的形状由三个退出价值 / 时间及其概率确定。每笔交易都可以有一条不同的曲线。

这个工具虽然简单，但是如果持续应用，对评估短期内可能的现金流模式非常有用。精心组织的分析过程以及访问技巧，通过打分将分类与概率联系起来，可以进一步改进估计的质量和一致性，对模型进行校准。将估计与预测相结合时，私募股权基金的结构也有相关性。例如，优先收益率（也称为门槛收

⊖ 正态分布由均值和标准差确定。

益率）可以严重干扰有限合伙人的现金流。在 100% 的追赶机制下，在普通合伙人获得全部分配资金之前，有限合伙人实际上是血本无归。

10.4.1.2 执行问题

对于自下而上方法的短期估计，要对私募股权基金及其投资组合公司进行详细分析。彻底的自下而上的分析显然是一个资源密集型活动，因此，尤其对于大型投资组合来说，无法对所有公司进行持续评估。而且，不同的普通合伙人提供的信息详细程度和可靠程度各异，甚至有的根本不进行反馈。但是，大多数情况下，可以将投资组合分为现金流高概率和低概率部分，将精力聚焦在活跃度较高的投资组合部分（例如，发展迅速行业里的成熟公司比新融资的年轻公司更容易退出）。即使在更活跃的市场情况下，很多基金也可以立即从这类活动中剔除，例如：

- 一些基金在其生命中的太早期阶段，还没有产生正现金流。
- 一些后期阶段的基金，被投企业太年轻，不太可能实现退出。
- 一些相对不景气的市场行业。

在现实生活中，我们必须将这类自下而上的分析与宏观观点结合起来，例如，将不同私募股权基金的地理位置、年限、行业和阶段作为起点。这样就可以将目标缩小为一个有价值的基金清单，进行自下而上的分析，以确定预期的现金流。对于投资组合中相对"闲置"的部分，可以采用简化技术与中期预测相结合的方法，比如"下一个季度的预测值等于上一个季度实现的现金流"。即使估计技术偶尔缺乏精确度，它们也始终是预测流动性短缺必不可少的工具，是一个监督限额的预警系统。对于私募股权这样的非流动资产类别，持续监测其发展情况并尽早启动相应改变非常重要。

10.4.2 预测法

所有的预测都基于这样一个假设，即过去可以延伸到未来，并建立在对变量的统计推断之上。这些方法主要是定量预测，旨在对中期进行预测。对私募股权基金来说，预测方法需要考虑的因素包括基金的生命周期特征、期限、可比基金的经验数据以及股市指数等市场数据。

10.4.2.1 现金流库

一只私募股权基金的生命周期特征通常通过基于历史基金数据的现金流库进行模拟（见附录 10B，欧洲和美国创业投资基金的累计净现金流）。这可以是来自自身投资的数据，也可以由创业经济学（Venture Economics）这样的数据服务商提供。潜在假设是，无论什么基金或者基金的质量如何，其模式（现金流的时间、金额）是相同的，并且可以像 Weidig（2002b）描述的那样进行调节。

这种方法主要对提款有意义，因为资金催缴通知取决于对尚未准备好退出的年轻公司的投资，因此，与市场的连接不那么重要。提款往往遵循一个可以合理预测的时间表，但在不同投资环境下表现出显著的差异（如图 10-10 所示）。

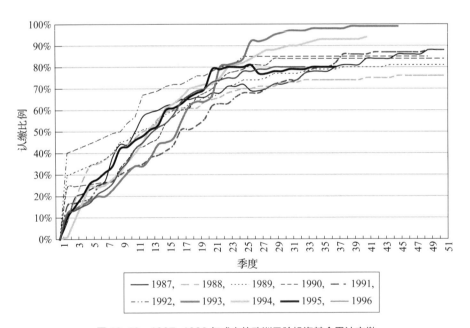

图 10-10　1987~1996 年成立的欧洲风险投资基金累计实缴

资料来源：汤姆森创业经济学（VentureXpert 数据库）。

虽然私募股权市场具有很强的周期性，但任何环境并不一定与另一段历史时期相似。比如 20 世纪 90 年代末，风险投资家以前所未有的速度提取资金，获得了罕见的收益。以往任何历史数据都无法模拟这些年份的数据。而且，欧洲基金可用的历史数据非常少。20世纪80年代早期和中期募集的美国基金收益率惨淡，估值几乎没有增长，并且资金分配延迟（如图10-11所示）。总的来说，现金流数据库的不完整以及数据的普遍不可用对这种方法造成了制约。同时，监测反馈和专家意见也反馈到了模型中。

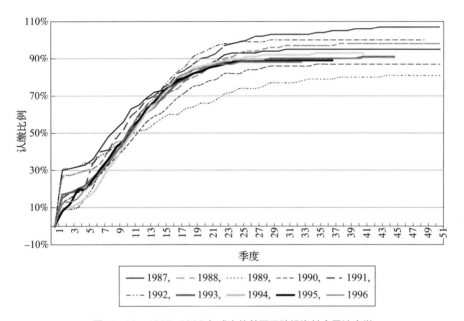

图10-11　1987~1996年成立的美国风险投资基金累计实缴

资料来源：汤姆森创业经济学（VentureXpert 数据库）。

10.4.2.2　与市场数据的连接

资金分配的模式似乎比缴款的模式更不具有可预测性（如图10-12所示），美国市场的差异甚至更加明显（如图10-13所示）。私募股权基金经理不能在短时间内匆忙投资或退出。虽然他们不能利用每日的市场波动，但是可以假设他们在一个季度或年度时间范围内考虑相对市场估值。Nowak、Knigge 和 Schmidt（2004）利用纳斯达克综合指数（NASDAQ Composite）作为主要的市场估值变量，发现大多数基金经理试图在退出阶段把握市场的时机。因此，公开市场指数可以成为计量模型的一部分。小盘股市场一般代表作为私募股权投资主要退出渠道的市场（通过 IPO 或并购中的公司估值）。

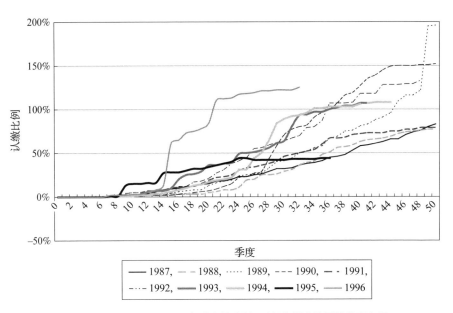

图 10-12　1987~1996 年成立的欧洲风险投资基金的累计分配金额

资料来源：汤姆森创业经济学（VentureXpert 数据库）。

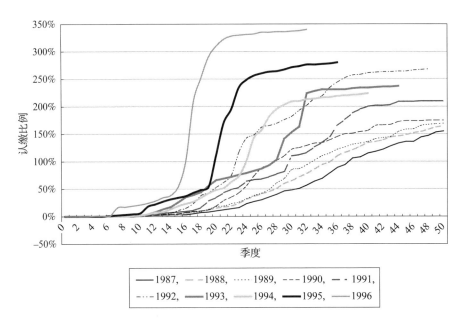

图 10-13　1987~1996 年成立的美国风险投资基金的累计分配资金

资料来源：汤姆森创业经济学（VentureXpert 数据库）。

虽然看似合理，但是我们对2001~2004年现金流数据○的分析却没有发现风险投资基金退出模式与小盘股指数之间存在非常清晰简单的关系。要想具有可预测的价值，计量模型预测必须考虑几个解释变量，因此具有严重的模型风险，并且伴随着私募股权基金固有的数据可得性和数据质量低下的问题。

对输入参数和结果的持续评估和验证非常重要。因此，我们认为所有的趋势性预测方法都只能在严厉的"健康警告"前提下应用。这些方法只能与其他方法作为"真实性检验"一起使用。比如，结果应当与假设的情景一致。盲目地遵循代表特定市场环境的计量模型无异于静待事故发生。

10.4.3 情景法

虽然预测提供了最可能的未来图谱，并且可以据此制订计划，但是且不论预测之类的问题，长期预测尤其伴随着相当大的不确定性。如果环境发生剧烈变化，统计推断技术就无效了。由于预测无法传达不确定性，尤其在依靠创新繁荣的风险投资基金行业，可靠的预测有其自身的局限性。我们看得越近，就越容易推断。在非常短的时期内，大多数人都可以进行估计或预测，但是长期规划要靠情景法。情景是一系列合情合理但结构上完全不同的未来，是在面临重大不确定性时制订路线的一个有用的工具○。

情景可以是个人孤立的观点，也可以是群组讨论的观点○，比如采用德尔菲法（Delphi method），调查专业人士的观点。这种方法的基本假设是，一些人在推断会发生什么事或者排除不会发生什么事情方面比其他人更加专业。这种专业知识是建立在经历、对市场的密切接触以及对内部信息的掌握基础上的。情景法的另一个特征是，情景是抽象的、简化的，不会像预测那样考虑周详。因此，情景法的结果缺乏精确度，往往无法区分现金流的类型。情景法隐含的假设需要得到证明。而且，需要确定介入点。什么情况下的情景可以视为无效的？什么时候需要确定新一轮的情景进展情况？情景进展情况有助于我们通盘考虑，更好地理解发展环境，提高识别意外事件的能力。

○ 这些风险投资基金由欧洲投资基金（European Investment Fund）管理，对相对不景气的市场环境非常具有代表性。

○ 见van der Heijden（1996）。

○ Surowiecki（2004）认为，在较小范围的群体中，集体的专业知识也胜过个人，并且专家的多样性和独立性以及明确界定汇总和产生集体判断的机制是必要条件。

合众集团（Partners Group）分析了不同时期美国风险投资基金的经验现金流模式，发现 1981~1985 年、1986~1990 年、1991~1995 年的平均水平存在显著差异[○]。为便于阐述，我们以三个不同时期为例，即正常情景（1990 年之前）、出现衰退（1990~1993 年）以及 1993 年之后的繁荣情景。当然，这是非常简化的，但是图 10-14 表明，这些情景完全不同。

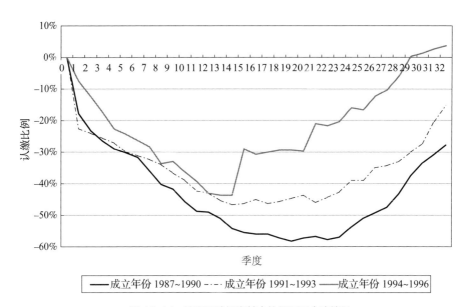

图 10-14　欧洲风险投资基金的累积现金流情景

资料来源：汤姆森创业经济学（VentureXpert 数据库）。

虽然欧洲风险投资基金市场的差异不像美国（如图 10-15 所示）那样明显，但是，它们仍然非常重要，并且形成了不同情景讨论的基础。

对于私募股权基金投资计划来说，像上面耶鲁模型（Yale model）这样的基于情景的工具可以帮助掌控策略性资金认缴。该模型考虑了 NAV、认缴资金、提款、回款、基金的存续期、退出模式以及增长率。它没有给出方差，仅给出了均值。可能结果的差异性不是由波动率描述的，而是通过不同情景的选择概率估算的。在第 13 章，我们描述了一个期望业绩的评级方法，可以提供所需要的增长率，即期望 IRR，从而改进该模型。重要的是要定期检查所选情景的充分性以及基础假设的有效性。假设条件的改变要求做出新的情景规划步骤。

○ 见 Wietlisbach（2002）。

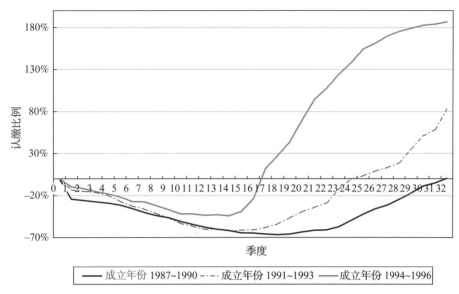

图 10-15 美国风险投资基金的累积现金流情景

资料来源：汤姆森创业经济学（VentureXpert 数据库）。

10.4.4 控制框架

良好的流动性管理过程是私募股权基金投资计划投资策略不可分割的一部分。它应该被视为一个控制系统（如图 10-16 所示），对私募股权基金的监测为预测模型提供真实情况和输入变量（见附录 10C）。预测结果与计划相比较。二者的差异会导致目标设置的调整或修改，从而对私募股权基金的新投资以及未提取资金的投资产生影响。

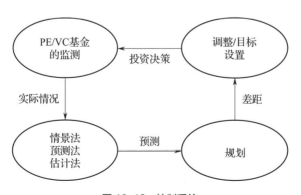

图 10-16 控制系统

由于私募股权市场的不透明性及其无效率性，进行可靠的预测是一项巨大的挑战。我们已经讨论了不同的方法——估计法、预测法和情景法——来预测私募股权基金投资计划的流动性资金流。这些方法遵守不同的原则，各有优缺点和重叠之处，因此需要并行使用（如图10-17所示）。

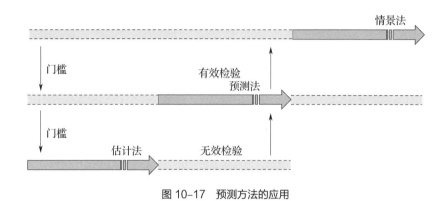

图10-17　预测方法的应用

对于短期预测，优先考虑使用估计法。短期预测主要是作为检验手段。偏差只有在确定干预点的特定阈值（由管理层设定或作为模型的输出）之内才能容忍。产生的结果偶尔还存在矛盾。即使在假定的情景中，让投资计划陷入危险境地的短期事件，其长期影响可能微乎其微。我们不会将这些差异看作问题，其本身提供了有价值的信息，因为它们挑战了假设条件，对不确定环境下的管理至关重要。

10.5　结论

平滑现金流并增加其可预测性的主要工具是高度分散化，尤其是成立年份的分散化。在这一点上，已经产生现金流的私募股权基金可以抵消处于投资阶段的基金的提款。很容易理解为什么总体存续期很短的私募股权基金投资计划无法完全利用成立年份的高度分散化。而且，由于投资计划需要投资经理有效地将资金投入运营，往往会被迫进行机会型投资，对完美平衡的投资组合结构造成损害。虽然对基金进行明确的划分是可行的，比如分为风险投资基金和并购基金、成熟基金经理和首次合作团队、美国基金和欧洲基金等，但是当投资组合平衡需要时，目标私募股权基金往往并不募资或者无法获得资金。增加成立年份分散化的一种方式是收购合理成熟的投资组合。但是，这要求具有从事二级交易的技术。因为高质量的二级投资机会往往也很少见，这不总是一个可行的选择。

另一种方式就是投资计划延期，或者在极端情况下将其设置为长青计划。由于这进一步增加了投资计划的非流动性，只能是机构投资者的一个选择，比如资产负债管理中需要匹配重大长期负债的养老基金或寿险公司。随着整个投资计划存续期的增加，流动性管理的重要性也在增长，理想中的新私募股权基金的选择也变成了完整投资管理的一部分。

私募股权是一种追求阿尔法的资产类别，过度分散化与此相悖。特殊的结构通过债权与股权之间的杠杆实现份额持有人的收益率，比如抵押基金债务依赖于高度可预测的现金流模式，因此被迫过度分散化。但是，对于典型的投资计划来说，投资与流动性风险之间存在明确的权衡。复杂的流动性管理可以提高投资计划的年化收益率而不会增加固有风险。这些都是更加强调私募股权投资这一方面的充分理由。

附录 10A　现金流估计技术

10A.1　现金流估计——例 1

管理费根据协议条款确定，金额固定，支付时间也限定在一个较短的时间窗口内。管理费需要按照既定的时间表进行支付，见表 10-4。

表 10-4　例 1——管理费

现金流识别： 组织 / 授权方： 组织 / 被授权方：		#1 FOF 风险投资基金	
类型：管理费 预测的基础：有限合伙协议			
			概率
日期	最大值	20×× 年 7 月 10 日	20%
	均值	20×× 年 7 月 5 日	60%
	最小值	20×× 年 7 月 1 日	20%

（续）

金额	货币	欧元	概率
	最大值	N/A	N/A
	均值	100,000	100%
	最小值	N/A	N/A

10A.2 现金流估计——例 2

第二个例子是为现有投资组合公司的下一轮融资提款，见表 10-5。这条信息可以在监测过程中与普通合伙人交流，在讨论单个项目的投资进程时获得。一般来说，新一轮融资会在基金的季度投资报告中专门提到。虽然投资金额和时间一般不明确，但经验丰富的投资经理可以做出合理的猜测。

表 10-5　例 2——提款

现金流识别： 组织/授权方： 组织/被授权方：		#2 FOF 风险投资基金	
类型：提款 预测的基础：与 GP 交流，最新的季度报告			
			概率
日期	最大值	20××年9月底	30%
	均值	20××年8月中	30%
	最小值	20××年7月初	30%
	货币	欧元	概率
金额	最大值	100,000	10%
	均值	50,000	70%
	最小值	0	20%

概率之和低于 100% 反映了基金经理出于各种原因（比如缺乏资金投向更有前途的投资）决定不再进一步投资甚至将其注销的可能性。最小金额为 0 欧元，反映了虽然公司获得了其他 VC 基金的投资，但是这只 VC 基金放弃了本轮融资的可能性。估计平均金额为 50,000 欧元，主要是基于被投企业当前的现金消耗状态以及 VC 基金典型的投资方法。当然，这要求对 VC 基金非常熟悉。

10A.3　现金流估计——例 3

资金回款是一项更加"大胆"的猜测，因为只有在非常罕见的情况下才会披露。因此，不确定性反映在很长的时间间隔内，以及大概率根本不会发生在现金流上，见表 10-6。

表 10-6　例 3——回款

现金流识别： 组织 / 授权方： 组织 / 被授权方：		#3 FOF 风险投资基金	
类型：回款 预测的基础：EVCA 估值基础上的估计金额，市场可比倍数以及择机自行估计			
			概率
日期	最大值	20×× 年第四季度	20%
	均值	20×× 年 9 月底	20%
	最小值	20×× 年第三季度	20%
金额	货币	欧元	概率
	最大值	250,000	30%
	均值	150,000	40%
	最小值	50,000	30%

附录 10B 累计净现金流统计

见图 10-18，图 10-19。

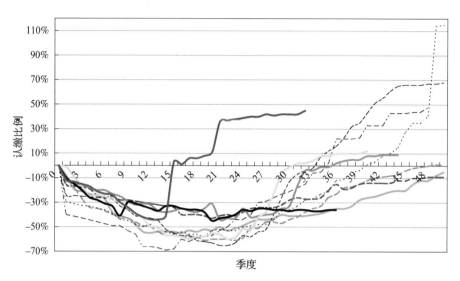

图 10-18　1987~1996 年成立的欧洲风险投资基金的累计净现金流

资料来源：汤姆森创业经济学（VentureXpert 数据库）。

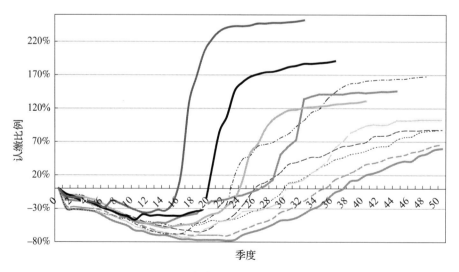

图 10-19　1987~1996 年成立的美国风险投资基金的累计净现金流

资料来源：汤姆森创业经济学（VentureXpert 数据库）。

附录 10C 流动性管理测试

预测和规划要求按照计划建立整体的管理框架。控制系统建立在一系列测试基础上，需要在流动性管理报告中进行系统跟踪。这样的报告包含的项目包括当前市场环境的概览、展望、假设情景有效性的讨论或者对流动性和业绩方面的评论。任何流动性管理控制系统都包括各类比率。需要对预测现金流和实际现金流定期进行系统地跟踪，从而对预测进行微调。

10C.1 主要测试

如果已经超额认缴，就没有进一步资源可用于再投资：

$$超额认缴比例 \leq 门槛值$$

10C.2 流动性测试

流动性测试用于监测投资计划是否仍然能够满足投资组合按计划推进的要求。由于没有任何现金流预测足够精确，因此需要确保有充足的"基础"流动性可用于再投资和制订计划（第一层流动性需求）：

$$现金 > 门槛值$$

确保有充足的资源用来满足未提款认缴出资（第二层流动性需求）：

$$\frac{未提款认缴出资}{现金 + 未提取资本} < 门槛值$$

如果资源已经用于投资，认缴新基金的能力就会下降或者完全丧失（如上）：

$$\frac{资源}{现金 + 未提取资本} > 门槛值$$

10C.3 业绩测试

业绩测试用于监测投资组合的进展是否与计划和假设的情景一致。如果投资组合的进展不如预期，未来规划的资源就不会如期到位。估值应该反映私募股权基金的经济价值，而不是像 NAV 这样基于会计准则的价值，否则当市场价格下跌时，资源就会被切断，有可能错过更多有吸引力的投资机会。

保守的会计数据会低估下限，很可能导致周期性行为。如果资源与投资相比太少，就不应该进行再投资。如果私募股权基金的收益很低，应该限制认缴出资：

$$\frac{资源}{投资组合价值 + 未提取资本} > 门槛值$$

10C.4　匹配测试

编制到期概况包括将私募股权基金及未提款承诺的资产分类为不同的到期区间。每个到期区间的净头寸显示了范围两端的不匹配性。这种方式对累计净错配具有指示意义，显示了流动性风险的时间和敞口。

10C.5　情景有效性测试

观察到的投资组合的发展和经济环境是否与当前认为的情景的基本假设相一致？或者一个情景何时与实际发展情况不一致？需要考虑一系列定性和定量的标准。例如，一只基金的平均内生年限[⊖]与私募股权基金的日历年限（基金实际年限与法律存续期的比率，介于 0 和 1 之间）进行比较，可以显示当前是否处于快速退出的环境。

$$门槛下限 \leq \frac{内生年限平均值}{日历年限平均值} \leq 门槛上限$$

长期的低频退出环境一般会导致更高的流动性缓冲，因为再融资也会变得更加艰难。

⊖ 见 Meyer 和 Weidig（2003）："内生年限是衡量基金在现金流出现的时刻对公司投资和退出进展程度的指标。给定时间的内生年限等于投资金额比率与退出金额比率之和的一半，该比率介于 0 和 1 之间。"

Beyond the J Curve
Managing a Portfolio of Venture Capital
and Private Equity Funds

第三部分
设计工具

第 11 章 成熟的基金估值方法

投资组合管理依赖于恰当的估值技术。在讨论投资的风险收益平衡之前，首先要评估投资的风险。风险评估基于估值模型，因为需要理解可能导致价值改变的因素。本章聚焦于投资早期技术创新企业的风险投资基金相关的估值问题。并购基金有时涉及债权交易，可以成为估值的基础，其估值技术往往不适用于聚焦技术创新的风险投资基金，因为后者必须考虑一系列无形资产。对于投资组合基金的管理，理想状态下应该只有一种技术应用于所有类型的私募股权基金。

令人意外的是，私募股权基金的估值在金融学文献中鲜有人触及。对有限合伙人来说，对一只基金估值的主要原因包括：

- 出于会计目的需要一个真实且公平的价值。
- 自身需要展示可验证的追溯业绩来吸引新的投资者，或维持或增加其私募股权配置。
- 为了管理投资组合而需要预测现金流，评估风险，测量业绩，从而掌控整体策略。
- 偶尔可能参与二级交易或证券化交易，出售或收购现有基金或投资组合基金的份额。

通常采用的会计方法依据报告的净资产价值（NAV）形成基金的估值。由于缺乏可供私募股权基金权益买卖的流动性市场，标准普尔（Standard & Poor's）[一]或

[一] 见 Cheung、Kapoor 和 Howley（2003）："而且，由于私募股权非流动的性质，无论公允价值还是市场价值，价值本身无助于解决私募股权资产池如何满足其所背负债务的现金流需求的问题。因此，在评论私募股权基金经理的相对业绩时，标准普尔会聚焦在现金流而不是普通合伙人的行为——显著的 NAV。"

惠誉（Fitch）⊖这类评级机构认为私募股权基金投资组合的价值等于基金经理所赋予的价值。对普通合伙人的估值的支持主要来自外部机构的评价，比如各合伙企业的审计机构。

11.1　私募股权基金估值的自下而上方法

一般来说，投资者对基金的估值似乎是看NAV，因为他们更偏好当前可靠的信息，而不是基于对未来预期的信息。有限合伙份额的估值通常根据所拥有的份额比例划分NAV。这是一种自下而上的技术，每家公司进行估值（一般根据行业估值指引），然后加总得到私募股权基金的价值。采用这种方法通常是因为没有更好的，并且将其与投资公开上市证券的基金估值相类比，后者在理论上可以将基金分拆，并立即单独出售其头寸。

对于私募股权基金，尤其是风险投资基金来说，这样在自下而上估值方法基础上可分拆的假设不得不受到挑战。私募股权投资的目标是获得有吸引力的长期收益，而不是试图从短期波动中获利。在私募股权基金领域，清仓大甩卖的心态是有问题的。如诺贝尔奖获得者乔治·阿克洛夫（George Akerlof）在"二级市场"的研究中得出结论，其信息是不对称的——一方知道的信息比其他人多，市场就会运转失效，人们无法以任意价格出售商品。私募股权在更大程度上是一种购买并持有的投资，被投企业的发展要经过相当长的时期。无论当前的市场情绪如何，普通合伙人都有较大的机会选择退出的时机。从有限合伙人角度来说，估值会完全不同，取决于持有投资至到期还是在基金存续期结束之前打算退出。

我们认为，自下而上的估值方法通常根据行业估值指引对每家公司进行估值，然后加总得到基金的价值，其得到的结果与基金的经济现状往往相去甚远。为了公允起见，这样的价值需要等于净现值（NPV），即基金期望现金流的净现值。假设可以根据AFIC、BVCA和EVCA（2004）⊜的最新估值指南确定每家公

⊖ 见Moise等人的研究（2003）："投资组合的购买价格将是合伙权益的汇总价值，每项权益按其份额比例，以其三者中的最低估值。①普通合伙人正式报告的基金净资产价值；②德意志银行资本合伙（DB Capital Partners）对基金的正式估值；③独立基金估值机构毕博咨询公司（Bearing Point, Inc.）对基金的独立估值。"

⊜ AFIC、BVCA和EVCA（2004）关于私募股权融资企业公允价值的倡议。

司的公允价值，我们仍然认为，尤其对年轻的私募股权基金来说，出于以下原因，其价值之和往往不能给有限合伙人提供一只私募股权基金的经济价值：

- 未提款认缴出资。私募股权基金的预期未来现金流不仅来自NAV，还来自尚未进行的投资[⊖]。在基金存续期的前几年，产生的价值主要依靠基金经理未来的活动。对于成功的团队，现有投资组合的公允价值可能不足以代表将要创造的总价值。而对于二级交易，减记投资组合至其公允价值可能无法充分覆盖其现有亏损，以及未来投资可能产生的损失。

  在许多二级交易中，存在未兑现的认缴出资，在决定这些认缴出资如何进行投资时，基金经理的水平至关重要。

  Cheung等（2003）

- 私募股权基金的增值（或减值）。如果接受私募股权基金的管理团队为私募股权投资的公司显著增加了价值，那么这些增值应该得到体现。
- 未来的基金费用。估值仅仅建立在投资组合的现状基础上，但忽视了一样事实，即这些投资组合公司的公允价值不会在当前兑现，而是在基金漫长的存续期内，基金会收取额外的管理费、支出以及超额收益，会减少分配给投资者的现金流，因此降低基金的价值。
- 资本的约束。即使被投企业理论上在早期投资阶段有价值，能否成功还取决于基金继续跟进的意愿。大部分时间里，被投企业在技术上处于破产状态，因为融资一般存在多轮，有棘轮机制和重要节点。在任何时候，如果存在更好的项目，基金可能就会行使隐含的"放弃选择权"。最终，估值成了一个谈判的问题，很大程度上取决于基金在市场中的地位。极端情况下，基金完全没有了流动性，它要么被迫放弃一项有前景的投资，要么接受非常不利的估值。

当投资者想要收购二手的有限合伙份额，并且需要真正行动起来，他们就不会仅仅用NAV估值了。正如McGrady（2002a）在这样的二级交易背景中建

[⊖] 这个观点也得到支持，因此与新巴塞尔协议下关于未提取认缴出资的处理更加一致。根据巴塞尔银行监管委员会，私募股权基金的未提款认缴出资也需要进行风险加权（https://www.bis.org/bcbs/qis/qis3qa_o.htm）。

议的,"最好建议客户把出售的资产看作当前净资产价值和未来买方承担的未来认缴出资之和。卖方必须意识到,他们出售的不仅仅是当前投资组合中的资产,他们还转让了未来按照缴款通知出资的法律义务。届时,买方必须评估未缴纳出资部分的价值。为了评估对未缴款部分的反应,卖方可能会考虑普通合伙企业在当前市场上募集另一只基金的难易程度。但是,这笔未缴纳的认缴资金是交易的一个重要方面,并且其转让有可能是卖方的主要动机。在二级交易中,买方必须为现有的资产付款,并且必须承担未缴纳资本承诺的义务"。

专栏 11.1　　　　　到期前的交易

有时候,投资者想要在私募股权基金到期前退出投资。对他们来说,有两个主要的退出路径:

- 二级交易。有限合伙份额退出的二级市场⊖,尽管预计它仍将缺乏有效性和流动性。如果没有普通合伙人的同意,有时可能还需要其他有限合伙人的同意,一只私募股权基金的份额往往无法售出。
- 证券化。有限合伙份额转让给一个特殊目的载体(SPV)作为抵押基金债务(CFO)。SPV发行优先级债务和次级债务,其收入投资于私募股权基金的基金(这类证券化见Tierney和Folkerts-Landau,2001)。

我们将在第20章更详细地讨论二级交易和证券化。作为经验法则,在当前的市场条件下,杠杆并购基金的二级交易中,普通合伙人报告NAV的折扣是15%~20%⊖。更好一点的风险投资基金的折扣是30%~35%,而其他基金的折扣为40%~45%甚至更多。交易对手通常具有截然不同的流动性

⊖ 见McCune(2001):"称为市场有点用词不当,没有传统意义上的市场,不存在成熟的市场规则、形式、流程或者客户。"
⊖ 见Cheung、Kapoor和Howley(2003):"新生的私募股权二级市场,通常对自我标记的GP价值施加较大的流动性折扣。探索私募股权权益证券化的驱动因素之一,就是意识到这些资产的长期非流动性本质,能够将这些权益货币化,在新生的二级市场之外提供另一种流动性选择,二级市场确实与GP价值基础上大打折扣的销售执行价值相关。因此,标准普尔聚焦于现金流基础上的私募股权风险-收益描述,而不是在缺乏市场流动性的情况下为私募股权权益赋予价值。"

约束或风险约束。因此，这样的二级交易是否真的在"买卖双方自愿、不存在被迫行事"原则下达成，并且是否可以称为"公平"，是值得怀疑的。

抵押基金债务（CFOs）通常被视为二级交易的一个有吸引力的替代选择，从而增加 FOF 投资组合的流动性。据接近银叶公司（Silver Leaf）交易（见 Moise 等 2003）的消息人士称，最后的估值导致普通合伙人的 NAV 减掉了 5%~7%。这些折扣用于弥补估值的错误或过时。对于抵押基金债务来说，私募股权基金的投资转让给了 SPV，但是一般要求 FOF 基金经理，即卖方，持有次级债务。

当发生损失时，因为 CFO 的杠杆首先冲击次级债务，过高的估值首先会惩罚这些债务的投资者。实际上，由于次级债务的持有人也不成比例地参与了更好的表现，因此误差应该更保守，提出"精确"估值的压力也更小。换句话说，对于将有限合伙人的股份转让给 SPV 并持有 SPV 次级债务的投资者，估值过高的惩罚比低估值更大——因为增加高估值增加了 SPV 违约的概率，并且相应地对投资者的声誉产生负面影响。因此，这笔交易的公平性值得怀疑。

下文中我们将会论证，不仅评估投资组合公司非常困难，而且往往无法脱离基金的背景及其管理合伙人的背景对其进行估值。当然，总能给一项资产设定估值，但是不确定性的程度往往会让这种做法徒劳无益。在风险投资基金领域，长期投资的期限、高风险水平、可比性的缺乏以及市场的不透明导致极端的不确定性。由于自下而上的方法显而易见的局限性，稍后我们提出一个自上而下的方法对私募股权基金进行估值，虽然其精确度偶尔不如自下而上的方法，但是可以克服这些障碍，并且在所有情况下都有效。

11.2 估值的不连续性

私募股权行业的研究常常为缺乏信息而苦恼㊀。因此，在风险投资基金这个

㊀ 见 Ljungqvist 和 Richardson（2003）："四篇论文试图对私募股权的收益与风险定量分析。这些论文关于私募股权业绩的一般结论混杂不清，其差异部分是由于数据质量较差。"或者 Stern（2003）："当下时刻，几乎没有关于风险投资基金业绩的准确的可靠信息。"

信息贫瘠的环境○,甚至独立评价都有其局限性。虽然原则上"公允市场价值"方法得到广泛的认可,但是如果没有现成的市场和长期的视野,对投资来说往往很难实现○。

对有限合伙份额来说,逐市定价法(marking-to-market)毫无意义○。对行业范围内指引标准化的反复呼吁让人不得不承认,让基金之间的估值至少具有可比性根本没有市场,也没有人打算这么做○。普通合伙人可能是极少数评估基金价值的人之一。因此,无法通过替代估值技术达成共识并进行验证。在基金存续的前几年,早期阶段未上市公司价值内在的不确定性意味着,不同基金之间估值的检验往往是不同估值政策的结果。因此,很可能基金 A 的普通合伙人仅仅是因为更保守,实际上基金 A 的业绩并不真的比基金 B 更差○。

○ 见 Diem(2002)。

○ 甚至可能被滥用,例如安然公司(Enron)及其"模型定价法"(marking-to-model)长期能源合约的丑闻。

○ 见 Cheung、Kapoor 和 Howley(2003):"上市股票和私募股权在其可观察的变量中展现出质和量的差异。与交易证券相关的净资产价值(NAV)是上市股票的特征。现金流投资(提款)与变现(分配)资金流是私募股权的特征。由于缺乏流动市场,私募股权的权益无法购买或出售,其没有相关的 NAV 可与上市股票进行比较。普通合伙人确实给私募股权基金投资组合赋予一定的价值,并以成本价保持价值或者增值,除非投资组合获利能力明显下降才会减值。标准普尔的私募股权风险分析从不采用价值分析(VE)中报告的 NAV,或者用这些价值计算的内部收益率(IRR)。"

○ 对公开市场来说,"公允价值"的框架相对简洁明了:交易时间等于估值时间,价格等于或至少接近于估值。实践中有"无数"的分析师和分析工具在不断消化所有可得的信息。任意给定时间的股票价格都反映了成千上万检索、评估公司财务信息的市场参与者的综合意见。各种估值结果的实时交易、供给需求信息导致最后共识的价值和变现价格分布在一个非常狭窄的范围——由于存在套利,事实上只有一个"标准估值工具"可用于所有投资。估值通过市场上的真实交易得到检验。在私募股权基金的投资组合中,这样的机制无法复制。在私募市场中,各种估值工具混杂使用,基金透明度太低而难以标准化,因为参与方太少,供给需求不匹配。

○ 见 Stein(2003):"LP 经常抱怨,从三只不同的风险投资基金收到对同一家投资组合公司的三份不同的估值。达特茅斯大学塔克商学院教授 Colin Blaydon 认为,LP 经常不确定该相信哪个数字,甚至会质疑其中一家公司对其撒谎。这是一个问题,因为 LP 必须向其监督委员会报告这些数字,当然要求其准确。"或者见 Blaydon 和 Horvath(2003b):"如果对估值作为市场价值的评估这样的原则达成共识,那么 VC 不同的估值就反映了对公司的估值差异,而不是机械地以某个特定的'可接受的'估值计算。那么 LP 就可以将不同的估值视为对公司健康状况和发展前景的不同判断,而不是令人费解的矛盾。"

估值指南的日益标准化，使得各基金之间的比较更加容易，因此对有限合伙人非常有用。但是，我们不能期望从这些指南中推导出来的估值与市场上卖方可能预期的价格完全一致。

11.3 NAV 无法反映全貌

NAV 只是投资组合公司公允价值的一个代理变量[⊖]，而有限合伙人感兴趣的主要是基金的经济价值。为了对投资组合的管理有所裨益，在进行投资之前应该采用有价值的估值技术。由于私募股权基金是盲池投资（blind pool），NAV 完全无法实现这个目的。而且，在基金存续期的前两年，根本没有投资组合公司，或者相对于整个认缴规模来说太少了，NAV 无法为有限合伙份额的价值提供有意义的衡量标准。

我们必须从普通合伙人的视角区分投资组合公司的价值和基金的价值，基金不仅包括投资组合公司，而且包括未兑现认缴资金和普通合伙人的无形素质。公允地讲，NAV 甚至往往不是基金 NPV 或经济价值的一个近似值。在可以拆分的前提假设下，NAV 太高了，因为投资组合公司无法按照给定的估值进行清算，而作为基金的最终财富，NAV 往往又太低了。我们来看 IRR，即假设 NPV 等于 0 时的折现率：

$$\sum_{n=1}^{n=L} \frac{C_{Fn}}{(1+IRR)^{t_n}} = 0$$

其中 C_{Fn} 为 t_n 时刻的现金流，L 为存续期。中期 IRR（interim IRR，IIRR）是 IRR 表现的一个粗略但广泛应用的估计，构成了大多数公开可比业绩统计的基础。对于活跃的基金来说，IIRR 是将 NAV 作为 T 时刻最后的现金流计算的：

$$\sum_{n=1}^{t_n<T} \frac{C_{Fn}}{(1+IIRR)^{t_n}} + \frac{NAV}{(1+IIRR)^T} = 0$$

最初几年，中期 IRR 一般服从 J 曲线（见专栏 2.2），因为初期的 IRR 被低估，只有后来才收敛到最终的 IRR。这个等式可以划分为三部分：来自投资组

⊖ 对早期投资来说，NAV 是一个值得商榷的衡量标准，因为早期投资的价值主要基于无形资产。

合的历史现金流，当前投资组合的未来分配，以及未来对新投资的提款和分配，只要投资者不违约或者出售头寸，投资一般不会停≤

$$\sum_{t=1}^{t_n \leq T} \frac{C_{Ft}^{PAST}}{(1+IRR)^t} + \sum_{t \geq T}^{t=L} \frac{C_{Ft}^{PORT}}{(1+IRR)^t} + \sum_{t \geq T}^{t=L} \frac{C_{Ft}^{NEW}}{(1+IRR)^t} = 0$$

NAV 接近于中间的表达式㊀，但是中期 IRR 忽略了最右边一项，即未来投资的现金流：这些要素的权重随时间而变化。如果接受 NAV 的面值，在投资组合管理过程中可能导致短期思维。基金的预期未来现金流不仅产生于现有的投资组合公司，而且来自于将要做出的投资，即未提款的认缴资金。在基金存续期的前几年，将要创造的大多数价值都依赖于将要做出的投资。为了对基金完整存续期的预期投资业绩形成意见，必须评估 IRR 的所有三个组成部分（见表 11-1）。对基金当前投资组合的定性评价，可以基于持有相同投资组合公司股权的其他私募股权基金认定的估值，进行交叉检验。这可以给出一个可能的价值范围，但不一定最低的价值才是正确的。因此，有限合伙人应当建立估值评价政策。这样的评价政策可能考虑赋予一家投资组合公司的平均估值作为其"公允市场价值"。可以对此做一个改进，将做出评价的基金经理的水平纳入考虑因素——嵌入后面章节将会讨论的不同的"评分"方法。最后，为了评估基金的未来现金流，如公式第三部分所表达的，要求对普通合伙人的水平进行定性评估。

表 11-1　IRR 组成部分的评估

IRR 组成部分	评估
过去的现金流	仅定量
当前的投资组合（NAV）	定量，但是建议定性评价
未来的现金流	定性，基于历史数据和情景法

㊀ 见 Cheung、Kapoorhe Howley（2003）："私募股权的价值代表了普通合伙人的观点，而不是市场交易价值，它没有考虑现金流的金额和时间，这在证券化中是相关的，并且在概率框架下进行评级时必须解决。"或者见 Blaydon 和 Horvath（2003a）："它们是基金业绩的中期报告，依赖 GP 对当前未变现投资组合公司价值的评估。但是欠缺的是，没有充分讨论对公司价值的基础评估是如何做到的，而不是让人注意到有些基金对同一家公司的价值存在巨大的评估差异，这让获得这些评估报告的 LP 异常郁闷。"

11.4 投资组合公司不能孤立评估

要求提高透明度的压力越来越大,主要来自受挫的投资者,目的是获得更加可靠的估值。不同的思想流派都加入了这场讨论。一种极端的观点认为,私募股权基金应该具有像公开市场一样的透明度⊖。然而,这场讨论忽略了一个事实,即风险投资基金是一项评估型资产类别(见专栏 11.2),所赋予的价值几乎总会引发争议。最终,估值是买卖双方之间协商的事情,很大程度上取决于基金经理在市场中的地位⊜。在极端情况下,基金毫无流动性留存,要么被迫放弃一项很有前途的投资,要么不得不接受一个非常不利的估值。只有财务上强势的投资者才能保留较长的谈判期。贫弱的风险投资基金仅有弱势的地位,花费数月时间货比三家地选择投资标的,而其投资组合耗尽了剩余的流动性。这也得到了事实的证明,即在二级交易的背景下,对于同样的投资,规模较小的投资组合的定价往往低于规模较大的投资组合⊜。

> 首先,管理层必须意识到,事实上所有的估值都是建立在对公司产品未来市场分析的基础上。除了购买资产的交易,估值一般假设公司是持续经营的。在这个前提下,基于公司的账面价值或者清算价值进行估值就很不合适。由于科技公司缺乏有形资产可供估值,严格基于账面价值的估值完全讲不通。
>
> White(1999)

⊖ 比如见 Richardson(2002):"估值方法将会标准化,将会要求私募股权基金经理像上市股票基金经理一样遵守同样的监管标准。未来将会看到私募股权基金经理采用和上市股票基金经理一样的要求。将会接受完全的信息披露、透明度和公司治理,作为私募股权基金经理和机构客户之间业务关系的前提条件。在未来 25 年内,将会有更加正式的标准化的估值方法。现在对这个行业的批评是,没有两家机构的估值方法是一样的,对私募股权基金经理所称的收益应当半信半疑。未来,私募股权基金经理将采用独立的有效的操作实践,以便对底层投资得出更加保守的'公允价值'。"

⊜ 这对有限合伙份额的二级交易甚至都是有效的。见 McGrady(2002a):"如果卖方两个星期后就有一笔缴款,那么买方就知道,卖方出售的动机很高,价格敏感性很低。"

⊜ 见 McGrady(2002a)。

专栏 11.2　　　作为评估型资产类别的风险投资基金

　　风险投资基金像不动产、艺术品或古董一样，属于评估型资产类别，其价值不是由众多市场参与者的共识决定的，而是由少数专家决定的㊀。资产售出则赚取货币，并且没有日常的增值或减值。目标不是为了确定价格——无论如何，在市场上一般也不现实，事实上价格是谈判的结果——这项业务的主要目标是确定投资是否按计划发展。在任何情况下，未上市资产的估值都具有主观臆断的特征，往往导致普通合伙人和其他分析师呈现的数字存在显著差异。为了形成估值有效性的判断，普通合伙人作为估价人的评估非常关键，因为有限合伙人自己不能对投资组合公司进行评估。基金投资组合的未披露或者甚至是未知的经济价值与根据其行业指引计算的 NAV 之间存在差异，这种差异比其他资产类别更大。进行投资的预期是产生风险投资基金特有的高达两位数的收益。因此，风险投资家认为一项投资的经济价值远高于其作为融资投入的资金。为了显示自己所认为的经济价值，风险投资家不仅相对于有限合伙人来说不够审慎，而且削弱了其在后续融资轮次中对创业企业的谈判地位。而且，如果这样的估值公开并且被误解，投资组合公司可能受到永久的伤害。如果连与公司关系密切的各方都将其视为"失败者"，这样的公司就几乎不可能再找到融资或客户了。

　　吸引风险投资家的不是投资组合公司当前的有形价值，而是富有前景的未来价值。风险厌恶型或者短期投资者是不会发现典型的风险投资基金有任何价值的。基金的评估是高度主观臆断的，主要建立在相互比较和"类推"基础上。有人可能认为，成功的风险投资项目是一种"知识套利"：在技术专家的小圈子之外，没有人拥有评估这项资产的技术和经验。传统的金融家不仅仅不愿意承担这些风险，主要是不能对其进行评估，因为这要求对科技在消费者市场上的有效性和适用性做出主观的判断。与这些专家相比，普通投资者认为技术上的新想法风险更高，距离现实更遥远，市

㊀ 见 Cheung、Kapoor 和 Howley（2003）："为私募股权投资确定一个独立、无偏的估值，很大程度上取决于专家，他们根据对投资项目盈利能力的观点和/或与其他投资项目的比较对每一项投资做出评估。"

场潜力更低。一般来说，缺乏实际经验也为"内部交易"提供了更大的机会，一定程度上来说，风险投资基金市场的溢价就是这种不匹配的结果。因为随着时间的推移，越来越多的投资者开始熟悉新技术及其商业应用，定价变得有效了。

普通合伙人通过跟投个人财富的很大一部分，表明自己对估值正确性的信念。基金主要靠其结构和普通合伙人与有限合伙人之间利益的一致性，才确保基金的投资组合真的提供了"价值"。需要铭记在心的是，尤其在风险投资基金领域，圈外人一般根本没有任何判断力。当然，总有一种挥之不去的感觉，那就是可以额外提供一条关键信息，但是，这是难以捉摸的㊀。在投资的早期阶段，任何评估都将是几乎完全依靠定性的软性因素。

如果没有套利机会，风险投资基金的收益率将持续下降，直到与流动性不足、不成熟的组织和后续投资义务所支付的溢价相当的水平。最后，如果每个人都可以测量一只风险投资基金的"真正"价值，那么这类资产就变得具有流动性了。由于溢价还取决于融资的有限供给，导致投资非常具有选择性，这将适得其反。正如20世纪90年代风险投资基金泡沫所表明的，这个市场不能吸收无限规模的融资。令人莫名其妙并且自相矛盾的是，基金经理及其投资者试图评估的是一项绝大部分成功来自无法正确评估的资产。

私募股权基金与上市公司股票基金的主要差异是，前者的价值通常不能视为单个投资项目估值的简单加总。如果人们接受基金管理可以对投资组合公司带来显著增值的观点，那么这种增值就应当反映出来㊁。即使一家投资组合公司理论上有其自身的价值，在早期投资阶段，成功与否将取决于基金经理继续推进的意愿。而且，基金经理创造的价值只有在特定情况下才能得到维持或转移，

㊀ 见旗帜风险管理公司（Flag Venture Management, 2002a）："每家初创公司每个季度都有太多的'活动部件'，单个合同或战略合作关系的成败，产品开发的延迟，临床试验的批准，专利的授予，即使最短的时间内也无法进行有意义的估值"。

㊁ 与公开市场类似的是企业集团，一般情况下其交易价格低于各组成部分的总价值（一个著名的例外是通用电气）。

比如最初的基金经理仍然是投资者并且不被稀释，或者新的投资者拥有的资源也不少，并且与最初的投资者具有同样的目标。

大多数时候，早期阶段的投资组合公司在技术上是资不抵债的，因为融资一般是通过带有有棘轮机制和重要节点的多轮进行的。任何时候，如果存在更好的项目，基金可能就会行使隐含的"放弃选择权"。在一只风险投资基金的前几年，冲销并不一定是坏事，而是投资管理过程的一部分。有前途的初创企业通常比融资的多，有前途的初创企业刚启动融资的比完成融资的多。"柠檬成熟早""狗子死在胜利前夜"，最好的投资经理会很早就认识到自己的投资错误，并迅速将其扼杀或亏本退出。

实际上，根据 Inderst 和 Muennich（2003）的观点，这正是风险投资基金商业模式的特征。作者发现，在拥有一个好点子的情况下，在失败率高、回报也高的情况下，最佳策略是认缴一只初始规模受限的基金（shallow pocket）。限制基金初始募集规模可以提高投资者应对创业企业家代理问题的能力。这可以让基金经理在投资组合中各创业企业家之间为了连续融资而制造竞争，增加投资者与融资企业家的事后谈判能力 ⊖。此外，限制融资还可能提供更多有利的激励，因为微小的业绩变化对决定能否获得再融资很重要。如前所述，有限合伙协议中经常包括降低募集其他基金能力的约定，因此认缴出资事后才更可信。如果没有对融资的限制，基金经理就无法令人信服地威胁要停止进一步投资。因此，当企业家被迫竞争时，这可以提高投资者的谈判能力 ⊖。

我们的结论是，估值必须在较长期限内持有投资、在有利的条件下推进并退出的假设下进行。特别是 VC 基金具有"金融工程"（financial projects）投资组合的特点，只能整体作为持续经营主体进行评估。

⊖ 这个分析基于以下观察，即随着时间的推移，风险投资基金投资的企业需要不止一次资本的注入。因此，限制初始募集规模就成了一个有力的谈判工具。而且，这种融资模式还提供了另一种激励，让投资组合公司的估值非常保守。如果基金经理披露了自己认为的"真实"的经济价值——可能非常高，对新增资本就很难协商低估值了。作为回报，这会提升企业家的谈判地位。基金经理声称撤出价值数百万元的投资就不是一个可信的威胁了。

⊖ 当然，企业家也可以尝试获得不知情的外部投资者的融资。外部投资者面临"次品问题"（lemon problem），因为他们对项目的质量了解甚少，这足以阻止外部投资者给企业家提供融资。

11.5 结论

基金采用逐市定价法是一种错误的观点。尽管我们用市场价值的概念，但风险投资基金的投资基本上是模型定价法，无论投资于投资组合公司还是基金。此外，在投资组合公司层面，普通合伙人需要以商业计划为基础的建模过程，填补缺乏可观察价格产生的缺陷。对于每家投资组合公司，都要采取一种估值技术，以一篮子公开市场对标公司的业绩作为公允市场价值的粗略代表。虽然有时候这种方法被称为逐市定价法，但这是基于模型的方法，建立在一个通常大胆的假设上，即一家初创公司将获得与对标公司一样的成就⊖。因此，单纯的 NAV 是私募股权基金估值的一个朴素的模型。这类非流动的长期型的资产本质上是模型定价的，报告的 NAV 需要由经验丰富的投资者进行评价。对众多基金经理做出的假设的一致性进行评价，并确保它们适用于上千家投资组合公司，这是不现实的。最后，我们不得不面对的问题是，向一只私募股权基金认缴等于投资一个盲池。

⊖ 见 Blaydon 和 Horvath（2003a）："VC 们首先找到一组对标上市公司，其估值由每日股票交易确定，然后对这组公司的平均估值进行折算，从而反映这些私有的往往更小更年轻的投资组合公司固有的额外风险。这种方法的好处是可以发现无法分散的行业风险因素导致的公司估值的变化。在下行的经济中，这种方法的弊端是估值经常变化，原因可能是对标投资组合公司中有些公司所特有的因素。VC 的投资组合公司有可能比对标组中的上市公司表现更好。对于其他估值方法，VC 对同一家私人公司构建的市场投资组合均不相同，这意味着向 LP 报告的结论相互矛盾。"

第 12 章 基准

基准的目的是通过与一项标准或一个参考点进行比较从而评估业绩。最直接的方法就是与一组具有相同风险特征的基金进行比较，比如具有相同风格或专长的基金，也称为"同类组"（peer group）。这些基金实际上是将要与基准进行比较的基金的竞争对手。我们区分了两类同类组，服务于两个截然不同的主要功能。第一是当前同类组，由与将要评估的基金同期展业的基金组成。可用于评估基金经理的水平。第二是历史同类组，由前期展业的基金组成，可用于资产类别研究和预测。在这一章，我们首先评述私募股权基金特有的问题，然后是单只基金的基准，最后是基金投资组合的基准。

12.1 特殊问题

私募股权作为评估型资产类别，仍然需要讨论其基准的有效性。根据 Geltner 和 Ling（2000）的观点，原则上，评估型同类基准是投资业绩评估的有效且有用工具。但是，Kelly（2002）认为私募股权是一类"几乎无法进行基准比较的资产类别"。作者提出一个问题，有时同一年份的样本太少，无法进行基准比较。他还提到，普通合伙人对计算报告收益所采用的方法（保守的或市场的 NAV）经常含混不清，难以进行比较。Bailey、Richards 和 Tierney（1990）定义了所谓的"贝利准则"（Bailey criteria）作为适当的投资基准特征：

- 明确/可知。构成基准的资产名称和权重应当清晰可辨。私募股权的基准只提供了汇总的数据，没有给出可得机会集的完整表示。
- 可投资。可以选择放弃主动管理，仅仅持有基准。在投资环境中，基准代表着被动投资策略的收益率。主动投资决策可以相对于基准进行评判㊀。在私募股权领域，人们不能像公开市场一样在主动管理与被动管理之间进行选择。正是这个根本差异解释了为什么私募股权投资组合表现出截然不同的结果。

- 可测量。可以频繁地计算基准业绩。私募股权基金无法提供可用于精确测量其风险和收益特征的数据。各类风险投资基金协会实施的估值指南，一般定义了一个评估政策，提高了连贯性和一致性，让基金之间的比较更有意义。但是，这个行业采用多种业绩衡量指标，比如 IRR 或收益倍数，有时会给出了完全不同的结果。
- 事先指定。在基金经理评估之前就应当建立基准并获得相互认可。私募股权基金经常被视为绝对收益资产类别。因此，基准与基金经理的评估相关性不大，基金经理的动机通常不是以一个指数为基础的。
- 适当性。基准应当与基金经理的投资风格一致。由于私募股权市场是持续演化的，存在使用不恰当的估值基准的风险。如果一个基准不能很好地反映基金的风格或专长（比如新兴市场基金的情形，或新技术未反映在基准中），这种比较会带来很大的问题。

私募股权基金的基准几乎存在所有这些维度的缺点。但是，大多数情况下，业内人士可以与这些缺点共存，或者视其为无关紧要。比如，创业经济学（Venture Economics）、创业第一（Venture One）、康桥汇世（Cambridge Associates）或私募股权情报（Private Equity Intelligence）是为私募股权基金投资者提供数据库的服务商。他们的数据库包含可以作为基准的同类组。需要指出的是，私募股权基金主要在自愿基础上提供业绩信息㊁。正是出于这个原因，这些数据库不一定采集相同的数据集，对某些同类组可能会存在几个百分点的差异。另一个常见的批评是幸存者偏差。它是指这样的事实，即业绩很差的基金经理或基金往往会歇业破产，因此掉出同类圈子。结果，统计数据将只能覆盖当前存续的基金，反映的平均历史业绩很可能偏高。根据 Geltner 和 Ling（2000）的观点，基准中也不一定有一个固定不变的基金集合；Swensen（2000）

㊀ 见 McIntosh（2003）。

㊁ 见 Shearburn 和 Griffiths（2002b）："正是由于私募股权是私人的，这个领域的公开数据特别不可靠。"

认为，幸存者偏差对于长期导向的非流动性投资可能不是大问题，因为这一类基金的变化不太快。实际上，私募股权基金的基金经理与聚焦传统市场化证券的同行相比，进入或退出基准统计的频率非常低，因为有限合伙的结构阻止了投资者轻易地从这个行业退出。

12.2 单只基金

12.2.1 业绩测量

一些风险投资基金协会和投资管理与研究协会（Association for Investment Management and Research，AIMR）[一]主张，资金加权收益率 IRR[二]是风险投资基金和私募股权基金收益率的最恰当的指标。AIMR 意识到，当管理合同要求一系列投资时，由基金经理自行决定投资分布的时间，以时间加权收益率为基础的业绩测量和估值是不恰当的。

IRR 是一个基于现金流的收益率测量指标，其考虑了合伙企业持有资产的剩余价值或 NAV 作为最后的现金流。数学表达式如下：

$$\sum_{i=0}^{n} \frac{CF_i}{(1+IRR_n)^i} + \frac{NAV_n}{(1+IRR_n)^n} = 0$$

其中，CF_i 是第 i 期末基金与投资者之间的现金流，n 是期限总数，NAV_n 是基金最后一期 NAV，IRR_n 是第 n 时的内部收益率。

IRR 不是行业采用的唯一的指标。其他业绩指标也经常用，比如：

- 收益倍数，即投入资本总值倍数（TVPI）：

$$倍数_n = \frac{\sum_{i=0}^{n} CIF_i + NAV_n}{\sum_{i=0}^{n} COF_i}$$

[一] 见 Geltner 和 Ling（2000）："1993 年，AIMR 提出业绩测量指引，提议采用时间加权法。在投资者和基金经理表达关切之后，AIMR 组织私募股权行业投资者和专家成立了一个专门小组委员会，研究了时间加权收益率在私募股权基金行业的适用性。他们建议基金经理和中介机构以资金加权 IRR 为基础展示其私募股权业绩结果。"

[二] 注意，由于数据库供应商聚焦在有限合伙人的净收益率，应当以基金的净 IRR 而不是毛 IRR 作为基准。还要注意，NAV 是"总额"数据，即扣除可能的普通合伙人超额收益之前的数据，而给有限合伙人的现金流是净额。

其中，CIF_i是第i期末基金向投资者支付的现金流入，COF_i是第i期末投资者向基金的现金流出，n是期限总数，NAV_i是基金最后一期NAV。

- 投入资本收益率（DPI），即累计投资收益相对于投资资本的指标：

$$DPI_n = \frac{\sum_{i=0}^{n} CIF_i}{\sum_{i=0}^{n} COF_i}$$

- 投入资本剩余价值（RVPI），是投资者投资的资本还有多少仍然绑定在基金的权益上的一个指标：

$$RVPI_n = \frac{NAV_n}{\sum_{i=0}^{n} COF_i}$$

这些比率都是净收益与投资本金比值的测量指标，没有考虑货币的时间价值。还需要强调的是，私募股权基金行业实际上确实试图在每个季度末评估NAV。中期IRR、TVPI、RVPI都是在剩余价值基础上计算的。这些估计都是收益率评估中最富争议的部分，这就是定量基准必须辅以定性分析的主要原因之一。

12.2.2 经典的相对基准

很多投资者想要将传统上市公司的方法应用到私募股权。在有效市场，基金经理可以决定被动管理或者主动管理，取决于他们是否构建投资组合来完全地模拟市场。在私募股权基金这样的非有效市场，基金经理不得不主动管理，因为他们无法追踪基准。举个例子，虽然我们可以查阅像私募股权控股股份有限公司（Private Equity Holding AG）这样的公开上市私募股权基金的基金持有哪些基金，但是我们无法重建其投资组合。这些基金要么已经封闭，要么甚至快要清算了。即使我们可以通过投资于相同阶段和质量的基金模仿这个投资组合的结构和特征，但是仅在少数情况下，这些具有相同成立年份的基金份额才能在二级交易中获得。从定义上看，主动投资策略意味着风险水平的变化。通常有两种方式控制风险：非量化方式，通过限制基金经理仅投资于与基准相同风险的资产；量化方式，通过调整基金经理事后的收益率，以反映市场的风险价格。理论上，可以通过在基准和基金中都采用风险调整后的收益率指标来控制风险⊖。实操中⊖，对私募股权基金来说，只有非量化方法可以用于控制风险。

在私募股权基金市场，行业惯例是将具体年份、地域和基金类型的基准作为典型基准，常常称为"同类对照组"（peer group cohort，比如1995年欧洲并购基金），并且用相对于基准的四分位数来表示基准分析的结果。图12-1展示了单只基金基准分析的例子。这只基金从第四分位数水平开始，运营几个季度之后进入第一四分位数范围，高峰时达到25%的IRR。然后，这只基金一路向下到第二四分位数，在第一和第二四分位数直接结束期限。四分位数是一种相对指标，不反映任何质量的评估。惨淡年份的顶级业绩基金可能仅收回投资的货币，而在某些特殊成立年份，甚至第四四分位数的基金都能获得两位数的收益。

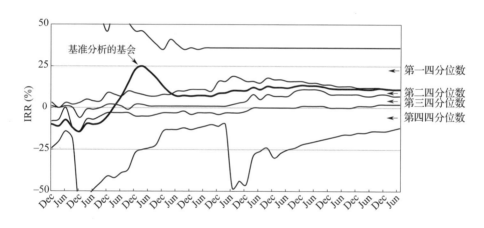

图12-1 单只基金的基准分析——成立以来在同类组的四分位数演化

12.2.3 其他相对基准

然而，有些情况下，根本没有足够的基金来获得一个有价值的"同类对照组"。实际上，由于这个行业是非公开的，数据提供方主要依靠自愿参与，因此，某些市场无法有效覆盖到。在这些情况下，采用更加普遍的或替代的基准。

⊖ 收益率必须按照资本市场对风险定价的方式进行风险调整。这是在特雷诺比率（Treynor ratio）的基础上进行调整的：投资者组合相对无风险投资的超额收益率除以由其贝塔代表的系统性风险。

⊖ 实际上，如第17章所述，在私募股权基金领域很难可靠地测量风险水平。

12.2.3.1 扩展同类组

如果一个代表性的"同类对照组"不可得,那么最简单的办法是扩展同类圈子到最近似的基金。比如,如果 1995 年欧洲早期阶段基金的数量不充分,那么就可以用 1995 年欧洲 VC 基金作为替代基准,或者 1994~1996 年欧洲早期阶段基金㊀。以葡萄酒行业类推,如果没有任何其他佩萨克-莱奥南 2000 年份葡萄酒可与之相比,你可以使用最接近波尔多地区的其他 2000 年份葡萄酒,或者 1999 年或 2001 年㊁的佩萨克-莱奥南红葡萄酒作为替代品,但显然不能用勃艮第葡萄酒作为替代。

12.2.3.2 公开市场等价物

上市公司年化收益率不用于私募股权基金收益率比较,因为二者是在完全不同的基础上产生的。上市公司的收益率是时间加权年化收益率,而私募股权基金收益率是资金加权跨期收益率。

公开市场等价物方法的目标是计算一个私募股权对等的公开指数收益率,然后就可以进行比较了。Cheung、Kapoor 和 Howley(2003)描述的方法是基于公开市场等价物最终价值的估计,代替 NAV 在中期 IRR 中的计算。这个终值是通过用基金规划现金流买入卖出指数来构建的㊂。一旦估计出来,NAV 就被最终价值代替,就可以计算私募股权基金对等公开指数收益率了。

12.2.4 绝对基准

私募股权基金经常被认为是绝对收益的资产类别。因此,用绝对收益目标来评估业绩非常有意义。第一个也是最"简单"的方法就是将基金的业绩与私募股权基金投资计划的目标收益率进行比较。直到最近,目标收益率 30% 甚至更高都不罕见。我们认为这么高的收益率目标没有意义,这些都是短暂的、无法持续的水平。另一个经常用到的绝对基准是表示为超过上市公司的一个溢价

㊀ 实际上,12 月 31 日晚上发生了什么事情,让一只 1995 年 12 月的基金与一只 1996 年 1 月的基金有如此大的差异?

㊁ 对于葡萄酒,年份可能是比 VC 基金更重要的区分指标,两个连续成立年份的 VC 基金在其存续期内平均有 8 个共同年份。

㊂ 用基金的规划现金流这一事实解释了为什么在计算公开市场等价物 IRR 时只需要替换终值。

目标，比如超出上市公司 300~500 个基点。这种基准是混合型的，既是相对指数（公开市场指数）⊖，又是绝对指数（溢价）。其应用是合情合理的，因为对私募股权基金的分配往往是在损害公共股权的情况下获得的，因此被视为机会成本。

最后，业绩可以相对于历史对照圈子的历史绝对收益率来测量，即所有成立年份或到期年份的"同类对照组"（如图 12-2 所示）。请注意这些统计数据相对的不稳定性。

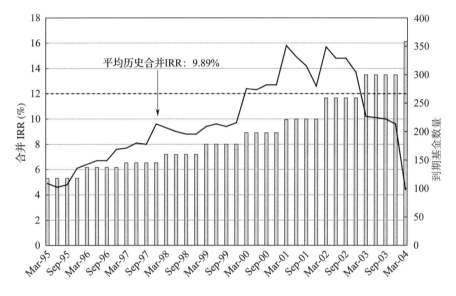

图 12-2　到期的欧洲 VC 基金——合并 IRR

资料来源：汤姆森创业经济学（VentureXpert 数据库）。

12.3　基金投资组合

12.3.1　业绩测量

因为投资组合是基金的集合，其业绩指标就是根据以下方法之一计算的这些基金采用的指标（IRR、TVPI、DPI 或 RVPI）的总量：

⊖ 如折算率一章所解释的，私募股权基金最相关的是上市公司。假设这一观点成立，一个上市公司基准就是一个相对基准。

- 平均值。私募股权基金业绩指标的算术平均值。
- 中位数。出现在基金业绩指标排名表中间的值。
- 合并值。通过合并所有单只基金现金流与剩余价值,像单只基金一样计算得到的投资组合业绩。

合并的指标是投资组合"真正"的收益率。但是,出于实操的原因,用其他指标也可能说得通。

12.3.2 基准分析

由于投资组合的基准是单只基金业绩的合计值,投资组合的基准分析就是单只基金基准分析的扩展。这样做时,投资组合与基准采用相同的合并计算方法非常重要。下面,我们提供两种不同方法的例子。

12.3.2.1 认缴资本加权基准

业绩基准由每只基金基准的认缴资本加权平均值构建,即"同类对照组"(特定年份、地域和基金类型):

$$PB = \sum_{i=1}^{n} C_i^* FB_i$$

其中 PB 是投资组合基准(portfolio benchmark),C_i 是向基金 i 的认缴资本,n 是投资组合中基金的数量,FB_i 是基金 i 的基准。显然,与基准相比较的投资组合业绩指标是认缴资本加权投资组合业绩。

12.3.2.2 蒙特卡洛模拟

蒙特卡洛模拟[一]技术用来产生与将要进行基准分析的组合类似的投资组合。这是通过每次模拟运行时,从所有相关"同类对照组"中提取与投资组合相同数量的基金,用投资组合中基金的认缴资本规模加权得到的。比如,对于一个由 8 只早期阶段基金和 5 只后期阶段基金组成的投资组合,每次模拟将从早期阶段同类基金中提取 8 只基金,从后期阶段同类基金中提取 5 只基金。对提取的每只基金的业绩用相应的认缴资本规模加权之后,就得到了投资组合的业绩。如此重复多次,建立一个函数分布,然后用于对投资组合

[一] 可以在 Weidig 和 Mathonet(2004)中找到蒙特卡洛模拟的表述。

进行业绩分析。

用这种方法得到的结果应该谨慎对待。其构建过程（随机选取）隐含了基金经理可以接触到同类对照组整个群体的假设，这在现实中并非如此。实际上，由于各种原因，有些基金可能并不会出现在基金经理的视线范围内，或者投资者或委托人设定的准则对基金经理设置了限制条件。

第13章 内部评分系统雏形

本章提出了一个确定私募股权基金价值和风险的基于模型方法的框架。鉴于私募股权基金市场的非公开性质和短暂的历史,数据匮乏,限制了高级建模和评级技术的应用。正如第11章所讨论的,投资于私募股权基金伴随着一系列估值问题和自下而上的技术,有时很难应用。作为替代选择,我们基于普遍的考虑和经验而不是数学模型,开发了一种自上而下的方法。与逐个评估众多投资组合公司不同,在具有相似投资聚焦的基金之间进行比较,在比较基础上进行估值。虽然技术和行业在持续变化,但是基金结构、基金经理和投资策略更具有可比性。这让其特征比基金所投资的投资组合更加具有可预测性,构成了我们对创业投资基金估值技术的基础。这种方法适用于一般的私募股权基金,但是对于后期阶段的基金,可能存在更适当的方法,然而不能用于VC基金——或者仅在付出巨大努力或者严格限制条件下可以应用。本章我们将:

- 讨论现有的私募股权基金评分方法及其局限性。
- 提出一个内部评分系统,让投资者可以系统地评估私募股权基金。

我们的评分是一个结构化的评价,旨在对一只基金在同类组中进行排名。中期估值必须被视为关键节点,需要富有经验的投资者进行解读。

13.1 私募股权基金评分

巴塞尔银行监管委员会(BCBS)或国际互换与衍生品协会(ISDA)㊀有文章认为,私募股权的评价需要类似信用评级的技术。传统的信用风险评估方法是评级系统。对借款人进行评级是资本市场盛行的做法。这意味着对债务人的

㊀ 见 International Swaps and Derivatives Association(2001):"有些交易资产没有流动性或者流动性很低(比如私募股权),要求风险分析更接近于公司破产或违约风险的评估,而不是市场风险范式。"

质量进行总结，特别是要告知市场其还款前景。虽然机构的外部评级已经非常成熟，但是商业银行的内部评级是最近才出现的。所有的信用评级方法都是建立在定性与定量因素结合基础上的。定量数据越是有限，评级就越依赖定性评估。到目前为止，关于私募股权基金"评级"的信息很少公布。

本章讨论中，我们将使用"评级（rating）"、"评分（grading）"、"打分（scoring）"和"排名（ranking）"等词汇。在投资管理相关的公开出版物中，这些词汇经常交互使用，让这个主题非常混乱。"评级"一词专用于信用风险模型背景下，与贷款或债券的违约概率相关。虽然有时候在私募股权基金的情况下也提到评级，但是基金不会像信用一样"违约"。我们提议在比较基础上进行评估。为了以标准化的方式表达比较的结果，我们提议用"评分"一词来避免误解。像小额贷款风险敞口的信贷决策一样，我们的评分也是建立在诸如"打分"和"排名"等技术基础上的。

13.2　NAV 远远不够

NAV 无法单独给出一只私募股权基金"真正"的经济价值，因为它不等于基金未来现金流的现值。未来现金流不仅取决于 NAV，还取决于未提款认缴资金的使用、未来的费用及定性的判断——基金经理在筛选优秀投资项目和评估其价值方面的能力如何？

假设让你给出对一只 VC 基金的看法。到目前为止，这只基金产生的中期收益率为 -20%。这是否意味着彻底失败？未必。这只基金还非常年轻——比如说，只有 3 年的历史——现阶段的收益为负是非常典型的。到目前为止投资者仅仅向基金投资，还没有收到任何回报，而且有些投资已经被注销了。简而言之，该基金当前正处于著名的"J 曲线"的"泪之谷（valley of tears）"。更好的看待方式是将这只基金的中期收益与同类组的中期收益进行比较或者进行基准分析，比如具有相同"年龄组"的基金。在这样的统计数据基础上，这只基金看起来还不赖，大约在中等水平，但是可能的价值范围还非常广阔，让人难以做出明确判断。

有些专家可能会认为 J 曲线是业绩不好的基金典型的借口，他们见过 3 年历史且回报为正的基金。关键是经济环境。在上次互联网泡沫时期，第 3 年仍然是负收益的 VC 基金当然是不良资产。因此，我们可能是在将苹果与橙子进行比较。打个比方，将时钟指针拨到一级方程式赛车的 10 圈之后，与去年同一条赛道上 10 圈之后进行比较，你会发现结果完全不同。现在低速不代表赛车手没有竞争力，比如现在比赛时正在下倾盆大雨，而去年比赛日天气情况非常完美［因此，要评估胡安·帕布罗（Juan Pablo）在这场比赛中的机会，我们要看迈克尔（Michael）当前的表现如何。他落后了，是因为他正在停车检修］。

回到私募股权基金的话题，同一时间启动运营并且面临相同经济环境的基金将更具备有价值的比较基础：这是所谓的"相同年份"同类组。实际上，前文提到的私募股权信息供应商就是在成立年份基础上组织数据。我们再来看看 –20% 的收益与相关同类组比较起来到底怎么样。从统计数字看，我们的基金确实落后了。虽然还不是最坏的，但是似乎低于平均值，收益率属于第三四分位数。所以，让我们行动起来，尽快走出这种状态（如何做到是另一件事）。不要着急，关于这些中期收益率数字还有一些其他问题。其中最重要的是，中期收益率是从目前所观察到的实际现金流和基金最近的估值中推导出来的，表示为 NAV。不幸的是，如我们已经讨论过的，NAV 是一个完全不可靠的数字。

例如，对 NAV 产生负面影响的冲销未必是一个负面信号。实际上，优秀的基金经理不会回避尽早"退出"投资，虽然这些投资不是彻底的失败，但是几个月后会发现，它们不太可能达到行业典型的两位数收益率目标。这是为了给投资组合中的"明星项目"以及更优质的潜在项目（尤其是在早期）保留有价值的资源——流动性和管理。人们可能会再次混淆苹果和橙子，将拥有专业管理和保守估值方法的基金与那些规避必要的冲销或者对其投资不切实际地乐观的基金进行比较。

因此，为了对一只基金的相对表现做出可靠的评估，我们必须解决这个私人和不透明市场的信息缺乏问题，需要考虑一系列的因素，评估的重要性和权重随着时间而变化㊀，基金团队可以挑选正确的投资、创造价值、盈利退出吗？简而言之，像在一级方程式赛车中一样，车手当然很重要，但是仅凭这些确凿的事实，还有很多问题没有回答。"战术"当然也有影响（迈克尔最后一次进站后，他的车比赛场上的车都更重更慢，但是他正在加速，并且他不必再回到站点——对赛场上其他车手来说前景糟糕！）。

㊀ 见 Diem（2002）。

上面讨论的起点是中期收益率主要由基金最近报告的 NAV 驱动。我们认为，在评估一只基金时，需要考虑很多因素，单独 NAV 的解释力可能有限——取决于基金在其生命周期中的阶段。我们需要对基金相比其同类会有多好形成判断。比如，有一只基金，它在第 2 年呈现显著的负收益，但是相比其同类仍然在平均值以上，我们要回答的问题是，高于平均水平的基金在其整个生命周期中通常表现如何？图 13-1 对此进行了考察。

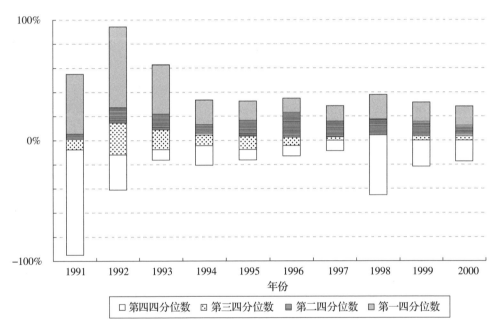

图 13-1　随时间变化的四分位数——1991 年成立的欧洲私募股权基金

资料来源：汤姆森创业经济学（VentureXpert 数据库）。

1991 年成立的欧洲私募股权基金是在艰难的经济衰退环境和第一次海湾战争的阴影下募集的。尽管如此，即使不达标的基金最终给有限合伙人带来的收益也超过了其投入的资本金。因为退出期恰好是在互联网泡沫时期，当然这个例子可能不具有代表性。但是，它证明基金只能用有意义的方式，采用"买入并持有"的视角，在投资期末考察其预期价值，进行全面的评估。虽然即使制度化特质的基金也是风险投资，但是一个分散化的私募股权基金投资组合可以大大减少终值财富的偏离 ⊖。

⊖ 见 Weidig 和 Mathonet（2004）。

对于私募股权基金这样的长期资产，估值和预测的精确度显然是有限的。但是，相对于同类组的相对位置，对基金投资组合的管理以及对其风险的建模都是一个有价值的输入变量。上文概述的思考过程构成了在同类组中对基金进行排名的系统评分体系的基础。如我们在第 16 章进一步解释的，这样的排名随后可以转化为更能反映基金经济现实的估值，好过简单的 NAV 数字。

13.3 现有方法

本节评价了当前采用的私募股权基金评估方法。为此，我们对独立外部机构的评价和投资者内部使用的基金估值技术进行了区分。

13.3.1 外部机构基金评级

令人困惑的是，在共同基金背景下，使用"评级"这一术语是常态。共同基金的评级主要由独立机构如晨星（Morningstar）、理柏（Lipper）或菲力（Feri）⊖进行。因此，本节我们只讨论基金的"评级"。其余章节的讨论中，我们将对私募股权基金专门使用"评分"这一术语。根据《2002 年菲力信托基金指南》（Feri Trust Fund Guide 2002），"基金评级是一项带有前瞻性预测的标准化估值"⊖。但是，这些外部机构一般不覆盖私募股权基金。独立评级机构定义的评级概念很难应用于私募股权基金。

13.3.1.1 信托评级（fiduciary rating）

信托评级测量将资金委托给第三方机构的投资者所面临的风险。信托风险是指未达到投资者合同预期从而违背投资者信任的风险。RCP & Partners 认为，这是"一种通过标准化流程评估、评级并监督资产管理机构的方法论"。

信托评级聚焦于对管理公司的评估，考虑的标准包括投资流程的质量、财务实力、风险管理的水平、利益冲突的规避或转移、控制的水平、客户服务或管理策略。

⊖ 菲力代表国际金融与经济研究（Financial and Economic Research International）。
⊖ 共同基金由晨星（基金最少 5 年历史，20 只可比基金）、标准普尔（基金最少 3 年历史，重组的可比基金）或理柏（基金最少 3 年历史）进行评级，做出基金排名（公开报价的投资）。

信托评级的优点是不需要太长的投资历史，因此可以克服私募股权投资的一个主要障碍。但是信托评级与未来业绩之间并没有直接的关联。优秀的信托评级不一定代表优秀的投资业绩。RCP & Partners 采用的等级与标准普尔相同，可能会引起混淆，因为 RCP & Partners 的等级并不是建立在同样的投资风险模型基础上。

信托评级在私募行业可能难以应用，因为其依赖自愿参与。高质量的私募股权基金甚至可能没有兴趣，因为它们有成熟的投资者基础。对于另类资产，我们认为信托评级不能代替尽职调查，但是可以看作一种补充，特别是适用于投后监督阶段，可以作为基金定性评估的一个标准输入变量。

13.3.1.2　投资评级（investment rating）

菲力评级对私募股权基金实施另类资产评级："对基金经理的尽职调查结果进行基准分析。基金的定性分析与定量分析相结合，得到基金从 A 到 E 的评级结果，其中 A 是最佳评级"。菲力评级的私募股权基金筛选标准①是管理②（60%）、经济③（32.5%）和客户服务④（7.5%）。据我们所知，该评级仅面向菲力的客户，并不向公众公开⑤。

13.3.1.3　外部机构评估的局限性

我们认为外部机构对私募股权基金的评级理念存在以下主要问题：

- 如果外部机构不能将观点建立在充足数量的客观标准上，就很难支撑其确定的"评级"。风险投资基金是一种评估型、推断型的资产类别。因此，基金评估主要是建立在定性因素基础上，这可能是高度主观性的。
- 通常机构的评级不会隐含任何建议。由于私募股权基金的外部评级只有在投资前才有相关性，并且没有有效的风险调整定价，这隐约构成了投资建议。投资后，投资者可以接触到私募股权基金的深度信息，比任何评级机构的信息还多。

---

① 见 Söhnholz（2002）。
② 业务理念、管理经验、管理资源、历史业绩、交易和退出的来源、基金经理风险、管理层参与。
③ 管理费、激励费用、其他成本、现金流、基金风险。
④ 税务和法律结构，客户关系管理。
⑤ 也可以提供对私募股权基金的可比评估，比如 Mackewicz & Partner。

- 作为客户的潜在投资者太少，让外部评级服务不可行○。由于私募股权行业不受监管，只有合格的经验丰富的投资者才能成为有限合伙人，他们在适当的尽职调查前是不会投资的。

私募股权基金现有的和潜在的投资者不太可能依赖外部评级采取行动。此类基金并不总是可以投资的，只有在特定时间才能进行——基金募集期，或者如果有些合伙人想要提前退出，进行二级交易的罕见情况下。

13.3.2 内部 VC 基金评估方法

13.3.2.1 尽职调查

虽然预测成功总是非常困难，但是在早期阶段往往可以发现失败的迹象。就不受监管的另类资产行业整体来说，在收到投资提议前，投资者需要进行投资前的尽职调查。私募股权基金还没有任何资产○。因此，尽职调查很大程度上是对基金管理技巧的判断○。投资前的尽职调查试图通过严格地剔除不太"完美"的投资方案，过滤出潜在的最佳业绩基金。这不一定会产生最好的投资决策。如果应用的标准太严格，就会过滤掉太多潜在的优质投资方案。我们将在第 14 章更详细地讨论尽职调查问题。

13.3.2.2 内部评分方法

有些私募股权投资计划用类似评分的评估方法来管理投资组合。其中一个最佳实践的例子是加州公务员退休基金（CalPERS）所使用的评估方法（见表 13-1）。"言之过早"并不意味着 CalPERS 在投前对一只基金没有任何看法。潜在假设是，只投资于达到所宣传收益预期的基金。Braunschweig（2001）认为，CalPERS 对种子资本投资的预期收益率为 30%。CalPERS 对早期和晚期阶段的创业投资基金设立大约 25% 的收益率目标。它期望并购基金和更晚期阶段的投资达到 20% 的收益率，对夹层资本设立了 15% 的收益率目标。

○ 共同基金在投资者数量和投资规模上更适合划分等级；晨星等机构和共同基金经理对评级服务的兴趣更高，并且不需要进行尽职调查，因为这是受监管的行业。菲力评级确定的私募股权基金评级更像是标准化的尽职调查；就我们所知，其结果仅对菲力的客户有用处。

○ 但是在二手交易的情况下，尽职调查倾向于聚焦在 VC 基金的被投公司组合上。

○ 见 Levine（2003）："对基金经理的辨别是任何 PE 投资成功的核心。"

表13-1 对当前投资组合的业绩评估

超过预期
符合预期
低于预期
低于预期/引发关注
太早期而无法判断

资料来源：CalPERS。

另一个行业机构内部采用的私募股权基金评估见表13-2。两种方法都定义了评分的静态基准，一定程度上考虑了具体的市场环境[一]。Raschle 和 Jaeggi（2004）提到了另一种基于概率和四分位数的方法[二]（表13-3）。这类基金评估主要用于内部目的，很少在公开资料中找到[三]。通过与业内人士沟通，我们发现基金"评分"的方法似乎经常"不受欢迎"——无论公开资料还是内部使用[四]。其中一个原因可能是，低评级通常被解释为最初投资筛选方法的失败。

[一] 见 Healy（2001）："CalPERS 在那只 ITV 基金后可能变得贪婪了。到去年年底，硅谷基金的 1998 年投资组合上涨了 69.9%，但是仍然被评为'低于预期'。同一年的托马斯·H·李基金（一只并购基金，相对于初创科技基金）到年底获得了 19.2% 的收益，被认为表现'符合预期'。还有，从长期来看，CalPERS 做对了某些事情。截至 3 月 31 日，其 10 年私募股权投资的平均年化收益率为 17.5%。广泛应用的股市基准威尔希尔 2500 指数（Wilshire 2500 Index）在此期间上涨了 13.9%。"

[二] 进入第一四分位数的概率也依赖于时间。到期的头部业绩基金很可能会进入第一四分位数，但是在同样这只基金的早期阶段，实现这个目标的概率肯定低得多。因此，在艾德维克（Adveq）的等级划分中，一只基金会经历不同的阶段，虽然基金的品质在本质上没有变化。这让几个成立年份之间的比较非常困难。

[三] 比如 2003 年 8 月，全球视野私募股权合伙企业（Global Vision Private Equity Partners）的 Reinhard 接受另类资产网（AltAsset）的采访，或 2003 年 6 月，磐石基金（Pantheon）的 Helen Steers 接受另类资产网的采访（见 www.altassets.net）。一些评级机构如菲力信托（Feri Trust，见 Söhnholz，2002）或 RCP（见评级资本合伙企业 Rating Capital Partners，2002）也将其方法用于私募股权基金。虽然他们的"评级"可以表明一只 VC 基金的品质（一般关注投资团队或组织的品质），但是他们的评级似乎与任何收益预测或违约概率没有关联。

[四] 见 Healy（2001）："即使现在，风险投资基金和其他私人投资组合的基金经理们仍在讨论这个帖子，惊讶于所有的数字还在那里，所有人都可以看到——无论数字是好还是坏。一位私募股权基金高管称，'如果你出现在低于预期一栏，你就完蛋了'。"

表 13-2 基金业绩评估（一）

评估等级	描述
A	明确证明基金生命周期达到 X%+ 的收益率
B	由强大的风险投资基金团队管理的未到期基金，或旨在产由低到高百分之十几范围的收益率的基金
C	可能产生个别高收益、最低百分之十几范围收益的底层投资组合，或者未经实践检验或能力不够高的管理团队
D	旨在产生个别高收益的基金，对管理团队有所担心
E	预期产生负收益或最低止收益的基金

表 13-3 基金业绩评估（二）

基金经理水平	水平定义
杰出	50% 的概率达到头部四分位数
可靠	35% 的概率达到头部四分位数
平均	25% 的概率达到头部四分位数
较差	不到 20% 的概率达到头部四分位数
未经实践检验	太年轻

资料来源：艾德维克（Adveq）分析，2002。

13.3.3 方法的比较

无论尽职调查的结果还是外部信托评级，通常都无法形成定期估值评价的基础。有限合伙人有时用内部打分的方法持续监督他们的投资组合（见表13-4）。

表 13-4 基金评估方法的比较

	信托评级	投资评级	尽职调查	内部打分
发起人	普通合伙人	有限合伙人	有限合伙人	有限合伙人
投资前	是	是	是	是
投资后	是	?	否	是
估值	否	否	N/A（符合标准列表）	是

要评估私募股权基金，我们必须克服一系列问题。由于投资通常是在盲池中进行，任何评估都必须很大程度上依赖定量的标准——至少在基金生命周期的早期阶段。定量分析关注财务实力和投资组合。投资组合分析的相关性随基金生命周期而变化：其重要性先升后降。而且，要评估这个投资组合并将其与其他私募股权基金进行比较，非常具有挑战性。

在私募股权市场，主要的挑战是在没有外部验证来源、也没有系统地收集长期数据的情况下获得信息。数据和尽职调查结果的质量有限，从中提取出有价值的信息用于改进投资决策和帮助投资组合管理是一项挑战。

13.4 内部基金评分系统的新方法

我们的内部评分系统是建立在同类组排名基础上的，即将基金按吸引力排序。根据这个系统，你只能知道相对价值而不是绝对价值（比如基金 A 看起来比基金 B 更好，但是这并不一定意味着你可以期望 30% 的 IRR）。

13.4.1 评分公式化

在 Krahnen 和 Weber（2000）的文章中，将信用风险背景下对公司的评级定义为：预期违约概率向质量等级或评级类别离散数字的映射。评级系统在形式上是一个函数：

$$R：\{ 公司 \} \rightarrow \{ 评级结果 \}$$

如前所述，对私募股权基金来说，违约的概念存在质疑[一]。对于长期导向的投资者，违约风险更可能被视为产生低于设定门槛的收益率[二]。由于私募股权基金特殊的生命周期特征，我们将其放在一个可比的基金"篮子"中或者同类组

[一] 见 Bushrod（2003c）："欧洲风险投资基金协会（EVCA）称：'在当前的《新巴赛尔协议》草案中，股权的违约损失率设定为 90%，即发生违约事件时，将会损失的风险敞口比例。然而，对 100 只欧洲已清算私募股权基金和风险投资基金（2002 年底）的业务实际情况进行的分析证明，当发生违约时，即基金未能向投资者回报全部本金时，投资者平均收到本金的 44%。换句话说，该分析的结果将违约损失率设定为 56% 左右，显著低了当前草案中对股权设定的违约损失率 90%。'"这里直观地将两个概念结合在一起：风险投资基金业绩低于 0% 的门槛收益率就被视为"违约"。

[二] 亏损风险测量的特殊情况是亏损的概率、亏损的期望和亏损的方差。该方法与传统风险度量相比的优势是区分了向上和向下的收益率波动。

中进行打分。这个"篮子"的历史业绩统计数据形成估值的基础。中期 IRR（向投资者分配的净值）以总计的形式报告，比如创业经济学的数据，代表了未变现的投资和已变现投资现金 IRR 的 NAV 的混合增长率；这些 VC 基金同类组的统计数据都可得，并且后期阶段私募股权基金的数据也可得到（见第 12 章）^㊀。

原则上，私募股权基金评分系统应该遵守与评级系统同样的要求^㊁。Krahnen 和 Weber（2000）所定义的评级与基金评分的主要差异在于，没有同类组，评分系统就无法确定^㊂。直观地说，有限合伙人关注中期业绩结果在基金中的比较，对于基金评分的概念而言，这一点不能忽视^㊃。评分的目的是与同类相比较，确定基金根据以四分位数表示的基准所确定的当前的排名^㊄。

相同成立年份的基金以基准统计数据的形式代表同类组^㊅。我们将私募股权基金评分系统定义为以下函数：

$$G: \{私募股权基金, 同类组\} \rightarrow \{评分结果\}$$

对于同类组，我们假设四分位数可以明确定义。对于一只基金评分的确定，需要理解基准的计算和组成。

㊀ 期望业绩的评分是在基准基础上确定的（代表相关私募股权细分市场），而基准的特征决定了 VC 基金投资组合的风险特征。为了对 VC 基金投资组合进行更深入的建模，各类基准（比如早期阶段的 VC 或后期阶段的并购基金）可以捕捉到这些细分市场不同的长期风险-收益特征。建模的复杂程度受到基准数据可得性和各类基准之间差异程度的限制。多种基准组合的管理增加了额外的挑战，超出了本章的讨论范围。

㊁ 比如全面性、完整性、复杂性、精细性和可靠性（见 Krahnen 和 Weber，2000）。

㊂ 评级不需要基准，因为公司的违约概率可以单独确定，与其他公司相独立。

㊃ 见 Flag Venture Management（2002a）："尽管如此，为了便于比较，向 LP 提供准确反映特定时点投资组合当前价值的报告，旗帜创业管理公司寻求稳定的中期估值。"以及 Flag Venture Management（2002b）："因此，我们的公开披露仅限于到期基金已实现的收益率。"

㊄ 请注意，VC 基金在同类组中的 IRR 仅在事后明确定义和确定。在同类组 VC 基金的存续期内，四分位数是建立在中期 IRR 基础上的；因此，报告的四分位数不能形成一个固定的标准。仅当所有 VC 基金到期后，四分位数才不会再发生变化，打分的定义才明确下来。也见 Cheung、Kapoor 和 Howley（2003）："标准普尔关注完全清算私募股权基金权益的原因是，由于私募股权的价值是自我评分的，并且私募股权的权益没有流动性市场，仅仅持续的自我评分并不能提供可量化私募股权风险-收益的客观变量。更不用提由于私募股权的非流动性本质，获悉一个投资组合在任意时点的'真正价值'，无助于解决据此发行债务现金流的需求。"

㊅ 比如私募股权基金信息服务商创业经济学（Venture Economics）或康桥汇世（Cambridge Associates）所提供的数据。这些统计数据给出了有限合伙人的收益率。

13.4.2 预期业绩评分

评分方法的目标是相对简单（因为数据的缺乏限制了采用复杂的技术）和直观容易理解。它应该允许将所有基金分类到具体的明确的类别中，其中同类组圈子中的所有成员都具有相似的特征。事后，基金变现之后，评分可以通过在明确公开的私募股权基金基准基础上比较最后的收益率数字而确定下来（如图 13-2 所示）。

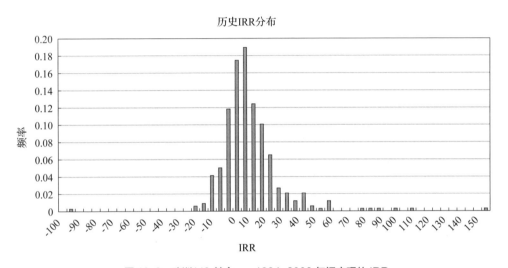

图 13-2　欧洲 VC 基金——1984~2000 年间实现的 IRR

资料来源：汤姆森创业经济学（VentureXpert 数据库）。

由于私募股权基金行业显然站在"顶级四分位数"基金角度进行"思考"[⊖]，四分位数统计形成了一个直观简单评分登记的基础[⊜]。通常，业内人士将具有同样成立年份、关注同样阶段的基金定义为同类组。这种方法的另一个优势是，当基金清算以后，其预期业绩的评分可以很容易得到验证或事后检验。但是由于私募股权市场数据的稀缺性及缺乏可靠性，更精细的评分似乎

⊖ 见 Timsit（2003）："巨大的差异横亘在这类基金经理的业绩之间。虽然顶级业绩的基金持续产生超过 20% 的净收益率，但是其他一些基金还在 5% 的门槛以下挣扎。"

⊜ 实际上，我们知道另一家管理一项重要私募股权投资计划的大机构所用的方法与我们的很接近；根据其经理的说法，同类组四分位数评分"如此简单，每个人都可以马上理解"。也可以采用其他粒度，比如十分位数。但是，考虑到其高度不确定性，值得怀疑这是否对风险投资基金有用。

没有意义。由于公开的私募股权基金业绩数据主要是以四分位数为基础的，四分位数的评分似乎是一个合理的权衡。图 13-3 展示了已实现 IRR 四分位数的直方图。

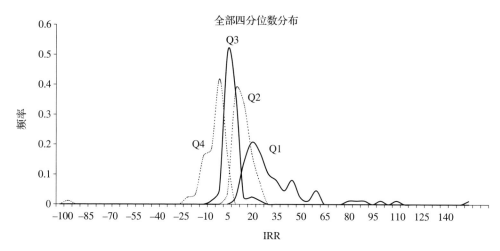

图 13-3　欧洲 VC 基金——1984~2000 年间实现的历史 IRR 四分位数分布

资料来源：汤姆森创业经济学（VentureXpert 数据库）。

假设排名不会变化，换句话说，基金维持在同类组中的当前四分位数位置，那么它们的收益将会落入基准的相应四分位数。这引出了表 13-5 所示预期业绩评分的定义。

表 13-5　预期业绩评分的定义

预期业绩评分	定义
A	在评分时，基金的排名预期在实现时将落入同类组第一四分位数
B	在评分时，基金的排名预期在实现时将落入同类组第二四分位数
C	在评分时，基金的排名预期在实现时将落入同类组第三四分位数
D	在评分时，基金的排名预期在实现时将落入同类组第四四分位数

预期业绩评分建立在定量和定性标准下的评估基础上。最后的得分反映了很多属性，但通常不会使用一个正式的模型来计算，该模型将显示如何以规范的方式对所有这些属性进行加权。本质上，系统是基于通盘考虑和经验，而不是基于数学建模。它们可能不精确，并且显然依赖于评估者的主观判断。因此，

预期业绩评分系统（如图 13-4 所示）是一个基金在具体同类组[⊖]中的相对排名[⊖]，包括：

- 定量打分。
- 定性打分。
- 结合两种估值的方法：内在年限。
- 检查，如果有必要，对评分进行调整。

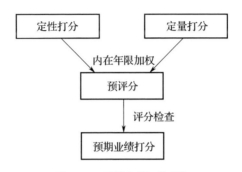

图 13-4　预期业绩评分系统

13.4.2.1　定量打分

预期业绩打分法的目标是形成一只基金最终 IRR 的判断。为此，中期 IRR 可以用作最终业绩的估计值，类似一级方程式赛车中的中场计时。在基金的整个存续期，其中期 IRR 可以与同类组的中期 IRR 进行比较，即与同样成立年份和关注同样阶段的私募股权基金进行比较。

就像在一级方程式赛车中一样，中间的位置瞬息万变——爆胎、发动机故障。Schäli、Frei 和 Studer（2002）报告称，1 年后，中期 IRR 在第一四分位数

⊖ 见 Flag Venture Management（2002b）："在到期之前，基金相互之间进行测量几乎充满了陷阱。早期阶段、后期阶段、通信、健康……，每一种策略组合都会产生不同的中期估值模式，产生误导人的比较结果。早期阶段比较起来不起眼的基金，结束时可能成为头部业绩，反之亦然。"

⊖ 见 Ender 和 Jaeggi（2003）："因此，成功的基金经理比竞争对手更有优势，这意味着他们未来的业绩会更好。这使得将相对业绩预期与特定基金经理联系起来成为可能，即使上述统计数据仅在基金完全兑现后才能获得。因此，对于私募股权基金配置来说，创建投资组合计划至关重要，其中包括要进行投资的基金经理的姓名、投资项目（包括计划或潜在投资金额）。该计划的资金分配必须附有明确的相对业绩预期"。（译注：原文引用为德语。）

的 VC 基金中，有 14% 在到期时仍保持在第一四分位数；4 年后，中期 IRR 在第一四分位数的基金中，有 50% 在到期时仍保持在第一四分位数。显然，估值保守的年轻基金进入第一四分位数非常晚，最佳业绩的基金往往在基金存续期结束后才显现出来。因此，中期头部四分位数的位置将持续变化——这凸显了定性打分的重要性。

连续地检查并纠正基金在同类组群中的排名，相应地更新相关预期业绩评分，是持续监督的一部分。比如，同类组的 IRR 可以在创业经济学（Venture Economics）数据库中找到，提供了基准统计数据，尽管只有大概的指标差异，比如并购基金和风险投资基金。

为了能够将定量评估和定性评估结合到我们的评分等级中，我们需要将基于基准（见前一章的基准分析）的比较转变为定量的分数：基金在基准中的相对位置转变为四分位数界限的线性组合，其中最大值为 1，最小值为 4，中位数为 2.5，顶级四分位数最小到 1.75，最后，最低四分位数最高到 3.25。比如，图 13-5 阐释的基金定量打分，中期 IRR 为 −24%，已知其第二四分位数的界限为 −6.4% 和 −25.5%，基于四分位数的计算如下：

$$1.75+0.75 \times \left(\frac{-24\%-(-6.4\%)}{-25.5\%-(-6.4\%)}\right)=1.75+0.75 \times \left(\frac{-18\%}{-19.1\%}\right)=1.75+0.75 \times 0.92=2.44$$

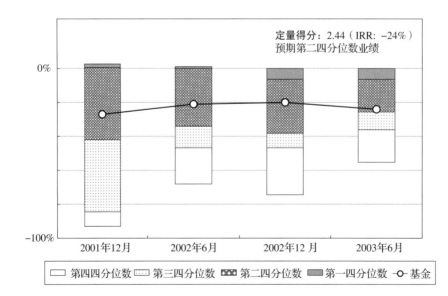

图 13-5　基于基准比较的定性打分

其中，基金不是基准群体的组成部分，其中期 IRR 可以高于基准的最高值，或者低于其最高收益率。前一种情况下，基金的定量打分设定为 1，后一种情况下设定为 4（也见附录 13A）。

13.4.2.2 定性打分

虽然在中期 IRR 基础上进行定量打分绝对物有所值，但是显然其并不是最终业绩的完美估计，尤其是在基金的前几年。要评估预期最终业绩，还应该将很多其他属性纳入考虑。我们提出的方法被称为"积分奖励系统"或打分系统。这是一种通常基于定性属性的方法。在该背景下，定性估值必须理解为与坚实的数字无关的所有相关基金属性的分析。然而，定性分析也需要考虑一些定量的数据。该系统的优点是相关属性自始至终都覆盖到，可以将流程标准化，产生更稳定的结果，确保其完整性，并且可以在投资项目之间进行比较。如第 15 章所述，建立该打分系统是为了将其与定量打分相结合。因此，定性打分是一个 1~4 之间的数字值，最大值为 1，最小值为 4，中位数为 2.5，顶级四分位数最小到 1.75，最小四分位数最大为 3.25。

13.4.2.3 定量打分与定性打分的结合

在基金整个存续期内，定量信息越来越成为可用的信息，其在前几年弥补了定性的判断，在接近到期时完全代替了定性判断。用来结合定性打分与定量打分的方法是建立在总结二者预测能力的参数基础上的。对于基金存续期开始和结束这两种极端情况，显然开始时只有定性参数有预测能力，定量估计没有预测能力，而基金存续期结束时则相反，在完全获知 IRR 的情况下，定性评估毫不相关。因此，结合两个估计值的简单方法是使用基金的年限（如图 13-6 所示）。

对于人类，日历年龄有时可能会与身体年龄或生理年龄发生重大偏差。因此，有必要寻找其他可以更好地反映私募股权基金"内在"年龄的参数[⊖]。要这样做，你必须分析以下变量的构成：

- 最终 IRR：最终的现金流出（所有的提款）和最终的现金流入（所有的资金分配）。

⊖ 见 Meyer 和 Weidig（2003）。

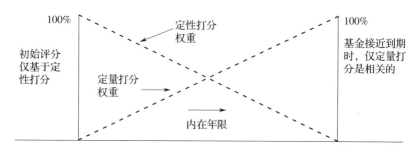

定性打分与定量打分的权重取决于基金的内在年限

图 13-6　定量打分与定性打分的结合

- 中期 IRR：中期现金流出（到中期日期为止所有的提款）、中期现金流入（到中期日期为止所有的资金分配）和 NAV（用作计算中期 IRR 的最终现金流）。

直觉上，现金的成分越高（或 NAV 越低），中期 IRR 作为基金最终收益率的预测指标就越客观。

现金流出相对容易建模，因为通常在有限合伙协议中已经明确规定，并且有预先商定的最大金额，因此应当在 0 到基金规模之间变化。但是，为了完全精确起见，应该考虑有的情况下并不会按基金总规模如数提取，另一些情况下可以提取超过基金规模的金额（比如管理费的再投资）。用 0~1 的等级，可以将"提款年限"写成如下公式：

$$0 \leqslant \frac{\sum_{t=0}^{i} DD_t}{\sum_{t=0}^{L} DD_t} \leqslant 1$$

其中 DD_t 是 $t-1$ 到 t 期的提款，i 是中期时间，L 是基金存续期。现金流入更难建模，因为其总值只有在基金存续期结束才能获知。一种方法是根据一般市场统计数据（平均总回款）或其他总回款的估计值进行估计。为了简化，中期 IRR 的第三个组成部分 NAV 加上未提取资金，可以作为代替。用 0~1 的等级，可以将"回款年限"写成如下公式：

$$0 \leqslant \frac{\sum_{t=0}^{i} RP_t}{\sum_{t=0}^{i} RP_t + NAV_t + Undrawn_t} \leqslant 1$$

其中 RP_t 是 $t-1$ 到 t 期的回款。然后，通过结合我们所称的"提款年限"和"回款年限"，可以得到基金内在年限的一个估计值。最后，为了更便于应用，将其除以 2，以便让内在年限的取值范围在 0 到 1 之间。

为了评估私募股权基金，在估计 NAV 的相关性时，可以采用类似的方法。在基金存续期的一半 ⊖，基金 NAV 的最终财富的解释力达到顶峰（如图 13-7 所示）。还存在一些未提款的认缴资金，并且有些已经发生的实现收入已经回报给投资者。但是，NAV 从未给出全貌，特别是因为其建立在基金经理的评估基础上，并且距离退出仍有数年。这个估值仍然严重不可靠。接近基金存续期的尾声时，NAV 变得越来越可靠，但是，就像定性打分一样，NAV 也越来越无关紧要，因为基金的业绩几乎可以完全由已实现的现金流解释。

中期 IRR 无法捕捉未提款认缴资金的影响。图 13-7 表明，在私募股权基金存续期的前几年，中期 IRR 的重要性可以忽略不计。由于存在管理费，前几年这一数字几乎一直为负，虽然早期获利退出可以产生令人惊艳的高比例回报，但是相比整体认缴资金，即使绝对金额也是很低的。简而言之，最初的中期 IRR 遗漏了很大一部分。

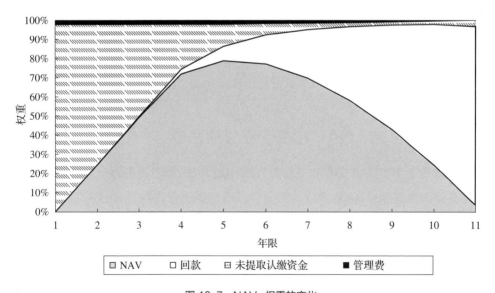

图 13-7　NAV-权重的变化

⊖ 通常合同期限为 10+2 年，但是可能会根据经济环境缩短。

13.4.2.4 检查与调整

前文讨论的打分是建立在排名基础上的。对于基金投资组合质量的评估，排名并不总是有效。例如，分散化取值 1 或者另一个极端值，可能会对基金的预期业绩评级产生负面影响。

基金的投资组合相比同类组是分散化不足还是过度分散化，不能机械地回答。应该采用可比较的考虑因素来评估基金的流动性：已完成全部投资的私募股权基金可能面临严重的后续融资问题——取决于整体经济环境，因此可能被迫放弃潜在的有前景的投资项目。另一方面，基金保留过多的流动性储备，可能并没有真正让认缴资金运营起来，最终可能达不到投资者预期。评估这种权衡的一种方法是，在遇到偏离同类组可能产生不利后果的情况下，设立一个"标记"。如果这些"标记"之和作为危机预测指标达到了一个预先设定的门槛，这只基金应该降低评分。为此，应该设立评分审查政策。比如，应该包括运营状态的评分（见第 18 章），或者在不同基金关于投资组合公司估值的交叉检验中获得的信息。

任何依赖主观判断的过程都受到决策偏差的影响。正式的和非正式的决策分析技术都可以用于减少偏差。非正式的减少决策偏差的手段是建立一个专家组，负责审批估值和打分活动。此外，调查问卷、精心组织的与联合投资者的访谈与交流、其他行业联系人、同类组的比较以及行业研究都可以改进评分过程的质量。这个过程可以在不同的阶段实施，因此可以在投资前或监督阶段的重要场景中，将深度分析应用于更富建设性的提议。

13.5 总结：NAV 和基于评分的估值

尽管自下而上的方法存在各种各样的问题，NAV 在基于评分的估值方法中并没有被彻底忽略。NAV 被视为将定性标准也纳入考虑的评分技术的各种输入变量之一。NAV 主要是推导定性打分的一个输入变量，因此会根据基金的内在年限赋予不同的权重。要做定性打分，不一定要求在公允价值会计准则下报告 NAV，只需要在同类组中可比。因此，即使普通合伙人在保守的估值指引下制订报告，基金的经济价值也可以确定下来。

表 13-6 总结了传统的私募股权基金估值技术的特点，该技术将有限合伙企业份额的价值视为 NAV 的一定百分比或基于模型定价法的评分：

表 13-6　私募股权基金估值方法比较

作为 NAV 百分比的基金价值	基于评分模型推导的基金价值
要求在基金估值前存在被投公司	可能的预付款
NAV 是估值的唯一基础	同时考虑 NAV 和其他标准
主要是定量（尽管会审查 NAV）	定量与定性
不考虑未提取认缴资金	基于全部认缴资金（提取、未提取、历史和未来的管理费以及超额收益分成）
不反映基金结构	反映基金结构
忽视 VC 基金经理的增值	反映 VC 基金经理的增值
解散假设	买入并持有假设
交易价格	经济价值（NPV）
无法区分永久性缩减还是临时性缩减	可以区分预期和未预期的损失还是永久性缩减（给定置信水平）

13.6　结论

打分的方法对于输入参数微小的变动，结果往往就会产生严重的偏差。因此，确定评分所选用的方法必须经过独立的评估和审批，并且其持续应用应该得到定期检查。系统决策的方法不能移除评估的主观性，因为面临同样情形、拥有同样信息的不同个体得出的观点可能不同。这种影响以及不能保证得到令人满意的结果的情况，不应被视为正式评估方法的失败。实施系统化方法的价值在于澄清评估背后的逻辑，并识别妨碍共识和决策的真正问题。

附录 13A

IRR_{PEF} 定义为私募股权基金存续期结束时实现的内部收益率（IRR）[⊖]。基准统计数据为有限合伙人提供回报。评分系统的目标不是为了预测 IRR 数字，而是为了评估基金在其基准中的相对位置，表示为评分数值，或简短的评分，定义为类别 $\{g_1, \cdots, g_n\}$。评分 g_i 优于评分 g_j，$\forall i \neq j$：

⊖ 下限以 –100% 为界。

$$g_i \succ g_j$$

评分可以排序为:

$$g_h \succ g_i \succ g_j \succ g_k$$

g_i 评分等于 g_j 评分:

$$g_i \sim g_j$$

评分系统将基金映射到预期业绩四分位数。这些业绩四分位数必须事先定义好。对于基准,需要报告 n 分位数的范围 ⊖,其中 q_1 为最高 IRR,IRR_{min} 为基准中最低业绩基金的 IRR。

但是,由于私募股权基金市场的不透明,将要评分的基金组合并不总是基准圈子的全子集。极端情况下,有限合伙人在某个特定年份内投资的基金可能比基准指数所代表的基金还要多。这不一定构成该方法的障碍,因为基准仅仅形成比较的标杆,前提是将要评分的基金具有与基准相同的统计特征。

作为私募股权基金(PEF),将要评分的基金可能不构成基准的一部分 ⊖,不能排除以下情况(如图 13-8、图 13-9、图 13-10 所示):

$$\exists PEF: IRR_{PEF} < IRR_{min} \lor IRR_{PEF} > q_1$$

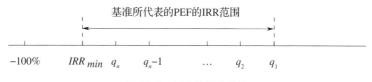

图 13-8 基准的 IRR 统计

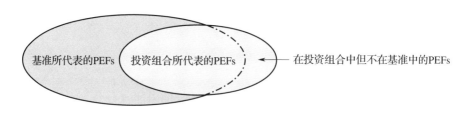

图 13-9 基准所覆盖的私募股权基金

⊖ 对于分位数,定义可能有偏差;因此,基准提供者报告的分位数范围应该确定。对于集合中的小规模数据,分位数的定义就变得问题重重。如果集中未报告分位数的范围,那么评分不能确定。一个集合包含的数据越少,存在的问题变得越大。对于成熟的私募股权行业,基准所代表的 VC 基金越来越多,这个问题将不再相关。

⊖ 然而,基准数据也可以随着内部信息而"丰富"。

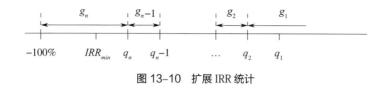

图 13-10 扩展 IRR 统计

为此,最高的分位数和最低的分位数需要扩展[○]到允许基金的 IRR_{PEF} 模糊映射到评分 g_i。收益率为 IRR_{PEF} 的基金,其评分值按如下方法确定(其中 g_1 为最高评分):

$$G(PEF)=g_1 \Leftrightarrow q_{min,1} \leqslant IRR_{PEF} < \infty$$

$$G(PEF)=g_1 \Leftrightarrow q_{min,k} \leqslant IRR_{PEF} < q_{max,k}$$

$$G(PEF)=g_1 \Leftrightarrow -100\% \leqslant IRR_{PEF} < q_{max,n}$$

如果确定的评分正确,该评分系统也满足单调性要求:

$$IRR_{PEF_x}=IRR_{PEF_y} \Rightarrow G(PEF_x) \sim G(PEF_y) \qquad (1)$$

$$IRR_{PEF_x}<IRR_{PEF_y} \Rightarrow G(PEF_x) \prec G(PEF_y) \vee G(PEF_x) \sim G(PEF_y) \qquad (2)$$

$$IRR_{PEF_x}>IRR_{PEF_y} \Rightarrow G(PEF_x) \succ G(PEF_y) \vee G(PEF_x) \sim G(PEF_y) \qquad (3)$$

○ 当然,只有当将要评分的 VC 基金预期与基准的业绩一致,评分值才有意义。

第 14 章 基金经理筛选过程

在投资之前,筛选出优秀的基金经理比淘汰明显劣势的基金经理更加困难。因为劣势的基金经理持续退出市场,优秀的基金经理则需要不断地挑战高收益目标。因此,从定义上来说,优秀的基金经理是稀缺的,即便存在,他们在长期内的业绩很可能只比同行的平均收益略好一点。有竞争的地方就会有效率,保持可比业绩的头部水平就是一项巨大的挑战。

14.1 基金经理筛选的相关性

矛盾的是,在接触高风险的私募股权资产类别时,投资者往往异常谨慎、厌恶风险,因此会通过分散化寻找保护。保守主义倾向于消除所有赌注,让总体投资组合近似于指数基金,没有超额业绩的可能性。投入另类资产的理由不是为了规避损失,而是产生超过公开交易证券的超额收益。比如收益率目标是超过股票 500 个基点,过高的分散化水平让收益超过这个门槛越来越难以实现。

正如我们之前所讨论的,过度分散化意味着优异基金的资本化不足,业绩肯定不能达标。随着基金数量的增加,监督成本也会增加,风险降低的收益则会减少。虽然只有最好的基金经理似乎可以获得超出公开市场的超额业绩,但是在一个投资组合中变得越来越不可能有高比例的头部基金,因为可供挑选的群体有限。此外,越来越难以接触到具有成熟投资者基础的基金。因此,规避损失的驱动力会破坏未来的机会,投资者承担风险的态度必须与该资产类别内在的风险相匹配。

关键就是严格筛选,在寻求头部基金的敞口与分散化之间达到适当的平衡㊀。根据经验法则，投资者需要在整个并购基金和风险投资基金的私募股权基金圈子里寻找高质量的基金。没有超出平均水平的基金经理筛选技术，你不可能在私募股权领域获得成功㊁。地理区位、阶段、行业等问题都是次要的，因为它们会妨碍业绩。好的基金经理通过聚焦带来最大机遇的无效市场来提高成功的概率㊂。

不像投资上市股票的基金经理，私募股权合伙企业通常为基金募集资金，然后对新投资者不再公开。这意味着，在任何时候，基金经理群体中只有一部分会寻找新资金。因此，在重视基金经理选择的背景下，应该采用比公开证券更机会主义的投资方式。这种方法与长期分散化相结合，可能导致投资组合中出现"滥竽充数"，并稀释业绩。

基金经理的筛选和准入被视为在私募股权基金领域获得持续超额业绩的关键之一。它构成了投资过程中独特的一部分，可以有效地精心安排。它不是机械化地执行，而是需要行业经验和资源进行研究和尽职调查。不幸的是，说起来容易做起来难㊃，聚焦头部基金的秘诀和要想富就必须赚很多钱的经验一样毫无用处。在尽职调查过程中，彻底的、持续的、详细的分析和行为准则至关重要。

14.2　为什么做尽职调查

尽职调查覆盖评估一项投资建议相关的所有活动，通常被定义为"投资者

㊀ Fraser-Sampson（2004a）认为，基金的基金投资组合一般覆盖3个成立年份的3只并购基金，或者每年5~6只VC基金。Flag Venture Management（2003a）认为，在给定的投资周期内（3~4年），大约需要建立20~25个关系才能参与大多数的"成功项目"。

㊁ 2002年12月4日，CCP私募股权投资的副总裁马克·韦斯道夫（Mark Weisdorf）在接受另类资产网（AltAssets）采访时称："我们投资私募股权不是为了分散化，我们在这一领域是为了增加收益，我们不想通过给投资组合的设计方式加上枷锁，限制我们实现目标的能力。我们不需要像整体投资组合中那样需要在私募股权领域分散化，所以，我们发现在上市股票投资组合中再平衡更合适。"

㊂ 见Sood（2003）："我们的基本理念是，私募股权不是像同质化的资金池一样运作，而是在地理区位、类型和不同的风格方面独立运行，允许投资者根据自身对某个领域的专业知识匹配资金。小心留意该领域存在的风险，避免'指数的方法'，坚信私募股权是业绩驱动的业务，那么就有可能获得超额业绩。"

㊃ 见Swensen（2000）："虽然大多数投资者公布的相对业绩不佳，但是主动的证券选择在几乎所有的机构投资计划中都发挥着重要作用。"

实施的对一项潜在投资的细节进行调查和评估的过程，比如运营和管理的检查，材料真实性的检验"㊀。这是审慎投资者的要求，也是更好的投资决策的基础。

14.2.1　作为审慎投资者要求的尽职调查

出于谨慎起见，机构投资者必须在人、流程和业绩基础上选择基金经理。Camp（2002）认为，"尽职调查"一词实际上是指编制招股说明书相关的各方——董事、高管、承销商、律师、会计师及其他人——负有的法律义务，即通过尽职调查确保招股说明书中没有重大错误陈述或遗漏。在私募股权基金背景下，"尽职调查"一词的用法略有差异。基金是非公开发行的证券，因此不要求像在公开市场出售证券一样向投资者提供同等程度的信息。尽职调查是"尽职"的投资者必须对投资建议的内容进行检查的"应有的"行为。因为机构同时也管理其他人的资金，为了透明和公平起见，要证明检查了所有相关因素，这一点非常重要——在另类资产领域，事情往往总是出错多于符合预期。尽职调查的多重目标包括检验是否符合要求目录，减少有限合伙人的不确定性，理解交易相关的风险。而且，它还为协商更有利的条件和缓解察觉到的风险奠定了基础。

14.2.2　作为更好投资决策基础的尽职调查

通过一贯地有条不紊地开展尽职调查，投资者希望可以做出更好的投资决策。每只基金都承诺实现头部四分位数的业绩。Kelly（2002）认为，最常听到的营销话术是，某人的基金处于"第一四分位数的收益率"㊁。这通常是真实可信的，因为尤其是未兑现的基金很难进行基准分析。同理，每一位 FOF 基金经理都声称遵守了有条不紊的彻底的尽职调查流程。实际上其中存在一些差异。投资者一致同意，需要技能娴熟、经验丰富的管理团队，良好可追溯的业绩记录，理智的始终如一的策略，以及投资者与基金经理之间利益的一致性。

由于私募股权基金信息不公开可得，因此有必要收集基金的数据，为投资做打算。这些活动的管理被视为竞争优势的主要来源——实际上达到了这种程

㊀ 来源：http://www.investorwords.com/1596/due_diligence.html。
㊁ 见 Meek（2002）："正如一位投资者所说，'我们一直对"顶级四分位数"的说法将信将疑'。"

度,即其他对投资计划的成功来说至关重要的任务,比如流动性管理,都在这些活动的阴影之下。

14.3 尽职调查过程

> 然而,需要注意的是,风险投资基金的尽职调查在本质上是一项不完善的过程,因为它没有明确的终点。确定性是无法实现的。因此,对一些风险投资家来说,很容易把过程拖得很长,抓住并希望获得一些确定的东西。宝贵的时间和精力经常浪费在对无关事项的尽职调查上。但是,风险投资家永远无法绝对肯定地说,某项交易最终将大获成功还是被证明仅仅是鸡肋。
>
> Camp(2002)

在私募市场,不同的投资者都暴露在各种程度的不确定性之下。尽职调查的主要功能之一就是减少不确定性,以改进恰当投资的选择。为了把不确定性降至最低,有必要研究整个市场。要评估基金的质量和相对业绩预期,一名专业的基金经理可能会分析上百个因素,大多数是定性因素而不是定量因素。因为这与巨大的成本有关,每一位投资者都会从成本—收益角度进行尽职调查。

14.3.1 限制条件

尽职调查是以交叉参考为基础的,但是恰当的参照物的缺乏常常让分析充满主观判断。高度依赖定性因素以及主观判断可能会成为一项负担。由于缺乏适当的激励,有限合伙人倾向于简单地将门槛提得越来越高,以避免个人遭受批评。结果,这会否决潜在的好的投资建议。比如,在很多情况下,避免新的合伙关系,不一定是因为基本面不对或者投资建议缺乏说服力,而仅仅是因为有的尽职调查要点无法提供实物证据支持 ⊖。基金经理经常被自己的方法论所诱导,尤其是如果这种方法过于机械化的情况下。这就要求对新观念保持开放的思维,并且给出明确的理由为什么必须避免某些基金的特征。

一旦一家知名机构承诺投资于某只基金,其他投资者就会认为它已经进行

⊖ 大多数有限合伙人在首次合作团队和首只基金之间做出区分,他们通常对首次合作团队不感兴趣(见AltAssets,2002a,2002b,2003b),但是会对首只基金挑挑拣拣进行投资。但是,在新技术领域,首次合作团队往往无法避免。

了恰当的尽职调查。作为一个警告，你不能依赖其他投资者的发现和主观判断。其他有限合伙人提供的信息也应该持怀疑态度。个人投资经理很可能通过引用其他机构的意见，下意识地试图保护自己：如果其他人犯了同样的错误，他可能就不会遭受指责。

14.3.2 尽职调查问卷

为切实有效地按照预定的标准评估潜在交易，尽职调查过程设置了健全的机制，界定了调查行为的范围、步骤及时间。尤其对于较大型的机构，在评估投资建议时保持一致性是一项挑战。在这一点上，尽职调查问卷会有所帮助——比如我们在附录14A中建议的；这些问卷主要是系统编辑信息的工具，让基金经理的筛选过程高效且有据可查。这样的调查问卷在业内广泛应用，只是方式略有差异。有的机构要求寻求投资的基金经理填写调查问卷。其他机构将调查问卷视为知识产权，只作为内部清单使用，不会散发给第三方 ⊖ 。

调查问卷涵盖了在进行尽职调查时应始终解决的要点，但是良好的投资决策不能建立在"勾选框"方法之上。相反，调查问卷有助于保持最低标准，确保一致性，并应用吸取的经验教训，对大多数建议共同的特征进行重复性"必须"检查，以节省宝贵的时间。其主要目的是避免错误和遗漏，让投资经理自由探索基金方案的细节，更好地理解无形资产、软实力和业务模式等他们的专业性可以创造最高价值的要素。

即使不会投资，这样的调查问卷也可以成为私募股权基金投资计划重要的研究工具。投资者不向基金认缴的原因各式各样，并不是所有原因都与方案的缺点有关。这样的决策往往是一个艰难的决定，并且与优秀团队的关系还要维护，因为它是未来交易的渠道。通过调查问卷采集的信息，有助于建立行业地图，识别业务模式，因此可以成为竞争优势的来源。通过这些信息，投资者还可以获知市场最新出现的操作实践。因此，在任何情况下，调查问卷都应该系统地评估。

伴随这个过程的还有尽职调查的风险。在机会越来越少的艰难市场情况下，就会有一种让标准松懈的诱惑。为了保持方法的一致性，在这种情况下，

⊖ 见格罗夫街顾问（Grove Street Advisors, 2002），"格罗夫街尊重投资团队的时间，不用正式的调查问卷"。另一方面，"采用由潜在标准组成的内部清单，进一步明确一项投资机会的预期未来业绩"。

更应该准备放弃某些要求，而不是降低评估标准。最后，编制一份"尽职调查报告"，记录与将要做出的决策相关的所有风险和影响，并作为今后监测活动的基础。

14.4 基金经理筛选过程

随着人们对私募股权资产类别的接受度越来越高，基金经理的数量也在稳定增长。正如前文所讨论的，各种基准缺乏权威，数据库提供的市场信息有限。这使得识别和评估基金经理更加重要，也更加困难。特别是在风险投资基金领域，很多潜在的杰出的基金经理有运营或创业背景，但是他们不习惯处理与机构投资者的关系。因此，他们的提议、记录和之前的报告做法可能不符合比如大型投资银行等机构的习惯标准。然而，正是这样的基金经理可能才有能力产出与风险投资基金相关的高收益，因此往往值得深入评估。

经理和熟悉私募股权基金独特方面的咨询顾问很少。因为这个行业及其实践是不断演化的，分类模糊不清，并且没有明确的该做和不该做的行为准则。因此，对于私募股权基金经理以及另类资产整体来说，其筛选过程（如图14-1所示）与公开上市资产完全不同。

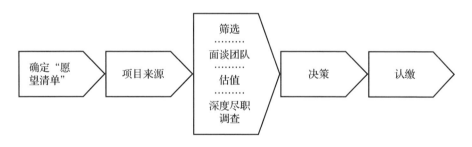

图14-1　基金经理的筛选过程

14.4.1 "愿望清单"的决定

制订投资策略对有效的管理流程来说很重要，也是基金经理筛选的起点。根据有效合伙人的投资策略以及相应的投资组合设计，需要建立基金特征的"愿望清单"。愿望清单确定了与有限合伙人投资策略一致的方案的类型。然后主动的项目来源方就会寻找专门针对该投资的愿望清单基金。

14.4.2 项目来源

私募股权基金的投资者必须利用自己在行业内的人脉关系，寻找高水平的基金经理并建立联系。获得尽可能多的建议和范例很重要。这可以通过与其他投资者或企业家讨论、聘请咨询顾问、搜索媒体谁投资了特别成功的创业企业等方式来实现。如果你从大量的范例开始，就会提高找到想要的基金的机会。

投资者经常收到雪花般纷至沓来的投资建议，对每个项目来源都做出回应并不是一种有效的筛选方式，因为真的是需要检验上百份私募备忘录，判断其是否符合既定的愿望清单特征或投资标准。首次合作团队别无选择，但是顶级团队通常是通过口耳相传的方式推荐给有限合伙人，根本不会出去募资，因此必须主动寻找项目来源。对于私募股权基金投资者来说，长期关系以及主动寻找符合既定标准的机会非常重要。机会是在团队甚至还没有开始募集基金的时候，就先发制人地寻找并接近团队而获取的。而且，这要求将预计这些团队什么时候进入市场募资记上日程。

14.4.3 项目筛选

尽职调查需要大量时间和精力，而基金经理又太多，无法进行详细的分析。因此，这个过程的下一步就是筛选。筛选的目标是快速剔除那些与投资组合设计的标准和目标不符或者要避免的投资方案。被筛除的项目事实上不值得再浪费时间和精力——这可能是因为它们的行业不对，阶段或地域不对，或者单纯无法满足最低质量要求。

假设没有发现淘汰标准，则对基金经理提出的投资策略、管理团队的整体水平、历史业绩、基金结构及条款进行初步评估。基金的条款和条件合适吗？如果不合适，可以进一步协商吗？基金的策略有说服力吗？与其他人的方案能区分开吗？未来成功的潜力如何？

只有当方案很好地符合有限合伙人的投资策略，达到愿望清单的标准，这些方案才能继续推进。这将投资机会缩小到了可以管理的少数几家，值得深入地尽职调查。在这一阶段，大约一半或 2/3 的方案被淘汰，取决于有限合伙人交易流程的质量。

14.4.4 面谈团队

投资不动产的秘诀是"位置、位置、位置",在私募股权基金领域则是"团队、团队、团队"——因此,下一步是与基金管理团队面谈,更好地理解管理团队成员的性格、经验、动态和资质。管理团队的整体素质如何?他们之间的互补性怎么样?团队凝聚力如何?分配公平吗?团队的激励因素是什么?每个团队成员面临的风险是什么?还需要了解组织的结构和决策的过程。这些评估是高度主观的,只能由经验丰富的投资经理实施。也可以仅仅看作指示性的,在尽职调查的后期阶段需要进一步详细地调查。

还应该对团队整体及每一个独立的个人的追溯业绩进行首次分析。进一步看,预计业绩的驱动是什么?这个阶段需要处理建议的条款和条件、利益因素的一致性、潜在的利益冲突等。在这一点上,要识别并澄清潜在的"不可接受的条件"——可能是建议的条款和条件相关的项目,团队不愿协商,或者直觉告诉投资者不能继续推进的因素。

对基金经理是否满意?毕竟,有限合伙人将对他们进行多年的监督,观点不一致可能会导致不稳定。一个极端情况是,个人方面的因素可能会混淆整个局面。不要忘记,有限合伙人经常向一只基金认缴超过1000万英镑,其中几百万最终可能会以管理费和超额收益分成的形式进入团队的腰包:这种情况下,谁不想向潜在的投资者展示自己最好的一面呢?并且,不要忘记,投资者对共同投资的有限合伙人感觉是否满意?他们是否致力于私募股权基金投资计划并且财务状况良好,还是存在可能成为违约投资者的风险?他们有经验吗?投资者能不能在未来几年的基金监督中信赖他们的判断?

14.4.5 估值

到目前为止,目标是淘汰不符合投资策略或者没有必要进行进一步深入分析的基金。接下来,与有限合伙人"买入清单(long-list)"上的其他投资机会进行比较,对项目进行评估。由于每只基金都不相同,这是关键的一步。竞争对手是谁?基金与竞争对手相比的排名如何?基金在其竞争领域的地位怎么样?

在私募股权领域,合理的投资决策很少建立在有意义的数字基础上,并且整个尽职调查都是不精确的。因此,投资建议的评估需要识别模式,并且需要具备专业知识。在直接投资的背景下,Camp(2002)认为,也许"优秀的创业投资家及其他同行最重要的区别就是可靠的直觉"。不幸的是,在这一点上,面对高度的不确定性,大多数投资经理倾向于放弃审慎的分析,开始完全依靠主观判断和直觉。

虽然在直接投资私募股权基金时,公司的估值起着重要作用,但是有限合伙人通常不会像在传统资产类别中那样对投资方案进行估值。由于私募股权基金的主要头寸是按面值购买,所以投资决策要么"是",要么"否",除了围绕条款和条件的谈判之外,并没有任何有价值的机制来调整感知到的风险。因此,机构有了施加越来越多的标准的倾向,寄希望于借此避免错误。我们认为,这在根本上是错误的,只会导致这个要求创新和进化的资产类别变得同质化和半标准化。相反,我们提议对基金价值的两个主要维度进行结构化评估:

- 基金的预期经济价值主要取决于投资方案的质量——不是非黑即白,而是全部介于二者之间的灰色地带。我们以定性评分为基础进行评估,作为一种"专家系统"(见第 15 章)。我们根据基于评分的经济模型生成的现金流情景计算基金的预期经济价值。
- 第二,对基金的投资存在实物期权价值。比如,一般认为投资于团队的首只基金比投资于成熟的公司风险更高,但如果这只基金成为头部业绩并且在随后的基金募集中超额认缴,那么后期还可以允许继续投资。

无形因素的评估非常困难,尤其是对于实物期权价值的评估。因此,不可能做到精确,只能是相对粗略的。但即使是在无形因素的背景下,精心组织的流程也会有所帮助,像定性打分这样的技术可以改进决策的质量⊖。为了简化,我们提出一个"不确定性预算"来描述基金的实物期权成分。在随后的几章,我们将建立必要的工具箱。

在这个阶段,投资者应该已经形成假设,即该投资方案适合私募股权基金投资计划的策略,并且其质量是可以接受的。深度的尽职调查目的是确认该假设。

⊖ 比如见 Edvinsson 和 Malone(1997)。

14.4.6 深度尽职调查

深度尽职调查是一项详尽的（也是折磨人的）并且高成本的活动，通常只有不到 20% 的初始方案能够走到这个阶段。其主要包括法律尽职调查和团队追溯业绩的进一步分析以及团队的互动。

该流程的一个重要部分是法律尽职调查。有限合伙协议经常使用专有的术语，私募股权基金有时在离岸辖区运营，适用于不同的法律法规。因此，这样的协议必须由专业人士起草，在最终的投资决策还非常不确定的情况下，在流程的太早期阶段成本太高。只有在投资前，关于条款和条件的谈判与修订才有意义，因此，各方必须在很强的时间压力下工作。

> 追溯业绩只是决定因素之一。其他因素与团队制订的流程有关，包括吸引高质量的交易流从而筛选有回报潜力的投资机会，与被投公司互动，以及实现正回报等。正是这些流程以及团队专业性水平的优势影响最终的结果。
>
> Maxwell（2002b）

进一步分析将聚焦在前期发现的关键问题。对于新出现的团队，分析主要聚焦于单个团队成员的历史业绩。对于成熟团队的投资方案，需要对其追溯业绩进行评价。主要目标是确定基金经理的历史业绩如何，以及这样的业绩能否持续。由于一名基金经理很少有完整退出的投资组合，我们面临如何评估以及在前几章讨论过的基准分析的难题。分析需要考虑以下几个要点：

- 之前管理的投资组合有多少已经退出，多少未退出？有多少是公开上市的？
- 已退出的业绩需要验证，未退出的投资估值需要检验。
- 在价值创造方面的贡献是什么？是投资组合公司 EBITDA 的增长，表明团队擅长建设公司吗？是退出的倍数，表明团队强于退出吗？或者团队的成功依赖金融工程技术吗？比如杠杆？
- 收益的历史波动率怎么样？或者换句话说，基金经理的"运气"有多好？业绩来自少数几个"全垒打"还是团队持续制造优秀的退出案例？
- 团队犯过什么错误？他们从中学到经验教训了吗？

调查关键投资组合公司作为案例研究也很有意义。讲的故事可持续吗？团队如何寻找项目？如何增值？

谈判和追溯业绩分析还为更好地了解团队、设定未来监督活动的主题提供了机会。追溯业绩的分析可能和基金的组织结构和管理结构的分析有关：

- 个人之间的动力是什么？团队关系有多么深厚、多么互补？组织结构合理吗？
- 业绩可以归功于团队个体成员吗？有没有"造雨者"㊀？工作量、奖金及保留退休金的权利分配公平吗？
- 团队有没有流动或者潜在的不稳定因素？继任问题有没有解决？

私募股权基金的投资者必须利用行业内的关系网络进行独立的个人证明材料检查。比如，可以从投资组合公司的联合投资人、企业家、竞争对手或业内顾问那里获得"第二看法（second opinions）"。现存投资者的认缴出资也应该进行验证——与其他潜在有限合伙人的联系甚至可能有助于修订基金的条款和条件。

14.5 决策与认缴

我们将尽职调查主要视为信息收集和评价，而不是作为决策的工具。在实践中，很少对此进行区分：尽职调查用于剔除劣质基金，投资剩余的方案。但是，通常的基于"勾选框方法"的尽职调查将无法识别占优的投资。对于私募股权基金来说，同类组的构成是不断变化的。在尽职调查过程中，同类组的构成还是未知的。要想始终选择最佳团队，必须评估这个不断涌现的同类组群体的构成，在这个具有非常相似特征的基金群体中进行排名。在寻找最佳团队的过程中，在不间断的、系统的基础上，对基金经理的业绩进行跟踪和评级是关键。这清楚地表明，挑选第一四分位基金不是一项容易的任务，需要高超的筛选技巧。因此，尽职调查的结果仅能作为投资决策过程的输入因素，决策过程不仅要考虑投资方案的质量，还要考虑投资计划组合的构成和投资策略。

作为经验法则，不到5%的初始方案将最终获得有效合伙人的认缴出资。

㊀ 根据Investopedia定义，是指仅仅依靠个人关系给机构带来客户、资金、业务甚至无形威望的人。——译者注

在这个过程的任何阶段，否决的决定都应该尽可能早的与基金经理沟通交流。否决并不一定意味着永远否决：团队不适合当前的配置，团队已经超额认缴，出于各种原因竞争方案更优，因此导致否决，在这些情况下，应该保持与团队的联系。这有助于获得投资团队管理的后续基金的机会，或者投资单个团队成员衍生企业的机会。

最后，这不是单方面的决策。尤其是超额认缴的团队可能有自己的潜在投资者尽职调查标准，首次合作团队也应该明智地选择自己的有限合伙人。投资者的承诺是长期的吗？他理解业务吗？有限合伙人是否以"难缠"甚至是违约投资者的名声著称？在公共机构寻求成为有限合伙人的情况下，他们的投资限制（尤其是关于行业部门和地域的限制）和透明度要求（见关于美国和英国《信息自由法案》的讨论）基金经理可以接受吗？

附录 14A　用于说明的尽职调查问卷——风险投资基金 ⊖

本调查问卷的主要目的是让信息收集标准化、便利化，提高其完整性，便于在投资方案之间进行比较。我们的目的不是替代尽职调查过程，而仅仅是做好准备，为投资者提供指引。我们采用了所有合理的努力，制作出一份普遍适用的调查问卷。因此，在散发本调查问卷之前，重要的是审查每一个问题，必要的话根据自己的要求、投资方案的具体特征以及筛选过程的阶段修订该问卷。比如，在首次筛选阶段，我们不建议使用完整的调查问卷，而是建议用概要版，只是收集做出是否进一步调查的中期决策所必要的信息。通常情况下，我们此处建议的针对 VC 基金的调查问卷也可用于私募股权基金，尽管对于后期阶段的投资，其他要点往往更加相关。最后，我们诚恳地建议对本调查问卷定期检查，根据持续演变的创业投资市场修订问卷的内容。总之，对本调查问卷的答复仅在没有适当修订、没有进一步调查或者尤其在特殊关注领域、没有独立第三方数据或参考的情况下予以信赖。

序言

我们感谢您花时间填写此调查问卷。如果有任何问题不清楚，请随时联系

⊖ 本调查问卷的电子版可从我们网站获得（www.limited-partners.com）。

我们。所有的技术术语均按照欧洲私募股权与风险投资协会（EVCA）[注]的定义理解。

如果问卷中未涵盖对我们投资决策有重要意义的信息，请在每节结尾或文件结尾随意添加额外要点（但是要在签字前）。在添加额外要点的时候，如果您不修改现在章节和问题的序号，我们将非常感激。在第 XI 节文件，您会发现我们希望收到的附件清单。

在评价您的回答时，我们假定所有金额都采用同样的货币，和第 I 节第 2 个问题基金的货币一样。如果事实与此不符，请务必明确陈述货币单位。

我们期待与您会面，进一步讨论您的投资方案。

目录

- I 基本情况
- II 基金经理
- III 管理团队
- IV 投资策略
- V 业绩记录
- VI 基金募集与现金流
- VII 法律与合规
- VIII 条款
- IX 公司治理
- X 行政管理
- XI 文件
- XII 附录

I 基本情况

基金

1. 名称（请输入法定名称。）

[注] EVCA 的专业词汇表可以从 http://www.evca.com/html/PE_industry/glossary.asp 获得（2005 年 4 月 29 日）。

2. 规模（请注明基金的货币。）

a. 最小（首次关账）：

b. 目标：

c. 最大：

3. 主题（请描述基金的主题：地域、行业、阶段……）

基金管理人

4. 名称（请输入法定名称。）

5. 地址（如果有多个办公室，请列出所有地点，陈述其作用和重要性。）

6. 网址。

7. 主要联系人（请写明姓名、职位、电话、传真和电子邮箱。）

8. 先前关系（请描述此前管理公司可能与我们的任何关系。）

发起人或母公司（如有）

9. 名称（请输入法定名称。）

10. 地址。

11. 网址。

12. 主要联系人（请写明姓名、职位、电话、传真和电子邮箱。）

13. 定位（请描述发起人或母公司的业务。解释他们参与的确切条件和预期的附加值。如第 XI 节文件所要求的，请向我们提供任何存续的合同或协议，或者如果尚未达成，描述所有可预见的合同或协议。）

14. 先前关系（请描述此前发起人或母公司可能与我们的任何关系。）

其他基金相关方

15. 名称（请输入法定名称。）

16. 地址。

17. 网址。

18. 主要联系人（请写明姓名、职位、电话、传真和电子邮箱。）

19. 定位（请描述相关方的业务。解释他们参与的确切条件和预期的附加值。如第 XI 节文件所要求的，请向我们提供任何存续的合同或协议，或者如果尚未达成，描述所有可预见的合同或协议。）

20. 先前关系（请描述此前各方可能与我们的任何关系。）

II 基金管理人

1. 法律结构（请解释管理人的法律结构。）

2. 成立日期。

3. 所有权【请给出管理人自成立以来的所有权演变（所有主体）以及可预见的变化。】

4. 业务活动（请描述自成立以来业务的演变以及未来计划。）

5. 财务稳定性（如第 XI 节文件所要求的，请向我们提供详细的预算。）

6. 私募股权基金客户【请解释目标投资者群体的类型（以下称"LP"），列出主要客户名单（包括资产规模、客户关系持续时间）。如第 XI 节文件所要求的，请向我们提供 3 位提到的客户。】

7. 竞争力（请列出您的主要竞争对手，并解释为什么您认为自己有竞争优势。）

III 管理团队

1. 员工成员（请按类型提供所有员工名单，按职级排序。）

姓名	职位	年龄	国籍	加入团队年限	从事 PE 年限

2. 其他相关综合经验（请详细描述团队成员在当前团队之外的所有综合经验。）

3. 私募股权基金经验——投资【请列出所有具有获得交易和从事投资经验的团队成员。提供关于其经验的简短描述（如果可能，采用 EVCA 的定义 ⊖）。提供主要成功或失败案例的解释。】

4. 私募股权基金经验——管理【请列出所有具有管理私募股权基金公司及为公司增值经验的团队成员。提供关于其经验的简短描述（如果可能，采用 EVCA 的定义）。提供主要成功或失败案例的解释。】

5. 私募股权基金经验——退出【请列出所有具有退出投资经验的团队成员。

⊖ 附录中，我们提供了一些 EVCA 的定义。对于全面清单，请仔细 EVCA 的专业词汇表，可在 http://www.evca.com/html/PE_industry/glossary.asp 获得（2005 年 4 月 29 日）。

提供关于其经验的简短描述（如果可能，采用 EVCA 的定义）。提供主要成功或失败案例的解释。】

6. 行业部门经验及专业知识【请列出所有具有目标行业部门经验或专业知识的团队成员（如果可能，采用 EVCA 的定义）。提供关于其经验或专业知识的简短描述。提供主要成功或失败案例的解释。】

7. 国家或区域经验（请列出所有具有目标国家或地区经验的团队成员。提供关于其经验的简短描述。提供主要成功或失败案例的解释。）

8. 运营经验（请列出所有具有与目标公司相似运营经验的团队成员。提供关于其经验的简短描述。提供主要成功或失败案例的解释。）

9. 其他相关经验或专业知识（请列出所有具有相关经验或专业知识的团队成员，比如咨询、顾问或投资银行。提供关于其经验或专业知识的简短描述。提供主要成功或失败案例的解释。）

10. 角色和职责（请解释每一位团队成员的角色和职责，并指出在投资期及之后，他们有多少时间分配给基金。）

11. 团队演变（请指出自成立以来团队的演变及未来的计划。）

	成立	……	−1 年	现在	+1 年	+2 年	……
所有员工							
招聘							
离职							
净人数							
合计							
投资专业人士							
招聘							
离职							
净人数							
合计（A）							
在管所有投资组合公司数量（B）							
投资专业人士平均管理公司数量（B）/（A）							

12. 员工离职（对于离职的员工，请陈述其离职日期、负责的交易、在交易中的作用、离职的原因以及任何已结或未结的官司。）

13. 员工薪酬（请解释每一位员工的薪酬方案。）

14. 利益一致性（请解释在基金整个存续期内，利益是如何在管理团队之间分配的。）

15. 交流（请解释贵公司各部门之间的交流与合作。）

16. 危险活动（任何团队成员是否从事高风险活动，比如洞穴探险、水肺潜水或空中运动？如有，请列出活动名称及性质。）

17. 外部资源（如果管理人打算使用或过去已经使用过外部资源，比如顾问，请列出这些资源，并对提供的或将要提供的服务做出简短描述。）

18. 外部活动【请列出每一位员工当前或预期的外部活动清单（比如现有及未来的基金，董事会/委员会的职位，咨询或讲师）、估计的工作量、可能给基金带来的最终价值增长以及预期的持续期。】

19. 其他权益（请陈述每一位团队成员在基金之外所有的金融权益，陈述其性质、重要性、配置时间及任何潜在的利益冲突。）

Ⅳ 投资策略

总体策略

1. 主题（请根据期望投资组合公司的特征详细描述基金的主题。）

a. 阶段【请根据 EVCA 阶段定义（见附录），说明初始投资时的预期投资组合组成的百分比（例如，初始投资时处于初创阶段的公司，在扩张阶段融资的后续投资必须计入初创类别，而不是扩张类别）。】

阶段	公司数量			投资金额		
	最少	最多	预期	最小	最大	预期
种子期						
初创期						
扩张期						
重置资本						
并购						
其他（请说明）						

b. 地理位置（请说明预期投资组合组成的百分比。）

国家	公司数量			投资金额		
	最少	最多	预期	最小	最大	预期

c. 行业领域【请根据 EVCA 行业领域的定义（见附录），说明预期投资组合组成的百分比。】

行业	公司数量			投资金额		
	最少	最多	预期	最小	最大	预期

2. 策略可行性（贵方案的预期收益是多少？请描述策略涉及的风险。您计划如何管理这些风险？为了进行风险管理，会在投资时采用特殊的协议安排吗？）

3. 策略的独特性（请解释您的策略与其他人有何不同，并描述其竞争优势。）

4. 市场说明——国家或地区（请描述目标国家或地区的市场状况，并解释您预期这些市场会如何演变。）

5. 市场说明——行业领域（请描述目标行业领域内的市场状况，并解释您预期这些行业领域会如何演变。）

6. 市场说明——发展阶段（请描述目标发展阶段的市场状况，并解释您预期这些市场会如何演变。）

7. 竞争力（请列出您的竞争对手，并解释对方和您的竞争优势。您预期竞争态势将如何演变？）

8. 基金规模（请解释您设定的最小、目标和最大基金规模为什么能充分满足预期的策略，并解释您的策略将如何根据最终所达到的基金规模进行调整。）

9. 目标公司（请描述目标公司，陈述关键财务数据，包括平均交易量、净资产及员工人数。）

10. 分散化（请填写下表，说明您的投资组合进行分散化的细节。如果基金打算投资于多个阶段、国家或行业领域，也请根据需要按阶段、国家或行业领域提供详细信息。）

	最少	最多	预期
投资组合公司数量			
每家投资组合公司的投资金额（所有预期融资轮次合计）			

11. 以前的基金情况如何？（如果本基金是后续基金，还请解释策略的任何变化，如果可能的话，请针对以前的每只基金回答 1.a、1.b 和 1.c 的问题。）

交易流考虑因素

12. 交易流策略的独特性（请解释您的策略与其他策略有何不同。）

13. 竞争力水平（请描述您在寻找项目来源方面的竞争水平。）

14. 项目来源（请提供自有资源和外部资源的百分比，以及筛选过程各阶段项目数量的统计数据。）

15. 关系网（请列出或举例说明项目来源情况，注明来源的名称或性质，并描述该项目。根据第 XI 节文件的要求，请提供一些参考资料。）

16. 中介费（请说明中介费的政策。请提供支付中介费的交易列表。请说明中介费金额。）

17. 当前的交易流（请提供当前交易流列表，包括项目的简短描述。）

投资考虑因素

18. 筛选流程（请详细描述筛选流程。如第 XI 节文件的要求，请提供报告或工作文件的案例。）

19. 决策制定（决策流程是什么？谁负责制订投资决策以及如何决策？是否有人拥有否决权？）

20. 关系网（尽职调查过程中有特定的专家吗？如第 XI 节文件的要求，请提供关系网资源的性质、涉及的交易及他们的贡献，以供参考。）

21. 联合投资政策（请说明本基金将作为领投者、单独投资者还是联合投资者。）

22. 合投关系网（请填写下表，回顾现存合投关系网。如第 XI 节文件的要求，请提供一些参考。）

公司	联合投资人	联合投资人角色	合投金额	您的投资

23. 后续投资政策（请描述关于后续投资轮次的准备金政策及反稀释策略。）

投资组合管理考虑因素

24. 管理流程（请详细描述投资组合公司的管理。谁负责做出投资决策以及如何决策？如第 XI 节文件的要求，请提供报告及工作文件的案例。）

25. 参与类型（请解释对投资组合公司的参与方式，比如运营参与、金融工程、控制席位、少数权益席位等。您在投资组合公司拥有董事席位吗？）

26. 投资估值（请描述投资组合的估值程序。您遵守 AFIC、BVCA 和 EVCA 还是其他估值指南？谁负责估值？谁负责审查？审查的频率是什么？）

27. 投资组合公司报告（请讨论投资组合公司提供的报告并说明其频率。如第 XI 节文件的要求，请提供报告的案例。）

28. 关系网（您有特殊的专家库为被投公司增值吗？如第 XI 节文件的要求，请提供相关资料，说明关系网资源的性质、参与的交易及其贡献。）

29. 货币敞口（如果基金将面临货币风险，请描述货币风险政策。）

退出考虑因素

30. 退出策略（请解释退出策略。此前的基金使用过哪些退出策略？如何最大化退出价值？）

31. 退出流程（请详细描述公司的退出流程。如第 XI 节文件的要求，请提供报告和工作文件的案例。）

32. 决策制定（决策流程是什么？谁负责做出退出决策及如何决策？）

33. 关系网（您有特殊的专家库以便退出被投公司吗？如第 XI 节文件的要求，请提供相关资料，说明关系网资源的性质、参与的交易及其贡献。）

V 业绩记录

1. 私募股权基金产品【请按成立日期顺序列出所有产品（基金、顾问委托、客户投资组合等），并说明设立年份、基金名称、主题及规模。】

设立年份	基金名称	基金主题	基金规模

请为以前的每只基金或委托回答以下问题（2~7）。

2. 当前仓位（请提供以下信息。）
- 认缴总额：
- 实缴总额：
- 投资总额：
- 被投公司数量：
- 分配总额（价值）：
- 分配总额（成本）：
- 完全退出公司数量：
- 当前投资组合（价值）：
- 当前投资组合（成本）：
- 投资组合公司数量：

3. 业绩【请按季度提供基金成立以来的毛 IRR、净 IRR 及收益倍数（TVPI、RVPI 和 DPI）。如第 XI 节文件的要求，请提供包括所有基金现金流的文件。】

4. 汇率（如适用，请提供排除汇率影响后的业绩。）

5. 已实现的投资（请列出此前基金的所有已实现投资，并指出谁负责相应投资，并解释为什么该投资成功或失败。）

6. 未实现的投资（请列出此前基金所有未实现的投资，并指出谁负责相应投资，该投资是否为需要特殊留意的案例，以及预计何时退出投资。）

7. 估值【请解释您的估值或业绩是否经过审计（如适用，请提供审计报告），并说明在何种标准下对投资进行了评估。】

Ⅵ 基金募集与现金流

1. 初始发行日期（何时正式开始募资流程？是第一轮还是后续最后一轮募资？）

2. 预期封闭时间表（请按预计关账日期填写下表。）

关账日期	最小金额	最大金额	期望金额

3. 到目前为止收到或预期的认缴【请按类型（确定的、软性的……）列出到目前为止收到的认缴及投资者（LP）名称及其公共或私人属性。如第 XI 节文件的要求，请提供认缴承诺书。】

类型	LP	公开/私募	认缴金额

4. 现有投资者（请列出此前基金或受托的所有投资者，说明投资当前基金的协商情况。对于每一位不投资的 LP，请解释不投资的原因。）

5. 团队投资（请指出团队投资的总金额，如果可能的话，请列出每一位团队成员的投资金额。）

成员姓名	认缴金额	占个人财富总额的指示性百分比	通过杠杆融资的百分比

6. 团队此前的投资（请指出团队或每一位团队成员在团队在管或曾经管理过的所有基金或委托中的投资总金额。）

成员姓名	认缴金额	产品名称

7. 瀑布式收益分配（distribution waterfall）（请详细说明分配优先级、再投资及优先分配的描述。如果可能的话，请提供几个具体的数值示例。）

8. 分配政策（请指出您是以现金形式分配还是以实物形式分配，如果预计将采用实物形式分配，请说明条件及估值。）

9. 提款（请列出自基金成立以来所有提款占认缴的百分比，以及预期将发生的提款，并详细说明其使用情况。）

日期	提款	用途

VII 法律与合规

1. 管辖地（请指明预计的管辖国家/地区。）

2. 税收结构（请解释税收结构。）

3. 交易对手（请提供一份与基金管理人保持业务关系的专业交易对手清单，包括名称、联系人姓名、关系的性质及持续期，比如法律顾问、审计师、咨询师、用于存放现金的银行或分销渠道。过去您曾中止过业务关系吗？如是，请提供理由。）

4. 注册情况（基金或管理人是否在任何监管或监督机构注册？这些机构最后一次检查是什么时候？）

5. 会员情况（基金或管理人是否是任何专业机构的会员？）

6. 未决法律诉讼（是否有针对管理人或其管理的任意基金的未决诉讼？团队成员是否因犯罪活动或任何欺诈行为被起诉？目前是否有团队成员正在接受如金融服务管理局（FSA）或中央银行（COB）等机构的调查？如有，请提供详细信息。）

7. 外部兼职（所有员工是否按照合同规定可以为管理人全职工作，而不受以前/现在的雇主的限制？他们是否履行了合同或其他规定中对以前/现在雇主的所有义务？）

8. 道德准则【请描述您的职业道德政策。对于被投公司（比如环境和国防工业）的职业道德问题，您采取了哪些政策和尽职调查？】

VIII 条款

1. 存续期（请说明基金的存续期，包括可能的延期和条件，如适用。）

2. 投资期（请说明基金的投资期，包括可能的延期和条件，如适用。）

3. 设立费用。

4. 平均化溢价（基金首关后认缴的 LP 是否必须支付平均化溢价？如果是，利息是多少？计算方法是什么？）

5. 管理费（请说明百分比、计算的基础和期限。）

6. 管理费的来源（管理费是从认缴资本中扣除还是作为额外成本收取？）

7. 其他费用或支出【基金是否会收取其他费用或支出（比如日常开支、法律费用、尽职调查成本、交易费用、投资银行费用、监督费用、董事费用）？】

8. 费用抵消【管理人从投资组合公司收取的费用（比如监督费用和董事费用）是否从管理费扣除？如果是，比例是多少？】

9. 增值税（VAT）（请描述费用和支出的增值税情况。）

10. 超额收益分配（请说明您收取的超额收益，以及向个人的精确再分配。对任何未分配超额收益谁享有自由决定权？超额收益的行权计划和分配的限制条件是什么？）

11. 回拨机制（请详细说明基金回拨机制条款。）

12. 门槛收益率。

13. 追赶机制。

14. 关键人条款（请描述预计的关键人条款。哪些团队成员是关键人？）

15. 离职条款（请描述离职条款。在什么情况下 LP 可以解雇管理人，以及相关的条款和条件是什么？）

16. LP 权益的转让（请解释 LP 权益转让相关的政策。）

17. 联合投资（LP 与团队成员联合投资的政策是什么？请附 LP 及团队成员联合投资的清单。）

18. 个人参与否决项目（团队成员能否投资或者团队成员是否已经投资否决的项目？请附此类投资的清单。）

IX 公司治理

1. 董事会 / 委员会（基金是否设有董事会 / 委员会？如是，请描述董事会 / 委员会的职责，并列出成员名单，包括他们的姓名、背景简介及当前职位。）

2. 委员政策（请描述董事会 / 委员会成员相关的政策。）

3. 此前基金的董事会 / 委员会（此前的基金或顾问是否采用了董事会 / 委员会？如是，请描述董事会 / 委员会的职责，并列出成员名单，包括他们的姓名、背景简介及当前职位。）

4. 激励机制（请解释董事会 / 委员会成员的薪酬计划。列出个人名单及从基金中获得的报酬总额。）

5. 利益冲突（识别并分析与管理人、发起人、母公司或任何其他关联方之间的实际或潜在的利益冲突。请描述利益冲突政策和流程。）

X 行政管理

1. 内部管理（基金内部行政管理的任务是什么？基金管理采用什么系统？该系统是内部开发还是采用标准软件包？）

2. 行政外包【哪些任务由外部服务机构（附上公司名称）完成？与这些服务机构的关系持续多久了？公司是否曾经终止过任何服务机构的合作？如是，请解释当时的情况。）

3. LP 报告（请描述给 LP 的报告，并说明频率。如第 XI 节文件的要求，请提供 LP 报告的示例。）

4. 标准（您的报告遵守哪些标准或指南？）

5. 提款【提款的流程是什么？是否采用标准模板？（如是，能否提供示例？）以及需要提供哪些信息？】

6. 回款【回款的流程是什么？是否采用标准模板？（如是，能否提供示例？）以及需要提供哪些信息？】

XI 文件

如果可能，能否提供以下文件的电子版？请在相应表格中填写文件名称，如果提供电子版，请注明文件名。请不要在调查问卷中直接插入附件。假如这些文件已修订或更新，请确保我们收到的是最新版本。

文件	文件名称	文件名
私募备忘录		
有限合伙协议或其他形式的投资协议		
此前基金最近一期的审计报告及最新的季度报告		
证明资料列表（请包括团队成员、此前及当前投资组合公司、LP、专业关系网如法律顾问、公司财务、会计等相关的职业证明资料）		
每一位团队成员详细的个人履历（以背景概括描述开头）		
每一位董事会/委员会成员详细的个人履历（以背景概括描述开头）		
股权结构图及法律架构		
LP 报告的示例		
来自投资组合公司的报告示例		
运营流程（比如投资政策、尽职调查流程、备忘录、调查问卷、估值模型、投资批准报告、初始及最后的投资报告）		

（续）

文件	文件名称	文件名
业绩【请提供团队所有投资现金流的 Excel 文件，并按基金、阶段、领域、国家或地区、角色（领投与否）及负责的投资专家计算 IRR 及收益倍数（净值和总值）】		
已签署的任何协议或补充条款，包括联合投资协议		
投资组合中每家公司及当前交易流的工作文件（尽职调查……）、最新的财务数据和报告		
宣传手册		
员工的出版物（仅当与本基金相关时）		
认缴承诺书		
基金与以下各方签署的所有协议： - 管理人 - 发起人或母公司 - 其他 LP - 任意其他关联方		
管理人与以下各方签署的所有协议： - 发起人或母公司 - 其他 LP - 任意其他关联方		

请签署以下声明。

【日期】

我们确认，在本尽职调查问卷发布之日，据我方所知和所信，向贵方提供的所有信息都是真实和公正的，并且构成了对【管理公司名称】（简称"管理公司"）和【基金名称】（简称"本基金"）的完整和恰当陈述。

我们承诺，一旦我们了解到任何其他信息，特别是尚未提供给您和其他潜在投资者要求的信息，我们将立即向您提供。

【如果首次关账已经发生。】自本基金成立以来，截至目前，我们尚未注意到任何可能影响或可能会影响本基金预期业绩的事项或事件。据我们所知，现有投资的估值在向您提供报告之日是公允的，并符合适用的 EVCA 估值标准。

我们没有任何可能严重影响本基金未来账面价值的计划或意图。

授权签字（我们希望所有关键员工签字。）

姓名：

日期：

XII 附录

EVCA 阶段定义[一]

- 种子期。在企业达到初创阶段之前,用于研究、评估及发展初步概念所提供的融资。
- 初创期。用于企业产品开发和初步市场化的融资。公司可能正处在设立的过程中,或者可能已经短期运营,但是尚未将产品商业化销售。
- 扩张资本。也称为发展资本。是指用于公司成长和扩张的融资。公司此时可能尚未实现盈亏平衡或盈利交易。资金可能会用于:扩大产能,市场或产品开发,提供额外运营资本。
- 重置资本(二次购买)。从另一家私募股权投资机构或从另一位或多位股东手中购买公司现有股份。
- 并购。从当前股东(卖方)手中收购业务、业务单元或公司的交易。

EVCA 行业定义

- 农业。畜牧业、作物种植、渔业、林业。
- 生物技术。农业/动物生物技术(如植物诊断)、工业生物技术(例如衍生化学品)、生物技术相关的研究和生产设备。
- 化工和材料。农业化学品、商品化学品、特殊或高性能化学品/材料、涂层和黏合剂、膜和膜基产品。
- 计算机:硬件。电脑主机,笔记本电脑。小型计算机。PDA/手持设备,光学扫描设备,语音合成/识别设备(包括计算机硬件的制造商、经销商和分销商)。
- 计算机:半导体。半导体、电子元件(如集成电路、晶体管)、半导体制造设备。
- 计算机:服务。数据处理、硬件维护、IT 咨询、IT 培训。
- 计算机:软件。适用于所有类型硬件、系统集成和软件开发的应用软件产品、操作系统和系统相关软件(包括计算机软件的制造商、经销商和分销商)。

[一] 来源:EVCA 词汇表,来自 http://www.evca.com/html/PE_industry/glossary.asp(2005年4月29日)。

- 建筑业。建筑服务、建筑材料制造、预制建筑和系统制造。
- 消费者：零售。消费品和服务的零售，包括休闲和娱乐产品。
- 消费者：其他。消费品的制造和供应。
- 电子。电池、电源、光纤、分析和科学仪器。
- 能源。石油和天然气勘探和开发、勘探和钻井服务及设备、煤炭相关、节能相关、替代能源。
- 金融服务。银行、保险相关、房地产、证券和商品经纪。
- 工业自动化。工业测量和传感设备、过程控制设备、机器人、机器视觉系统、机床数字化和计算机控制。
- 工业产品和服务。工业设备和机械、污染和回收相关、工业服务。
- 互联网技术。浏览器、门户、搜索引擎和其他互联网支持技术、网站设计/咨询、ISP。
- 制造业（其他）。商业产品和用品、办公家具、纺织品、五金和管道用品、纸浆和纸张、印刷和装订、包装产品和系统。
- 医疗：医疗保健。卫生机构、医院管理、残疾人辅助设备和基本医疗用品。
- 医疗：仪器/设备。技术先进的诊断和治疗产品和服务。
- 医疗：药品。药物开发、制造和供应。
- 服务业（其他）。工程服务、广告和公共关系、分销商、进口商和批发商、咨询服务（不包括IT咨询——参见计算机：服务）。
- 电信：硬件。语音和数据通信设备、电缆/移动/卫星网络设备（不包括电信运营商）。
- 电信：运营商。有线/移动/卫星电信运营商。
- 通信（其他）。电视和广播、媒体公司、出版。
- 运输。航空、铁路、公共汽车、机场和其他运输服务、邮件和包裹运输。
- 其他。采矿、公用事业、企业集团。

第 15 章 基金定性打分

在第 13 章，我们提出了一个内部评分系统的雏形，要求将定性打分和定量打分作为输入要素。本章我们分析定性打分。定性打分的目标是确定私募股权基金符合当前"主流特征"⊖的程度，即所观察到的头部业绩基金的特征。可以将其视为衡量一只基金在特定时间点适应私募股权基金市场环境程度的指标。基于此，可以根据基金对主流特征的偏离程度，对基金进行排名。

投资前，定性打分形成了我们基于评分的经济模型（GEM）的唯一输入要素，我们用该模型确定一只私募股权基金的价值，这一点将在第 16 章解释。这意味着，一只严重偏离主流特征的基金，即定性打分低，将得到较低的期望业绩评分，从而具有较低的经济价值。定性打分不是尽职调查的替代品，而是基于其结果的分析。其目标是对投资方案进行分类和比较。虽然对于什么代表一只"理想的基金"，在基金结构、行业和地域主题、团队等方面有一种"市场共识"，但是在这个不受监管的不透明的资产类别中，存在持续不断的创新。因此，什么是主流的定义将持续演变。有些团队可能会尝试将自己与"其他人"区分开来，从而吸引投资者或者适应不断变化的环境。如果偏离主流的实践得到验证，有限合伙人将这类投资作为对利基策略配置的一部分。如果成功了，该创新因素逐渐融入主流，新的证据需要不断纳入考虑因素。

如果按照严格要求应用，定性打分可以确保初始评估与基金整个生命周期监督的一致性，因此可以成为管理私募股权基金投资计划的有力工具。

15.1 打分的方法

定性打分是以投资方案核心维度的评估为基础，以同类组群体为标杆。因

⊖ 当然，可以有不止一种主流类别，但为简化起见，我们将讨论限制在仅一种主流。

此,第一步是识别同类组圈子,然后以此为参考,比如欧洲早期阶段科技基金。

在此背景下,我们区分两种同类组。鉴于漫长的投资周期,已完全变现年份的历史同类组,其统计数据已经"过时"了。可靠的定量数据与同年份群体的关联性较强,极端情况下,数据可以回溯超过10年。因此,定性打分主要基于中期数据、传闻信息以及从相对较新基金学到的教训。

很大程度上,相同年份的基准评价同类组是未知的。其组成需要基于私募股权基金市场当前的条件和盛行的主流进行估计。打分建立在未知的未来同类组可以与近期成立的全体进行比较的基础上。即使同类组的组成未知,投资决策很大程度上是以一系列通常认为与最佳业绩基金一致的标准为基础的。假设主流特征的组成成分不发生激烈的转变,编写一系列底层业绩的指示性标准也相对简单㊀。

要决定分值,必须评估可得信息是否充足,以及是否与形成看法有关。此外,证据稳定性(比如,是否可在较长时期内在不同条件下观察?)或者持续性(比如,预计是否可继续下去?)的标准也要考虑在内。与决定一只基金在同类组内的四分位数排名的目标一致,我们通过1~4分的评分来表示质量(见表15-1)㊁。

表15-1 定性打分

分数	描述
1	在评估的维度内,基金的特征与主流特征一致,甚至可以被视为一个优点
2	在评估的维度内,基金的特征与主流特征一致
3	在评估的维度内,基金的特征有些偏离主流特征,或者被视为弱点。如果其他维度这样的弱点太多,那么该基金不太可能找到(额外的)投资者
4	在评估的维度内,基金的特征明显偏离主流特征,或被认为存在严重的弱点。除非有其他维度的优点进行弥补,否则基金很可能找不到(额外的)投资者

㊀ 这里有一个需要注意的地方:虽然投资者注意到了惊人的成功,但是往往对失败保持沉默——如此有趣,以至于保持领先也成了一项挑战。

㊁ 当然,也可以用其他等级,但是数字的优点是不允许保持中立的立场,因此会迫使人们做出正面或负面的判断。应尽量避免使用太高的分数——在100分的等级中,67分和68分又有什么区别呢?

定性打分与专家体系具有同样的特征，不能"机械地"执行，而是必须基于与接近项目和市场的投资经理进行讨论㊀。打分的方法也不能被视为"静态的"，需要不断更新，并随着新主流特征的出现以及业内人士不再应用某些既定做法而进行校准。

当然，分数不是严格累加的，但是对吸引了充足私人投资的持续运营的基金来说，这似乎是一个合理的启发。特里·史密斯（Terry Smith）在1992年的会计技术分析中采用了类似的方法。他为公司引入了"斑点"分数（一个"斑点"代表应用了一项创新的会计技术，见 Smith，1996）。对于他分析的公司来说，这种"斑点"打分的方法被证明是预测财务困境的相当稳健的方法。

由于缺乏长期数据支持这个说法，但基于我们的经验判断，赋予一只基金的投前分数，对于仍需要时间找到关键投资者群体以封闭基金的时候，具有一定的指示性。尽管这不会在投前评分与基金最终业绩之间建立清晰的联系，但是这接近于专家对基金潜力的共识。

15.2　打分的维度

私募股权基金评分的定义要求根据经验确定有哪些看似最佳的维度可以预测成功——或者更常见的是失败。为了便于说明，我们讨论了管理团队技巧、稳定性与激励、基金策略、基金结构、外部有效性和整体适配度等维度。对于每一个维度，权重反映了其重要性。再次说明，这是基于经验而不是统计数据。大多数投资者都会赋予管理团队最高的权重，他们是任何投资方案的关键。在日常工作中，我们发现表15-2中所显示的分配很有价值。当然，其他投资者赋予这些维度的权重可能不同，但是大家对极值有一个广泛的共识，比如"顶尖团队"的特征或者过去曾经导致失败的特征。不同投资者对于潜在头部业绩和潜在底部业绩是有共识的，因为所有维度排名都高或都低的基金，不会受权重变化影响，在这一方面，打分是稳定的。

每一个维度都要求在几个子维度进行打分。而且，子维度可能有不同的权

㊀ 我们在本周增加了一系列行业专家的引言，用来证明定性打分依赖于经验和专业知识，而不是冷冰冰的事实。大多数引言来自另类资产网（AltAssets）进行的采访。借此机会，我们特别感谢阿尔梅达资本（Almeida Capital）副董事克里斯·戴维森（Chris Davison）提供这些采访资料。

重。根据重要性程度，可以分析更多的子维度。

表 15-2 定性打分——维度的权重

维度数量	维度	权重（%）
1	管理团队技巧	30
2	管理团队稳定性	10
3	管理团队激励	10
4	基金策略	15
5	基金结构	10
6	外部有效性	10
7	整体适配度	15

15.2.1 管理团队技巧

要形成对私募股权基金管理团队技巧的判断，可以主要评估其经验和资历。年轻的私募股权基金有时并没有完整的管理团队，并且尚未准备好在没有援助的情况下进行管理。这样的基金可以从其他方面寻求支持，比如外部顾问、董事会成员或顾问委员会。要想依赖这些主体，投资者必须对他们进行完整的尽职调查，并且确保他们在整个基金生命周期都留任。由于这通常不太可能，并且由于外部资源往往意味着严重的潜在利益冲突，行业最佳实践建议，所有"关键"竞争力必须在团队内部。为了评估管理团队的技巧，可以分析一系列子维度，比如私募股权投资经验、运营经验、行业经验、国家或地区经验或者团队规模、均衡性及覆盖面。

我们喜欢看到那些拥有广泛技术基础的团队。有什么技术取决于基金关注的行业，但是通常我们看重的是，拥有行业专业知识，并且能够证明他们确实能为投资组合公司的运营和财务改善提供增值。我们还看重财务技能。

克里斯·曼瑟（Chris Manser），丰泰集团（Winterthur Group）

15.2.1.1 私募股权投资经验

其他行业的经验不能轻易转移到私募股权基金。在完成两笔交易后，人们常常认为他们无所不知，但往往需要数年时间才能了解行业的具体细节，并建立专业知识和网络以持续进行盈利的交易。优秀的团队能够从专有交易流中购买"廉价"的公司，通过亲身实践的方法持续、系统地增加价值，并从大多数投资组合公司中提取最高价值。

> 从合作伙伴的角度来看，我犯过的重大错误之一是认为顾问委员会中有多位诺贝尔奖获得者就意味着基金会有高回报。
>
> 汉斯·哈利根（Hanse Halligan），
> 锦绣创业管理（Fairview Venture Management）

首先，这是关于团队获得最佳项目、构建交易和协商最佳进入价格的能力。必须考虑的维度是从各种来源（专有交易流与否）的交易中获得的经验，以及谈判和构建最佳条款的能力。其次，大多数情况下，在退出之前，投资组合公司将没有足够的资源来支持和管理其发展。基金经理填补空白并为其投资组合公司增值的能力是成功的重要因素。最后，团队从投资组合中提取最高价值的能力至关重要。团队是否有经验和能力吸引众多潜在买家并以盈利的方式出售投资？

财务技能也很重要；他们可能是在作为投资银行家从事私募发行、高收益交易、并购或 IPO，或者在任何公司担任首席财务官时获得的，但最好是与未来投资组合公司类似的公司。

15.2.1.2 运营经验

"运营经验"是指基金经理曾经经营与预期投资组合公司相似的公司。尤其是在初创阶段，许多公司内部运营经验不足。这是基金经理可以通过提供运营建议，或通过新聘用的经理帮助公司加强团队来增加重要价值的领域之一。

> 基金需要能够与公司合作改进的人员加入。这些运营人员必须是团队不可或缺的一部分。有些团队利用关系网来提供专业运营知识，但我们并不认同这种理念。如果外聘人员不是接受超额收益分成的团队成员，那么他们有什么动力去做到最好？
>
> 莱茵哈德·哈特尔（Reinhard Hartl），
> 全球视野私募股权合伙（Global Vision Private Equity Partners）

15.2.1.3　行业经验

收购交易通常发生在"旧"工业的成熟公司，而风险投资基金的投资则发生在专注于新兴或快速发展领域的初创公司或发展中公司。在这两种情况下，基金经理在目标行业中的经验都至关重要。这听起来有点显而易见。确实，如果管理团队中没有任何生物技术专家，谁会投资于专业生物技术基金？

> 如果您正在评估一项业务战略或一项新技术的可行性，那么对该行业的深入了解将是一个加分项。如果您一生都在某个行业工作，那么您在该行业中的人际关系将会更加牢固。这意味着团队能够以更高的标准进行尽职调查。团队会做出更明智的估值决策：好公司不一定是好投资。即使这是一家伟大的公司，但你支付了过高的成本，那么它也可能会变成一项糟糕的投资。
>
> 格斯·朗（Gus Long），华盛顿堡资本合伙（Fort Washington Capital Partners）

15.2.1.4　国家/地区经验

投资于一只基金时，投资者喜欢看到与目标国家或地区关系密切的团队。在欧洲或国际聚焦的任何基金中尤其如此，文化监管的多样性可能是进入关系网络或正确构建交易的严重障碍。与行业经验相同的观察结果也适用于这种情况。深入了解一个国家的文化、监管和工作方式对筛选和评估投资以及构建交易至关重要。

15.2.1.5　团队规模、均衡性与覆盖面

市场最佳实践经常提到，每一位投资专家最多管理 5 家企业⊖；投资者对所有技能都集中在少数甚至一名员工的团队持谨慎态度。整个团队的技能应该保持平衡，任何成员的离开都不太可能导致灾难性的后果。基金应该能够在不得不花费宝贵的管理精力寻找和招聘额外的关键人才之前推进投资。

⊖ Cumming（2003）在 214 只加拿大风险投资基金（1991~2000 年）信息基础上，分析了基金规模与投资收益之间的关系。从分析中剔除仅投资 1 年的 VC 基金后，该研究以投资组合公司数量衡量基金规模。作者的研究结果表明，影响风险投资基金投资组合中被投创业企业数量的因素呈现规模收益递减的情况；VC 投资组合中，风险投资公司对创业企业的援助与投资组合的规模之间似乎存在权衡取舍。

团队成员需要具备互补的技能。我们喜欢拥有一些运营和/或咨询技能的团队，而不仅仅是前投资银行家。我认为随着市场的发展，这正在变得越来越重要。如果公司想要获得优秀的回报，那么它们将需要具备以某种方式转变业务的技能。

罗杰·威尔金斯（Roger Wilkins），
莫利基金管理公司（Morley Fund Management）

在技能、背景、个性和洞察力方面的多样性被视为一种优势。多样性使管理团队能够解决更广泛的问题，并从不同角度处理这些问题，从而做出更强有力的决策。然而，仅有多样性是不够的。管理团队还应具备互补的技能和背景。互补的管理团队通常比同质的管理团队更强大、更有效。

15.2.2　团队稳定性

为了评估管理团队的稳定性，你必须寻找团队在基金生命周期结束之前都会团结一致的证据。实际上，即使是合格的团队，也存在成员离职或者团队内部紧张关系妨碍团队充分发挥其技能的风险。不仅需要评估团队整体，还需要评估单个团队成员，尤其是拥有核心竞争力的成员。要评估团队稳定性，需要分析一系列子维度，比如团队凝聚力、历史稳定性、团队内部分享、继任计划或财务稳定性。

我们渴望团队稳定。此时此刻这一点非常重要，尤其是在风险投资基金层面。在过去三四年的浮浮沉沉之后，很多团队都正在面临着巨大的压力。你必须非常谨慎，确保真正了解团队的动向。

克里斯·曼瑟（Chris Manser），丰泰集团（Winterthur Group）

15.2.2.1　团队凝聚力

明确的角色和职责的存在通常会减少团队内部的潜在紧张局势。此外，相处融洽、凝聚力强、合作良好、决策和行动有效的团队，成功的可能性要高得多。事实上，管理团队成员之间的不和是失败的主要原因。

我们渴望的事情之一就是一个共同决策的真正的团队。你需要团队的决策来调和个人的观点。

泽维尔·卡伦（Xavier Caron），CPR Private Equity

15.2.2.2 历史稳定性

大多数时候，投资者的投资决策以某些关键人士的技能为基础。历史人员流动性和工作关系的持续时间可以反映团队的稳定性。员工离职可能表明团队内部关系紧张，因此应进行系统调查。一个团队首次募集资金的事实不应扼杀交易，只要他们曾经共事了很长一段时间[1]。

15.2.2.3 团队内部分享

不公平（或被认为不公平）的财务方案（薪资、超额收益分成、管理公司的所有权等）经常会产生问题。通常，团队成员的财务方案应反映成员对基金的预期贡献或附加值。在基金的生命周期中，初级团队成员往往会成为"造雨者"。如果他们没有通过提高职级或额外的财务奖励得到适当的弥补，可能会造成严重的紧张局面。这种情况太常见了，因为大量的分拆公司已经证明了这一点——初级团队成员试图建立自己的风险投资公司。

> 超额收益必须以公平合理的方式分配，确保普通合伙人在可预见的未来都留在公司。我们发现有些公司的创始人不愿给团队其他人分享超额收益，或者分配不公。这可能会导致员工留存问题，并可能在团队工作中产生摩擦。
>
> 哈罗德·韦斯（Harold Weiss），瑞士再保险集团（Swiss Re）

15.2.2.4 继任计划

在这种情况下，人们必须关注任何潜在的继任问题，以及是否存在为新任管理人员开辟道路的继任计划。

> 一些知名的顶级投资机构可能不如我们预期的那样可靠。我们正在见证这样一个时期，公司面临着继任问题，不得不依赖那些缺乏像资深合伙人那样丰富经验的团队成员。
>
> 克里斯·曼瑟（Chris Manser），丰泰集团（Winterthur Group）

---

[1] Burgel 和 Murray（2000）不能接受这个假设，即经验丰富的私募股权基金合伙企业——与首次合作基金相对应——实现的收益超过新的合伙企业。他们提出一个可能的解释，成功的风险投资家可能会发现，他们可以通过设立新基金最大化财务回报，而不是继续在当前的合伙企业工作。因此，他们实际上并不是真的首次合作基金，因为他们拥有丰富的经验。因此，从一开始就能够募集一只新基金可能已经表明显著的幸存者偏差：只有被潜在投资者视为优秀的专业人士，才有可能成功募集第一只基金。

15.2.2.5 财务稳定性

管理公司只有在财务稳健并因此能够留住所有关键员工的情况下，才能实现预期业绩。因此，必须进行预算审查，以核实预计的管理费用是否足以支付管理公司的所有预计支出，以及这些支出是否合理。

15.2.3 管理团队激励

对利益一致性的审查构成了评估团队激励的基础。这一点很重要，因为管理团队必须为了投资者的利益在基金的整个生命周期妥善管理基金。为了评估管理团队的激励，可以分析一系列子维度，例如激励结构、声誉、团队独立性、外部活动、利益冲突或基金经理对基金的投资。

15.2.3.1 激励结构

管理费应仅足以支付激励结构开支。在管理费用过高的情况下，它们可能成为团队的主要激励。盈余是可以接受的，但前提是它没有分配并保留在储备金中，比如用来减轻筹集后续基金的压力。在评估管理费是否充足时，投资者必须考虑所有的收入来源（比如来自其他基金的费用或来自投资组合公司的费用）。他们需要将工资的充足性与市场进行比较。激励措施应该主要以业绩为基础，团队应该聚焦于超额收益分配。

> 很多大型基金募集了大量资金，却仍然收取与它们规模较小时相同比例的费用，甚至员工总人数都没有大幅增加。即使未能实现超额业绩，他们也能让自己非常富有。
>
> 罗杰·威尔金斯（Roger Wilkins），
> 莫利基金管理公司（Morley Fund Management）

15.2.3.2 声誉

声誉是评估团队激励的重要因素。一个缺乏声誉的团队可能有很大的动机快速建立"追溯业绩记录"，因此可能会"过早"退出或承担更高的风险，以增加"高度"成功退出的概率。同样，拥有良好声誉但即将退休的管理团队可能会自满或投机取巧，并"冒险"进行最后一次高度成功的交易。

15.2.3.3 团队独立性

欧洲风险投资协会（EVCA）根据基金与第三方的独立程度区分基金：

- 独立基金（Independent fund）："主要募资来源为第三方的基金"。
- 半专属基金（Semi-captive fund）："虽然主要股东出资了大部分资金，但仍有相当一部分资金来自第三方"。
- 专属基金（Captive fund）："管理公司的主要股东出资大部分资金的基金，即母公司从其内部资源向专属基金配置资金，并将已实现的资金收益再投资于该基金"。

投资者通常更青睐由管理团队或独立于投资者的董事会做出投资决策的独立管理基金。大型发起人投资者的存在并不一定意味着缺乏管理独立性。关键问题是决策过程和改变"游戏规则"的权力。此外，超额收益的分配也是一项关键考验。独立团队通常会收到大部分甚至全部超额收益，从而限制了与发起人之间发生利益冲突的范围。在投资于半专属或专属团队时，有限合伙人应确保制定适当的契约来管理与发起人投资者之间的利益冲突，并应用类似风险回报的薪酬体系。

15.2.3.4 外部活动

由于私募股权基金的管理工作要求很高且耗时，团队成员应将外部活动限制为对基金有预期直接利益的活动。比如，董事会席位、私人投资或对先前或后续基金的管理等外部活动。此外，当外部活动的预期财务结果高于基金的预期财务结果时，外部活动也会对基金的动机产生负面影响。

15.2.3.5 利益冲突

利益冲突的来源很多。在这里，必须注意那些可能导致管理团队做出不符合有限合伙人最佳利益的决策的因素。例如，对于后续基金，必须关注对先前基金投资组合公司的后续投资或两个基金之间的投资分配。

> 我们非常重视利益冲突问题。例如，我们不喜欢早期基金将原先的投资组合公司出售给其后继基金的做法。
>
> 罗尔夫·威肯坎普（Rolf Wickenkamp），CAM Private Equity

15.2.3.6 基金经理对基金的投资

正如我们在基金结构的情景下所讨论的那样,当团队成员在财务上绑定基金的成功或失败时,投资者对管理团队的奉献精神和激励更有信心。团队成员的资金认缴金额在所有情况下都能促成利益一致时才算足够。当基金业绩不佳时,如超额业绩回报等其他激励结构将无法提供任何动力。基金经理投入个人财富的很大一部分,这将迫使他们继续寻找拯救基金的解决方案。

> 我们正在寻找对业务足够热爱并坚信自己有能力将大部分净资产投资于该基金的 GP。如果他们不将自己的财富投资于自己的基金,那么我们想知道他们将资金投向何处,以便获得更好的回报——我们也想投向那里。
>
> 马克·韦斯多夫(Mark Weisdorf),CPP 投资委员会

15.2.4 基金策略

投资基金时,投资者购买的不仅是管理技能,也是投资策略。事实上,一个技能满满的管理团队并不总是能实现高收益业绩。为了评估基金策略,可以分析一系列子维度,例如交易流策略、实践方法、投资领域、基金规模、退出策略或整体策略匹配度。

15.2.4.1 交易流策略

理想情况下,团队可以形成特有的交易流并避免出现类似拍卖的情况。特有交易流的指标包括:

- 联系人列表,例如大学、大型公司或企业家。
- 作为首轮融资的唯一或牵头投资人。
- 团队声誉吸引项目的证据。
- 团队可以增加价值并因此具有竞争优势的证据。

15.2.4.2 实践方法

实践方法在风险投资基金中尤为重要。例如,实践方法的证据可以是:

- 在每个投资组合公司担任董事会职务。

- 为战略制定、关键员工招聘、筹资等方面提供支持。
- 在融资轮次中发挥主导作用。
- 为每个投资组合公司提供多轮融资，并确定明确的里程碑。
- 在当地设立办事处。

15.2.4.3 投资领域

为了取得良好的业绩，目标行业和地理区域必须提供足够的投资机会，预计会产生类似私募股权的目标收益率。过于宽泛的方向虽然显然会增加潜在的交易流，但通常并不是正面的，因为团队将更难以实施亲身实践的方法。必须验证团队的策略是否适应目标行业的特殊性。

> 我们对于投资重点领域非常狭窄的基金非常谨慎——他们通常最终不得不进行符合他们重点的交易，而不是寻找最好的交易，这样的分散性严重不足。
>
> 罗杰·威尔金斯（Roger Wilkins），
> 莫利基金管理公司（Morley Fund Management）

15.2.4.4 基金规模

基金的规模必须与其策略相一致 ⊖。值得注意的是，在分析基金规模时，必须考虑阶段重点（后期阶段通常需要更多资金）、地域重点（泛欧基金通常需要多个地域或流动性）、行业重点（生物技术投资通常更加资本密集）以及与之前的基金相比规模的演变。

⊖ Burgel 和 Murray（2000）考察了以认缴金额衡量的基金规模。该分析是以 1980~1994 年成立的 134 只英国的 VC 和私募股权基金为基础，检验了基金规模和投资偏好对净收益的影响。作者发现私募股权基金行业中，并购及非科技创业部门的基金存在显著的规模效应。对于非科技基金，早期阶段的 VC 基金的业绩比后期阶段基金（MBO/MBI）的业绩规模效应更加敏感。然而，基金规模可能是成功的结果，而不是原因。成功的基金经理相比那些不那么成功的同行，可以随后以更有优势的条件募集更大规模的新基金。研究结果表明，科技基金的业绩对规模不敏感。作者得出结论，假设投资经理技能丰富，无论基金规模大小，科技基金都可以生存发展。这与 Cumming（2003）的研究发现一致，管理资源而非规模似乎是专业基金成功的关键因素。

许多基金都倾向于继续增加基金规模和团队人数，这可能会影响交易选择的质量和收益。就像一个成长过快的小公司一样——很难控制组织，很难下放足够的权力，也很难开发内部系统来应对。所以，我们会仔细评估这类基金。

罗伯托·皮洛托（Roberto Pilotto），PPM 创投（PPM Ventures）

15.2.4.5 退出策略

在审查退出策略时，必须考虑基金经理对投资组合公司投资、监控和管理的方式，以优化退出条件。团队在退出过程中是否提供了附加价值，例如以前在贸易销售或 IPO 方面的经验？优秀的策略基于以下因素：

- 投资决策时明确识别和评估可能的退出路径。
- 监督和管理侧重于潜在买家所感知到的价值驱动因素，并增加退出的机会（例如，供应商或客户通常是潜在买家）。

我认为大多数公司对退出的关注度还不够。事实证明，这通常是我们从进行尽职调查的公司那里获得信息最少的领域——而实际上，它应该是公司展示其专业知识的重要领域之一。我们非常仔细地研究了公司的退出能力。能够提供 IRR 和业绩当然很好，但我们需要深入了解团队是否对他们将要实现的目标有清晰的愿景，知道他们将在何处实现收益。在这项探索性工作中，我不得不说，我们遇到的真正拥有清晰退出策略并能以最佳方式退出的公司少之又少。

Brad Heppner，十字路口集团（The Crossroads Group）

15.2.4.6 整体策略匹配度

最后，必须评估整体策略。显然，让团队做出理想投资的最佳交易流策略，只有在管理策略和退出策略持续一致的情况下才能成功。在评估整体策略时，分析连续几期基金的演变非常重要。没有任何变化比变化太多更糟糕。事实上，任何偏离都应该得到合理的解释，如果没有变化，应该检查策略的有效性。当基金规模显著增加时，需要特别关注后续基金，这可能导致风险策略偏离，例如进行更大的交易或超出核心能力的交易。

我们尽量回避那些改变策略的团队。他们可能有充分的理由这样做，如果他们能够以对我们有意义的方式阐明这一点，那么我们会考虑他们。但我们已经看到，当一只基金偏离其先前成功的策略时，往往会出错。

哈米什·梅尔（Hamish Mair），马丁·库里（Martin Currie）

15.2.5 基金结构

基金结构定义了基金发展的框架。在审查进程中，必须验证该结构是否合适，并且对投资者来说成本不是太高。为了评估基金结构，可以分析一系列子维度，例如是否符合标准、结构成本、公司治理和内部程序等。

15.2.5.1 符合标准

通常，投资者会制定一系列标准，这些标准在大多数情况下，足以使各方利益保持一致，并为大多数交易带来优化的成本效益比。但是，在某些特殊情况下，此类标准并不总是理想的，必须制定替代解决方案。此外，基金条款和条件的谈判将取决于投资者和基金经理之间的"权力平衡"。当市场对基金经理有利时，条款和条件可能会明显偏离公认的标准。

15.2.5.2 结构成本

大多数基金的结构都包含设立成本、管理费、门槛收益率和超额收益分成。这些元素都会影响最终的业绩。这可以通过计算投资者实现收支平衡所需的最低投资组合业绩来评估，即当基金既不产生收益也不产生损失时，或者换句话说，当投资者的净 IRR 等于 0% 时。盈亏平衡 IRR 可以作为评估结构成本的标杆。

15.2.5.3 公司治理

治理不善，加上无效率的法律制度，往往会对私募股权基金的业绩产生负面影响。公司治理方面的最佳市场实践包括信息披露要求、与投资者的关系、透明度的提高、尊重独立性原则以及管理层与控制机构（如董事会、监事会、投资者委员会、审计委员会）之间的隔离或年度投资者大会。

在透明度方面，基金的报告是基金业绩和运营状况的主要信息来源。投资者至少应要求基金遵守适用的市场标准，例如 EVCA 报告指南。一般来说，基金的整体组织结构及其程序是衡量团队素质和专业水平的良好指标。

15.2.6 外部有效性

除了基金管理团队的声誉外，还可以考虑一系列子维度进行验证，例如过往基金的业绩记录分析、可比基金的业绩、共同投资者或经常性投资者的素质。

15.2.6.1 过往基金的业绩记录分析

虽然一个团队过去的成功并不能完美地预示它未来的成功，但一个团队过去不成功的事实可能是未来失败的一个指标。对业绩记录的分析通常是通过基准分析完成的。其目标是在考虑市场变化的前提下，判断先前基金成功的驱动因素是否适用于未来。

> 在查看私募股权经理的业绩记录时，我们总是会问：是什么让 GP 过去的业绩那么出色，又是什么让我们相信他们能够继续表现出色？
>
> 约翰·格林伍德（John Greenwood）和斯图尔特·沃特（Stuart Waught），
> 道明资本（TD Capital）

15.2.6.2 可比基金的业绩

当一个团队没有业绩记录时，可比基金的历史业绩可能为投资方案的质量提供一些提示。在高度不确定的环境中，查看可比数据是一种用于弥补信息缺乏的常用方法。与私募股权基金一样，确定完全可比的基金并不容易或者完全不可能，因此挑战在于分析差异及其潜在影响。

> 我们对基金的业绩记录进行了大量评估，但我们会对其进行分解，并分析已完成的每个项目。通过详细分析每个项目并通过大量印证电话仔细复核所有调查结果，我们可以真正判断基金的业绩记录。
>
> 克里斯托弗·鲍德克尔（Christopher Bodtker），
> 隆奥达亨银行（Lombard Odier Darier Hentsch & Cie）

15.2.6.3 共同投资者的素质

基金共同投资者的私募股权基金经验是验证对特定交易判断的有效方式。在这里，重要的是要对他们的技能、动机、财务实力以及对私募股权投资的总体方法形成意见。来自 Lerner、Schoar & Wong（2004）的研究表明，这些年来，不同投资者类别在基金筛选工作中并非同样成功。一些机构也可能出于非经济性的"战略"原因而投资基金，比如获得联合投资的机会。他们也可能将此机会视为其整体投资组合策略中的一项特色投资。此外，其他有限合伙人的财务实力也是评估投资者违约风险的重要因素。在没有投资者做出坚定承诺或者甚至没有确定其他投资者的情况下，这种评估显然很难进行。

15.2.6.4 经常性投资者

由于私募股权市场存在严重的信息不对称问题，投资者在做出投资决策时不仅要进行筛选，还要解读市场信号，例如之前基金的投资者将继续投资当前基金。这些投资者可以获取之前基金的内幕信息，因此能够更好地评估投资方案和管理团队的水平。

15.2.7 整体匹配度

评分不仅是对拼图各个部分的评估。很多时候，对各个维度的评估都不是很明确，因此需要审视投资方案的"大局"。所有这些组成部分的整体匹配度至关重要，特别是团队与基金策略之间的匹配度，以及基金结构与基金策略之间的匹配度。

最后，如果在尽职调查过程中无法评估的维度太多或发现的证据太少，这种不完整性可能会限制所分配的整体定性分数。

第 16 章 基于评分的经济模型

在前面几章，我们描述了一种私募股权基金的评分系统。在这种方法基础上，基金被分为基准同类组中的第一至第四四分位数位置。本章，我们将解释如何应用这些评分来估计一只私募股权基金的经济价值。本质上，我们的估值方法是以两种广泛应用于公司金融领域的技术：比较法和现金流折现分析。评分系统用于寻找可比基金，然后这些可比基金的特征作为输入因素，模拟私募股权基金可能的现金流情景。我们称这种方法为基于评分的经济模型（Grading-based Economic Model，GEM）。现有的自下而上的方法（见第 11 章）推导私募股权基金"公允价值"，是假设所有投资组合公司的公允价值都可得，而 GEM 仅要求基金之间可以进行比较。因此，即使个别投资组合公司采用"传统的"创业投资基金估值指南进行估值，存在常见的保守性偏差，也可以确定一只基金的公允价值。

16.1 方法

我们的估值方法首先要认识到，有限合伙份额的估值方法与任何其他投资的估值方法相同，即在调整资金的时间价值之后，比较现金流出和现金流入。基金现金流的时间和幅度是随机的，但是遵循一个非常独特的模式，可以用模型模拟⊖。在缺乏有效市场的情况下，我们不能采用市场定价法，因此只能采用模型定价法。要模拟未来的现金流，我们需要一个与想要估值的基金相似的基金数据库。该模式可以从现金流数据库或像 Takahashi 和 Alexander（2001）开

⊖ 见 Tierney 和 Folkerts-Landau（2001）或 Takahashi 和 Alexander（2001）。

发的说明性模型（也称为"耶鲁模型"，见第 10 章）中推导出来。对这两种方法来说，输入因素必须与估值基金的评分等级相一致。由于所有的模型都是以各种假设为基础的，因此，这需要管理层的主观判断，并且 GEM 的结果显然取决于这些假设的质量。一般来说，模型应该相对简单，避免过多的假设，并提供尽可能多的证据支持其假设。没有模型能直接给出一个精确的答案，其目标是提供一个私募股权基金估值的范围。此外，随着模型的不断应用，以及与市场数据的日常校准，估值的准确性会随着时间的推移而不断改进。

对于长期投资来说，处理各种可能结果的方式之一就是设定一系列有意义的情景⊖（如图 16-1 所示）。从最坏到最好，中间再有两种或更多情景，多种情景可以用于现金流预测⊖。这里我们主要解决如何确定基金公允价值的问题（见专栏 16.1，占优的筛选技巧）。为此，我们不会假设某种特定的情景比另一种情景更可能发生，而是以历史模型为预测现金流的基础。

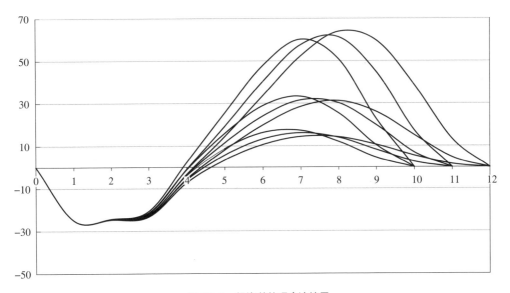

图 16-1　投资前的现金流情景

⊖ 情景的恰当性和一致性需要由估值委员会进行审查。估值委员会的最佳实践建议与投资经理定期会面，讨论估值问题，制定书面估值政策，记录讨论、决策及行动。
⊖ 情景的数量取决于可用的同类基金数量。

专栏 16.1　　　　　占优的筛选技巧

我们在第 15 章描述的方法可以根据定性打分对基金方案进行排名。这是否意味着这种排名反映了投资方案的吸引力，因此应该作为投资决策的唯一依据？作为一个"健康警告"，这个问题的答案明确为"否"。要始终牢记在心，我们对预期业绩等级的讨论仅限于"公允价值"的范畴。在私募股权基金份额缺乏有效市场的情况下，公允价值有人为构建的成分。我们理解公允价值的概念为市场参与者的共识——"在一场公平交易中，知情、自愿的双方之间可以交换资产或者清偿债务的金额"。因此，任何估值都必须获得尽可能多的共同可得数据及一致同意的假设作为支持。我们提出的定性打分，目的是模拟私募股权市场参与者的一致意见。

由于在这个不透明的环境下，可靠的最新信息非常稀缺，市场参与者认同的观点相对很少，定性打分只能分出相对较宽泛的类别。而且，投资前的评分明显缺乏精确性，与其说是因为缺乏卓越的筛选技能，不如说是因为最终同行群体组成的不确定性，以及在不确定性下做出投资决策的必要性，因为与潜在的顶尖业绩基金的接触受到限制。低于标准的基金不会关闭，而业绩垫底的基金更可能退出市场⊖。因此，基于定性打分，至少机构品质的基金群体看起来相对同质化。大多数将会在很大程度上符合最佳市场实践，呈现"主流特征"。当然，也会有些初次募资的团队，属于最宽泛意义上的"策略投资"或者某些"利基"投资，但是从定义上来说，它们是例外。

> 机构倾向于从容易识别的可接受替代方案列表中选择不动产、风险投资基金和杠杆并购基金，这体现了对任意给定年份的机构群体都有一个合理定义。
>
> Swensen（2000）

然而，优质的投资往往基于与市场共识的分歧，对市场低效率的利用，以及更详细或者最新的信息。因此，投资决策将依赖反映投资者研究的其

⊖ 见 Sormani（2004c）："目前欧洲有差不多 200 只基金正在募资，但并不是所有基金都会成功。根据阿尔梅达研究（Almeida Research），去年欧洲有 37 只基金关账，而事实上，市场上只有一小部分基金最终实现了最后的关账。"

他排名——目标是解决"可知的未知"问题，以及对市场发展的看法或预感。投资者还必须考虑基金的实物期权价值。我们将在第22章更详细地讨论这一点。虽然筛掉明显不适合的投资方案，确定具有"机构品质"的团队相对简单，但介于两者之间的"灰色区域"为投资者保持领先地位带来了挑战与机遇。实际上，这正是这类资产主要的吸引力之一，创新与偶然的技术突破——比如个人计算机或互联网——具有颠覆行业或消费者结构的潜力。任何统计数据都无法描述这一情况。在一个不确定的环境下，基金经理和投资者都面临两难的抉择：严格遵守主流的特征很可能会走向平均业绩，并且在市场混乱时期，甚至可能取得标准以下的业绩。市场愿意偏离主流标准的程度可以理解为市场对预期变化的衡量。

由于实物期权的价值通常无法足够精确地确定，因为通常对潜在的假设缺乏共识，并且由于实物期权往往无法从一位投资者转让给另一位投资者，我们认为其价值与"公允"估值无关。但是，投资决策必须解决其不确定性的问题。

当然，出于这个目的，评分方法可以再次成为一个有用的工具，以确保决策的系统性和纪律性。该评分方法往往依靠未知的洞察力和与其他市场参与者不同的假设或观点，因此在本书中未涵盖。必须承认，同时采用两种不同的方法（一种用于基金公允地估值，一种作为投资决策的基础）似乎有点奇怪，但是这和投资行业其他领域所用的方法一致。例如，在固定收益领域，资产管理人往往从事更深入的研究，以预测外部评级机构确定的评级发生变化或者识别市场的无效，比如"官方"评级过于悲观的情况。另一个类比是上市公司股票，既有公允市场价格，又有分析师的估值。公允市场价格用于会计目的，而分析师的估值用于投资决策。此处用于会计目的的估值是基于市场数据，而投资和交易策略则建立在更优越的知识之上。

我们得出结论，要想在私募股权基金领域拥有超凡的筛选技巧，投资者必须至少拥有以下能力：

1. 预测同类群体的能力，即能够预测哪些基金将关闭。
2. 了解同类群组中代表性基金的特征。

3. 更好的估值技术,以便能够在同类群组中进行排名[一]。

卓越的筛选技巧要求采用主动的方法,去识别均值以上的团队。与其被声势浩大的基金经理或代销机构海量的私募备忘录所淹没,不如保持对募资市场的持续的筛选与评估。基于这些信息,投资者就可以编制一份日程表,列出想要投资的优质基金,或者可能想要分离出来建立自己公司的潜在明星基金经理。只有早期的持续的接触可能确保获得这些基金的投资机会。

编制投资活动的日程表要求列出可能募集资金的基金清单,详细列出这些基金可能关注的领域。然后,必须做出一个粗略的配置,每个领域计划投资多少。投资者必须在与市场上其他管理人比较的基础上确定相对的业绩预期,即使只有在深入尽职调查之后才能确认该预期。必须设计一个目标投资组合,包括在基金经理列表及相对业绩预期基础上可能的认缴金额。最后,必须识别"愿望清单"中的基金,并与之建立联系。对市场进行未来承诺的监测是做出卓越投资决策的关键。

随着时间的推移和新信息的涌现,预测的结果慢慢收敛(如图16-2所示)。在对一系列合理的现金流情景折现之后,就可以计算基金的经济价值了,其等于所有情景的平均价值。

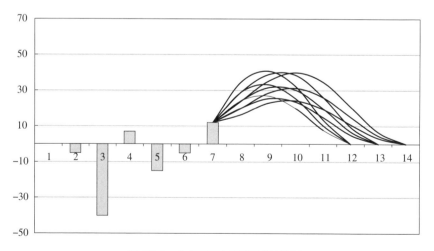

图16-2 生命周期中期的现金流情景

[一] 由于同类群组基金的特征在某种程度上是有待商榷的,这样的排名在投前未必总是可行。

与股权投资通常采用的方法一致，基金的估值不是孤立的，而是基于相比同类群组的关键特征进行评估。评估私募股权基金的 GEM 方法有两个阶段：首先，通过评分方法确定一只基金在同类群组中的相对位置；其次，调整基金内在年限（见下文）后，根据具有相似的相对位置的一篮子同类基金的长期数据进行预测。

我们认为挑选最佳基金是私募股权投资计划核心的业绩驱动力之一。由于风险投资基金的质量通常是不可预测的，我们假定投资者不会试图对市场择时，而是期望在每个年份都参与头部基金。预期第一四分位数业绩的评分可以保证我们真的挑选了同类群组中的最佳业绩基金吗？头部评分的基金承载最高业绩预期，因此从投资者角度来说最想投资的基金。由于第一四分位数的基金历史上获得超过 30% 的年化收益率，这是否意味着对于头部评分的基金，有限合伙人现在可以指望该投资的价值马上就超过其成本？显然不是，为什么？比如，我们显然必须把基金的年限纳入考虑范围。私募股权基金越年轻，对其预期业绩的确定性就越低。

16.2　内在年限调整

基金生命周期结束时，其评分是明确的，因为其与最终 IRR 和在基准中的位置是相对应的。在第 13 章，我们引入了"内在年限"来模拟一只基金的生命周期，并需要在各种情景下反映该要素。对于内在年限接近 1 的基金——意味着接近其生命周期的结尾，历史业绩与基金评分在相同四分位数内的一篮子基金可以提供一个参考。问题是，内在年限为 0——即投资前——的基金评分有多精确？如果我们可以回答这个问题，那么对于内在年限在 0 到 1 之间的任意基金，我们就可以在这些极端值之间简单地添改以大致确定大量的可比基金。对于一只年轻的基金，可能的情景分布比接近生命期结束的基金显然要宽广（如图 16-1 和图 16-2 所示）。我们必须将相同生命周期阶段的基金进行比较，因此需要调整基金的内在年限㊀。

㊀ 这种方法与风险投资家常用的基于倍数的技术相似，用公开上市公司作为可比对象，并且估计初创公司距离这个阶段还有多少年。然后，根据项目周期对初创公司的未来市场估值进行折现（见 White，1999）。

关于这个问题的更详细讨论，请参考附录 16A。我们可以得出结论，对于一只被评为"顶级"的私募股权基金——基于投资前确定的定性打分，我们只能得到整个市场的平均业绩。这可能有点让人迷惑，甚至有点失望，因为我们花了很大力气在尽职调查上。但是，这也不能完全看作意外。投资前，基金的评分是根据历史证据得出的排名。最终，所有的市场参与者都进行类似的过程，试图选出最好的基金。明显表明低于标准业绩的特征在新的同类群组中越来越不可能出现，而与头部四分位数业绩相关的标准慢慢成为"主流"⊖。总结起来，绝大多数面世的新基金将与历史上的头部业绩基金最相似，仅在罕见的情况下，它们可能具有标准以下业绩相关的特征。此外，评分是从不同的同类组中推导出来的。在一个特定年份被评为"头部"的基金管理团队，可能只是因为竞争对手太弱，或者仅仅是运气使然。为此，历史上的第一四分位数收益率并不能系统地保证该业绩可复制。这是一个警告，不要依靠传统的"机械式"方法，仅仅因为当前基金成为"头部"，就投资于后续基金。

16.3 私募股权基金 IRR 预测

基于前面的讨论，我们首先假设：对于投资前获得头部评分的私募股权基金，只能期望获得市场平均收益率，因此整个基准群体从开始就构成了参考的篮子。按照这个定义，勉强找到足够投资者并开始运作的少数低水平基金，通常会沦落为统计数据的底部。GEM 基于以下两个假设：

1. 定性打分测量的是对主流的偏离程度，因此隐含着基金将与市场表现一致的概率，否则其将获得更低的业绩。
2. 投后也存在不确定性。由于不同的投资者对不确定性的认识不同，或者对不确定性的态度存在差异，整个同类组的构成在相当长一段时期内是不确定的，并且这种不确定性只会随着时间的推移而减少。简单来说，我们假设风险意味着不确定性，而不确定性会随着基金年限的增加而成比例地减少。

⊖ 对首次合作团队态度的改变可以看作一个例子。在 20 世纪 90 年代末的"泡沫时期"，有些投资者认为首次团队更加"饥渴"，因此相比成熟团队是更好的"赌注"。在 VC 市场下行时期，首次合作团队似乎经历了更高的"死亡率"，导致机构不愿考虑来自新团队的方案，从而出现了"逃往安全资产"的现象。在最近的尽职调查问卷中，我们发现"首次合作团队"被视为负面指标。

鉴于样本规模有限和市场信息效率低下，"劣等程度"很难衡量○。我们只有极少数的基金不成功，并且我们对失败的预测是根据此前不成功案例的"插值"，而不是明确的统计证据。极端情况下，我们甚至没有失败的案例可供参考。为了阐明这一点，我们假设在 2004 年，你面临一个专注于"量子计算领域令人振奋的新机遇"的专业基金提案。该技术已经在各种科学杂志上广泛地讨论，显然这个概念已经在实验室得到证实，甚至一些小说已经开始描写英雄与量子计算机进行斗争。因此该提案似乎有其价值——最终这将是风险投资基金的领域。当然，任何数据库中都没有过去曾经专注于量子计算机的已退出的 VC 基金，在这一时点要证明其不会成功是不可能的。但是，你可以与专注于可比发展阶段技术的基金进行对比，比如，从 20 世纪 80 年代的超级计算机到 21 世纪开始的纳米技术。

现在，我们可以利用与模型输入变量所确定的评分一致的一系列 IRR 情景来预测现金流。附录 16B 列出的方法具有以下特征：

1. 它是自我调整的，因为获得了新的基准数据和新的中期 IRR。随着内在年限的增加，预测的范围越来越窄，最后收敛到最终 IRR。
2. 如果折价率设定为市场中所观察到的私募股权平均收益率，那么当前的估值等于成本——不出所料。
3. 只有当预期业绩评分更新时，才会作为影响因素纳入预测。

私募股权基金评分的量化不可能精确，进行估值或预测存在一定的限制。这些问题是由资产类别自身的特征导致的，而且即使可以更广泛地获得更多更好的数据，也不能解决这个问题。尤其是风险投资基金，精确的长期预测是荒谬的，正如凯恩斯（Keynes）所认为的，"我宁愿模糊地正确，也不愿精确地错误。"○我们认为，在实操中，这种方法的不精确性并没有影响，因为它能激发正确的投资行为，并且在投资组合层面，基金的不精确性平均起来将会互相弥补，因此不精确性将会逐渐减小。

○ 当然，与一只拥有机构品质的基金获得头部评分相比，这样的评分更加主观，并且这也可以解释为什么私募股权基金没有风险调整定价。

○ 见旗帜创业管理公司（Flag Venture Management，2002a）："我们坚信，管理人在评估投资组合时，尽可能做到'接近正确'是非常重要的。"

16.4 预期投资组合收益

私募股权基金的长期投资者更加关心财富终值,而不是持有期间中期业绩的起伏波动。漫长的投资期结束后,结果的反复不定被称为"终值财富标准差(terminal wealth standard deviation,TWSD)"。Radcliffe(1994)提议用 TWSD 来测量长期目标投资者可能获得的财富终值的范围[一]。这个测量指标经常用于对冲基金的基金[二],Rouvinez(2003a)讨论过私募股权基金的情形。其潜在假设是,在时间上的均值和不同群体的均值是等价的。不同的分析都得出结论,认为更长的投资期限会降低风险。但是,私募股权基金组合的 TWSD 情形无法得出这一结论,因为在此情形下,每只基金拥有不同的剩余期限,且一只基金完全兑现后,基金组合需要重新补充一只同等的基金。此外,如第 10 章所讨论的,整体认缴金额的终值财富分散程度取决于未提取认缴资金和回报资金如何进行投资。

相反,我们用私募股权基金组合的存续期 IRR 作为测量投资风险和收益的基础(关于不同风险测量的讨论,请参考第 9 章的案例分析)。这种观点假设基金组合处于"流出"状态,即未来不再补充新的基金进来;实际上,投资期限受到基金拥有最长存续期的限制。这种观点还假设有限合伙人总是拥有流动性来兑现资金催缴通知。

确定投资组合存续期 IRR 最常见的方法是计算合并 IRR,这可以通过合并计算所有基金的现金流和剩余价值来获得,就像来自一只基金一样。

图 16-3 提供了两个投资组合合并 IRR 的例子,其中一个投资组合分散水平为 20 只基金,另一个分散水平为 100 只基金——基于汤姆森创业经济学(VentureXpert 数据库);为简单起见,假设每只基金的认缴规模相同[三]。

[一] 对于基金的基金,投资于基金在期末所累积的财富均值(终值财富均值,TWA)和 TWSD 经常用作收益和风险指标。简单来说,可以查看收益 - 风险比(TWA/TWSD),作为评估基金的基金业绩和风险特征时,承担的每单位风险所带来的终值财富期望均值的衡量。到目前为止,这个风险测量指标主要在美国共同基金和英国房地产市场背景下应用(见 Moultrup,1998 或 Hsu 和 Wei,2003)。TWSD 统计指标测量了基金组合财富终值水平的标准差,该财富水平假设初始投资为固定值,在持有期间进行评估。

[二] 见 Brands 和 Gallagher(2003)关于对冲基金的基金平均收益 / 收益方差 /TWSD 作为投资组合中基金数量的函数的分析。

[三] 它也设想了过度分散化的危害。随着分散化水平的提高,分布曲线变得越来越对称,偏度消失了。图 16-3 表明,下行保护增加所带来的收益不能弥补上行潜力的损失。

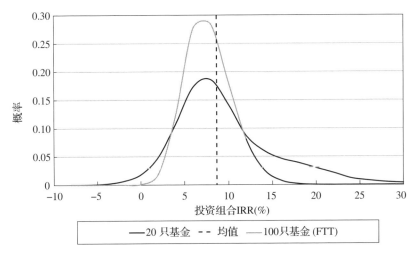

图 16-3 预测的存续期投资组合 IRR

资料来源：作者模拟，基于汤姆森创业经济学（VentureXpert 数据库）的数据。

投资组合的净现值（NPV）可以通过蒙特卡洛模拟来确定。每次运行时，每种情景下随机抽取一只基金，通过合计基金现金流，在基金现金流相应折现合计基础上，就可以计算投资组合 NPV 的一种情景。然后，通过计算所有情景的平均值，就可以得到投资组合的 NPV。

确实，有几个因素可以影响基金层面的情景（见表 16-1）并导致整个投资组合 NPV 的改变。现金流、监测数据或者市场数据可以频繁地观测到，理论上可以基于此计算类似 VaR 的测量值㊀。

表 16-1 估值时新信息的影响

信息类型	影响
现金流数据，即提款和还款	中期 IRR、内在年限、期望业绩评分
季度报告	NAV、中期 IRR、内在年限、期望业绩评分
季度基准数据更新	同类群组、期望业绩评分
监督观测数据	期望业绩评分
经济环境评估	基金的期望寿命
市场数据（无风险收益率曲线、市场风险溢价或贝塔）	折现率

㊀ 收集所要求的信息以及评估模型假设相关的工作负担可能很重。每只私募股权基金需要分别考虑。因此，这要求建立有效的监督流程。

16.5 讨论

正如我们在第 7 章所讨论的，用于确定私募股权基金经济价值的方法论与信用风险评估领域所用的技术有很多共同之处。在前面的章节中，我们概述了一个评分系统的雏形，作为基金建模的另一种简化的粗略的方法。我们只是在原则上描述了这种方法，还可以进一步完善。下面我们讨论 GEM 的两点内容来作为总结：

1. 这种方法，尤其是定性打分，可以被"证实"吗？
2. 假设是不是太多了？

16.5.1 方法的验证

当然，评分方法的验证有其局限性 ⊖。由于市场不成熟、不透明以及技术和商业模式的新进展，缺乏实证数据反驳或证实任何假设。相反，我们关注那些基于经验和常识可能，对基金业绩造成或可能造成负面影响的方面，目的是通过打分的方法量化对一只"理想化私募股权基金"的偏离程度——如市场专家所观察到的。我们的目标是推导出市场参与者所认为的公允价值。因为公允价值的定性打分目的是反映共识，常规的调查问卷可以支持这些假设。

比如，我们可以以 Crouhy、Galai 和 Mark（2001）在信用评级背景下所描述的技术为基础。不要忘记，评级的概念也是相当新的。作为大型上市公司的专属权利，银行直到最近才开始使用评级来评估中小企业相关的风险。在这个背景下，评级技术更多的是被认可而不是被"证实"。

⊖ 由于"公允价值"背景下的定性打分目的是反映共识，理论上，确定的分数与成功率或者基金募集期的长度之间应该存在某种关系，有限合伙人可以编制相关统计数据。但是，正如在信息贫瘠的环境下经常见到的，这样的活动存在一系列实践问题：经济周期对基金的平均募集期有影响，并不是所有的团队都为人所知，并且其成功不仅仅是其水平的体现，而且还取决于其营销的努力和冲劲。而且，募集期的测量也存在问题。见 Sormani（2004c）："舍伍德（Sherwood）说：'璞米资本（Permira）在六个月内募集了一只基金，这在技术上是可信的。从 3 月发布信息备忘录到 9 月最后关账，历时六个月。但是实际上，它在上一只基金募集结束之后就开始营销这只基金了。'"最后，与正常的银行业务相比，私募股权基金市场的实践、方法和共识都在不断变化中。定量检验不仅需要解决方法论问题，还必须进行持续的研究，与不断演变的市场实践保持联系。

16.5.2 假设的可靠性

可能有人批评 GEM 中包含的假设数量过多。但是，在模型的复杂性与做出的假设数量之间有一个平衡。一般来说，需要做出的假设的数量是时间期限与相关不确定性的函数。

我们看到人寿保险和养老金的精算评估与此类似，两家不同的精算公司很少会得出相同的数字。精算评估程序中最重要的部分是设置预测时需要用到的假设。很大程度上，这些假设——比如关于投保人退保率、保费变化、新业务开发或再保险——反映了管理层对新业务活动、运营成本或战略方向等领域未来表现的判断与预期。同理，关于养老金负债，需要对薪酬变化或人员流动率做出假设。折现率需要反映在职员工的剩余活跃工作年限和离职员工的预期寿命。还要用敏感性分析评估关键假设合理的变化范围内对结果的影响。这样的假设需要获得认同并记录在案。精算评估能够更好地捕捉到后续估值的变化，但并不能确定负债的"真实"价值。

16.6 结论

输入变量的微小变化往往会对打分方法的结果产生重大变动。因此，确定评分所选用的方法需要进行评估和独立审查，并且必须定期评估其持续的适用性。系统决策方法并不能剔除评估中的主观性，因为不同的个人——哪怕面临相同的情况，拥有相同的信息——可能得到不同的观点。这种效应以及不能保证得到令人满意的结果，不应被视为正式评估方法的失败。实施系统方法的价值在于澄清评分背后的逻辑，并识别可能妨碍共识和决策制定的真正问题。

附录 16A

投资前，我们在第 15 章描述的定性打分的方法可以对基金方案进行排名，但是不能对确定顶级团队所需要的成立年份仍未知的群体划分四分位数。换句话说，要对一个投资方案的吸引力做出判断，必须在实际投资计划和当前及预期市场条件的背景下进行排名。

16A.1　识别底部基金

要剔除不恰当的投资方案，必须"汲取过教训"。由于私募股权市场是不透明的，未来的同类群组很大程度上是未知的。假设一位投资者把一只具有底部业绩特征的私募股权基金确定为"最好的基金"，在最坏的情况下，这位投资者并不知道存在更好的方案或者更高质量的基金以后会加入同类群组。

但是，潜在的底部基金可以很容易地通过评分识别。从大多数机构进行尽职调查的方式来看，我们发现，大家对什么是"失败者"有着广泛的共识，并且对察觉到的弱点毫不留情。实际上，基金关账的概率，或者以预计基金规模关账的概率，显然与其是否符合一系列滞后标准有关，这些标准常常被称为"最佳市场实践"（如图16-4所示）。高度符合通常投资者所认为的可能的赢家特征的基金，比那些在一个或更多重要维度上偏离主流特征的"奇葩"团队，更可能关账并开始运营。缺乏吸引力的基金会发现自己更难找到投资者。其投资活动的开始要么严重滞后，要么可能根本就无法关账。只有当投资者缺乏同类群组信息，或者接触不到更好业绩预期的基金时，才可能会投资潜在的底层业绩基金。然而，即使没有更好的选择，面对评分较低的提案，投资者的最佳选择可能也是等待，直到获得这只基金相关质量的更多信息。无论如何，接触到这类基金都不难，因为很可能其募集期会很长，甚至在最后一轮关账时，也欢迎投资者的加入。

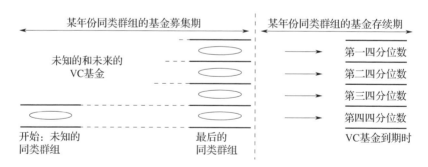

图16-4　投资方案——低预期业绩评分

16A.2　识别头部基金

虽然通过相对常规的系列标准就可以轻松地剔除低于标准的方案，但是识别出潜在的头部业绩基金就需要经验丰富的投资者具有"卓越"的筛选技巧。

通过常见的历史"赢家标准"清单无法识别出头部基金，因为大多数方案都会按照这些要求构建。由于同类群组的构成在不同类群体之间是变化的，要识别出头部四分位数的基金，我们必须对当前的投资方案进行排名。如果我们拥有市场上所有的信息，那么可以根据其在同类群组中的吸引力，包括那些已经关账并开始运作的基金，对所有已知的团队进行排名。假设评估是正确的，那么排名顺序应该与最终的业绩排名一致。接着，我们将这个"虚拟交易流渠道"细分为四个等级，目的是成为头部评分基金的有限合伙人。

但是，我们面临两个问题。第一，私募股权基金没有或者至少没有有效的风险调整定价机制。所有投资都是按面值进行，只对一些条款进行调整，并不能弥补收益上的差异（见专栏 6.1）。正如前面讨论的，该排名毫无疑问将会反映基金关账的概率。因此，同类群组的规模是不确定的，只有经过一个日历年，一个更清晰的画面才会显现（如图 16-5 所示）。

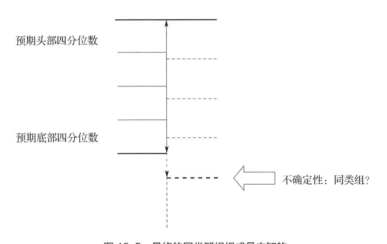

图 16-5 最终的同类群组组成是未知的

极端情况下，会出现"向优质基金转移"的现象，有限合伙人变得对投资决策更加严格，只有"最合适"的基金方案才能活下来，找到投资者。考虑到这种情况，一位有限合伙人打算向 VC 基金配置资源，其正确地识别出当前处于募资状态的前 25% 的团队，并且可以接触到他们。很可能在当年剩下的时间里，其他识别出来的基金根本找不到足够的投资者，也不会在当年关账，甚至根本无法关账。结果，该头部群体成了整个同类群组，然后会演化为从头部到底部四分位数的基准（如图 16-6 所示）。

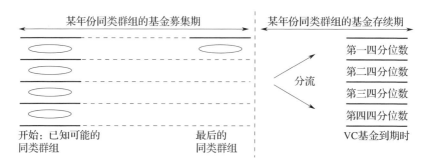

图 16-6 投资方案——高预期业绩评分

第二，如果投资者面临与历史"最佳市场实践"标准清单一致的投资方案，那么他面临一个两难的问题。他要么等待直到同类群组的构成已知。到时至少在理论上可以识别出最好的基金，但是那时投资于这些潜在的"头部"基金大概率也将不可能。因此，最佳决策是尽可能快地承诺认缴。但这样一来，投资者就是在不确定的情况下进行投资，比如投资于符合既定标准的基金，但是不知道同类群组最终将是怎样。这当然会带来以后发现更好机会的风险。

当然，一旦获得基准数据和同类群组的更多信息，就可以对评分进行调整。尽管这看似"漂移"到了下四分位数，但是很可能同类群组的整个业绩会表现得非常好，因为这个群组仅由"头部团队"组成。然而，这种漂移不应该被误解为像评级一样的"迁移"⊖。投资前确定的评分与基金存续期结束时的四分位数之间的差异，主要是由于市场上其他参与者的不确定性，而不是无法对基金经理做出判断。

附录 16B

在 GEM 中，一只私募股权基金的经济价值是在实际 IRR 统计数据上推导出来的预期 IRR 基础上计算的。它们需要进行调整，因为年轻的基金比接近到期的基金可能的结果范围更大。

私募股权基金 IRR 预测技术的输入变量包括实际 IRR 统计数据、预期业绩评分 j，基金的中期 IRR 及其内在年限 t。我们用蒙特卡洛模拟选择 n 种情景。对于所有的评分，我们在基金内部年限为 0 时确定了篮子的权重。在基金存续

⊖ 见 Altman 和 Rijken（2003）。

期结束时（内在年限为1），其评分等于在基准中的业绩四分位数。令 $s_{i;j}(t)$ 为一只评分为 j、内在年限为 t 的基金在情景 i 下的 IRR。为了进行模拟，根据反映基金评分及其内在年限的时间表，从篮子中提取历史 IRR 数据。

问题在于，如何在基金存续期内确定篮子的权重？由于缺乏进一步的统计数据和信息，我们简单地采用"直线"进度法 ⊖。对于该模拟，我们也尝试了其他的时间表，但是对结果没有实质性影响。

为了解决 J 曲线的问题，我们在基金初始年份的预测仅建立在实际 IRR 统计数据基础上，而不是基金中期 IRR 基础上。Burgel（2000）发现，7~8 年之后，业绩基本不会发生大的改变，中期 IRR 和最终 IRR 相交了。几年之后，中期 IRR 已经能够很好地近似反映基金的整体收益。为了捕捉到这些行为，GEM 预测一个触发点 T，在该时间点之后，中期 IRR 在预测中的权重越来越大（如图 16-7 所示）。只要基金的内在年限低于设定的 T，中期 IRR 可以完全忽视。如果内在年限 $t \leq T$，该情景下预测的 IRR 为：

$$\overline{IRR_{i;j}} = S_{i;j}(t)$$

只有在基金的内在年限高于设定的触发点之后，我们才开始将中期 IRR 纳入考虑。如果 $t > T$ ⊖：

$$\overline{IRR_{i;j}} = S_{i;j}(t)(1-t) + IIRR_i t$$

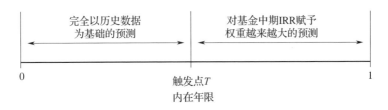

图 16-7　GEM——内在年限触发点

⊖ 我们可以将内在年限与几种在会计上公认的折旧方法相提并论，比如直线法或加速折旧法，比如"数字总和法"或者"余额递减折旧法"。注意，内在年限也遵循直线法。其计算对资金流入和资金流出赋予同等权重。我们的目标就是解释其原理。这个公式过度简化的一个例子是，基金立即提取所有资金。此时，基金将被归类为已经走过"半个"存续期。内在年限公式可以通过对资金流入和资金流出赋予不同权重，或者通过识别基金的"真正"年限，从而得到改进。

⊖ 由于历史统计数据为有限合伙人提供了净收益（即扣除所有费用和超额收益分成），我们必须把这个因素纳入。因此，在计算基金的中期 IRR（IIRR）时，还必须对此进行调整。

要估计基金的实际存续期，缔约环境是一个很好的起点。正如我们在流动性管理一章所看到的，基金的存续期受到整体经济环境尤其是 IPO 市场的严重影响。因此，需要对最好和最坏的情景定期检验和更新。要生成一系列基金存续期内可能的现金流，在我们的模拟中，可以直接采用同类群组的离散分布，或者模拟的连续分布。

最后，为了对货币的时间价值进行调整，要对现金流折现并加总，得到基金的 NPV。对于投资组合，我们运行蒙特卡洛模拟，对每只基金随机提取情景，然后汇总得到投资组合现金流的情景。由于没有基金之间相关性的信息，我们假设基金之间相互独立——与第 8 章所讨论的单纯分散化相一致。

实际上，如果一位投资者不知道同类群组的构成，根据前文进行的讨论，投资前的预测可以以表 16-2 所示概率为基础。这种观点可能有点悲观，因为标准以下的基金也在持续不断被纳入统计数据中。但是，除非存在市场泡沫，否则它们数量太少且规模太小，不足以产生显著影响。

表 16-2 投资前四分位数篮子的权重（I）

	高品质基金 评分 A	低品质基金 评分 D
第一四分位数篮子的权重	$q_{1;1}=0.25$	$q_{4;1}=0$
第二四分位数篮子的权重	$q_{1;2}=0.25$	$q_{4;2}=0$
第三四分位数篮子的权重	$q_{1;3}=0.25$	$q_{4;3}=0$
第四四分位数篮子的权重	$q_{1;4}=0.25$	$q_{4;4}=1$

现实中，主流的潜在头部四分位数基金与预期底部业绩的基金之间的界线是模糊不清的，需要进一步区分。为此，我们提议，根据一只基金将与其资产类别保持一致的业绩或失败的估计概率，构建这两种极端情形之间的网格。（如图 16-8 所示）。

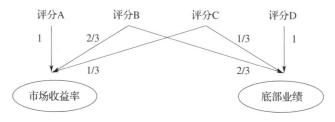

图 16-8 通过插值法确定评分 B 和评分 C 的基金权重

预期第二四分位数和第三四分位数业绩的评分落在这两个极端之间。假设篮子的权重与评分的类别成正比（见表16-3）。例如，根据确定的初始权重和直线法，对于B类评分的基金，其权重根据图16-9所示的方法确定。

表16-3 投资前四分位数篮子的权重（Ⅱ）

	评分 B	评分 C
第一四分位数篮子的权重	$q_{2;1}=\frac{2}{3}q_{1;1}+\frac{1}{3}q_{4;1}$	$q_{3;1}=\frac{1}{3}q_{1;1}+\frac{2}{3}q_{4;1}$
第二四分位数篮子的权重	$q_{2;2}=\frac{2}{3}q_{1;2}+\frac{1}{3}q_{4;2}$	$q_{3;2}=\frac{1}{3}q_{1;2}+\frac{2}{3}q_{4;2}$
第三四分位数篮子的权重	$q_{2;3}=\frac{2}{3}q_{1;3}+\frac{1}{3}q_{4;3}$	$q_{3;3}=\frac{1}{3}q_{1;3}+\frac{2}{3}q_{4;3}$
第四四分位数篮子的权重	$q_{2;4}=\frac{2}{3}q_{1;4}+\frac{1}{3}q_{4;4}$	$q_{3;4}=\frac{1}{3}q_{1;4}+\frac{2}{3}q_{4;4}$

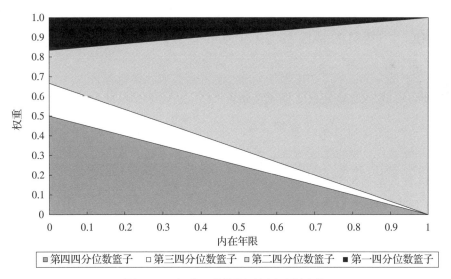

图16-9 评分B私募股权基金权重的变化

对于一只投资前预期第二四分位数收益率的基金，赋予历史第四四分位数篮子如此高的权重，看起来似乎有点奇怪。但是，这再次反映了我们前面讨论的最坏的情况，即这样一只基金最终成为其同年份群体中最弱的，"最不可能关账"的基金，因此其漂移到第四四分位数。需要再次提醒的是，时间表不是为了给出头寸变化概率的迁移矩阵，因此是不对称的。

附录16C 基于评分的私募股权基金估值——估值有多公允 ⊖

在第11章,我们描述了对基金估值的成熟方法,并解释了为什么我们认为这些方法不能按照近期修订的IAS 39的要求计量公允价值。基金既不能盯市估值,也不能总是通过简单加总投资组合公司的公允价值进行估值。由于不存在活跃的二级市场,这些非流动性的长期导向的资产只能采用模型定价法。为此,我们在内部评分系统的基础上开发了GEM估值方法。如第13章所解释的,打分是一个结构化评价,目的是将基金在其同类群组中排名,对其在一篮子可比基金中进行标记。那么,这一篮子基金的统计特征就可用于估值和风险测量。

本附录的目的是对私募股权行业正在进行的关于估值的辩论给出我们的看法,并在此背景下讨论我们的估值方法。从回顾修订的IAS 39 ⊜开始,然后讨论应该如何对私募股权基金进行分析并计量。最后,回顾了GEM估值方法,并解释了为什么我们认为其满足了IAS 39对公允价值的要求。

16C.1 修订的IAS 39

16C.1.1 如何对基金分类?

修订后的IAS 39定义了四类金融资产 ⊜:

- 以公允价值计量且其变动计入当期损益的金融资产:"分类为交易性金融资产或实体在初始确认时指定为交易性金融资产"。
- 持有至到期投资:"一个实体有明确意图和能力持有至到期的具有固定或可确定付款和固定到期日的金融资产"。

⊖ 免责声明:我们的估值技术是以模型为基础的,但是在撰写本书时,实践中这样的模型尚未用于根据国际会计准则第39号(IAS 39)对VC基金进行估值。对于任何非流动的长期资产,直接验证基于模型的估值通常是非常复杂的,如果没有来自模型的充分的历史数据,往往不可能实现。即使该模型是基于市场参与者在其估计中使用的假设,一些独立审计师也可能面临范围限制,因此可能无法对受此类计量重大影响的财务报表发表无保留意见。预计随着时间的推移和越来越高的市场接受度,这些模型会符合IAS 39的要求。

⊜ 请注意,截至目前,新的IAS 39尚未最终确定,因此仍可能发生变化。本附录是在出版之日我们能获得的最新信息基础上撰写的。

⊜ 根据IAS 39,"主体在财务报表中呈现信息时,可以对这些分类或其他分类方法采用其他的描述词。主体应在附注中披露IAS 32所要求的信息"。

- 贷款和应收款："有固定或可确定付款额、但在活跃市场中没有报价的金融资产"。
- 可供出售金融资产："实体设计为可供出售的金融资产或不属于前三类的金融资产"。

显然，私募股权基金没有固定或可确定的付款额，既不能分类为持有至到期投资，也不能划分为贷款和应收款。将私募股权基金划分为"为交易而持有"的资产并不能反映这个行业的真实情况。实际上，这样一项资产的获取或发生似乎完全不可能是为了在短期内出售或回购，或者，投资组合的一部分也没有显示出近期内在短期获利模式的证据。同时，在其不符合贷款和应收款定义的资产，并且其公允价值不可验证的前提条件下，一家主体仍然可以将私募股权基金确认为以公允价值计量且其变动计入当期损益的金融资产。

假如基金不符合前三类的任何一项，那么它们只能落入最后一类，可供出售金融资产。

16C.1.2 应该如何衡量私募股权基金？

最初，无论基金被划分为以公允价值计量且其变动计入当期损益的金融资产还是可供出售金融资产，所有的金融资产都应该按照其公允价值加上交易成本来计量。对于私募股权基金来说，这样的公允价值通常为投入到基金的净额（也称为净投入 NPI），在存在二级交易的情况下，公允价值为交易价格。至于交易成本，需要考虑哪些因素并不完全明确。理论上，直接成本包括所有的尽职调查费用。我们宁愿排除交易成本，或者将其限制在直接的外部成本，例如法律费用或等值溢价。

接着，根据其分类，存在各种方式来计量私募股权基金：

- 当私募股权基金被认定为以公允价值计量且其变动计入当期损益的金融资产，它们总是按公允价值来计量，不得扣减任何交易成本，并且该估值必须可验证。
- 当私募股权基金被认定为可供出售金融资产，它们要么在公允价值可以可靠地计量的情况下，按照公允价值计量，同样不得扣减任何交易成本，要么在公允价值不能可靠地计量的情况下，按照成本价计量。

"可验证"和"可靠"的区别在于，前者合理的公允价值估计的可变范围比后者窄。在 IAS 39 下，当公允价值基于以下方法时，计量可以考虑为可验证的：

- "同一金融工具可观察的当前市场交易（即没有修改或重新包装）"；
- 或者"一种估值技术，其变量主要包括可观察的市场数据，并定期校准为同一工具中可观察的当前市场交易（即不加修改或重新包装）或其他可观察的当前市场数据"；
- 或者"一种估值技术，通常由市场参与者用来为金融工具定价，并且已经证明可以提供现实市场交易中获得的价格的真实估计"。

如果符合以下要求，则认为该计量是可靠的：

- "对该金融工具来说，合理的公允价值估计变动范围不太重要"；
- 或者"变动范围内的各种估计的概率可以合理地评估，并且可用于估计公允价值"。

以成本价计量时，"实体应在每个资产负债表日，评估是否有任何客观证据表明一项金融资产或一组金融资产发生减值"。

16C.1.3 应如何计量公允价值？

在该标准中，公允价值被定义为"在公平交易中，知情、自愿的各方之间可以交换资产的金额"。该标准预设了两种获得公允价值的方式：

- 活跃市场：公开报价。
- 非活跃市场：估值技术。

16C.1.3.1 公开报价

在该标准中，"如果交易所、交易商、行业机构、定价服务机构或监管机构能够随时并且定期提供报价，并且这些价格代表了公平交易基础上实际和定期发生的市场交易"，那么市场是活跃的。显然，私募股权基金不存在这样的市场，因此，只能用估值技术得到公允价值。

16C.1.3.2 估值技术

当不存在活跃市场时，IAS 39 允许使用估值技术估计公允价值。在这些技术中，该标准提到"采用近期知情、自愿主体之间的公平交易基础上的市场交易（如果可得，可以参考当前另一个基本相同金融工具的公允价值）、现金流折现分析和期权定价模型"。在我们看来，只有现金流折现分析可以用于私募股权基金。

如果估值"（a）合理地反映了预期市场将如何定价该工具；并且（b）估值技术的输入变量合理地代表了市场的预期和金融工具内在的风险-收益因素的计量"，则可以认为该估值是公平的。当估值技术符合以下条件时，才会满足以上要求：

1. 最大限度地利用市场输入变量。
2. 尽可能减少对具体机构层面的输入变量。
3. 得到公允价值真实的估计。
4. 在确定一个价格时，将市场参与者能想到的所有因素囊括在内。
5. 与金融工具定价公认的经济学方法论相一致。

而且，主体必须定期校准估值技术，用任何可观察到的同一工具的当前市场交易价格（即未经修订或重新包装）或根据任何可观察到的市场数据检验其有效性。此外，"在应用现金流折现分析时，一家主体可以使用一种或多种折现率，这些折现率等于具有基本相同期限和特征的金融工具的现行收益率，包括工具的信用质量、合同利率确定的剩余期限、偿还本金的剩余期限以及还款所用的货币"。

最后，根据估值范围的可变性是低、不显著还是高，私募股权基金将被计量为以公允价值计量且其变动计入当期损益的金融资产、以公允价值计量的可供出售金融资产或者成本价减去减值（见上文）。

16C.1.4　如何计量减值？

IAS 39规定，"当且仅当有客观证据表明资产初始确认后发生的一个或多个事件（'损失'事件）导致减值，并且损失事件对能够可靠估计的金融资产或金融资产组的估计未来现金流产生影响，则一项金融资产或一组金融资产发生减值并产生减值损失。减值损失的金额以金融资产的账面价值与按照类似金融资产的当前市场收益率折现的预计未来现金流现值之间的差额计量"。

尽管我们认为要识别这样的损失事件是可行的，但基本上还是需要遵守类似决定公允价值所要求的方法，因为对于像私募股权基金这样缺乏活跃市场的资产来说，要可靠地估计对未来现金流的影响，也需要估值技术。

16C.1.5　结论：私募股权基金可用的替代方法

根据以上所述，我们理解的是，IAS 39 为私募股权基金提供了三种替代方法：

1. 如果可以估计公允价值并且可验证，那么基金就划分为以公允价值计量且其变动计入当期损益的金融资产，并且按该公允价值计量。
2. 如果可以可靠地估计公允价值但是不可验证，那么基金就划分为可供出售的金融资产，并且按该公允价值计量。
3. 如果无法可靠地估计公允价值，那么基金就划分为可供出售的金融资产，以成本价扣除减值计量。

对于以上所有选择，头寸需要定期地重新计量（以公允价值或减值）。由于私募股权基金没有活跃的市场，以上所有选择不得不使用估值技术。根据公允价值估值范围的可变性是低、不显著还是高，需要采用以上第 1、2 或 3 个选项。

16C.2　估值模型（模型定价法）

本章描述了 GEM 估值方法。我们认为该方法符合 IAS 39 的要求，理由如下：

1. 在现金流预测模型中，所有可得的市场输入变量都可以纳入考虑。首先，作为一种现金流折现法，折现率主要依靠市场输入变量进行估计。其次，预测是以实际现金流序列为支撑的。
2. 具体实体层面的输入变量仅限于结构化审查，目的是将私募股权基金在其同类组中进行排名，并且仅作为缺乏市场输入变量时的替代品使用。此外，在任何情况下，可得的市场输入变量都不需要被任何具体实体层面的输入变量代替。
3. 该模型提供了公允价值的一个真实估计，因为它基于真实的现金流统计数据，并且现值计算使用了真实的折现率。

4. 为了对私募股权基金在其同类群组内排名而进行的结构化审视已经设计得足够全面，以便在确定价格时将市场参与者考虑的所有要素都纳入考虑范围。

5. 作为以折现现金流为基础的分析，其与公认的金融工具定价的经济学方法论是一致的。

根据可观察的现金流和市场化统计数据定期调整后，我们的估值可以认为是可验证的，或者至少是可靠的。最后，除了符合 IAS 39 的要求，这样的自上而下的方法似乎是大型投资者目前唯一可用的解决方案。实际上，任何自下而上的方法都要求对所有现有和将来的投资组合公司进行公允地估值，因此，其成本效益远低于我们建议的自上而下的方法。

第 17 章 私募股权基金折现率

对于任何一项金融资产，只有当期预期收益率至少等于其融资成本，一只私募股权基金才值得投资。在上一章，我们提出了 GEM 估值方法，并解释了如何预测私募股权基金的现金流。在这项技术基础上，一旦得知折现率，就能够估计一只基金的现值。本章，我们将更详细地探讨折现率。

金融学告诉我们，一项投资的风险应该是由完全分散化的投资者所观察到的风险，预期收益率应该是该风险测度的函数。需要重点强调的是，"要求的收益率"与"折现率"之间的差异，前者是由投资者驱动的（分散化水平，风险感知），后者只应当由该类资产的市场风险驱动。该差异解释了常常存在于市场参与者所用的利率与估计公允估值时应当采用的利率之间的差异。

首先，我们回顾了资本资产定价模型（CAPM），以及在哪些限制条件下，其可以用于私募股权基金。其次，我们考察了 CAPM 的替代选择。最后，总结并得出我们的结论。

17.1 资本资产定价模型

有些专业人士称，1964 年，夏普（Sharpe）发表了关于 CAPM 的革命性论文之后，金融学才成为一门羽翼丰满的科学学科[一]。投资者有史以来首次可以量化什么是风险，明确其如何定价。夏普的贡献在于指出了在均衡状态下每一种资产都必然存在一个期望收益率，该收益率与市场投资组合的期望收益率的协方差呈线性关系。

[一] 数学上，CAPM 表示为 $E(R_i) = r_f + \beta_j(R_m - r_f)$，其中 R_m 是市场投资组合的期望收益率；β_j 是资产 j 的贝塔；$E(R_j)$ 是资产 j 的期望收益率；r_f 是无风险资产的当前收益率，$(R_m - r_f)$ 是市场风险溢价。

但是，CAPM 适用于私募股权基金吗？CAPM 假设投资者持有完全分散的投资组合。已知绝大多数基金投资者都是大型复杂的机构，这样的假设似乎很合理。模型还假设不存在交易费用，买方和卖方都有完全信息，并且市场是均衡的。显然，在私募股权基金背景下，这些假设相当大胆。然而，如果目标是估计一个公允价值，这意味着双方都有知识和意愿，并且交易是公平的，因此这些假设似乎更可接受一点。

假设 CAPM 可以用于此处，我们仍然需要获得所要求的数据。实际上，准确性不仅取决于所用的模型，还取决于输入模型的金融数据的可得性和质量。CAPM 要求三个输入变量：无风险利率、股权风险溢价和贝塔。

17.1.1 无风险利率

无风险利率是金融学中多数模型的起点，比如现金流折现模型（DCF）或者布莱克-舒尔茨公式（Black-Scholes formula）。无风险利率资产是指实际收益率始终等于期望收益率的资产。它也可以定义为不受市场影响因此贝塔为 0 的资产的收益率。当资产的现金流无违约风险并且不存在再投资风险，该条件即达成。纯粹主义者可能会争论，这要求每一个现金流都是不同的无风险利率，比如在 2 年时间范围内，无风险利率必须是 2 年不违约的（政府）零息债券。但是在实践中，根据将要分析的未来现金流持续期，仅用一个无风险利率。对于一只标准化的私募股权基金，在成立时，平均存续期为 6~8 年（如图 17-1 所示）。而且，所用的无风险利率必须与测量的现金流一致。因此，对于欧元主导的基金[⊖]，应使用欧盟政府零息债券利率；对于美元主导的基金，应使用美国的利率，依此类推。为了阐释清楚，我们在图 17-2 中提供了一些政府零息国库券的收益率曲线。

⊖ 这里要重点强调，VC 基金的地点不重要，只有要估计的现金流所用的货币才重要。

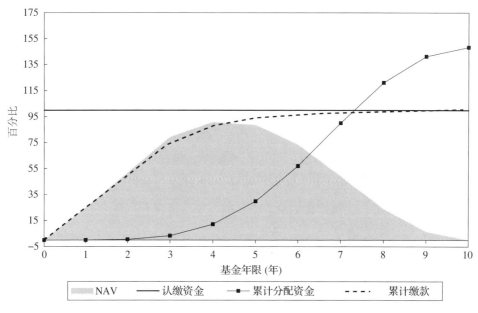

图 17-1 缴款与分配模式

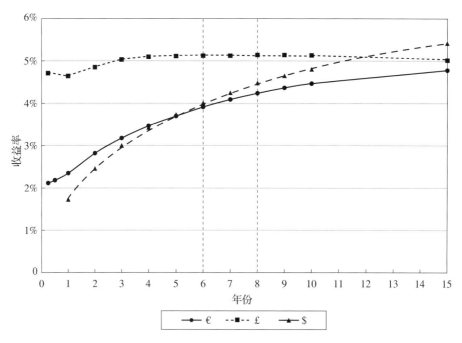

图 17-2 政府零息国库券收益率曲线

资料来源：彭博社（Bloomberg，2004）。

17.1.2 股权风险溢价

CAPM 并不反映一项投资承担的总风险,仅量化了其给分散化的投资组合增加的边际风险。这可以由总风险的性质来解释,其可以分为两个组成部分:具体投资风险(特殊风险)和市场化风险(或系统性风险)。前者可以分散化,而后者不能,分散化的投资者对暴露于后者的风险要求超额收益。这样的区分非常重要,其解释了为什么私募股权基金的投资者经常对承担的风险产生错误感知。实际上,很多投资者期望对基金总体风险的溢价作为补偿,而只有其中的系统性风险部分才应该得到回报。然而,虽然这种方法对分散化的投资者完全可以接受,但在投资者持有很少仓位的背景下,就远非如此了。

Moskowitz 和 Vissing-Jørgensen(2002)分析了私募股权的收益率。该分析是基于美国消费者金融调查(US Survey of Consumer Finances)和从各国收入账户中推导出来的数据,因此主要是关于非公众公司的非中介投资,而不是私募股权基金从事的中介投资。他们估计,投资者持有一个头寸所承担的风险,要求弥补的溢价至少为年化 10%。Kerins、Smith 和 Smith(2001)采用近期高科技 IPO 数据估计,企业家用其 25% 的财富投资于单个创业投资基金项目,所要求的超额溢价大约在 25%。这很好地说明了,与仅仅暴露在系统性风险下完全分散化的投资者相比,暴露在总体风险或者至少总体风险的很大一部分之下的投资者,所要求的超额溢价是多么重要。

在 CAPM 中,无风险利率的超额收益是在一项资产为分散化的投资组合增加的相对风险——即贝塔(见第 17.1.3 节)基础上,以及市场投资组合期望风险溢价基础上估计的。该溢价通常要么通过采用历史数据估计,要么从隐含的当前市场价格中提取。在美国,从 1926~1998 年历史数据中估计的溢价为 6.10%。虽然这种方法普遍应用,但是也存在一些局限性。第一,估计的溢价可能存在惊人的巨大差异㊀,尤其是由于所使用的时间周期㊁、无风险证券的

㊀ 根据 Damodaran(2001):"各种投资银行、分析师和公司对美国市场风险溢价的估计,其范围从最低端的 4% 到最高端的 12% 不等。"

㊁ 采用更短的周期是为了进行估计,可以更好地反映平均来说投资者当前的风险规避情况。在估计过程中,我们假设风险溢价是随着时间变化的,因此,采用更短的时间期限将提供更准确的估计。

选择㊀以及算术平均值与几何平均值的应用方面的差异。第二，幸存者偏差对市场数据有影响，导致估计的风险溢价高于实际的历史数据。第三，尽管像美国这样成熟市场的可信赖的历史溢价估计起来已经非常困难，但是对于历史短暂且波动的市场来说，则更加困难。因此，一种解决方案是将美国的溢价作为基础，将其他国家的系统性风险纳入考虑并进行调整。

历史风险溢价的替代选择是估计当前市场价格隐含的股权风险溢价。显然，隐含的股票溢价随时间的变动比历史风险溢价更大。应用于美国市场时，平均隐含的溢价在 4% 左右㊁。

毫无疑问，关于股权风险溢价的讨论还将继续。可以认为，在多数金融文献㊂中，估计的溢价数字很可能低于 6%。我们认为，采用 4%~5% 范围内的期望股权风险溢价是合理的。

17.1.3 贝塔

贝塔是 CAPM 所需要的第三个也是最后一个参数。我们已经陈述过，贝塔有两个基本特征：它测量增加到一个分散化的投资组合上的风险，而不是总风险；它测量的是一项资产的相对风险，因此标准化约为 1。贝塔反映了资产价格相对于市场指数的运动。贝塔等于 1 时，价格与指数以同样的方式上下波动，即该资产与指数具有相同的风险。贝塔高于 1 时，价格的波动比指数波动更高或更低，即该资产具有更高的风险。贝塔等于 0 时，资产不受市场行情影响，预期收益率等于无风险利率。

测量贝塔的标准方式是，用任意资产的收益率对指数的收益率在一个合理的时间期限内进行回归分析，指数作为市场投资组合的代理变量㊃。然而在实践

㊀ 正如本章前面所解释的，要估计折现率所用的无风险利率，应该是到期日与 VC 基金的存续期相等的政府零息债券利率。因此，为了保持一致，在估计股权风险溢价时，应该采用相同的无风险利率。

㊁ 历史溢价的差异可能是由于存在幸存者偏差。

㊂ 见 Siegel（1999）。

㊃ 用如下的简单线性回归：$Y=\alpha+\beta X+e$，其中 Y 为因变量，即资产收益率或超额收益率；α 为常数，即无风险利率；β 为回归系数，即贝塔（可以理解为 X 值一个单位的变化导致变量 Y 变化的百分比）；X 为自变量，即指数收益率或超额收益率或市场风险溢价；为误差或扰动变量，也被称为残差。回归系数按如下方法估计：$\beta = \dfrac{cov_{XY}}{var_X} = \dfrac{corr_{XY} \times vol_X \times vol_Y}{vol_X^2} = \dfrac{corr_{XY} \times vol_Y}{vol_X}$。

中存在几个测量指标：指数的选择 ⊖，时间期限的选择 ⊜，以及收益率间隔的选择 ⊜。我们知道，私募股权基金的历史数据极少，并且几乎没有上市数年的基金的可比数据，不能轻易地使用传统的方法估计风险参数。

17.2 私募股权基金的贝塔

无风险利率和股权风险溢价不是问题，可以相对容易地确定。因此，要计算基金的折现率，只需要估计贝塔。下面，我们采用标准的方法来估计贝塔，然后介绍几种替代选择。

17.2.1 基于上市公司比较的估值

当一项资产没有公开交易时，常见做法是用一项相似的上市资产的贝塔作为代替。私募股权行业流动性最强的股票大概就是 3i 集团，其贝塔可以提供一些指示（如图 17-3 所示）。3i 集团是私募股权基金和风险投资基金领域的全球领袖，专注于并购基金、成长资本和风险投资，投资区域跨越欧洲、美国和亚太地区。截至 2004 年 3 月，其投资组合大概的组成为 51% 的并购基金、31% 的成长资本、12% 的风险投资基金和 6% 的上市股票，总额合计 43.26 亿英镑。从地理区域来看，58% 在英国，35% 在欧洲大陆，5% 在美国，2% 在亚洲。虽然难免存在偏差，但是 3i 集团对欧洲私募股权基金的投资组合来说是一个潜在的很好的可比变量，而对 VC 基金来说则不太适用。然而，还是值得更详细地研究。

在互联网泡沫之前和之后这两个主要时期内，3i 集团保持相对稳定。在泡沫之前，贝塔大多为 0.6~0.8，支持了私募股权投资组合分散化的很好方式的假设。泡沫之后，情况发生了改变，贝塔值为 1.20~1.60，支持了另一个假设，即私募股权投资风险相当大。这个变化有点让人迷惑不解，坦白地说，我们也无法解释。

⊖ 最佳估计是由市场加权指数来获得，包括尽可能多的证券。

⊜ 回溯时间越远，我们在回归中就能获得越多的观察数据的优势，但是这会被 VC 基金自身的特征可能发生的变化所抵消，比如在此期间的业务混合和杠杆。

⊜ 采用更短的收益率间隔可以在任意时间期限内增加回归中的观察数量，但是这也会有代价。资产不是连续交易的，当资产处于非交易状态时，估计的贝塔可能会受到影响。

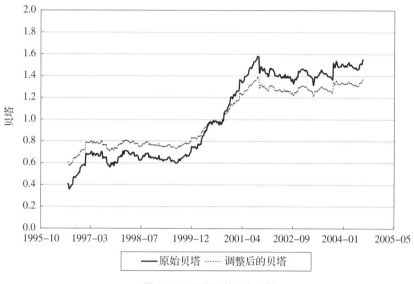

图 17-3 3i 集团的历史贝塔

资料来源：彭博社（Bloomberg）。

3i 集团不是唯一的上市私募股权资产。Bauer、Bilo 和 Zimmermann（2001）研究了其他的上市交易私募股权基金（PTPE）。他们将 PTPE 分为三组：上市公司，其核心业务是私募股权基金，比如上面提到的 3i；上市投资基金，比如施罗德创业信托（Schroeder Ventures Trusts）；以及专门结构化的投资工具，比如城堡私募股权基金（Castle Private Equity）。他们发现了超过 200 只 PTPE，在流动性限制之后，超过 100 只接受了他们的调查。

他们计算了 1988 年至 2000 年 5 月期间不同上市公司指数和 PTPE 的波动率。PTPE 的波动率与公开市场所观察到的相似。在他们的研究中，没有计算相关系数或贝塔。但是，假设整体 PTPE 风险是系统性的，或者换句话说，其与市场的相关系数为 1，可以通过比较波动率水平轻松计算出贝塔值⊖。用这种方法得到的贝塔，其范围为 0.63~1.08（见表 17-1），我们将在第 17.2.2 节进一步解释。

⊖ 事实上，假设与市场的相关系数为 1，贝塔的估计可以简化为如下公式：

$$\beta = \frac{cov_{XY}}{var_X} = \frac{corr_{XY} \times vol_X \times vol_Y}{vol_X^2} = \frac{1 \times vol_X \times vol_Y}{vol_X^2} = \frac{vol_Y}{vol_X}。$$

表 17-1　针对主要指数的 PTPE 贝塔

指数	波动率（年化，%）	隐含 PTPE 贝塔
MSCI	12.35	1.08
S&P 500	14.47	0.92
NASDAQ	21.33	0.63
STOXX	15.37	0.87
罗素 2000	15.88	0.84
PTPE（孵化器之外的全部）	13.37	1.00

数据来源：Datastream 和彭博社（1988~2000）。

资料来源：Bauer、Bilo 和 Zimmermann（2001）以及本书作者的计算。

他们进一步优化了分析，将 PTPE 分为以下子类别：孵化器（27）、创投⊖（39）、私募股权基金（28）、并购基金（12）和平衡型基金（12）。在与上面相同的假设下，即所有的风险都是系统性的，则可以通过比较 PTPE 的波动率水平与上市公司股票指数的波动率计算贝塔值（见表 17-2）。对于 VC，贝塔的范围为 1.40~2.42，均值为 1.92⊖。

表 17-2　按阶段划分的 PTPE 贝塔

	创投	孵化器	并购	PE	平衡型	整体	整体（剔除孵化器）
样本规模	39	27	12	28	12	124	97
波动率（年化）	29.9%	41.8%	9.4%	13.8%	17.1%	16.9%	14.6%
贝塔							
MSCI	2.42	3.39	0.76	1.12	1.39	1.37	1.18
S&P 500	2.07	2.89	0.65	0.96	1.18	1.17	1.01
NASDAQ	1.40	1.96	0.44	0.65	0.80	0.79	0.69
STOXX	1.95	2.72	0.61	0.90	1.11	1.10	0.95
罗素 2000	1.88	2.63	0.59	0.87	1.08	1.07	0.92

⊖ Bauer、Bilo 和 Zimmermann（2001）将创投定义为："它们直接投资于早期或扩张阶段的公司，这些公司在技术驱动或创新驱动的行业非常活跃，拥有巨大的增长潜力。"

⊖ 这些结果需要判断哪个指数得到最佳的贝塔估计。简言之，指数是市场加权的，包括更多证券的指数应该更好。此外，指数还应该反映边际投资者的投资组合。

（续）

	创投	孵化器	并购	PE	平衡型	整体	整体（剔除孵化器）
最大	2.42	3.39	0.76	1.12	1.39	1.37	1.18
最小	1.40	1.96	0.44	0.65	0.80	0.79	0.69
平均	1.94	2.72	0.61	0.90	1.11	1.10	0.95

数据来源：Datastream 和彭博社（PTPE，1996.5~2001.2；公开指数，1986~2000）。
资料来源：Bauer、Bilo 和 Zimmermann（2001）以及本书作者的计算。

这些结果支持了 VC 比上市公司股票风险更高、并购基金风险更低的假设。假设风险溢价为 5%，VC 要求相对于上市公司股票的风险溢价超过 400 个基点。我们还不能基于这些分析得出最后的结论，因为所用的样本有限，很可能无法完全代表 VC 市场。最后，还有几个重要的维度在研究中未纳入考虑，有可能是估计贝塔的关键要素，比如地理位置或行业部门。

近期，Zimmermann 等（2004）进一步研究了 PTPE 的风险和收益。这项工作是 Bauer、Bilo 和 Zimmermann（2001）之前研究的延续，定义并讨论了 PTPE 的不同指数。在这项工作基础上，建立了一个新的私募股权基金的基准指数，称为 LPX50。该基准指数要么是价值加权（VW），要么是等值权重（EW）。组成指数的 50 只 PTPE 是在几个流动性标准基础上筛选的 ⊖。由资本化程度最高的 50 家公司构建了该指数。尽管他们没有计算相关系数，但仍然可以根据与以前相同的假设，即所有的风险都是系统性的，从而计算出贝塔值。贝塔的范围为 0.55~1.25，取决于选择的指数（见表 17-3）。

表 17-3　不同指数下的贝塔

	LPX 50 VW	LPX 50 EW	MSCI 全球	纳斯达克
波动率	18.50%	15.04%	14.76%	27.44%
隐含贝塔 vs. MSCI 全球	1.25	1.02	1	N/A
隐含贝塔 vs. 纳斯达克	0.67	0.55	N/A	1

基础数据：1993.12.31~2004.7.2。
资料来源：Zimmermann 等（2004）。

⊖ 最少 30 周的观察数据，最小市值 2000 万美元，每周相对交易量 0.1%，买卖价差小于 8%，交易连续性 15%。

Weidig 和 Mathonet（2004）研究了在交易所上市的 PTPE 的贝塔，并仅选择了具有一定流动性和历史数据的 PTPE。他们计算了几个 PTPE 的贝塔，发现贝塔值非常低，接近于 0，他们认为是由于这些股票缺乏流动性。他们试图通过 Ibbotson、Kaplan 和 Peterson（1997）倡导的技术修正该偏差。结果，贝塔值显著提高，但是平均值仍然没超过 1。他们没有做出确定性的结论，但认为 PTPE 大概率与上市公司股票没有太大差别。

另一份分析公开市场数据的研究来自 Kerins、Smith 和 Smith（2001）。他们利用近期的高科技 IPO 股票估计风险投资基金投资的机会成本。他们采用 4% 的无风险利率和 6% 的市场风险溢价，估计的完全分散化投资者的折现率为 11.4%，表明贝塔为 1.23。这个结果虽然有趣，但是不适用于 VC 基金，因为近期的高科技 IPO 并不能代表 VC 市场，而是只代表一部分非常成功的公司，并且还因为 IPO 后的交易经常受到 IPO 技术比如价格支持的影响。

17.2.2 标准回归贝塔的替代选择

一般来说，私募股权基金的业绩不能轻易和上市公司股票进行比较，主要是由于收益率测量实践上的差异 ⊖。而且，由于基金的历史数据很少，并且几乎没有上市几年的可比公司，传统的估计风险参数的方法无法轻易使用。但是，有一些简单回归贝塔的替代选择。第一个是提出另一个相对风险度量（正是贝塔的概念）。第二个是估计自下而上的贝塔，这反映了公司正在开展的业务及其当前的财务杠杆。第三个是修订和纠正收益率数据，使贝塔的估计成为可能。

17.2.2.1 相对风险度量

相对风险度量确实要求我们对风险的性质做出一些假设。例如，相对波动率测量的是资产相对于市场所有资产平均波动率的波动性。相对波动率标准化约为 1。相对波动率大于 1 表明风险高于平均水平，而相对波动率小于 1 表明风险低于平均水平。相对波动率的用处与传统的贝塔估计基本相同，可以用于计算预期收益率。相对波动率的度量不需要测量相关系数，因此噪声更少。但

⊖ 对于私募股权投资来说，内部收益率（IRR）用作业绩测量指标，是美元加权的收益率。对上市公司投资来说，通常用时间加权收益率。

是，这是有代价的。相对波动率测度是建立在总风险与市场风险暴露完全相关的假设基础上的。这也是我们利用 Bauer、Bilo 和 Zimmermann（2001）以及 Zimmermann 等（2004）的结果来估计贝塔的方法。

17.2.2.2 自下而上的贝塔

一种替代选择是用投资组合公司的财务特征估计风险参数。这种方法以贝塔的一个特征为基础：两项资产放在一起的贝塔值是单项资产贝塔值的加权平均值，权重是以市场化价值为基础的。因此，一只基金的贝塔是基金所投所有不同项目的加权平均贝塔，可以用以下方法估计：

1. 识别组成投资组合的项目类型。
2. 估计每种类型项目的无杠杆贝塔。
3. 计算每个投资组合公司的杠杆，如果有市场价值，则采用市场价值。如果没有市场价值，就使用公司管理层确定的目标杠杆（更佳），或者行业通用的债务比率。
4. 用第 2 步的无杠杆贝塔和第 3 步的杠杆，估计每一家投资组合公司的杠杆贝塔。要注意，在风险投资基金行业，虽然没有债务，但是交易结构经常包含杠杆。
5. 通过利用市场价值计算投资组合公司的杠杆贝塔的加权平均值，来计算基金的无杠杆贝塔。如果市场价值不可得，就用一个合理的代理变量，比如最近报告的估值或成本。
6. 计算基金的杠杆，如果市场价值可得就用市场价值。如果市场价值不可得，就使用公司管理层确定的目标杠杆（更佳），或者行业通用的债务比率。
7. 利用第 5 步的无杠杆贝塔和第 6 步的杠杆估计基金的杠杆贝塔。

这种方法为基金提供了更好的贝塔估计，理由有三。第一，回归贝塔有噪声和很大的标准差，而回归贝塔的均值减少了估计中的噪声。第二，贝塔的估计反映了基金的现状，因为它是以不同业务当前的权重为基础计算的。最后，杠杆贝塔是使用当前的公司财务杠杆（预期或目标杠杆更好）计算的，而不是回归分析周期的平均杠杆。这种方法是通用的，可以用于任意市场的基金。这种方法的"阴暗面"在于，仍然很难发现可与风险投资基金公司进行比较的上市公司，而且对于很多私募股权基金来说，未来现金流不仅来自现有投资，还来自尚未进行的投资；这种方法要求对这些未来的投资做出假设。

Ljungqvist 和 Richardson（2003）在一个最近 20 年 VC 基金和并购基金真实现金流的私人数据库基础上，使用这种方法估计了贝塔（见表 17-4）。该数据库由 1981~1993 年期间募集的 73 只基金组成，被作者称为"到期的"基金。该数据库大约由 88.2% 的并购基金和 11.8% 的创业投资基金组成。在地理区域方面，91.1% 为美国基金，7.4% 为欧洲基金，1.5% 为拉丁美洲基金。他们详细研究了每一只基金的投资，为了估计基金的风险，确定了投资组合公司的行业贝塔。在这样做的时候，他们做了简化的假设，即私募公司的杠杆恰好与行业杠杆一致，这可以让他们在 Fama 和 French（1997）的估计基础上，直接使用行业杠杆贝塔。结果见表 17-4。这些估计表明，并购基金的风险高于市场（贝塔值为 1.08），但是低于 VC 基金（贝塔值为 1.12）。但是，并不能得出最后的结论，因为并购基金一般使用的杠杆比他们所投资的行业更高，而 VC 基金则几乎不使用杠杆。作者已经意识到了并购基金的这一问题，并进行了粗略的计算，以更好地理解杠杆的影响。

17.2.2.3 基于修订和纠正数据的贝塔

私募股权基金的特点给现代投资组合理论带来了一些问题。事实上，由于缺乏持续交易的市场，以及由此产生的基金资产类别评估特征导致定价或平滑过程滞后，因此难以测量真实波动率及与其他资产类别的相关性。为了测量贝塔，必须修正和调整数据。Arthus 和 Teïletche（2004）估计了欧洲分散化投资组合中私募股权的最优份额（见表 17-5）。在此过程中，为了估计贝塔，他们必须估计所有需要输入的变量。为了得到 CAPM 所需要的时间加权收益率，他们没有使用最终 IRR，而是使用"特定周期内所有基金综合的周期性累计收益（即从选择的周期起始日到终止日期间现金流与净资产价值之和）"。然后，他们基于自相关分析，修正这些"通过平滑过程产生的累计季度收益数据"。作者自己也明白，得到的结果并不会产生完全令人满意的解决方案。

表 17-4 投资组合风险

	所有基金（1981~1993）					风险投资基金（n=19）					非风险投资基金（n=54）				
	均值	标准差	第一四分位数	中位数	第三四分位数	均值	标准差	第一四分位数	中位数	第三四分位数	均值	标准差	第一四分位数	中位数	第三四分位数
加权投资组合贝塔	1.09	0.10	1.05	1.10	1.14	1.12	0.06	1.09	1.12	1.16	1.08	0.11	1.04	1.09	1.13
加权FF行业风险溢价（%）	5.55	0.52	5.38	5.63	5.82	5.70	0.31	5.56	5.73	5.93	5.50	0.57	5.32	5.58	5.78

资料来源：Ljungqvist 和 Richardson（2003）。

表 17-5　欧洲私募股权基金的风险、业绩、相关性和贝塔（Ⅰ）

收益率（%）	风险投资基金	并购基金	股权基金
均值	11.3	9.9	7.7
标准差	34.0	10.0	20.6
相关性矩阵			
创投	1.00	0.33	0.50
并购	0.33	1.00	0.11
股权	0.50	0.11	1.00
贝塔			
相对于股权	0.83	0.06	1.00

资料来源：Arthus 和 Teïletche（2004）及作者自行计算。

Kaserer 和 Diller（2004）通过聚焦单个现金流，完善了 Arthus 和 Teïletche（2004）的研究，单个现金流不会受到平滑过程的影响，因此不需要任何修正。为了得到时间加权收益率，他们假设将分配资金再投资于上市证券或债券，在此基础上，构建了一个收益率基准（见表 17-6）。

表 17-6　欧洲私募股权基金的风险、业绩、相关性和贝塔（Ⅱ）

收益率（%）	PE（股权再投资）	PE（债权再投资）	MSCI 欧洲
均值	9.8	8.1	11.5
标准差	19.0	9.0	18.1
相关性矩阵			
PE（股权再投资）	1.000	n.a.	0.897
PE（债权再投资）	n.a.	1.000	0.039
MSCI 欧洲	0.897	0.039	1.000
贝塔			
相对于 MSCI 欧洲	0.943	0.019	—

资料来源：Kaserer 和 Diller（2004）及作者自行计算。

这两项研究得到的结果虽然非常有意思，但是很可能通过修正和调整产生其他的缺陷。我们认为这些结果并不能用于估计 VC 基金的折现率。但是，值得强调的是，当数据被修正，VC 的贝塔趋于接近 1，进一步支持了 VC 与上市公司股票并没有多大差别的结论⊖。

17.3 资本资产定价模型的替代选择

除了 CAPM 之外，还存在其他的模型，比如多因子模型。但是，由于这些模型更加复杂，往往要求更多的输入变量或分析，我们认为它们并不会给 VC 基金的折现率分析带来更深入的见解。而且，我们也不了解基于其他模型的分析。但是，我们考虑了两个分析作为 CAPM 的替代选择：资本的机会成本和历史业绩。

17.3.1 资本的机会成本

折现率也称为"资本的机会成本"，因为它是投资于基金而不是投资于其他证券所放弃的收益。因此，估计折现率的一个替代方式是利用其他相似风险的证券投资者的预期收益率。由于多数投资者是以上市公司股票为代价而配置私募股权基金的，这类资产的收益率可以用来估计所要求的最低折现率。

一个常见的困难是给通过上市公司股票获得的折现率添加"经验系数"，以抵消拟进行的投资可能出错但是无法测量的因素，即不确定性。正确的方法是考虑贝塔的决定因素。和 VC 基金的情况一样，高贝塔和低贝塔资产的特征往往可以观察到，而贝塔自身不能确定，比如通过分析构成投资组合的行业因素（见 Ljungqvist 和 Richardson，2003）。另一种方法是尝试找到特定的风险特征与投资组合中的 VC 基金接近的上市公司股票指数，比如小盘股或行业指数。在表 17-7 中，我们列出了一些这样的指数及其年化收益率。不出所料，这些指数的历史数据有不同的收益率。因此，根据其投资组合构成，投资者可能需要使用不同的最低要求的折现率。

表 17-7 上市公司股票——历史业绩

国家	指数	开始		结束		年化收益率
		日期	价格	日期	价格	（%）
法国	CAC40	1987.12	1000.0	2003.12	3557.9	8.26
德国	DAX	1987.12	1000.0	2003.12	3965.2	8.99
英国	FTSE100	1987.12	1712.7	2003.12	4476.9	6.19
美国	S&P500	1987.12	247.1	2003.12	1111.9	9.86

资料来源：彭博社（1987.12~2003.12）。

⊖ 见 Weidig 和 Mathonet（2004）。

17.3.2 历史业绩

对于资本的机会成本，我们用私募股权基金替代资产的历史业绩来估计折现率。但是，既然我们有基金的统计数据，因此有必要直接研究其历史业绩，然后可以用作折现率。对于基金来说，使用这种方法存在几个问题。第一，在数量和质量上没有充分的数据。事实上，没有可得的时间序列数据，所涵盖的相对较短的时间段似乎不足以提供可接受的统计数据。而且，这个市场缺乏有效的定价机制。但是，我们有必要研究基金的历史业绩，至少可以提供一些启示。图17-4中，你会看到成熟基金历史合并 IRR 的演变过程。成熟基金是指那些成立年份在测量年份之前 5 年的基金（比如 2004 年测量年份，最少成立年份为 1999 年）。截至 2004 年 3 月，IRR 为 9.89%。风险溢价为 5%，欧洲无风险利率约为 4%，这样的 IRR 表明，相对于上市公司股票的溢价为 89 个基点。

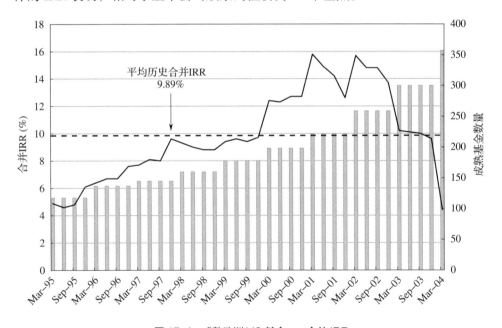

图 17-4　成熟欧洲 VC 基金——合并 IRR

资料来源：汤姆森创业经济学（VentureXpert 数据库）。

17.4　总结与结论

本章，我们试图估计私募股权基金的折现率。首先，我们分析了金融文献中提出的标准方法——资本资产定价模型（CAPM）及其在基金中的应用。由于其独特性，这种方法只能直接应用于私募股权市场中非常小的范围，即所谓的公开交易私募股权。对于市场的其余部分，CAPM 只能在对风险特征做出特定假设基础上使用，或者通过累计投资组合公司的贝塔，或者在对业绩数据进行修订和纠正之后使用。在我们看来，这些方法都不能为私募股权基金提供完全准确的结果。接着，我们回顾了 CAPM 的两种替代选择，即资本的机会成本和历史业绩方法。虽然这些方法填补了基金折现率难题中的一些空白，但在我们看来，这两种替代方法也不能提供最终答案。

最重要的是，要纠正一种错误的认识，认为风险投资基金是高风险的投资，因此应该并且也将获得高收益㊀。虽然风险投资基金的确比很多其他资产类别承担更多的总体风险，但是对一位分散化的投资者来说，当关注的焦点在这唯一的风险，即系统性风险或未分散化的风险，这种差别变得不那么重要了。虽然关于折现率的讨论还远未结束，但我们相信已经收集到充分的证据证明，VC 基金很可能与上市股票并没有太大差别。此外，由于市场不允许找到一个放之四海而皆准的答案，投资者应该分析自己的具体情况，用自己的判断得出可接受的折现率。

根据不同的背景，也可以应用不同的折现率。要对整体投资组合估值，一个折现率用于所有的头寸就足够了。尽管这样的方法很可能会导致对每一只基金的评估不那么准确，但是在投资组合层面是完全可以接受的，个别错误会相互抵消。我们知道多数投资者将打败私募股权市场作为自己的目标，因此可以采用私募股权市场水平的折现率加上与前面估计的贝塔一致的风险溢价。一个合理的范围似乎在 100~300 个基点。

出于投资组合管理的目的，尤其是在二级交易的情况下，我们建议采用更具体的、可以更好地获取风险特征的折现率，特别是要关注地理区域和行业特征。最后，我们坚信，由于私募股权基金的大多数投资者都是大型长期投资者，折现率不应该因为流动性溢价而增加㊁。

㊀ 在单个创业公司层面，经常用递增的折现率作为权宜之计，以考虑创业投资的高失败率。换句话说，不是调整 DCF 的分子，而是通过调整分母进行部分调整。尽管这是常见的市场实践，但是这样的方法缺乏理论基础，在我们看来能否适用于基金还存在疑问。

㊁ 越来越多的文献讨论流动性在证券定价中的作用，有些作者认为应该考虑流动性溢价。我们的观点是，这是直接私募股权投资中的一个主要问题，但对基金来说就不那么重要了[也可参见 Inderst 和 Muennich（2003）提出的关于 VC 基金背景下受限融资作用的讨论]。

Beyond the J Curve
Managing a Portfolio of Venture Capital
and Private Equity Funds

第四部分
管理工具

第 18 章 投后监督

私募股权基金和风险投资基金是另类投资的两种形式,要求有资质、有知识的投资者以及相当大的投后监督能力。在基金公司治理的背景下,有限合伙人有责任审批程序和流程,尤其是确认估值。控制风险并减少违背投资者利益的行为甚至欺诈㊀的可能性的唯一方式是与基金保持联系,理解他们的所作所为以及发展方向㊁。另类资产的评估主要基于有限合伙人的专业知识、专业素质及正直的品质。有限合伙人不能躲在基金经理提供的信息背后。他们必须能够对基金的现状、发展及地位给出个人有见识的观点。

私募股权基金的投资者一般认为,尽职调查完成之后没什么可做的。他们主要通过利益分配、限制利益冲突的范围以及建立正确的激励结构来防止可能发生的有害行为。当然,投资的筛选和构建非常重要,但是投后监督与否往往也会产生影响。只有到基金存续期结束,才能确定投资是否成功。但是,在这样一项长期业务中,尽职调查的结果会变得过时,以及由于经济环境的持续改变,投资者与基金经理利益的平衡可能从根本上发生改变。通过监督可以大大减少与这些变化相关的信息隐藏和道德风险问题。

我们最大的错误大概就是,当我们发现一只基金偏离了其投资领域,或者私募股权公司的策略实施发生改变时,我们的反应不够积极。重要的是,

---

㊀ 私募股权基金面临几个关于代理关系的问题,特别是道德风险问题,因为投资者与基金经理缔约,后者对自己的行为掌握更多的信息,即是否努力的选择,风险的选择,以及"套牢"问题,因为投资者是与认缴后具有更大谈判权力的基金经理缔约。这解释了为什么认缴后的监督如此重要。

㊁ 据 EVCA 秘书长 Javier Echarri(见 Real Deals,2004a)所说,"历史上,透明度是 GP 与 LP 关系的唯一基础。在 LP-GP 协议中,有关于将要提供多少信息的谈判条款,以及关于报告和估值的行业指导准则。此外,由于任何 LP 都可以在任何时候致电任何 GP,因此存在额外的透明度。你的投资者只需要一通电话。"

当你发现事情出错时，应该敏锐地做出反应。在极端情况下，最佳做法是卖出。然而，如果你在事件发生后才开始行动，坏消息已经传开，那么就很难卖出了。这些年的经验告诉我们，尽职调查过程仅仅是我们工作的一部分。我们必须主动地管理投资组合，必须与投资经理保持密切联系。

克里斯托弗·德·达代尔（Christophe de Dardel），SECA-News（2003）

投资者的参与程度将私募股权与其他资产类别区分开来。有限合伙人必须关注普通合伙人如何有效和高效地保护他们的投资。事实上，在不同的情况下，基金经理会以投资者的利益为代价，为自己牟利，比如他们可能会承担不适当的投资风险或者收取过高的管理费，而花费很少的精力对投资组合公司进行监督和提供咨询。他们还可能会解决不符合特定有限合伙人利益的潜在冲突⊖。

18.1 监督的方法

投后监督是有计划、有组织地定期系统性地收集信息。KPMG（2002）与曼彻斯特商学院共同从事的一项研究得出一个有趣的结果，是关于讨论投资组合公司的交易时，英国的私募股权基金经理使用"监督"一词的频率。这项研究发现，通常由基金经理进行的"监督"描述了一个相当被动的反应过程，他们更侧重于历史财务信息。而且，根据 Robbie、Wright 和 Chiplin（1997）的研究，有限合伙人一般不采取监督行动。作者预计这种情况会持续下去，因为以更积极主动的方法进行监督往往会引发成本效率的问题⊖。

明确的是，所有机构对投资组合管理都采取不干预的方法，除非发现问题，突然需要更大的力量介入。

KPMG（2002）

18.1.1 作为控制系统一部分的监督

将监督主体的任务简化为发出警告以避免出现问题是一种狭隘的看法。相

⊖ 例如，在几只基金平行管理的情况下，或者当提供共同投资机会时。在这种情况下，存在将最具吸引力的机会留给偏爱的有限合伙人的风险，却损害了其他投资者的利益。

⊖ 大多数有限合伙人的消极态度主要是因为风险投资基金在大多数机构的投资组合中只占相对无足轻重的份额。

反，监督应该被视为投资过程中控制系统的一部分（如图18-1所示）。它是一项旨在观察、验证、控制以及让投资组合以期望的方式运行的活动。

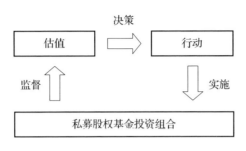

图18-1 控制系统

从信息收集的角度来说，监督是常规且持续的，而估值则是在投资生命周期的特定阶段进行的深入研究。估值利用这些信息对私募股权基金的进程做出判断，在必要时，可以做出变更和改进。监督过程涉及发现问题和制定解决问题的方案。由于私募股权基金的非流动性，投资者对监督中发现的问题做出反应的能力受到限制。在很多情况下，这要求在基金经理和其他联合投资者之间达成一致，或者与联合投资者结成联盟，以施加压力并共同行动。

18.1.2 权衡

确定监督的恰当方法和强度并非易事。投资于私募股权及投后监督比投资于同等规模的上市公司牵扯更多的精力，并且会产生额外的成本。这些成本需要与潜在收益进行权衡。将监督中发现的问题转变成管理行动以及找到恰当的时机和干预程度是一个两难问题。高强度的监督及相应的干预会有效地冲淡基金经理的责任感⊖。私募股权基金特别需要长期的视角⊖，有限合伙人应该尽量

⊖ 极端情况下，由于过于强势的监督和干预，有限合伙人有可能被重新划分为普通合伙人，失去有限责任。

⊖ 见Venture Economics（1998）："短期业绩目标会导致：
- 私募股权基金持有资产估值的博弈，要么延迟减值，要么提前高估投资。
- 收益率计算的博弈，以最有利的方式展示业绩。将更多的现金投入困境投资，以避免注销。
- 更多地投资于能够更快回款或提供当前利息收入的项目，而不是能带来更高上行空间的长期投资。
- 通过不成熟的IPO或并购增加尽早收割投资的压力。

基本上，短期业绩导向会导致'快进快出'的投资策略，很少会产生持续的高收益。"

不要对不可避免的坏消息产生过度反应，尤其是在基金生命周期的早期阶段。另一方面，在需要的时候，私募股权基金投资者的反应通常"太轻微，太晚"，经常无法避免进一步恶化。

> 投资者和其他相关方必须能够坦然地看待中期数据之外的问题。他们必须让 GP 走到终点线。他们必须有耐心。
>
> 赫普纳（Heppner），十字路口集团（The Crossroads Group），
> 引自另类资产网（Alt Assets, 2003b）

有限合伙协议的条款和条件在很多方面都反映了各种维度的权衡。在 10 年甚至更长的时间范围内，从每一个细枝末节对普通合伙人的行为做出约定，这样做既不可能也没有意义。市场状况会波动，基金管理团队会发展壮大，联合投资者会变，投资未能按计划落地，新机会会浮现。有限合伙人可以得出结论，某些条件限制性过强，实际上会影响自身的利益，而其他问题处理得不够细致。投资者开展的监督活动必须填补这个空白。公平地讲，监督的一个重要组成部分就是对各种权衡的持续管理。

18.2　监督的目标

尽管监督是一个重要工具，确保符合有限合伙协议的条款和条件，并收集信息，但基金的业绩不一定与此挂钩。私募股权基金的监督应该不要和投资组合公司的管理混淆——与行业实践一致，有限合伙人不牵扯后者的活动。有限合伙人是在管理自己的基金组合，并监督基金经理。

18.2.1　下行保护

有限合伙人监督基金经理，从而最小化风险。不像大多数其他投资者，有限合伙人不能轻易撤回自己的认缴出资。在传统的资产类别中，降低风险意味着将资金转移到更安全的投资中。随着后续的监督活动，如果发现严重的缺陷，有限合伙人能够切断下行趋势，比如通过重组或在二级市场卖掉头寸，但是这并不能带来增值。

投资是在总体投资组合策略的背景下开展的。因此，监督不仅与单只基

金有关，而且与有限合伙人的整体投资组合构成有关。监督还与确保风格纪律有关。尽管风格跟踪不像对冲基金行业背景下那么适用，但是有限合伙人还是需要确保基金经理停留在自己核心专业领域和"风格"内。如果一只私募股权基金突然改变其策略，有限合伙人应该保持警觉。实际上，风格转变可能对基金的风险-收益特征产生非常严重的后果，给有限合伙人带来预料之外的风险敞口。

专栏 18.1　　　　　　　　　风格漂移

传统的共同基金经理获得了授权，明确列出他们必须做的事情。但是，在对冲基金行业，投资者明确知道存在"风格漂移"的风险，因为对冲基金没有可以比较的基准。此时，风格跟踪是一项很重要的监督活动，因为如果单个对冲基金改变其策略，整个对冲基金投资组合的风险—收益特征就会发生改变，以及因为几只对冲基金合计可能会对某些证券产生过度风险敞口[⊖]。

在私募股权基金行业，在投前尽职调查阶段，基金经理也会解释他们的投资实践和投资策略。有限合伙人期望他们适当地遵守这些策略。但是，在私募股权基金的世界，遵守规定的投资风格不一定是对的，因为秘密性和灵活性是成功的关键因素。Cumming、Fleming 和 Schwienbacher（2004）研究了这个问题，发现在私募股权基金中，"风格漂移"比人们所知道的还要常见。

为了降低"风格漂移"的风险，事前设计有限合伙协议非常重要，因为协议指引着基金经理的行为。由于私募股权基金投资的盲池特征，对有限合伙人来说，在认缴承诺时设定好投资的风险特征非常重要。而且，在私募股权基金的情况下，头寸是非流动性的。因此，如果普通合伙人采取的行动与管理文件不一致，有限合伙人无法轻易地调整持有的投资组合或者进行再平衡。当然，也存在一种风险，即市场条件发生重大变化，仍然紧守

⊖ 在私募股权基金领域，一般认为这不是多大的问题，因为他们不能像对冲基金一样对同一家公司投资到如此高的程度。而且，我们认为筛选技巧和认缴出资管理与私募股权基金投资组合的收益率更相关。

既定的投资策略。如果基金经理被赋予一定的灵活性，当机会随着时间变化时，就可以增加潜在投资的池子。如果基金经理的授权只是投资单一的行业，就可能导致在经济周期非盈利的时期仍然有压力将资金投入运作。部分转移也是很自然的：在创业周期的后期，风险投资基金确实会继续融资，而不是培育新公司。另一方面，他们的动机也可能是为了粉饰门面，比如转移到后期阶段以便提前退出⊖。这还可能有助于掩盖不合格的投资管理，方法是在基金内部实现更大的多元化，从而通过提高同行的业绩，最大限度降低失败的风险。

> 但是，当有需要并且海外有明确的退出可能性时，我们也希望我们的基金经理可以投机取巧。
>
> 布莱恩·伊斯洛夫（Brian D. Isroff），
> 斯特林私募投资公司（Sterling Private Investments, Inc.）

例如，基金经理可以将焦点从并购转移到风险投资，或者反之。并且，从其他国家寻找投资机会也并不罕见。风格的变化经常出现在关注的地理区域或者在并购和创投之间。并购基金和风险投资基金对基金经理所要求的技能和投资目标在重要方面有所不同。虽然两者相关但是又截然不同，很难实现技能的转移。Brull（2002）将"并购公司希克斯缪斯和泰特公司（Hicks, Muse & Tate）称为私募股权基金失败的分散化的典型代表。虽然这是一家令人尊敬的并购公司，只是步入了高科技投资的歧途，有人担心同样的事情会发生在一个陷入考虑不周的并购项目中的 VC 团队身上"。有传闻证据称，募集资金过多的风险投资基金无法抵抗将资金投入并购交易的诱惑，而不是将未使用的承诺认缴资金返还给投资者⊖。随着交易流的枯竭，基金经理通常会考虑其他市场。美国基金可能会在欧洲寻找投资机会，而欧洲风险投资基金偶尔也会

⊖ 见 Cumming、Fleming 和 Schwienbacher（2004），专门考察了投资阶段配置的迁移。

⊖ 并购基金中同样；见亨德森全球投资（Henderson Global Investors, 2002）："许多今天的大型私募股权基金都是在机会主义的繁荣情绪下募集的，都存在风格漂移（比如 CLECs、PIPEs、IT 孵化器），而在该资产类别中一些知名度最高的基金经理中，随后的投资组合问题显而易见。"

尝试进入硅谷。有限合伙人对此持怀疑态度[⊖]，因为基金经理亲自上手干预是必要的——特别是风险投资基金。而且，投资者还面临着之前未考虑过的外汇汇率风险。

关于私募股权基金"风格漂移"的成本与收益，存在一个平衡，至于如何解决这些问题，并没有一个简单的答案。经验丰富的基金经理不会轻易地做这样的漂移，因为这也会给他们带来巨大的风险。当然，基金的投资组合自身本就存在财务风险，因为基金经理不是在自己的专业领域进行投资。如果漂移被证明不成功，他们的声誉就会受到严重的影响，并且会妨碍基金经理募集后续基金的能力。而且，他们还可能因为违反有限合伙协议而面临诉讼。

要规避这个问题，基金经理可以与其他公司合作，而不是试图横生枝节，开展新的业务。从投资者的角度来看，很可能最好的解决办法是，普通合伙人能否取消无法盈利运作的基金承诺认缴出资，或者减少后续基金的规模。在一个变化的环境中对新机会持开放态度很合理，但是有限合伙人应该密切监督这种情况，采取进一步行动，阻止潜在的风险性"风格漂移"。显著改变投资组合的结构并且从既定风格中偏离的基金经理应该被列入"观察清单"。

18.2.2　创造价值

对于直接投资，风险投资家有能力最大化收益[⊖]。对于基金投资，对上行可能性的管理很大程度上授权给获得适当激励的基金经理。这强调了筛选正确团队的重要性。普通合伙人在单只私募股权基金层面上可以显著地创造价值，而有限合伙人则可以通过监督活动，在基金组合层面上创造显著价值：

- 与基金经理保持密切联系很重要，以便决定是否投资于后续基金。有了

⊖ 根据欧洲无限创投（Europe Unlimited Venture Capital）CEO 威廉·斯蒂文斯（William Stevens）的说法，"美国的 VC 在欧洲变得越来越不活跃了，因为 LP 们不愿给他们提供资金。他们说：'美国的情况很糟糕，我们为什么要给你钱去投资一个你不那么熟悉而且我们又不能密切监督投资的地区呢？'"【引自 Fugazy（2002）。】

⊖ 见 Bygrave、Hay 和 Peters（1999）。

先前与基金经理接触的经验，在此基础上的改进可以改善尽职调查，更快地完成协议。而且，这可以与准备分立出来建立自己基金的中层团队成员建立联系。
- Lerner、Schoar 和 Wong（2004）开展的研究表明，投资者将自己的成功归功于卓越的再投资技巧。作者特别提到了捐赠基金的例子。人们发现这些基金不太可能再投资于某个合伙企业，但是如果捐赠基金决定投资于后续基金，其随后的业绩明显好于他们投过的基金。这个发现强调了监督对改进决策的重要性。
- 与其他有限合伙人建立关系网络和联系是收集整个市场情报以及获知其他基金消息的重要手段⊖。这有助于接触到那些原本不会出现在机构"雷达屏幕"上的项目。这也有助于提前接触到二级交易机会，从而避免不受欢迎的拍卖流程。
- 在联合投资策略的背景下，监督对于筛选有趣的机会非常重要。
- 从监督中学到的经验教训可以应用于改进尽职调查和筛选新的投资。
- 最后，正如流动性管理一章所讨论的，优先接触到信息的特权可以让有限合伙人通过精确的现金流预测，优化承诺出资和债券资产的管理。

18.3 信息收集

私募股权基金行业被称为"私募"是有原因的，透明度受到限制。典型的监督流程遵守既定的方法（如图 18-2 所示），将正式的和非正式的报告区分开。大型参与者有一种倾向，在直接与投资经理接触获得具体的定性数据与后台提供的定量数据或标准化数据之间做出区分⊜。由于不同的基金报告的质量和细节大不相同，监督需要关注"填补空白"。你需要在向有限合伙人提供特定的信息和标准化信息之间取得适度的平衡，否则报告过载的风险很大。可能接近这一点的最佳方式是尝试比"其他人"做得好一点。所以，监督也需要对有限合伙人的竞争对手保持关注。

⊖ 被认为是专业的认真的投资者，也可以增加与基金经理谈判的权力。在一个相对较小的行业中，坚固的关系网是对一个团队的可靠"威胁"，否则其不愿妥协。

⊜ 根据 Diem（2002）的观点，绝大多数有限合伙人"都同意，最有价值的信息是从 LP 与 GP 之间培养的私人关系中获得的，这也被认为是克服数据可得性的唯一可行方式"。

信息过多等于根本没有信息，过少则可能误导。

Brett（2002）

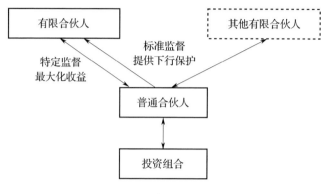

图18-2　投后监督流程

专栏18.2　　　　　　　　　透明度

　　私募投资通常不需要在监管当局注册登记，比如美国的 SEC、英国的 FSA 或者法国的 COB。所以，私募股权基金的估值和报告标准的发展主要由行业参与者驱动，而非监管机构。表面上不受监管其实是从监管角度进行特别豁免，以及风险投资基金协会对私募股权基金经理的投资行为保持高标准的努力之间达成谨慎平衡的结果。在美国，私募股权基金经理和对冲基金经理一样，依靠《投资顾问法案》而豁免注册㊀。由于对冲基金和私募股权基金缺乏明确的界限，在某一点上存在一种可能，对冲基金的监管也可能对私募股权基金的透明度产生影响。

　　对基金现状和业绩的披露包括到目前为止认缴、实缴和分配的水平。投资者尤其对估值和 IRR 感兴趣。但是，这存在很多问题：

- 如果认缴承诺很高——当然相应管理费也高，有限合伙人可能会对基金经理施加压力，要求其加快投资的步伐，但是由于缺乏市

㊀ 见 Collins（2004）："美国证券交易委员会（SEC）的报告提议修订对冲基金经理在《投资顾问法案》下豁免注册的规定。但是 SEC 还没有区分对冲基金和私募股权基金。SEC 也对非流动证券的估值、报告标准的不一致及对管理人激励费用所产生的潜在利益冲突予以关注。所有这些问题不仅出现在对冲基金中，而且也出现在私募股权基金中。"

场机会，实际投资很少。
- 关于 IRR，J 曲线的影响如何评估？以什么为基准进行评估？最终在 NAV 的驱动下进行，但是往往很大程度上是未兑现的。而且不同的基金对同一笔投资认定不同的价值、减值及条款——有时与不同的会计标准保持一致。
- 糟糕的中期业绩会妨碍募集新基金的能力，未注释的信息披露会给一个以耐心作为极其重要成功因素的资产类别带来短期主义倾向。

条款的披露或者识别出有限合伙人也会引发关注。基金条款通常是谈判的结果，代表双方的权衡而不是最佳结果。关于有限合伙人的信息也会反映出他们的方法和跟踪记录，引发竞争，或者有助于竞争对手复制他们的策略。披露一只基金详细的投资组合细节以及组合公司的信息，包括在每家公司的股权、交易数字、佣金、管理问题、商业计划、流动性、重组计划或风险评估，通常被视为特别敏感的信息[⊖]。如果被竞争对手、客户、供应商或员工得知，这些信息可能会破坏公司的前景，因为它可能会对融资来源或潜在的收购产生负面影响。

在美国，对于像州立养老基金或公共大学捐赠基金这样的公共机构，另外一个问题是在《信息自由法案》（FOIA）之下的信息披露。当公共机构收到商业伙伴保密协议的约束时，正如典型的可预见的有限合伙协议的情况，他们经常（不是一直）不必披露。投资者担心如果他们不得不在 FOIA 下提供投资数据，那么他们进入头部私募股权基金和对冲基金就会受到严重的限制。据说，基金经理优先考虑那些不受公开披露要求的投资者。有几个州已经修订了 FOIA 成文法，豁免某些私募股权基金相关的信息。在这些修订后的规定中，公共机构不会被强迫披露投资组合公司交易秘密、业务策略和估值之类的信息。在收益数据之下，是关于未到期公司

⊖ 见 Real Deals（2004a）；EVCA 秘书长嘉维尔·艾凯瑞（Javier Echarri）认为，"投资组合公司层面的披露对这些公司来说都将是完全适得其反的，因为任何估值都必须考虑公司退出的能力。幸运的是，美国有法院判决，禁止投资组合公司披露，禁止披露 LP-GP 协议的条款和条件。但是，如果这种压力继续下去，可能会存在业绩最好的 GP 将一些公开投资者排除在外的风险，比如美国的公共养老金计划，从而保持其私密性"。

的信息⊖——销售数据、收入、管理和交易秘密，如果这些信息被公开并错误解读，可能会损害投资组合公司的前景，结果对基金投资的价值产生负面影响。而且，基金层面的投资数据，比如 IRR 数字，单独看来可能会严重误导甚至产生破坏作用。要评估一只私募股权基金，需要考虑一系列标准；这没有专业知识是不可能的。有些州试图限制公开披露所投资基金的名称、投资到这些基金的总金额以及这些投资总的年化收益率。另一种选择是召开面对面的会议，依靠口头交流来防止数据泄露到公共机构的手中，最终受到 FOIA 要求的限制。"审查并返还"政策也在发挥作用，信息可以提供给投资者，但是在审查之后要求其返还。

很可能每过一段时间，新的公司倒闭潮就会产生要求更高透明度的压力。标准制定者和监管机构从金融系统中最重要的投资类别开始，并在适当的时候公开处理更多"外部"工具的特殊问题。这个争论很可能会继续下去，并且现实会迫使钟摆逆转，因为从定义上来说，另类投资就是一种机会型业务，"一刀切"的方法没有用。

由于信息非自由可得，投资者可以获得相对于公开市场的溢价⊖。相反，私募股权基金信息变得越容易获取，收益率就越会向公开市场的标准靠拢。公开披露私募股权基金的信息会从根本上改变行业的驱动力。由于市场的无效率也是由非透明引起的，强迫做到公开市场一样的透明度会造成公开市场一样的收益率，并且会导致另一个不受监管的"真正的私募股权"及资产类别出现。头部基金不需要公开募资，因此私募投资者会避免与公共部门聚在一起。当前行业所采用的透明度水平反映了有限合伙人作为投资者与普通合伙人作为基金经理之间的权衡，目的是既满足透明度的需要，又保留行业的套利机会。

⊖ 见 Metzger 和 Greenwald（2004）：根据密歇根 FOIA 成文法，"投资信息"被定义为那些"没有公开发布或者从其他渠道无法获得的，发布之后可能会给私募股权基金或公立大学造成严重竞争损害"的信息。

⊖ 景顺集团（INVESCO）的雷·麦克斯韦（Ray Maxwell）认为，"私募股权基金的收益率应该比公开市场更高，以补偿信息和流动性风险。如果信息可以更加自由地获取，那么收益率必然会下降"。（引自 Littlejohn，2003）

投资组合管理所需要的信息基本上与投资决策所需要的信息一样，即通过尽职调查收集的信息。它是由基金经理供给的，但是也可以从外部资源收集 ⊖。尽管监督所需的大量信息应该以低成本标准化方式提供，但是适当的信息可以产生竞争优势。例如，有些有限合伙人召开季度电话会议，汇总基金经理的估计，用于改进现金流预测，以便进行流动性和认缴资金的规划。

关于不同私募股权基金群体的信息更难以获取，而且往往仅限于现有投资者。

Lerner，Scholar 和 Wong（2004）

18.3.1 标准化监督

监督是建立在基金报告基础上的。因此，可靠的、恰当的、及时的管理信息至关重要。风险投资基金协会的报告准则，例如 EVCA、BVCA 或 AFIC 发布的准则，定义了提供信息的标准化水平。一般来说，私募股权基金的投资者经常抱怨披露程度令人不满，报告之间明显的不一致，以及收到这些信息时往往存在严重的滞后性。投资组合公司存在的主要问题最终会出现在报告中。但是，收到报告时，损害往往已经造成，任何纠正行动都无法挽回。这引发了一个问题，即大型机构投资者在处理以下问题时是否会变得更加积极或者主动：

- 不完整的信息会增加不确定性，从而增加风险。机构是否应该说服行业参与者提供更详细和更透明的报告——可能要和 EVCA 这样的风险投资基金协会一起？
- 报告中的透明度与估值和风险绑定在一起。投资者可以通过更详细更高质量的投资报告获得对投资的"更真实公平"的观点吗？
- 行业应该提高报告的质量，尤其是报告的时效性吗？比如通过引入电子报告标准。

⊖ 而且，缴款通知和分配的管理也提供了进行监督的机会，因为在这种情况下，需要核对协议的条款。

> **专栏 18.3　　标准报告**
>
> 所有行业参与者普遍同意，与会计相关的正式信息应该标准化。EVCA 指南整体看来是充分的，但是 Diem（2002）进行的一项研究发现，多数受访者认为这些报告指南十分模糊，对风险管理等其他方面的用途有限。报告的信息很大程度上取决于普通合伙人在报告框架中披露这些信息的意愿。
>
> **报告细节**
>
> 然而，有限合伙人认为建立报告标准并不能满足他们的个人信息需求。人们认为对投资组合管理最有价值的信息只能通过非正式的方式获取[⊖]。有限合伙人声称他们遵循独特的方法，认为我们的信息关系是一个竞争优势。因为他们与普通合伙人有很好的非正式关系，他们能够收集相关的信息。标准中包含的每一条相关的附加信息都会削弱他们以优越的方式判断市场的能力，这意味着他们的相对优势减少了。
>
> 过于严格的报告格式也可能是有害的，因为私募股权基金采用一系列复杂的不断演化的金融工具。通过包含附加的定性信息来改善熵值的尝试被认为是徒劳的。在基本的系统性方法之外，将会存在各种各样的例外情形。
>
> **报告时效性**
>
> 报告频率的增加可能得到电子化报告标准的支持，但这被认为是无益的，甚至适得其反，第一是因为私募股权基金缺乏流动性，第二是因为这无助于发现长期趋势。由于缺乏流动性，有限合伙人往往不太在意报告延迟，因为反正他们也不能利用这些信息进行交易。无论如何，估值依赖于估计和假设，而在此基础上的计算总要花费时间[⊜]。估值的精确性——即试图将错误最小化——与估值的"时效性"之间存在权衡。对于买入并持有的投资来说，短期波动一般不会对财富终值产生实质性影响。而且，公开

⊖ 见 Diem（2002）："我认为这些标准没什么用。真正的价值是跟 GP 关于公司经营怎么样的私下谈话。这是我的附加值所在。"

⊜ 见 The Economist（2004a）。

> 市场的评级机构的反应也存在严重的滞后性。金融市场通常对此习以为常。
>
> 有限合伙人要区分持续报告和临时查询。对于持续报告，普通合伙人允许延迟60~90天进行季度报告⊖。对于临时查询，信息通常需要立即提供，或者最迟24小时内提供。

尽管人们倾向于总是给出明确的肯定答复——尤其是考虑到公开市场的情况，但是必须记住，私募股权基金是"私人"的，存在法律和实践的障碍。根据分析，我们认为以下问题的答案需要从私募股权市场波动性的背景及成本收益的角度来考虑：

- 对于私募股权基金，信息的收集和分析往往存在过高的成本，有些市场力量反对提高透明度⊖。任何反对这些变动的企图都是昂贵的，耗时的，并且最终可能徒劳无益。
- 私募股权基金的巨大信息不对称性解释并证明了中介机构的必要性。越来越多的细节不允许非专业人士来验证基金经理的评估。而且，由于其模糊性，任何定性信息从定义来说就是低质量的。如果你不想依赖中介机构的判断，唯一的选择就是直接投资，而这需要一套完全不同的方法和技能。
- 由于私募股权基金投资是购买并持有的、非流动性的，基金的有限合伙人无法快速地对新信息做出反应。而且，对于如此长期导向的投资，大多数情况下，短期的发展不会对基金的估值产生实质影响。

我们得出结论，尽管更高的透明度让人向往，但是公开市场不能被视为基准。主要是有限合伙人的监督能够克服这类资产的不透明性以及报告的时间滞后问题。

○ 在美国，报告会计和业绩数据存在45~90天的时间滞后（见Maginn和Dyra, 2000）。
⊖ 我们期望旨在提供下行保护的信息更有可能标准化，并在所有有限合伙人之间共享。截至今日，要解雇基金经理，还需要大多数有限合伙人同意。因此，让每个人都了解投资组合的情况，符合所有投资者的利益。

18.3.2 具体监督

普通合伙人倾向于限制信息的可得性，极其不愿意披露所有信息。他们的困境显而易见：一方面，他们有义务披露信息，因此投资者才能了解投资组合的进展[⊖]，但是另一方面，提供更多的信息，尤其是细致到可以进行独立风险评估的程度，会潜在地减少有限合伙人认缴后续基金的机会。高度保密也是投资的基本原理。实际上，采用利基策略、持续获得高于平均水平的收益的基金会引来竞争。普通合伙人担心对外提供太多的信息会让人模仿其策略，获取他们的交易流，危及他们的谈判地位。对常规的投资活动也会产生负面影响。Cullen（2004）举了一个例子，一位有限合伙人获得了财务信息，随后分享给了竞争对手，该基金随后失去了这笔交易。

> 很难想象一种情景，你做了一项非流动性投资，自己的利益和参与程度被限制到一年内仅接收一两次信息。提供资金的一方会评估参与的风险，基于这些评估，决定要控制这些风险需要采用什么工具。
>
> 图恩·纳赫特哈尔（Toon Nagtegaal）（引自 Bygrave、Hay 和 Peters，1999）

而且，信息如果披露给更广泛的受众，可能会具有高度破坏性。这可能对投资组合公司的交易能力产生负面影响，比如可能导致信用额度降低。投资组合公司的潜在客户也可能会选择与其竞争对手合作。相反，成功的新闻可能会孕育出竞争对手。极端情况下，基金经理甚至可能会因为披露不利信息而被起诉。

然而，有趣的是，不仅基金经理对过高的透明度不感兴趣，有限合伙人也是如此。将"明星基金"公之于众可能会引来竞争对手。有限合伙人需要保护投资后续基金的特权，或者接触在旧基金外面建立自己渠道的新团队。尤其是由于私募股权基金是不能扩增的，可能会将有些有限合伙人锁定在后续基金之外，因为正如 Lerner 和 Schoar（2002）所指出的，普通合伙人一般会优先选择"资金实力雄厚的投资者"。

[⊖] Robbie、Wright 和 Chiplin（1997）强调通过在基金存续期间更加频繁的直接个人交流，以及发现他们的信息需求，从而与有限合伙人建立关系的重要性。

18.4 评估

对底层投资组合公司的分析是预期业绩评分的基础，这构成了基金估值的 GEM 模型的输入变量。评分的目的是识别基金收益率与同行的差距以及与历史收益率的重大偏差。需要对整个市场进行长期的标准化和持续性监督。

预期业绩评估需要运行状态评分作为补充。运行状态评分捕捉那些在概念上接近事件风险的信息。它们涉及在私募股权基金生命周期中投资前未知的信息，但是被认为可能对私募股权基金的预期收益产生影响。通常，这类事件具有负面影响。预计该事件会对私募股权基金的业绩产生负面影响——除非在中短期的时间范围内采取缓解措施。我们根据运营问题的严重程度，将运行状态划分为四个评分等级（见表18-1）。

表 18-1 运行状态评分的定义

运行状态评分	描述
中性	到目前为止没有负面信号或信息
有问题	出现信号或信息，如果不尽快采取适当措施，可能不会成为第一四分位数的基金。缺乏与预期第二四分位数业绩不一致的信号或信息
可能失败	出现信号或信息，如果不尽快采取适当措施，可能不会成为均值以上的基金。缺乏与预期第三四分位数业绩不一致的信号或信息
已经失败	如果不尽快采取适当措施，事件将会导致标准以下的业绩，甚至导致私募股权基金的失败或崩溃

运行状态评分的方法旨在发现事件并对其严重性进行判断。由于这种评分表述含蓄，一个新的运行状态评分与当前的预期业绩评分不一致时，会导致对预期业绩评分进行重新审视，如果有必要，还要进行调整。运行状态评分还应该以结构化方法为基础，比如罗列清单。这提供了一个优势，即事件可以系统性地覆盖在内，并且流程可以标准化，实现更加一致性的审查，并确保完整性。清单的定义要求识别出与私募股权基金运作状态相关并且可能影响最终业绩的事件。这要求对每一个事件进行相对综合性的描述。在每一种情况下，都必须确定如何识别一个事件，它能在多大程度上影响预期业绩，以及最后但同样重要的是，如何解决这个问题。

本质上，评分有两个功能：一是警示事件可能产生负面影响，在需要立即处理的情况下发出警示；二是诊断，即形成对潜在影响程度的判断，确定监督纠正行为的优先级。运行状态评分时，需要考虑的基本因素包括缺乏经验或者丧失经验导致不完整的团队、估值政策过于乐观的迹象、财务信息来得太晚等。更加严重的情况可能就是警示事件，比如违约行为、对基金经理的诉讼、关键人的辞职、欺诈迹象、财务信息不一致、存在错误或过度"创新"⊖，或者偏离原先声明的投资焦点。其他反映不同程度问题的负面信号可能包括投资者违约，联合投资者威胁撤资，或者讨论更换管理团队等。对于诊断功能，运行状态评分基本上与预期业绩评分建立在相同维度的评估上（见表18-2）。

表 18-2 运行状态评分的评估维度

维度	评估要点举例
管理人技能	团队规模相对于投资组合和目标基金规模合适吗？是否规模太小？ 人员流失导致基金经理使用经验不足的团队成员吗？ 团队成员是否明确表示他们缺乏经验和技能以实施所声称的策略？ 基金经理是否追求明显超出其专业能力范围的活动？ 这是一个互补型的团队吗？是否依赖某一个人或者根本没有专业人士？ 基于团队成员解释策略的能力、报告质量、提供预测的能力等进行评估
管理人稳定性	职责是否发生变化？ 团队是否均衡？或者初级团队成员能否提供增值？ 曾有团队成员辞职吗？如果是，出于个人原因还是内部冲突？ 基于比如正式和非正式的与团队成员的联系进行评估
管理人激励	主要与基金的激励结构及投资组合的财务收益预期有关 基于对收到超额收益分成和募集后续基金的可能性进行评估 激励的影响和团队稳定性的影响非常重要，这取决于团队成员是否质疑能否拿到超额收益分成，是否预期业绩较差但是可以募集新基金，或者是否在极端情况下，可能既没有超额收益分成也没有新基金
基金策略	是否有严重的风格漂移到专业领域之外？ 投资行为是否与宣称的策略一致，是投机行为还是完全违反策略？ 与之前的基金或后续基金是否存在潜在的利益冲突？ 当基金经理开始讨论"新策略"时，有限合伙人应该保持警惕
基金结构	团队规模相对于投资组合是否合适，或者是否太大？ 投资者是否物有所值，或者说基金经理没有为投资组合工作或者增加价值？ 比如，基于对基金预算的分析或者与投资组合公司创业者的联系进行评估

⊖ 见 Kaneyuki（2003）。

（续）

维度	评估要点举例
外部验证	哪些私募股权机构在与这只基金合作？ 其他有限合伙人是否有兴趣投资于后续基金？ 比如，基于共同投资者和市场化的反馈进行评估
投资组合财务	关键投资是否存在严重的贬值？ 投资组合分散化不足还是过度分散化？ 剩余的流动性是否充足？ 基于基金经理对投资组合预测的评估，与同类群体的目标、基准等进行比较
维度匹配性	这份清单无法做到详尽无遗，而是需要通过经验和判断进行补充

运行状态评分是由有限合伙人的投资经理提供的，评分基础是他们与基金经理的联系。这些联系可以是正式的，比如投资会议或者季度报告，也可以是非正式的，比如与基金经理或者联合投资者的讨论、"市场传闻"、电话等。运行状态评分相关的事件可能是业绩较差的征兆，也可能是业绩较差的原因。在实践中，很难区分原因和结果。比如，团队内部的紧张关系不一定是私募股权基金业绩较差的原因。很可能是团队比有限合伙人更加了解投资组合的状态，并预期基金会失败。

当然，对事件影响的严重性的评估是高度主观的。因为各类事件都可能发生，无法提供详尽的清单。这类事件的累积也是一个信号，私募股权基金正在偏离轨道，可能会产生低于标准的业绩。由于这些运行状态评分可以对可能的损害做出提示，应该将其反映在更新的预期业绩评分中，因此绑定在基金的估值中。

18.5 行动

评估的结果是对一系列可能行动的决策。这些行动可以从简单地改变监督强度到单个基金层面或有限合伙人投资组合层面的干预。监督的强度是对一只私募股权基金的总风险敞口、预期业绩及其运行状态评分的函数（如图18-3所示）。

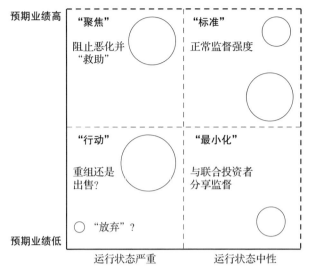

圆圈大小代表剩余风险暴露大小（NAV加上未提取认缴出资）

图 18-3　监督强度管理

　　有限合伙人想要对环境变化所导致的行动产生影响。这往往意味着参与投资决策流程，对决策行使否决权，或者单纯地对基金经理施加压力。更明显也更常见的监督行动之一是，基金存续期临近结束时，越来越多地采用重新协商管理费和基金规模的方法。

　　由于私募股权基金的非流动性，管理投资组合的工具相对来说受到限制。积极进行头寸交易以再平衡投资组合，使其与配置目标一致，这是不可行的。主动参与基金事务主要是针对单只基金，可以采用以下形式：

- 有限合伙人最简单的行动是不再认缴后续基金。在基金管理团队明确证明他们不能胜任这份工作，或者他们不与有限合伙人合作的情况下，这是最直接的解决办法。这也是基金经理最担心的情况，因为损失一位值得信赖的投资者等于向市场发出清晰的负面信号。实际上，团队不但需要重返资本市场募资，而且他们现在面临"生理上的缺陷"。

- 一定程度上，有限合伙人可以利用自己的谈判权力缩小新基金的规模，或者在新的协议中解决在前一只基金中产生风险的问题。但是，强势的基金可能不会接受这些改变。

- 在基金的生命周期中,协议不是"一成不变的"。如果形势越来越清晰地表明,最初的投资策略无法成功实施,并且没有可信赖的替代选择,投资者可以影响基金经理降低管理费或者甚至从有限合伙人认缴比例中释放一部分。多数情况下,普通合伙人会让步,缩小基金规模。这种对投资者友好的行为可以表明善意,缓和下一只基金的募集压力。而且,从财务角度来看,这也是有意义的,因为这增加了基金经理收到超额收益分成的可能性。
- 当然,公司完全有权拒绝这样的自愿行为。然而,这往往会导致来自有限合伙人的压力、极端情绪甚至诉讼,他们想要收回部分或全部资金。在极端情况下,如果有限合伙人之间达成协议,基金管理团队可以以正当理由被终止。即使不采取极端措施,这些行动的威胁或者投资者抱怨的噪声都会严重损害基金经理的声誉。反过来,这会对未来的募资信心产生严重的影响。
- 投资者违约未必会发生,因为这构成了违反协议的行为,但是如果基金经理明显不胜任,这可能是最后的工具⊖。

花太多的钱来监督那些在生命周期中已经相当成熟或无论如何也"康复无望"的基金是没有意义的。将稀缺的监督资源集中在高度专业化的团队或其他经验丰富的有限合伙人已经进行重大监督的基金上,这样的花费也不值得。同样,在团队不易接受投资者建议的情况下,超出常规监控范围可能也没有意义。无论如何,在这种情况下,任何人都不会投资于后续基金。相对于资产规模而言,控制成本必须合理。

⊖ 见 Meek(2002):"在一个案例中,美国某基金的有限合伙人直接拒绝兑现任何未来的提款要求,认为这样做只是花费更多冤枉钱罢了。"

第 19 章 案例研究：拯救你的投资
——重组的方法㊀

几年前，一家欧洲养老基金的理事会投票决定启动一项欧洲私募股权基金投资计划。该计划从初始配置金额 1 亿欧元开始，如果成功，会增加到 5 亿欧元。哈里·盖尔（Harry Cover）牵头这个计划，艾伦·哈格伦德（Allan Haglund）提供支持，风险管理部的芭芭拉·雷德（Barbara Red）在需要时可以提供帮助。

哈里的秘书把芭芭拉刚完成的第一份计划年度活动报告放到他桌子上。由于下一场会议延期了，他有大把的时间阅读。阅读过程中，他在第 5 页发现该年度的投资列表。在确定了计划的投资策略之后，哈里已经进行了一些投资，如今表现得非常好——但有一个例外。实际上，尽管去年对哈里来说是非常乐观的一年，但他的一项投资极其糟糕。如果没有快速的反应和良好的重组，可能会严重地破坏该计划的业绩。

这一切从去年初开始，当时投资委员会批准了一项对一只英国基金——绿灯 2 号的 500 万英镑的投资。它的管理公司探照灯资本（Searchlight）是英国领先的私募股权基金之一。在哈里决定投资时，该公司推出的第一只基金（绿灯并购基金）发行于 10 年前，第二只基金（绿灯 1 号）发行于 5 年前，都取得了巨大的成功，产生了令人印象深刻的已实现利润和未实现利润。这家公司在牛津雇用了大约 30 名经验丰富的投资专家。这家老牌公司的策略基于两大支柱：

㊀ 高蒂尔·蒙贾内尔（Gauthier Monjanel）与皮埃尔-伊夫·马托内特（Pierre-Yves Mathonet）和托马斯·迈耶（Thomas Meyer）合作，并在二人指导下准备了这个案例。尽管本章描述了一个真实的案例，但是角色、机构和具体的投资细节都是虚构的。

- 发起人是一家专门从事私募股权投资的英国银行，将会通过其关系网络提供项目流，开展尽职调查和提供一般支持。探照灯资本是发起人的全资子公司。
- 美国的一家科技风险投资公司益智创投（Puzzle Venture）将为探照灯资本提供基础设施，以及在美国共同投资的机会。

截至去年底，探照灯资本正在管理3只不同投资主题的基金：

- 绿灯1号和绿灯2号（几个月前发行）聚焦在西欧高科技交叉学科的公司。
- 绿灯并购基金的目标是英国市场。

计划获批时，养老基金的高级分析师艾伦·哈格伦德可以在投资方案报告（见附录19A）中展示他投资计划中令人兴奋的数字。绿灯1号发行于5年前，净 IRR 为85%，有两家已经通过 IPO 退出的投资组合公司。跟踪业绩记录尽管多数还没有兑现，但对这家相对年轻的风险投资基金团队来说已是非常亮眼，并且新基金的目标规模已经轻松实现。实际上，最终的基金规模几乎是私募备忘录中所宣称的初始目标规模的两倍，是第一只基金的五倍。一些大型的备受尊敬的机构投资者在首次关账时就已经出现。养老基金批准投资后的 个月，绿灯2号进行了第二次也是最后一次关账。

19.1 泪之谷

基金认缴几个月之后，艾伦开始对团队的素质尤其是其历史业绩的有效性（见附录19B 和图19-1）产生了一些怀疑。去年整整一年，第一只基金中期毛 IRR 开始慢慢逐季度下降。到年底，中期 IRR 已经下降到最高价值时的四分之一。这一下跌显然是来自锁定期结束前几个月，两家上市公司投资的股价暴跌。

对于仍在投资期的绿灯2号，基金经理没有将这些艰难的市场条件纳入考虑，仍在进行激进的投资。在不到两年的时间内，认缴资金的50%已经提款，投资到与第一只基金相同行业的18家公司。实际上，绿灯2号在继续沿用绿灯1号的"成功"策略，即收购聚合技术公司（信息、通信和网络支持公司的技术）。两年的运作之后，该基金的状况一团糟，如表19-1所示。

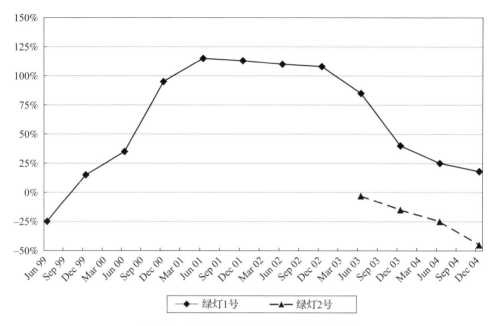

图 19-1　绿灯 1 号和绿灯 2 号中期 IRR 的演变

表 19-1　绿灯 2 号的状况

基金总规模	1.4 亿英镑
支出金额	7000 万英镑
回款	0 英镑
成立以来投资数量	18
已退出	0
投资贬值	11
投资减值	5
按成本计算的投资	2
投资成本	6240 万英镑
残值（根据 BVCA 的指引）	990 万英镑
价值 / 成本	15.9%

看着情况不断恶化，哈里打电话给艾伦讨论这个"观望清单"的情况。"艾伦，我们刚刚收到绿灯 2 号第三季度的报告，我认为我们必须快速做出回应。自从我们投资以来，每个季度基金都带来坏消息。我们很可能高估了团队的素

质和其策略。我想两周后向委员会呈上一份重组行动方案，采取不同的备选方案来限制我们的损失。""我没意见"，艾伦说，"但是要进行这项分析，我们必须请求芭芭拉的帮助。"

芭芭拉之前已经帮助哈里制订了投资策略。此外，她在此前的职位上已经处理过一些困难的重组案例，她的经验将有所帮助。

19.2 向委员会的报告

在收集了所有关于这笔交易的可得信息之后，艾伦和芭芭拉首先查阅了有限合伙协议，列出"重要条款和可能的解决方案"（见表19-2）。他们的第一个结论是，他们很可能无法单独行动。实际上，养老基金不是主要的份额持有人，只持有绿灯2号的3.6%（1.4亿英镑中出资500万英镑），距离50%的控制权还很遥远。因此，在协商一个可接受的方案之前，必须说服其他的投资者。

表 19-2 重组条款

关键人物事件	基金因团队成员对基金的投入减少而暂停：根据现有认缴出资承诺，不投资，撤资或者提款，经50%的投资者（认缴出资）同意后进行替换，替换延迟导致善意离职或解散时基金锁定
离职条款	无过错离职人员（good leaver）的股份兑现情况：离职的关键人员或被解雇的管理层股份占投资期撤资的40%~60%。有过错离职人员（bad leaver）（破产、重大过失等，根据投资者的判断）无补偿，丧失超额收益分成。但是，从任何违反投资政策、配置规则或分配规则的角度来说，有过错人员离职的条款对投资者来说是有益的：在所有这些事件中，有过错离职人员是可以被解雇的（损失超额收益分成）

作为监督委员会的一员，艾伦决定召集其他委员，首先从胡里奥·乌特赫特（Julio Utecht）开始，他代表基金中一位主要投资者。艾伦很快发现，这位投资者和他的观点一致，认为完全有必要进行彻底重组。又打了两通电话之后，结论就清晰了。监督委员会对基金经理和基金成功的信心全部丧失殆尽。最后决定在巴黎组织一次非官方的会议，试图找到一个共同接受的融资方案。同时，艾伦在芭芭拉的帮助下制订了一份将与共同投资者讨论的解决方案清单：

1. 策略重新聚焦：基金的投资策略已经完全改变，团队现在聚焦在已经实现盈亏平衡的后期阶段投资。
2. 终止：停止投资，清算基金。
3. 解雇：解雇管理团队，策略仍保持不变，由另一家管理公司实施。
4. "冻结"：冻结基金，妥善管理剩余投资并尽快退出，保留最低金额用于后续投资。

艾伦向哈里提交了一份初步报告，哈里决定直接通过电子邮件发送给不同的共同投资者。

两天后，在巴黎著名的旺多姆广场酒店，艾伦和其他投资者围坐在桌边，讨论可能的方案清单。第一个解决方案是改变策略，很快被否决了，因为有些绿灯1号的共同投资者也是绿灯并购基金的共同投资者。目标投资项目（盈利的中型规模公司）是后期阶段基金的主要关注点，两只基金随后会进入竞争状态。而且，不管理并购基金的团队，也没有后期阶段投资的经验。最后，剩余的认缴出资并不足以应对这种策略的现金需求。

受小型共同投资者欢迎的第二个解决方案是立即清算基金。这样做的好处是切断可能的进一步损失，但是另一方面，由于早期阶段公司的清算价值往往为0，迄今为止支付的所有金额很可能会全部损失，不能通过投资组合中的明星项目退出得到补偿。即使大多数份额持有人意识到，这个团队没有预料到目标行业的下跌，但是他们认为，要想从现在的投资组合中提取最大价值，这个团队是最恰当的。这种看法在大多数糟糕投资的合伙人被解雇后得到了进一步强化。这也是团队和投资人共同的压力所致。

如前所述，由于团队管理投资组合的能力并没有明确受到质疑，并且因为要找到另一个团队来管理七个受困的投资项目需要花费很长的时间，所以第三个解决方案也被投资者否决了。

最后，第四个解决方案似乎对所有共同投资者来说是最好的妥协。一方面，它通过缩小基金规模限制了可能的损失，另一方面，它允许现在的团队得以保留，他们是最适合从现有的投资组合公司中提取一些价值的人。

会议结束之后，艾伦为哈里准备了一张表（见表19-3），总结了不同方案的利弊。经历了8小时的漫长讨论之后，共同投资者最后对一个合适的方案达成一致，该方案必须与基金经理进行讨论。

表 19-3　绿灯 2 号重组——不同方案的总结

优点	缺点
1. 策略重新聚焦 聚焦后期阶段可以提供更好的投资机会，因此获得更高的预期业绩	策略重新聚焦会与现在的并购基金带来冲突 团队对该阶段的聚焦没有经验 未缴纳的认缴资金不足以支持这种策略
2. 终止 终止可以把损失限制在已经提取的认缴资金规模之内	当前投资的剩余价值可能大概率会损失掉 该方案会强烈地惩罚仍在退出绿灯 1 号投资组合公司的团队成员。因此，绿灯 1 号和绿灯 2 号的共同投资者会反对该选择
3. 解雇 共同投资者聘用新的团队，认为可以更好地管理未提取认缴出资	该方案是一个漫长的、代价高昂的过程，并且不保证一定会成功
4. "冻结" 该方案会把损失限制在缩减的基金规模上，并且有上涨的潜力 通过实施新的激励结构，保持团队的积极性	管理团队仍保持原位，没有因为策略或投资上的失误受到太大的惩罚

19.3　重组条款

巴黎会议一周后，监督委员会会见了探照灯资本团队，并提出了其经过激烈讨论的计划。但是基金可能关闭的威胁为委员会赋予了巨大的权力。这将反映在主要支持有限合伙人的提案中。

第二天，艾伦收到了提案，该提案将在绿灯 2 号的下次全体大会上讨论并最终获得通过。他必须总结一下笔记上的各个要点，在与探照灯资本最后开会之前向委员会报批。最后结果总结如下：

1. 第一个目标是冻结基金，停止进一步投资。比预定日期提前 3 年终止投资期，获得了一致认可。
2. 第二个目标是限制共同投资者的潜在损失，尝试通过保留最高 700 万英镑（总认缴资金的 5%）的储备应对未来开支，从当前的投资组合中提取最高价值。这笔资金将用于后续投资。共发现五个价值驱动因素，对于每个机会，团队和委员会都评估了潜在的退出所需要的资金。基金规模将从 1.4 亿英镑减少到 8400 万英镑。每一位投资者都将同比例缩减认缴规模的 40%。

3. 第三个目标在第二个目标中已经暗示，就是将团队规模从 12 人减少到 6 人，限制未来的费用支出，并且随着投资组合的清算，进一步减少团队人数。同时，将减少未来管理费，未使用的资金将偿还给共同投资者。到时管理团队的薪资待遇将会被冻结。

4. 最后，和所有的私募股权基金交易一样，只有当利益均衡时才能获得成功。因此，还决定为团队重新建立激励机制，保持激励状态，并且为了加强他们对共同投资者的承诺，要求剩下的团队将薪酬待遇的 10% 和基金共同投资。管理公司实施新的现金流分配和新的超额收益分配计划。首先，100% 的回款分配给投资者，直到获得总投资的 75%。其次，管理公司收取所有收入的 10%，最高不超过 100 万英镑。再次，所有收入再次分配给有限合伙人，直到获得总投资额的 100%。最后，更多的收益将按照 80% 给投资者和 20% 给普通合伙人的比例进行分配。（如图 19-2 所示）

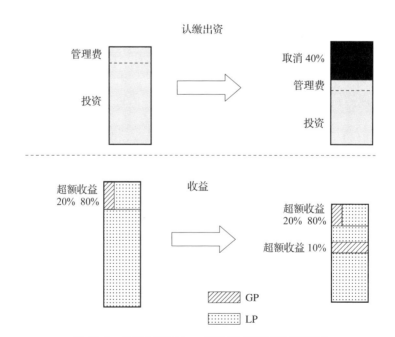

图 19-2　绿灯 2 号重组——重组前后的现金流分配概念

哈里将方案提呈给委员会。由于这是第一个重组的案例，委员会在私募股权基金中没有先例，对很多问题进行了讨论。根据委员会的意见，讨论的方案可以接受；但是，委员会委员们批评修订后的激励计划。有些委员不理解给一个过去失败的团队提供的修订后的超额收益分成，甚至比原来有限合伙协议约定的条件还要优惠。哈里强调了一个现实问题，如果没有新的激励结构，团队就不可能继续留在基金，也不可能使危机状况好转。最后，委员会同意了方案，一个星期后，在伦敦，80%的共同投资者投票赞成提议的重组方案。

19.4 收场

两年后，团队以修订后的策略走在正确的轨道上。被认为是未来价值驱动因素的五项投资中，四项现在已经盈利，后续融资轮次大大提高了他们的估值。基金开始与一位投资银行家讨论两个投资项目的上市。但是，对团队来说最积极的结果是他们重新获得了有限合伙人的信心。你猜怎么着？哈里现在正在筹备新的投资计划：绿灯3号。

附录19A 投资方案（见表19-4）

表19-4 绿灯2号投资方案

基金管理人	探照灯资本管理公司
地址	英国牛津
基金规模	最低8500英镑（首次关账） 目标：1.4亿英镑
建议投资金额	500万英镑
基金投资主题	本基金将延续前一只基金绿灯1号的投资策略（投资于信息、通信和网络支持公司的技术）
法律框架	本基金将采用英国有限合伙企业的结构
期限	10+1+1年
投资期	5年
项目流	绿灯已经建立了一个稳定的部分专权的项目流，平均每年有800~900个投资机会。这些项目流主要来自基金的发起人

（续）

投资者	基金首次关账时有以下投资者： 摩根大通（JP Sachs），2000万英镑 FOF VC 合伙人，2000万英镑 风险资本投资（Venture Kapital Invest），2500万英镑 发起人，2000万英镑
基金治理	GP 应当建立监督委员会，由重要投资者组成，他们有权指定一位代表。每年至少召开四次会议，提供整体策略指引，并决定关于基金的特定问题，比如利益冲突（代表份额持有人 60% 的投票为基础）。该委员会的组成： 杰米·萨姆林（Jamie Sumlin），主席，代表一家德国养老基金 杰西·潘扎（Jessie Panza），投票委员，代表发起人 杰西·古普蒂尔（Jessie Guptill），投票委员，代表一家英国 FOF 胡里奥·乌特赫特（Julio Utecht），观察委员，代表一家美国 FOF
条款总结	
合并成本	最高总认缴出资的 1%
管理费	投资期：最高每年认缴资本的 2.5% 投资期之后至基金存续期结束：最高为投资本金的 2.5%
费用抵消	完全费用抵消
超额收益率	20%
门槛收益率	7%
追赶机制	完全追赶
回拨机制	不适用，因为分配瀑布流预计将全额支付认缴出资
关键人条款	有

附录 19B　历史记录

19B.1　绿灯 1 号（见表 19-5、表 19-6）

表 19-5　绿灯 1 号投资组合的发展

	国家	投资本金（欧元）	EVCA 公允市场价值（欧元）	已实现收益（欧元）	未实现收益（欧元）	投资倍数	毛 IRR（%）
未实现的投资							

（续）

	国家	投资本金（欧元）	EVCA公允市场价值（欧元）	已实现收益（欧元）	未实现收益（欧元）	投资倍数	毛IRR（%）
Wireless	英国	17.6	25.6	0.0	25.6	1.5	24.0
HING	荷兰	12.4	18.7	0.0	18.7	1.5	12.1
Kralwo*	英国	20.3	69.5	5.0	64.5	3.4	195.0
Gentry.com	英国	20.0	27.8	8.2	19.6	1.4	21.8
Computer+	法国	17.5	25.0	12.0	13.0	2.8	35.0
Web Tech	德国	12.9	14.5	0.0	14.5	1.1	10.3
Telecom Dev	法国	12.4	12.4	0.0	12.4	1	0.0
Cocis*	比利时	16.0	45.0	0.0	45.0	1	125.0
总计		129.2	238.4	25.2	213.2	1.8	111.0
净IRR							85.0

*上市公司。

表19-6 绿灯1号历史业绩

绿灯1号 +85.0%			
	上限	中位数	下限
基准	18.00%	4.20%	−12.50%

19B.2 绿灯并购基金（见表19-7）

表19-7 绿灯并购基金的历史记录

绿灯并购基金 +25.0%			
	上限	中位数	下限
基准	28.00%	12.10%	−8.30%

第 20 章 二级交易[一]

二级市场的起源基本上[一]可以追溯到 1987 年 10 月的"黑色星期一"以及 20 世纪 90 年代初的全球经济危机。这两个事件使得很多金融机构之间产生了大量的流动性需求,尤其是拥有私募股权这类非流动性资产的机构,反过来,这为私募股权基金或公司创造了一个全新的二级权益的市场。尽管 20 世纪 90 年代中期二级投资数量还非常低,但是这已经奠定了私募股权基金行业一个全新部分的基础(如图 20-1 所示)。

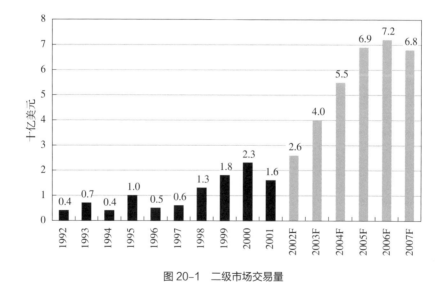

图 20-1 二级市场交易量

资料来源:列克星敦投资(Lexington Partners)(历史数据);Sao-Wei Lee(2003)(预测数据)。

[一] 非常感谢首信合伙(Cogent Partners)的托德·康克尔(Todd Konkel)和布伦伦·金肯斯(Brenlen Jinkens)提供的宝贵意见和建议。
[二] 有些先驱在 1987 年前已经成为活跃的买方,比如美国风险投资基金(Venture Capital Fund of America)或者汉柏巍(Habourvest)。

直到最近，二级市场仍被很多人视为急于清算私募股权仓位的"最后补救市场"。这样的市场不仅历史业绩记录有限，而且很大程度上缺乏透明度，其特点是买方对卖方的不健康的主导地位。如今，投资于二级交易已经变成一种创新的投资策略和主动的投资组合管理工具，并且市场规模和成熟度快速成长。

本章首先回顾二级市场中哪些是买方、哪些是卖方及其相应的动机。其次，分析市场参与者如何或者应该如何对这些交易定价。接着，分析几个具体的交易和法律问题。最后，解释二级交易如何影响基金经理。

20.1 卖方及其动机

私募股权基金工具的成功部分归功于对股份转让的限制，这可以减少管理人在投资者关系方面花费的时间，将精力聚焦在投资、管理和退出活动。尽管至少在基金成立之初，不应该给有限合伙人任何激励去卖出股份，但是投资者出于各种原因，卖出了持有的私募股权基金，并将继续出售，原因包括以下几个方面：

- 流动性需求。投资者的流动性需求可能会随着基金漫长的存续期而改变。认缴基金后，投资者可能发现他需要现金，或者不能满足特定的资本缴款通知，结果可能会决定平仓。
- 不满意。少数情况下，有限合伙人可能会对管理团队失去信心，或者对基金业绩或策略感到不满意。在这种背景下，二级交易是将资金重新部署到新机会的方式。
- 收益。在有些情况下，例如溢价出售基金时，出售仓位比持有至到期能获得更高的 IRR。而且，一旦卖出，已获得的收益就如完全实现时一样被固定下来（最常见的是，这类基金一般至少有 6~7 年才到期㊀）。
- 监管。投资者可能会为了遵守国家或跨国家的监管要求而卖出。例如，在新巴塞尔协议 II 中，要求银行预留出更大比例的资本，以防范可能的私募股权投资损失。对银行来说，这一资本配置要求增加了机会成本。因此，有些银行决定剥离某些或者全部的私募股权股份。

㊀ 见 Mooney（2003）。

- 资产配置。在市场下行期，随着持有上市公司权益价值的下跌，投资者可能会发现私募股权配置超出了自己的目标，因此选择剥离一些私募股权股份以平衡整体投资组合。
- 财务原因。为了降低收益波动性，或者在年轻的投资组合⊖或创业投资基金市场下行的情况下，投资者为了增加收益，可能会决定剥离一些私募股权股份。
- 战略。投资者可能希望释放一些特定非战略合作关系的资金，再投资到可能给自己带来盈利业务的基金，比如联合投资的权利（直接投资者）、并购或者 IPO 机会（投资银行）。
- 积极的投资组合管理。随着目标配置的改变或者投资组合演变未达预期，有限合伙人可能会出售某些特定年份、地域、行业或私募股权基金子资产类别的过度投资。而且，如果没有更多的可用资本，唯一的方式可能就是释放一部分资源，寻求新的市场机会。
- 管理。大规模的私募股权投资组合监督和管理是非常耗时的。定期减少仓位的数量可以让出售方聚焦在少数"核心"关系上。
- 集团战略的改变。随着糟糕的市场状况、公司控制权的变化、高管的更换或者其他公司层面的事件出现，集团可能会减少或清除私募股权的敞口。

鉴于投资者出于各种原因出售其持有的私募股权，市场已经开始摆脱与受困卖家的联系，这些卖家以几乎任何价格在市场寻求流动性。此外，专业中介机构越来越多地为卖家提供建议，帮助他们构建和执行交易，并就交易过程的各个方面向他们提供建议。

20.2 买方及其动机

二级交易正在变得越来越复杂。它们要求详细的尽职调查，包括复杂的估值。此外，与初次交易相比，它们还要求手上持有大量现金。出于这些原因，它们传统上仅限于大型、富有经验的二级专家和相对经验丰富的私募股

⊖ 年轻投资组合的收益率平均为负，因为它们的业绩演进一般遵循众所周知的 J 曲线。

权投资机构。投资者出于各种原因在二级市场购买私募股权权益,包括以下几种:

- 折扣。在特定市场条件下,二级购买可以打一个很大的折扣,让买方获得比初始投资者更高的收益率。
- 回款速度。相比基金的原始投资者,二级买方可以更快地收回投资。因为他投资于基金存续期的后期,一般可以避开早熟的"柠檬",从基金的成功项目中更快获益。假设一只基金大约花费 7 年时间达到现金流盈亏平衡点,8~12 年实现有吸引力的收益,那么二级收购一只 4 年期的基金,可以将平衡点缩减到 3 年,将实现有吸引力收益的时间缩减到 4~8 年,甚至更短。
- "盲池"。相比原始投资者,二级买方有更好的洞察力,因为他们可以分析投资组合公司及基金的实际业绩。这可以让他们在大大减少不确定性的条件下做出投资决策。
- 投资组合分散化。适当的投资组合管理要求在行业、投资策略、基金经理、基金规模、地域位置或成立年份上分散化。虽然初始买方只能在当前年份或者未来年份进行分散化,但是二级买方可以跨越到历史年份,因此可以改善投资组合的整体风险特征。
- "邀请制"基金。成功的基金经理往往不接受投资者,除非他们已经投资于其中一只此前的基金。完成一项二级买卖是有限合伙人纳入"邀请制"基金及后续基金名单的方式之一。
- J 曲线。二级交易往往有一个反向 J 曲线,因此可以用来缓和初始基金投资组合的 J 曲线(如图 20-2 所示)。
- 认缴速度。由于初级市场的投资计划供应一般有限,机构往往需要花费数年时间才能达到目标配置。二级市场可以用来加速私募股权投资组合的构建,在一级市场发行减少的时期,可以保持更加稳定的敞口。
- 投资速度。在私募股权基金中,典型的资金缴款和随后分配的模式表明,有限合伙人投资的净现金在基金生命周期的初始阶段是微不足道的,随着基金的逐渐成熟,净投资资金平均不会超过认缴资本的 70%~80%(如图 20-3 所示)。认缴金额和投资金额之间的差距可以通过二级交易独特的现金流模式来部分弥补（初始预付款很高，一般随之的回款更快）。

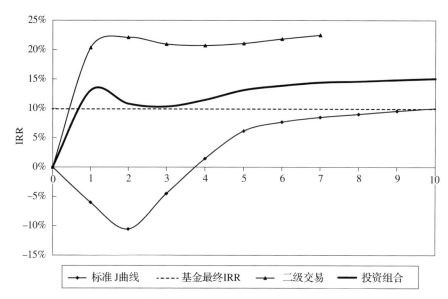

图 20-2　J 曲线（最终 IRR 为 10% 的基金的标准曲线）、二级交易曲线（已存续 4 年最终 IRR 为 10% 无折扣的基金）和投资组合曲线（50% 标准和 50% 二级）

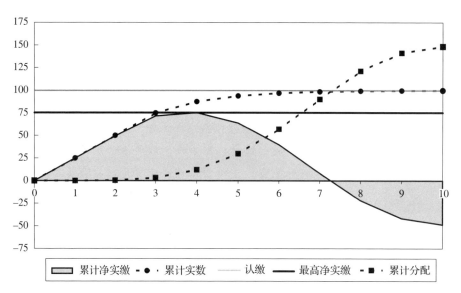

图 20-3　实缴和分配模式

20.3 二级市场价格

关于二级交易中出售的是什么，市场上有一些错误的认识。这主要是由表达价格的方式引起的。市场参与者通常用"折扣"来交谈。但是人们往往不清楚是在什么基础上的折扣。卖方和买方考虑折扣的方式可能不同。有些人认为应该以他们支付到基金的资本为基准，而另一些人可能会把投资组合的真实账面价值（或 NAV）作为考虑折扣的参考。

如第 11 章所述，有限合伙份额的估值传统上是以基金 NAV 为基础的。为了公允起见，该价值必须等于基金预期现金流的现值。因此，在实操中，出售的资产不仅限于现有的投资组合，而且包括买方假设的未来认缴出资。这解释了为什么二手买卖会将折扣或溢价用于总认缴出资，而不仅仅是支付的资金或者投资组合的净资产价值。

专栏 20.1　二级交易作为"可验证公允价值"的基准？

在 IAS 39 背景下讨论"可靠的公允价值"时，首先想到的一个方法就是用二级交易作为一个可观察的当前市场交易的参考。为了便于讨论，我们排除了违约的投资者被迫出售仓位的情形，而是只考虑自愿买卖双方之间的公平交易。

当前，二级交易是背后交易，最佳实践是不对外披露达成的价格。如果情况一直如此，那么价格只与买方相关——如果保留一些头寸，也会与卖方相关，但是会导致不同有限合伙人之间估值的不一致。当然，人们现在可能会在未来的协议中预见到，或者通过行业施压，必须把价格告知其他有限合伙人。但是，如果头寸以很大的折扣出售，为了避免减值，他们可能会反对二级交易。这可能会进一步降低这些份额的流动性，因此可供参考的可得数据将更少。反之，这也可能导致"创造性技术"的产生。通过溢价方式直接或间接地"交换"有限合伙份额，对基金的所有有限合伙人来说，投资组合的价值都会增长。这可能会导致要求在一系列明确的标准基础上，检查二级交易是否因为出售有限合伙人陷入困境（投资者违约）或者因为基金受损而折价。此外，在溢价交易的情形中，审计机构需要核实是否缺乏"创造性技术",这在不透明的市场中非常困难。

但是,让我们假设建立了一项制度,在该制度下,二级交易价格可以用作估值的参考。这引发了下一个实操问题:如果普通合伙人在下一个季度对投资组合给出了一个不同的估值,会发生什么事情?由于在正常情况下,有限合伙份额的二级交易不会对投资组合本身产生影响,报告的 NAV 应该与新的风险投资协会的"公允价值"制度一致(见 AFIC、BVCA 和 EVCA,2004)。那么哪个估值正确?由于 NAV 是最新的"公允价值",现在的份额是否可以再次入账?如果可以,有人可能会问,为什么一开始就把它写下来?如果不可以,有没有一类规划,随着时间的推移,会慢慢把二级市场价格恢复到普通合伙人的估值?这些问题并不像看上去那样纯属假设,实际上,在我们实施第一次二级交易的时候,会遇到其中的大部分问题。这证明了私募股权基金缺乏估值模型所涉及的不一致问题。根据一位行业专家的说法,到目前为止,关于如何计算二级交易还没有一个普遍接受的方法。对于典型的专注一级市场投资的机构 FOF 投资组合,二级买卖是相对少见的事件,从实践角度来说,很难用于验证估值。

为了解决这些问题,我们提出以下建议。有二级交易并不意味着价格就是公允价值,而是需要"验证"初始的基金估值仍然适用,这一事实把我们拉回到 GEM 估值方法。由于二级交易作为"可观察的当前市场交易"参考点的缺失,模型必须依赖其他可观察的当前市场数据,比如私募股权基准数据。

二级交易需要一个非常耗费资源的过程来估算一个真实的价格区间,但是并不保证卖方最终会接受这个报价。从一开始就必须认识到,有限合伙权益的定价是来自谈判过程。价格最终是一个协商的结果,很大程度上依赖买卖双方的动机⊖。

⊖ 见 McCune(2001):"LP 出售权益的原因会影响卖出什么权益、为什么卖出以及如何卖出,包括:平衡风险敞口的权益组合;基金重点或者行业集中度;在任意一只基金中的权益比例;获得流动性;匹配资本缴款和分配的时间;退出投资以满足监管要求;创造可用的投资资金,投资于当前年份的基金;对当前管理人的业绩不满意,或者对新的管理人的身份不满。这些原因中只有最后一个是关于 GP 或者基金业绩的。其他的原因都与 LP 的内部动机有关,一般是这种其他议程推动交易,而不是 LP 权益的质量。"

纯粹从经济角度来看，只有预期未来现金流的现值是相关的。基金经理向投资者提供的估值或者 NAV 与二级市场估值是从两个不同的角度对投资的评估。在确定 NAV 时，基金经理的目标是在特定时点、通常根据某些行业估值标准对投资组合的经济价值给出一个指示，而二级市场买方几乎只关心未来现金流和目标收益率[⊖]。因此，尽管最终达成的价格往往表现为 NAV 的一个折扣（或溢价），但这样的折扣对买方来说，仅仅是用卖方惯用的测量单位来表达其要求的 IRR 的一种方式。

为了估算未来现金流，二级市场买方可以采用两种不同的方法：自上而下或自下而上。自上而下的方法基于基金特征和大量基金的现金流统计数据来模拟未来现金流。自下而上的方法是基于投资组合公司层面的未来现金流的详细建模，然后根据基金具体的分配现金流进行汇总和分配。

自下而上的方法与交易定价最为相关。二级买家主要对这种情况感兴趣，即大量认缴资本已经提取，退出很少或者还没有退出项目，投资组合的价值可以协商下行。在这些情况下，投资组合的分析至关重要。然而，存在大量未提取认缴出资的情况下，假设太多，导致结果不那么可靠。

基于 GEM 的自上而下的方法往往不那么精确，但是在所有环境下都可以运用，因此可以一直用于对实际情况的检验。它还可以在几项二级交易中确保一致性，可以在整个投资组合管理的背景下分析交易情况。通过采用两种方法，可以得出一个合理的价格范围，然后用作谈判的基础。此外，存在大量未提取资本的情况下，自上而下的分析是评估未来投资的一种较为容易的方式。

可能的话，通过与相似的交易进行比较，即同一只基金或者相似风险特征的基金此前出售的权益，还可以完善这些方法。

20.3.1 估值的要素

通常影响二手交易定价的主要因素包括：

- 投资组合质量。在二级交易中，买方最终会拥有现存投资组合的股份。因此，投资组合公司的质量是二级交易定价的关键因素。
- 基金经理素质。假设你必须到月球旅行，你跟谁一起去最放心：一位宇航员还是一位纽约出租车司机？即使一个新来者可能也会把纽约当成另

⊖ 见 McGrady（2002a）。

一个星球，但是大部分人不愿意跟出租车司机旅行。同理，一场已经投入或者将要投入的资金最终要全部退出的旅行，投资者与一位经验丰富的基金经理一起会感觉更放心——因此愿意支付更高的价格。

- 动机。谈判的空间强烈依赖于买卖双方的谈判能力。比如，随着下一次资本缴款通知的临近，流动性不足的卖方会觉得自己卖出的动机增强，价格敏感性下降。
- 未提款认缴出资。对于早期阶段的基金，绝大部分认缴资本还未支付，买方会对已投资部分协商一个较大的折扣，以弥补必须承担的未提款认缴资金。有些二级买方认为折扣适用于总认缴出资额，而不是仅适用于迄今已实缴的金额。实际上，有些实缴很少的卖方甚至愿意向买方付款，让其承担继续缴款的责任⊖。
- 基金成熟期。买方还会考虑每只基金在分配周期中的阶段。比如，刚刚收回或者即将收回全部投资本金加门槛收益的基金，近期分配很大比例将会给到普通合伙人，因为普通合伙人要"追赶"自己的超额收益分配。
- 基金投资阶段和行业。早期阶段科技基金比并购基金的折扣更高。这可以用不确定性水平来解释，不确定性往往导致额外的折扣（称为"经验系数"）。实际上，技术导向基金的投资组合公司风险更高，更难估值，因为大多数公司不产生现金流，甚至可能需要下一轮的融资。此外，并购基金的投资组合公司处在成熟行业，多数产生现金流，因此相对更容易估值。
- 交易规模。大宗头寸通常用拍卖的方式，吸引更多的潜在买方，提高了竞争，降低了折扣。小额交易不那么公开，潜在买方较少，因此卖方的谈判力往往被削弱。此外，由于存在规模经济，二级交易对交易规模很敏感。对于相同的投资数量，规模较小的投资组合定价比较大的投资组合有更大比例的折扣。
- 普遍市场情绪。最后但同等重要的是，普遍市场情绪对交易的定价有重大影响。通过比较公开交易私募股权金融工具的市场价格及其 NAV，就可以很好地阐释这一现象（如图 20-4 所示）。
- 持续期。一级市场投资的期限一般为 7~8 年。一只存续 4 年基金的二级交易，期限当然短得多。因此，假设 CAPM 可适用（关于这一话题的进

⊖ 见 Sao-Wei Lee（2003）。

一步讨论，见第 17 章关于折现率的分析），假设存在正态的收益率曲线（如图 20-5 所示），在其他条件保持不变的情况下，所用的折现率将显著低于初级交易。

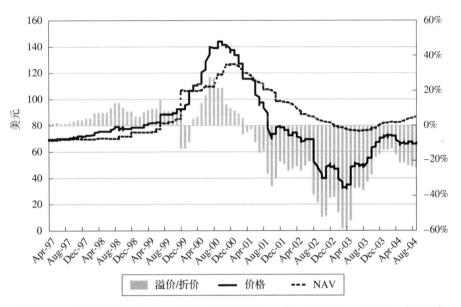

图 20-4　城堡私募股权基金——美元计价的价格和 NAV（从 1997 年 4 月到 2004 年 9 月）

资料来源：城堡私募股权基金网站。

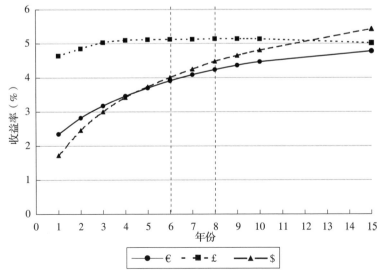

图 20-5　政府零息债券收益率曲线

资料来源：彭博社，2004 年 7 月。

20.3.2　自上而下的分析

很多二级市场买方都有公开的和私人的数据库，含有大量基金的历史现金流数据。他们一般会基于这些历史统计数据和基金特征的保守假设来模拟预期的现金流。在第 16 章中，我们描述了基于内部评分系统，要估计一只基金的经济价值，如何模拟现金流情景。

一旦未来现金流建好了模型，就可以根据买方的预期业绩，用预期未来现金流折现的方法估计二手价格：

$$\text{二手价格}_t = \sum_{i=1}^{n} \frac{CF_i}{(1+IRR_{Buyer})^i}$$

其中，CF_i 是 i 时刻基金的预期现金流，n 是基金的期限，IRR_{Buyer} 是买方的预期 IRR。

那么，买方所用的折现率为：

$$\text{折现率}_t = \frac{NAV_t - \text{二手价格}_t}{NAV_t}$$

其中，NAV_t 是 t 时刻基金的 NAV。

理论上，该估值再进行一个敏感性分析，在可能的不同情景下对结果进行压力测试，比如更加激进的策略或者更保守的分配情况，就更加完美了。

20.3.3　自下而上的分析

在自下而上的方法中，买方在交易定价过程中所用的估值方法，与直接投资私人公司时通常所用的方法基本一致。用以下方法对有限合伙人支付的和收到的未来现金流进行建模：

- 评估当前的业务状况，预测每一家投资组合公司的未来现金流和时机（后续投资、股权稀释和预期退出价值）。对于并购基金，这相对容易，因为公司可以基于倍数来估值，比如市盈率。对于风险投资公司，估值通常更加主观。
- 当投资期还没结束时，预测预期投资的未来现金流和时机（新投资和后续投资、股权稀释以及预期退出价值）。

- 估计退出价值的各种情景（乐观情景：往往是基金经理的预测；实际情景：买方更保守的方法；悲观情景：下行压力情形）。
- 估计来自有限合伙人的现金流，即未来提取的管理费、基金收取的其他费用以及新投资或后续投资，并验证与基金规模的一致性。
- 按分配顺序分析从退出中产生的现金流，估计向有限合伙人分配的现金流。
- 一般采用蒙特卡洛模拟，产生分配现金流。每运行一次蒙特卡洛模拟，就按照要求的收益率折现有限合伙人的未来现金流计算一次二手价格。

取所有模拟运行的均值，得到二级价格，通过与 NAV 比较，如果低于 NAV 则产生折扣，反之产生溢价。

自下而上分析的主要构成是对每一家投资组合公司的结构化进行估值评价。买方对投资组合逐个进行价值评价（或者至少对最重要的投资进行价值评估）。这种方法不仅仅是为了调整过时的估值，更是提高买方谈判地位的必要步骤。而且，二级买方不愿意为过去的投资"错误"买单。一部分错误应该由卖方承担，比如过高的买入价格、不足的储备政策以及缺乏下行保护或者退出机制。

结构化的估值评价必须包括：

- 对过时的基金经理估值和近期估值变动的调整。
- 对投资组合进行分类，如果有必要，对特定公司采用折价因素。

20.3.3.1 对过时的调整

必须考虑上次报告日以来基金投资组合的变动。通常，卖方会查看进行估值所采用的原则，从而评估其可靠性。例如，如果一项投资是根据一年前发生的融资轮次的价格进行估值，这样的估值可靠性可能会受到质疑，可能需要折价或者溢价，取决于进行比较的估值自上一轮融资以来贬值还是增值。

20.3.3.2 对投资组合分类

对投资组合的详细分析通常需要个性化的方法，以适应基金的特性。宽泛地说，投资组合可以划分为不同的种类，比如：

- 无锁定期限制的上市公司。
- 有锁定期限制的上市公司。
- 没有进一步融资需求的非上市公司。
- 有融资需求或者困境中的非上市公司。
- 受担保计划涵盖的公司。

每家投资组合公司都应该进行分析，以便估计存在的稀释保护条款、未来的融资需求及相关的未来稀释、上一轮融资以来估值的变动，或者基金经理对公司以及退出流程的相对控制。与分类一致，每一家投资组合公司的估值都进行调整，基金的整体折价因素由整个投资组合公司的合计估值来决定。

20.3.4 同类比较

在某些特定情景下，近期可能发生同一只基金或者具有相似风险特征的基金的二级交易，因此可以用作估计二级市场价格的基础。考虑到二级市场异常保密的性质，这样的方法用途非常有限，可能只对大型二级买方或者投资顾问有用处。然而，这样的信息对评估当前普遍的市场情绪非常重要，可能会对定价产生重大影响。

20.4 交易问题

交易量不足的部分原因是二级收购的重要交易问题。主要问题在于：

- 尽职调查。和一级投资者一样，二级市场买方也在投资管理团队和策略。除了这些，他们也投资于存续的投资组合。这要求将一级交易所进行的标准化尽职调查扩展到对每一家投资组合公司进行仔细的、详细的分析与评估，与直接投资者所进行的分析类似。
- 保密性。由于二级交易给其他人一种对投资者不满意的印象，所以，有些基金经理倾向于将其基金权益的出售行为视为负面事件，可能会试图保密。同样，由于二级交易给其他人一种卖方"被逼无奈"的印象，所以，卖方往往希望对交易保密。
- 结构化。二级市场交易已经变得非常复杂。越来越复杂的交易用来填补卖方期望与买方需求之间的空白。这可以通过引入不同的付款结构来实现，卖方参与投资组合的上行趋势，建立一个全新的结构来持有资产，或者引入一个团队来管理资产。

除了这些交易问题，还要考虑其他法律、监管或税收问题：

- 协议。所有的转让必须遵守现有的合伙协议，合伙协议往往需要普通合伙人的同意，在有些情况下，还需要其他有限合伙人放弃或满足其优先购买权，以及历史出资或分配相关的惩罚性条款或义务。
- 法律限制。在美国，最重要的法律限制是1940年的《投资公司法案》、公开交易合伙企业的税收规定、1933年的《证券法》以及《雇员退休收入保障法》（ERISA）。例如，《证券法》要求买方必须是合格投资者，并且在招揽潜在买家时不得公开宣传。
- 税收影响。在美国，为了避免合伙企业被归类为公开交易合伙企业（作为公司被征税），合伙企业的权益就不能被认为可以在二级市场轻易交易。一般来说，二级基金购买合伙企业权益符合税收监管的"避风港"，因此不会引起权益在二级市场轻易交易。

20.5 基金经理视角

基金经理显然也卷入了二级市场交易。如前所述，在某些情况下，发生二级市场交易需要普通合伙人同意。即使不需要同意，基金经理也会关注一系列其他问题：

- 流动性或无流动性。尽管对任何资产来说，更强的流动性通常都是正面的属性，但是对私募股权基金来说未必如此。虽然非流动性可能会减少基金对潜在投资者的吸引力，但是从另一方面来说，这种非流动性可以解释该资产类别常见的超额收益。而且，有些基金经理可能将改善基金流动性视为有益，但是其他基金经理可能将其视为与"核心"投资者建立长期关系的威胁。
- 投资者类型。基金经理对投资者的类型并非持中立态度，例如，通常更偏爱资金实力雄厚且可能成为下一只基金潜在投资者的买方。

- 保密性。一般地，对基金来说，保持机密性很重要，特别是关于投资组合中的公司。但是，只有让潜在买方获得该保密信息，二级市场交易才成为可能。
- 发出信号。进行二级市场交易的基金经理面临的一项风险是，可能会让人对其作为管理人的水平产生怀疑。因为在私募股权行业中，长期的"管理人与投资者"关系至关重要。在这样的事件中，如果管理失误，可能会对基金经理的未来产生严重的影响。
- 基金治理。当大量权益或者控制权出现在市场交易，权益转让可能会对投资者作为一个团体的选举权变动以及对基金的治理产生重大影响。当新买方的偏好和优先事项与基金经理或现存投资者的偏好和优先事项存在冲突时，情况尤其如此。
- 法律和税收。转让方和受让方的法律和税收状态会对会计和税收产生影响，进而影响基金经理。

专栏 20.2　　　　证券化：替代退出路径

理论上，二级交易可以对投资组合进行详细的管理，比如减少或增加对各成立年份、地理区域或者风险投资基金或并购基金的风险敞口。当二级折扣过高时，通过证券化减少敞口是相对于出售低价值资产的替代选择。此外，在进行证券化的过程中，可以对投资注入进一步的流动性。这种金融技术可以成为重要的投资组合管理和监管工具。然而，对其详细的讨论超出了本书的范围。感兴趣的读者可以参考 Tierney 和 Folkerts-Landau（2001）、Erturk，Cheung 和 Fong（2001）、Moise 等（2002）、Cheung，Kapoor 和 Howley（2003）或者 Cheung 等（2003）。简单来说，证券化是设立一个特殊目的载体（SPV），发行一系列评级或无评级的现金票据。所得款项的主要部分由 SPV 用来购买私募股权资产的投资组合。投资组合的卖方通常持有初级票据，因为它们的表现更像股权投资，并且由于附带风险，很难出售。根据 Levin 和 Smith（2004）的说法，对金融机构来说，私募股权证券化有三个主要驱动因素：

- 减少私募股权基金的敞口，同时保留一定的上行机会。
- 获得监管资本缓释。
- 产生新的资金，投资于新的私募股权投资项目。

关于投资组合设计，证券化是一种不同的玩法。在这里，为了实现高度的多元化放弃了偏态的好处，目的是实现高级别的可预测投资组合平均收益率。然后，通过使用杠杆以及投资组合收益率与支付给票据持有者利息之间的差额，实现股东的高收益。

一个例子是银叶公司 CFO 1.SCA（见 Moise 等，2003；或者《机构投资者》，2002）。德意志银行提供了一项抵押基金负债，将私募股权投资从银行的资产负债表移除，作为在二级市场出售所持股权的替代选择。合格的 SPV 拥有私募股权并发行分为不同层级的票据。投资者根据所在层级的条款，从头寸清算中获得相应收益。在类似的结构化交易中，发行公司通常持有底层私募股权大约 40% 的权益以及优先承担损失的风险，因为评级机构要求发行人必须在评级工具中拥有既定权利。

这种方法有两种主要优势：转让给 SPV 的价格接近于 NAV，因为其较少受到二级市场的供求关系影响。如果交易的股权层得以保留，那么一些上行潜力就能继续保持。劣势主要在于，证券化的结构复杂，作为获得融资的方式效率不高。所需要的评级以及保护本金部分的保险包非常昂贵。这些交易需要更大的分散化资产池——大约 50 只基金，并且发行人必须在交易总量中保留相对大比例的股权。和二级市场交易一样，基金的普通合伙人可能不愿意将有些合伙权益转让给 SPV，因为这可能导致监管复杂化。此外，如果提前同意未来可以转让，私募股权基金就有被视为公开交易合伙企业的风险，就会在实体层面像公司一样对其收入和收益征税。

到目前为止，结构化产品无论在流动性方面还是业绩方面，都经常令投资者大失所望，这往往是由于过度分散化，并且结构化的成本过高。根据瑞士投资管理公司 Unigestion 的克里斯托弗·德·达代尔（Christophe de Dardel）的说法（SECA-News，2003），"然而，这些年来，我们一再观察到，私募股权基金不适合结构化"。

风险投资基金采用证券化的一个例子是希腊政府支持的新经济发展基金 S.A.（New Economy Development Fund S.A.，"TANEO"）。该基金的目标是快速推动希腊风险投资基金行业的发展，因为此前希腊活跃的本地风险投资基金非常少。在这个结构下，该基金募集了 1.5 亿欧元用于风险投资基金。希腊政府持有 4500 万欧元优先股，并为投资在爱尔兰证券交易所挂牌的贷款票据 10,500 万欧元提供担保。该基金与其他国支持的基金的不同之处在于，它没有间接支付的软性捐款（soft money），且完全透明。

Beyond the J Curve
Managing a Portfolio of Venture Capital
and Private Equity Funds

第五部分
拥抱不确定性

第 21 章 偏离头部基金

为什么人们会考虑投资于不及预期头部四分位数的基金？除了接触不到头部基金或者不知道更好的投资机会这类情况之外，显而易见的原因是出于战略原因而投，比如为了获得联合投资的项目流，或者出于政策原因投资于基金（将在本章讨论）；或者出于重要的实物期权价值而投资于基金（将在下一章讨论）。而且，通过二级市场交易而投资于较低质量的基金也是有意义的。如我们在前一章讨论的，如果以折扣价收购，即使低于标准的基金也可能成为有利可图的投资。

21.1 战略投资

到目前为止，我们一直隐含地将讨论限制在"普通"的由独立管理团队管理的私募股权基金上。这类基金将追求投资利润作为主要目标，而团队的主要动力是超额收益。然而，也有金融机构和行业公司不仅仅受财务目标激励，而且有时还主要受战略目标驱动。他们设立了自己专属的私募股权基金，作为基金发起人或者直接投资于基金以满足自己的非财务投资目标。一般情况下，私募股权领域有经验的投资者会避免专属基金，因为存在内在的利益冲突。这些基金目标不清晰，并且往往是由母公司设定的。特定的集团薪酬结构可能导致员工不稳定。决策往往不如独立团队快，因为母公司一般涉及多个级别的授权。银行可能会迫使自己的专属基金管理人投资于某些公司，因为它希望以后从中赢得其他银行业务。最近几年，很多银行已经在退出私募股权基金行业，不仅仅是因为巴塞尔 II 的潜在影响，更重要的是因为这些业务的收益太差。

尽管如此，投资于这些专属基金可能是有意义的，偶尔甚至会吸引机构品质的第三方投资者。其中一个理由是提高分散性。行业公司的投资行为可能与独立风险投资家活动的日常波动不同。在市场资金长期枯竭的情况下，与其他投资者相比，专属基金会发现更容易获得母公司内部的额外资本。

有限合伙人的另一个动机是通过产业集团的关系网络获得共同投资的机会。尤其是公司的风险投资项目可以提供对未来市场和行业经验的重要智慧。最后，很多专属基金已经准备好从母公司获得独立，尤其是当专属公司的合伙人没有他们所期望的足够的自治权、控制力或薪酬。由于进入头部基金的机会至关重要，这使得有限合伙人有机会接触到具有行业专业知识、能够成为明日之星的新团队。

专栏 21.1　　　　　　　基石投资

"基石投资"是指在一只基金中持有大量份额。为了换取其更高的缴款，基石投资者拥有更强的议价能力，能够享受更加友好的协议条款，并且能够影响基金的管理。基石投资在募资困难时期显得弥足珍贵，或者更普遍地说，在首次募集的基金投资者中有价值。对其他有限合伙人来说，一家可靠的机构决定当一只基金的基石投资者，是一个正面的信号效应。这增加了第二轮或后续轮募资中募到剩余资金的可能性，因为投资者不愿浪费时间和资源对一只基金进行尽职调查而最后却不会付诸投资。如 Sachar 和 Jinnah（2001）所述："我们还得出结论，最成功的分拆基金和其他新基金从基石投资者那里获得了财务资助，或者从咨询顾问那里获得了市场营销帮助。"

基石投资者通常在公司管理中发挥积极作用，通过交易流或通过后台服务，提供的不仅仅是资本⊖。当然，这也存在淡化责任的风险。普通合伙人而不是基石投资者在管理基金。从另一个角度来考虑，基石投资的动机是在联合投资策略的框架下对基金的交易流获得独一无二的权利，或者是为了了解关于某个特定行业的更多信息。

如果基石投资者成功地谈下了过于有利的条件，普通合伙人和其他有

⊖ 马克·德·金德林（Marc der Kinderen）在 2003 年 1 月接受另类资产网采访时（2003b）称："基石投资者可以帮助公司制作投资者报告，与投资者真诚地沟通，还可以帮助他们管理，这对于此前没有这方面经验的分拆基金和新基金具有非常实际的价值。"

> 限合伙人之间的利益一致性就会丧失，潜在投资者可能会失去兴趣。如果单一基石投资者的份额过高，基金很大程度上将依赖于该投资者履行其承诺的能力。其他有限合伙人将基石投资者对基金经理的过度影响视为负面因素。
>
> 另一种基石投资的方法是在管理公司持有一定股份，尽管这种机会相对非常罕见。基金经理只会把自己公司的股份授予最忠实的投资者。另一方面，对有限合伙人来说，其好处是可以参与费用和超额收益分配，特别是与基金经理的利益可以达到更好的一致性。

21.2　政策目标

根据 BVCA 的数据，私募股权基金对英国的经济影响巨大：81% 的私募股权基金企业家认为，如果没有私募股权基金，他们的业务可能根本不会存在，或者发展不会如此迅速；超过 75% 的企业家感觉他们的私募股权基金支持机构除了提供资金外，还做出了重大贡献。EVCA 做了比较研究，他们发现，"在风险投资基金投资后，每一家反馈问卷的公司平均创造了 46 个额外的工作机会"。㊀ 难怪风险投资基金与经济增长和经济社会发展的积极贡献有关。因此，政策制定者非常积极地支持私募股权基金行业的发展。

> 世界上大多数伤害是由好人造成的，而不是意外、过失或疏忽。
>
> 伊莎贝尔·帕特森（Isabel Paterson）
> 《机器之神》（The God of the Machine）

通常，人们的本能反应是只推动风险投资基金而不是并购基金，前者是创造工作机会的，而后者是削减工作机会的，因此后者给选民留下的印象不佳。

㊀ 见欧洲私募股权与风险投资协会（European Private Equity & Venture Capital Association（2002））。该研究的其他结论显示："95% 回复调查问卷的公司称，没有风险投资基金的投资，他们可能不会活下来，或者发展得更慢。大约 60% 的公司称，没有风险投资基金的贡献，他们的公司不会活到今天。种子期和初创期公司认为研发是投后支出增长最大的领域。利用风险投资基金的投资进行扩张的公司称，最大的增值来自市场营销。所有公司都在培训员工方面投入巨资。"

风险投资基金是"好"的，因为它成立公司并创造就业，并购基金是"坏"的，由"秃鹫投资者"操纵，因为它们往往减少工作机会，这种观点太过天真了。上面引用的话来自伊莎贝尔·帕特森，一位 20 世纪 40 年代以来探讨自由与自由权的作家。她接着论证说，世界上大多数好事是由贪婪的人做的，即为了提升自己的人——比如风险投资家。

第一，风险投资家不关心他们的活动的社会影响。"本周与一位科技领域的风险投资家进行了内容广泛的对话，生动地提醒人们风险投资基金投资的复杂性。尽管将企业家的愿景转变为盈利现实的兴奋感几乎助长了一种慈善的氛围，公共部门和私营部门往往都会支持风险投资所支持企业带来的更广泛的社会效益，但是永远不要忘记，风险投资家投资的目的是收益最大化。那些出于收益最大化之外的原因进行投资的都不是风险投资家"。[一]引用一位业内人士的话，"风险投资家们都是高效的杀手"。该业务模式的一部分就是，一旦投资组合公司明显地无法实现风险投资基金投资一贯的两位数高收益，就尽早停止投资，即使公司完全可以进行下一轮融资。在这种情况下，融资不会持续，一般会导致创业公司的彻底失败。

第二，我们在上文提到的对并购基金行业的负面看法需要反驳一下。在这个"政治不正确"的并购基金行业，一个市场参与者的例子是 KKR（Kohlberg Kravis Roberts & Co.），其在 20 世纪 80 年代成为"秃鹫资本主义"的代表。KKR 最著名的一笔交易是 1989 年以 250 亿美元杠杆收购雷诺兹 – 纳贝斯克（RJR Nabisco），这在伯勒和希利亚尔（Burrough 和 Helyar，1990）出版的《门口的野蛮人》一书中描写过。然而，并购基金行业对提高经济效益以及为风险投资家提供退出机会非常重要，其改善效应曾经让哈佛商学院教授马尔科姆·索尔特（Malcolm Salter）感动到将 KKR 称为"资本主义的修理厂"。或者，用

[一] 引自私募股权在线（Private Equity Online，2004）。文章进一步解释道："该收益最大化所采用的技巧往往是以牺牲其他方的利益为代价，尤其是被投公司管理层和共同投资方。任何一位风险投资家都会以一种充分利用他人弱点的方式来规划自己业务的融资。因此，如果一家公司烧钱速度比预测的快，涉及的风险投资家就会对管理层施加苛刻的条件来开展下一轮融资。并且，如果获悉一只共同投资的 VC 自身存在募资问题，那么就有另一个机会以低廉的价格获得更多的股权。一家成长中的公司 A、B、C 及后续融资轮次是一段充满边缘试探、机会主义以及——让我们委婉地说——务实而坚定的历程。这就是为什么成功的风险投资家没有好人的原因。"

Baker 和 Smith（1998）的话来说："从更基本的历史意义上讲，KKR 的贡献在于：其管理层收购为奄奄一息的金融资本主义注入了新的活力，这反过来又刺激了一个持续经济增长、生机勃勃的证券市场以及写此文时就业率几乎达到饱和的新时代。当然，很多宏微观经济因素都对这些乐观的环境有所贡献。但是，管理层收购的催化作用无法否认。"

发展计划的范围从社会责任投资到直接的行业政策等各个方面。评估政策驱动方案的影响非常困难，不仅仅因为只有经过漫长的时间，积极影响才会显现——比通常政策制定者的在任时间长得多，而且因为这是高度主观的，取决于支持者的价值观。因此，同时管理几个任务是一项挑战，因为它们对应不同的社会目标和资格标准。极端情况下，各方任务之间的利益是不可能完全一致的，甚至可能存在利益冲突。

此外，政策导向的目标与财务回报之间存在明显的权衡取舍⊖。政策限制导致资格受限，因此为基金筛选投资项目留下更少的自由空间。而且，融资是由政治议程和预算考虑驱动的，而不是市场条件及相应的投资机会。与其使命一致，发展计划经常以更多受益人为目标而不是纯粹的商业驱动计划，因此这样的计划更可能过度分散化。过度分散化与丧失收益目标相结合，很可能将投资组合的收益率锁定在一个低于标准的收益区间。

基本上，瞄准私募股权行业的发展计划追求两个主要策略：

- 利用知名私募股权基金作为中介，通过直接填补股权的空白，促进科技或中小企业发展。通常，投资于基金必须伴随着一系列条件，取决于目标经济部门，例如确定符合融资条件的公司，进行地域限制（比如聚焦在不发达地区），或者关注研发阶段的技术。然而，只有当基金经理也认为该部门具有财务吸引力时才可行。因此，政策制定者不能违背市场。
- 通过制造活跃的金融环境，资助新兴的团队，间接填补股权的空白，来促进行业的发展。只有在附带尽可能少的条件的前提下，这才有可能，团队才会变得成功，找到后续基金的投资者。和对受托人负责的机构比

⊖ 此外，如 Lerner、Schoar 和 Wong（2004）的建议，投资委员会中的政治任命官员往往缺乏私募股权基金行业的经验，或者以牺牲基金的财务回报为代价，追求更加注重发展导向的方案。

起来，发展导向的机构往往更愿意支持首次募集的基金，尽管其"死亡率"更高，因此这对行业有着重要的催化效应。

政策制定者和资助者有一种倾向，对投资计划提出越来越多的要求和准入标准㊀。这样的政策，比如创造工作机会、保护环境或者促进"战略性"技术，本意都是好的，但是在风险投资基金领域，这种将社会理想条件"装载"到有限合伙协议的做法很可能会失败，因为这刺激了逆向选择㊁。

世界各地政府试图鼓励创业投资基金的经验都不太好。

塔克商学院私募股权与创业中心
（Tuck Centre for Private Equity and Entrepreneurship）
主任科林·布莱登（Collin Blaydon）
（引自《经济学人》（The Economist, 2004b））

只有那些急需融资的基金经理才愿意接受这样的条件，但是如果在政策制定者的目标领域没有投资机会，他们往往不能遵守例如地域聚焦的限制条件。强迫自己遵守期望的政策可能会弄巧成拙，因为这可能导致与风险投资基金其他有限合伙人之间的利益冲突。甚至有传闻，享有盛名的投资者避免投资于政策驱动机构参投的基金。需要牢记在心的是，风险投资只是风险最高的投资活动之一，只有"不讲情面"的方法才能占上风，任何偏离最佳市场实践的做法都可能严重地抑制收益率。在私募股权领域，不去追求头部基金会导致灾难，因为底部四分位数和头部四分位数之间的业绩差异巨大㊂。此外，业绩不佳的团队不太可能长期存在。因此，任何政策想要的效果都只是短暂的。

假设私募股权基金行业政策驱动的投资具有自我可持续的性质，以便减少对政府预算的依赖，遵守一定程度的市场纪律，那么政策制定者就面临在满足投资收益与发展目标这两个冲突的目标之间进行平衡的挑战。实际上，他们面

㊀ 见 Mallet（2004）对多边金融机构的描述："我们中的一群人使用'圣诞树'这个词来形容你拿着一个项目，把所有装饰物挂在上面——性别、移民安置等。"

㊁ 根据《经济学人》（The Economist, 2004b），1965 年至 1995 年间，德国施行了超过 600 项政府计划以鼓励风险投资活动，结果没有明显的成功。

㊂ 作为比较的基础：头部和底部四分位数债券管理人的差额在 20 个基点的范围，而在私募股权基金行业，其差额大约为 2000 个基点。

临类似捐赠基金管理人的难题⊖，他们以保持资产购买力为目标，提高机构的自治力，同时为运营预算提供大量的资源⊖。

如何管理财务回报与非商业发展目标之间的权衡取舍呢？起点是明确优先顺序。应该将发展的影响最大化，把投资回报作为第二考虑，还是应该在一个道德⊜标准的框架下将投资收益最大化？为了责任清晰以及决策透明，需要独立评估这两个维度。必须让政策制定者明白，他们的目标可能是有代价的，而基金经理不允许躲藏在政治议程背后，掩盖低于标准的投资业绩。基于预期业绩评分的方法配合对非商业目标的额外评级，有助于在这些冲突的目标之间找到恰当的折中方案。根据优先顺序，对于其中一个评分等级设定"预算"，在此限制下将其他维度最大化。作为替代，核心 – 卫星结构（见第 8 章）可以根据独立管理的"风格"划分为不同池子，用于管理这两个目标。"发展"风格的池子不仅需要完全符合资格标准，而且开发影响需要最大化，忽略任何投资收益方面的考虑。这个池子通过"收益池"来平衡：尽管符合资格标准，但它的唯一目标是最大化投资收益。

⊖ 见 Tobin（1974）："捐赠机构的受托人是为了防止现在索取而保护未来的人。……如此界定的花费捐赠收入意味着，原则上现在的捐赠能够继续资助其现在支持的同样的活动。这条规则表明，当前的消费不应该受益于对未来捐赠的预期。只有当（而非在此之前）资本捐赠扩大规模时，持续消费才会增加并扩大活动的范围。"（引自 Swensen, 2000）。

⊖ 私募股权基金投资组合的平均收益率甚至可能会低于债券投资组合的收益率，对于那些授权以发展为导向、以保持本金为约束的机构来说，这降低了快速投资的动力。

⊜ 例如，不得投资国防技术。

第22章　实物期权

如果你读过迈克尔·克莱顿（Machael Crichton）的《侏罗纪公园》和《失落的世界》（或者如果你看过这两部电影），你一定会记得那些有着锋利爪子的迅猛龙㊀，它们四处奔跑，撕裂着眼前的一切。这个关于凶猛但已灭绝动物的故事，能告诉我们如何管理 VC 基金组合吗？

> 我们可以想象混沌的边缘，既有足够的创新让系统充满活力，又充分地稳定，让系统陷入无序状态。这是一个充满冲突与剧变的区域，新旧事物不断交战。找到平衡点必然是一件微妙的事情——如果生命系统漂移得太近，就有分崩离析、支离破碎的风险；但是如果生命系统移动地离边缘太远，就会变得僵硬、呆板、独断专行。两种情况都会导致灭绝。变化太大或者太少都是毁灭性的。
>
> 迈克尔·克莱顿《失落的世界》

我们倾向于将竞争视为迅猛龙与霸王龙这类重量级选手之间的斗争。然而，在所有生态系统中，偶然的突变是必要的，能够在面临环境剧变的时候发挥出自己的优势。如果整个环境发生变化，有时甚至头部业绩机构在特定市场环境下也疲于奔命。6500 万年以前，在白垩纪末期，霸王龙以其优秀的长期业绩记录，绝对可以获得"头部评分"。然而事后看来，老鼠的祖先存活了下来，被证明是一笔更好的买卖㊁。

私募股权基金行业就像《侏罗纪公园》，也有几只"啮齿动物"。它在不断

㊀ 根据关于恐龙的各种资料，这个名字的意思是"迅捷的小偷"（90 年代后期在过度投资中被骗失败的投资者可能会将其与 VC 行业相提并论。）

㊁ 市场领袖未看到变化及市场中的"老鼠"的例子数不胜数。比如，与"T-Rex"硬件市场相比，IBM 将 PC 操作系统视为一个乏味的利基市场。对 IBM 来说，遗憾的是，有一只叫比尔·盖茨（Bill Gates）的"小老鼠"创立了微软（Microsoft）。

演化，因此需要持续适应。寻找主流投资者的羊群效应，为那些试图与众不同的人创造了机会。偏离主流团队的预期回报取决于环境变化的重要程度。在投资策略中不进行实验比过多的突变更危险。有人可能会认为，自然界通过突变找到了创造实物期权的机制，所以这些概念在某种程度上是相关的。

22.1 私募股权中的实物期权

我们在前几章讨论的评分技术，目的是描述"可测的不确定性"，即风险。对风险的评估主要是基于历史证据和当前占主导地位的市场条件。在这个背景下，我们的决策和估值框架最适合用现金流折现模型来模拟。但是，由于投资者可以确定市场会继续演化，这样的方法无法描述投资项目内在的所有价值。理论上，两个投资者对同一只 VC 基金应该获得同样的风险评估结果。一位有限合伙人所未知的很多因素实际上是可知的，但他们的研究是有成本的，涉及基金项目的尽职调查及行业研究。在尽职调查过程中，经过了最可能的分析之后，决策者就面临"剩余不确定性（residual uncertainty）"，即未研究的可知信息与未知信息。由于花费在尽职调查上的精力不同，投资者面临不同程度的剩余不确定性。虽然基于历史证据，人们期望所有的投资者都会得出或多或少差不多的结论，但是剩余不确定性可能会存在不同的理解，因为评估剩余不确定性需要很大程度的主观判断。因此，经验丰富的专业投资者可能会对同样的基金项目得出不同的评估结论。

不确定性下的管理是投资者面临的主要挑战。同时，创新与偶然的技术突破——比如个人计算机或互联网——有可能从根本上改变行业和消费领域，这也是这类投资的主要吸引力之一。由于没有关于这些未开发的未来市场组成部分的统计数据，投资者必须通过研究、推断、类比才能进行决策。

在不确定的环境中，在未来某个时点采取某项行动的权利——但不是义务，具有一定的价值。事实上，随着时间的推移，随着人们对行动的可能结果了解得越来越多，在已知信息更多的情况下，决策将带来更加有利可图的结果。在其他条件相同的情况下⊖，这些权利的价值越大，投资方案就越吸引人。

⊖ 在此，我们的意思是两个投资方案具有相同的现金流折现（DCF）结果。

由于私募股权市场的性质，这些权利数量众多，有限合伙人和基金经理都有这样的权利[一]：

- 有限合伙协议中的某些条款设计为实物期权，比如授予有限合伙人与基金共同投资的选择权。
- 基金治理和基金经理与其投资者保持良好关系的重要性，导致其他"集体"[二]期权的存在，例如取代基金经理、重组基金、降低基金规模、减少管理费或者修订投资策略的权利。
- 灵活性，一个特别有意思的形式是投资后续基金的"隐含"权利。成为"隐含"是因为没有正式的期权，而是基于"管理人－投资者"关系的重要性所产生的权利。Kaplan 和 Schoar（2004）经过研究得出结论，最好的 VC 基金即使可以募集更多的认缴资金，也会有意地控制自己的规模；口碑不错的 VC 公司有着很长的潜在投资者等待清单，因为他们往往会限制基金规模的增长。
- 如前所讨论的，有限合伙协议做不到无懈可击，并且也不应该如此。有限合伙协议不过于僵化，可以通过投资者的监督活动产生一定程度的影响。

有限合伙人是否有"放弃的选择权"，即不履行承诺，是有争议的。先不说法律后果，违约不仅会带来相应的"沉没成本"，而且会对投资者的声誉产生负面影响，堵上自己未来投资高品质基金的路径。

理论上，投资者也可以对普通合伙人推迟募集后续基金施加一定的影响。但是，尽管在金融期权中，采取投资决策的时间越长，产生的期权价值越大，但是这个逻辑不能延伸到实物期权。正如 van Putten 和 MacMillan（2004）所指出的，实物期权中时间和价值之间的关系不像金融期权中那么一致。

[一] 基金经理也可以从一系列期权中获益。因为直接投资不是本书的主题，我们不会展开讨论，仅提及最明显的例子：
- 交易结构设计：普通合伙人经常用期权来分配与创业者的利益。
- 分阶段投资法：创业投资企业通常分几个阶段融资，这给了普通合伙人在每个阶段放弃投资的选择权。

[二] 这些期权是"集体的"，因为在大多数情况下，执行某些操作的决策需要简单多数或特定多数投资者同意。

22.2 实物期权分析

用 DCF 方法评估投资机会，是最常见、最可能也是最有名的方法。但是，这种方法在投资者具有灵活性的情况下可能无效。

> 如果我是一位首席财务官（CFO），我可能会用实物期权作为一种思考方式，而不是作为金融工具，因为这个模型太复杂了。
>
> 马莎·阿姆拉姆（Martha Amram）

当一位投资者在未来的某个时点拥有采取一项行动的选择权，那么他就能通过行动增加收益或减少损失，从而增加价值。实物期权模型将金融期权理论应用到这些权利的估值——例如布莱克－舒尔茨公式（Black-Scholes）。为了阐明如何应用，我们以投资后续基金的隐含权利为例（见附录 22A 一个粗略的数值例子）。该权利与一家公司股票的看涨期权有很多相同的特征。二者都通过在一个特定日期支付或承诺支付一定金额的货币而获取一项资产，都包含该权利而不是义务。表 22-1 展示了一家公司股票投入的看涨期权与布莱克－舒尔茨公式中的 VC 基金等效项之间的对比。

表 22-1 公司股票看涨期权与投资于后续基金隐含权利的比较

布莱克－舒尔茨模型输入变量	
公司股票看涨期权	投资于后续基金的隐含权利
行权价格（X）	预期提款的现值
股票价格（S）	预期分配的现值
到期日（T）	可以做出投资决策的最后日期
股票收益率的标准差（σ）	不确定性：现金流尤其是分配的风险性
货币的时间价值（r_f）	无风险收益率

如前所述，这些期权相当复杂，因此很难建模。然而，作为一种思考方式，分析布莱克－舒尔茨公式的价值驱动因素是有价值的。其中一个主要输入变量为标准差，或者底层资产现金流相关的不确定性。值得注意的是，尽管对 DCF

模型来说，随着不确定性的增加，价值在减少，而对实物期权来说正好相反㊀。因此，假设你面临两个同等 NPV 形式的投资方案，不确定性最高的方案应该更受欢迎。

与可交易的金融期权相比，实物期权需要估计更多的参数，因为它们无法在市场中直接观测到。因此，对嵌入私募股权基金中的实物期权进行量化是非常困难的。然而，即使在私募股权的背景下，通过分析如下方面，也可以将实物期权价值大致分为几个大类（例如高、中、低）：

- 旨在发现监管、法律、税收、教育等方面的可能变化的宏观经济研究。
- 评估科学突破的潜力、新兴关键技术或这些技术的应用研究。
- 差距分析可以评估新技术的应用可能花费多少时间。如果一个正在崛起的潜在有利环境的各种要素已经到位，那么可能会出现一个更具活力甚至"混乱"的环境㊁。

此外，对新闻资讯及其频率和重要性的持续跟踪可以对环境变化发出早期预警信号。

22.3 一个扩展的策略和决策框架

22.3.1 决策框架

前文我们讨论的框架是仅仅基于已知的不确定性以及基金的预期表现，现在我们扩展该框架，将内嵌的实物期权纳入考虑（如图 22-1 所示）。我们的目标是在实物期权有成本的前提下，将其价值与"成本"直接进行平衡，比如根据 DCF 获悉的预期业绩不佳。

㊀ 还值得注意的是，对 DCF 模型来说，只有不能分散化的风险或市场风险是相关的，而对实物期权来说，整体风险即特殊风险和市场化风险都是相关的。因此，在一个多元化的投资组合中，增加特殊风险不会对 DCF 模型产生影响（因为根据定义它可以被分散掉），却会增加实物期权的价值。

㊁ 比如，可参考互联网是如何兴起的：基本的基础设施已经到位。大量消费者已经在家中购买个人电脑，几乎每个人还有一部电话。没有这些推动因素，就不会有近年来声势浩大的发展。

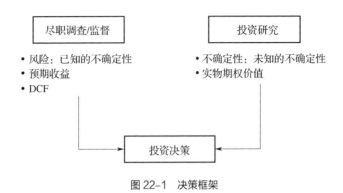

图 22-1 决策框架

实物期权是现金流折现分析的补充，而不是替代。要挑选最具成长性的项目，基金经理必须同时采用两种方法。

van Putten 和 MacMillan（2004）

在一个"不确定的预算"中，当项目具有潜在较高的期权价值，投资者可以投资 NPV 较低甚至为负的项目。预算的水平应该根据有限合伙人支持不确定性的能力以及他对环境变化重要性的看法来设定。

22.3.2 策略框架

面对不确定性，稳健的策略似乎是"对每一匹马下注"。然而，这样的成本昂贵，并且一家公司负担不起总是押注所有项目。与其问你是否负担得起做某事，不如问在某些情况下你是否担得起不做某事。竞争环境往往难以预测——尤其是技术创新，众所周知它们是天生难以预测的。过去的行为模式不总是对未来的可靠指引。但是，有些利基策略不应该误解为分散化。彩票头等奖不是目的，而是要产生后续投资的期权。在这个背景下，有三种主要的战略态势来应对不确定性⊖：

- 塑造：通过新的结构和基石投资来创造选择权。
- 适应：与最佳实践保持联系，抓住机会。
- 保留参与的权利：进行尽职调查，与行业持续利益方沟通，少量投资"机会型"基金。

⊖ 见 Courtney、Kirkland 和 Viguerie（1997）。

> 低估不确定性会导致制订的策略既无法保护公司抵御威胁，也不能充分利用更高程度的不确定性提供的机会。
>
> Courtney、Kirkland 和 Viguerie（1997）

在实物期权方法中，我们考虑到，对一只长期非流动性基金的承诺出资，必须在不确定性下做出决策，并且通过类比推理将 VC 基金的投资机会转换为金融期权定价理论。

设定以投资成本形式确定的"行权价格"以及期权的"到期日"，那么底层 VC 基金的现值可以由 GEM 来确定。

> 而且，对知名的 LP 如加州公务员退休基金或耶鲁捐赠基金来说，如果他们认为有必要尝试与新一代普通合伙人建立优先关系，投资一些更年轻的基金可能是最优的。
>
> Lerner、Schoar 和 Wong（2004）

在例子中（见表 22-2），基金 1 显然比基金 2 是更好的投资方案，基金 3 比基金 4 应该给予更优先的考虑。然而，基金 2 是否比基金 3 加上其期权价值更值得投资，不那么明显，甚至基金 1 与基金 3 进行比较，也无法确定排序。资源根据预期业绩评分以不同的权重进行分配。

表 22-2 实物期权价值与预期业绩示例

实物期权价值	高		基金 3		
	中等		基金 4	基金 2	基金 1
		D	C	B	A
		预期业绩评分			

在设定的"不确定性预算"内，对于每一个评分等级，选择实物期权价值最高的基金。实物期权价值仅与投资决策有关，与投后监督和会计估值无关。尽管 NPV 可以转让给其他投资者，实物期权经常仅对特定的有限合伙人存在。不确定性预算也取决于有限合伙人对可能的环境变化的看法。

比如，尽管从净现值方法来看，并购基金和夹层基金似乎是最好的投资决策，但是不应该忽视 VC 基金，因为其更不稳定，因此最可能具有更高的实物期权价值。

附录22A 实物期权示例

下面,我们通读一个简单的数值算例,来阐述实物期权在VC基金组合背景下的重要性。这个例子是一个粗略的计算,忽视了很多实践中遇到的复杂性。

我们假定一位投资者正在考虑一只首次募集基金的投资机会。市场统计数字告诉他,首次募集基金的平均业绩倍数为1.73倍。假设该投资者的目标倍数为2.00倍,那么他应该拒绝这个投资建议,但是这样的分析忽略了私募股权是一个关系驱动型行业的事实,投资于成功的基金往往"仅限邀请",限制在现有的投资者。如前所述,长期的"管理人-投资者"关系以及保持关系的重要性赋予投资者投资于后续基金的隐含期权。

看看其他市场统计数据(见表22-3),可以使用决策树方法估计这种期权的影响。为了简化,我们假设所有投资者具有相同的目标倍数,所有业绩低于目标值的基金都不能募集后续基金,当募集后续基金时,投资者明确获知基金最终倍数,并且假设忽略货币的时间价值。

表22-3 首次募集基金和后续基金的市场统计数据

	首次募集基金	后续基金
平均倍数	1.73倍	2.27倍
目标倍数	2.00倍	2.00倍
业绩差距	<0.27倍>	0.27倍
目标以上基金占比(%)	25.0%	31.7%
(目标以上基金平均倍数)	3.63倍	4.62倍
目标以下基金占比(%)	75.0%	68.3%
(目标以下基金平均倍数)	1.10倍	1.17倍

首次募集基金获得平均业绩为1.73倍,低于投资临界值(2.00倍)0.27倍。然而,在25%的情况下,首次募集基金最终业绩将高于临界点,并且将会募集后续基金。后续基金的平均业绩为2.27倍,高于目标0.27倍。假设对后续基金的认缴出资平均是首次募集基金的五倍,那么投资于后续基金的隐含

权利价值是 25%×0.27 倍 ×5=0.34 倍。总的来说，投资于首次募集基金的价值是 <0.27 倍>+0.34 倍 =0.07 倍。要估计总价值，你需要评估拟投资的所有潜在的后续基金的价值（如图 22-2 所示）。

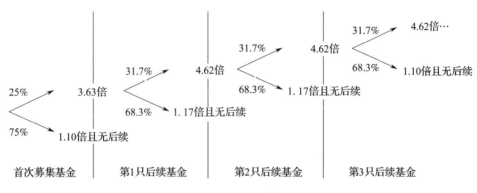

图 22-2　二叉树

第 23 章 超越 J 曲线

虽然我们的焦点在于风险投资基金，但是本书中提到的很多概念总体上都与私募股权基金投资相关。风险投资是这个充满不确定性的千变万化世界的催化剂，也是受益者。结构化的投资决策方法是投资成功的前提条件。但是在不确定的世界中我们能做成什么决策呢？在缺乏精确的预测时，决策者往往倾向于屈从自然的人类本能，随波逐流，对显然的"前沿"技术过度兴奋，而忘记了资产管理的基本原则，在不确定性和经济周期引发了挫折之后，他们又经常过度悲观。

23.1 有人做得更好

根据 Lerner、Schoar 和 Wong（2004）近期的研究，某些类型的机构在筛选优秀的私募股权基金方面一直做得比其他机构好。这些作者发现，投资于一只基金的捐赠基金数量越多，基金业绩就越好，捐赠基金所投基金的平均 IRR 超过了 20%⊖。另一方面，金融公司、基金的基金和银行筛选的基金一般业绩都处于明显更低的区域⊜。不同有限合伙人的业绩差异部分原因可能是目标上的差异，比如银行可能更优先考虑未来从投资组合公司获得银行收入的最大化，而不是基金投资收益。

⊖ 有些令人意外的是——至少对那些认为风险投资基金风险太高的人来说，捐赠基金如此卓越的业绩完全是由 VC 基金驱动的，而它们投资于并购基金仅收获了微薄的低于 1% 的平均年化收益率。

⊜ 说句公道话，正如最近关于这些发现的一次讨论中一位基金的基金代表所指出的那样，捐赠基金可能有优势。人们认为，与其他机构相比，捐赠基金投资的金额从绝对数量上来说更少，因此他们的投资任务难度更低。

23.2 致命的原罪

我们认为，混合的议程及由此导致的短期思维——试图择时操作——是私募股权基金投资计划管理中最严重的"致命原罪"。正如我们已经看到的，卓越的筛选技巧是这类资产中的关键——为此，投资者必须具有长远的视野。Lerner、Schoar 和 Wong（2004）认为，捐赠基金惊人的成功，很大程度上是由优秀的再投资决策驱动的。与此一致的是，我们在本书中解释了卓越的选择需要如何考虑单只基金认缴之外的实物期权价值，并且描述了投后监督可以怎样帮助收集相关信息，为结构化投资决策提供支持。最后，我们发现，未能从大局出发是一种致命的原罪，这在实践中反复得到证明，一方面过度分散化，另一方面缺乏在年份上的分布。总之，私募股权基金投资计划的管理过程不止一次地表明，投资决策似乎完全靠"直觉"。

23.3 结构代替"直觉"

私募股权基金投资计划管理是一项复杂的任务，需要一个结构优良、纪律严明的预测和规划过程。虽然偶尔需要复杂的模型，但是它从来不会精确地量化，不能没有高度的主观判断，也不能没有与投资管理团队持续的沟通交流。尤其是风险投资基金，由于其在金融体系中的份额相对较小，并且在持续发展中，存在很多基础的问题，使得这样的投资无法进行精确可靠的风险-收益定量分析。因此，根据我们的经验，"直觉"到目前为止主宰了这些计划的管理。尽管行业从业人员在持续不断地改进基金经理筛选技巧、尽职调查技术和结构化技能，但是对一个可持续且盈利的计划来说，这些技巧有必要但还不充分。

我们的目标是建立一个投资流程，为克服可能成为私募股权投资灾难的短期思维，并建立一个不依赖直觉的框架，在持续的不确定性背景下，实现风险与机遇的深思熟虑的管理。我们相信还有很大的改进空间，本书提出了一个基于评分的经济模型（GEM）——在我们看来比当前业内所用的典型方法能够更好地反映私募股权基金投资的经济现实，这些典型方法通常会说，"现在得出结论还为时尚早"或者"这只是 J 曲线"。这个行业的业务模式必须应对机构对风险管理越来越强的关注。在我们看来，私募股权基金投资计划需要更像主流的资产管理机构那样，拥有明确界定的投资流程和基础设施。

23.4 耐心是美德

捐赠基金之所以能够获得更高的收益，不是因为筛选技巧更高超，而是因为它们参与得早，在更加卓越的基金经理那里占了"席位"或者说"先行优势"，使其能够继续投资私募股权基金公司的后续基金，而这个机会对新投资者来说是封闭的。现在下结论可能为时过早，但是我们怀疑捐赠基金所谓的投资成功是有耐心、有条理和坚持不懈的方法的结果，需要几十年甚至更长的时间跨度，而不是将几年视为"长期"。再次引用耶鲁大学捐赠基金首席投资官史文森（Swensen，2000）的话：成功地"管理的捐赠基金永远保留了提供一定水平的机构支持的能力，证明了将捐赠基金归类为永久资产的合理性。追求长期的资产保值需要寻找高收益，同时接受伴随的基本面风险和相应的市场波动"。任何在几年内获得头部四分位数业绩并保持流动性的承诺都应该谨慎对待。欲速则不达，只会适得其反，大失所望。如果你的目标是在长期内资产保值——也许几个世纪，你的投资计划必须包括VC基金。如果你想在几年内保持即时的流动性，那你最好别碰VC基金。

23.5 把水变成酒

我们回到开头关于投资风险投资基金与酿葡萄酒有很多相似之处的评论，来结束整个讨论。考虑到组织的长期寿命，人们可能会像米歇尔·塞雷斯（Michel Serres）在弗洛伦斯·卡蒂亚德（Florence Cathiard）的《葡萄园艺术》（Art de Vigne）⊖一书的前言中半开玩笑说的那样，当整个水质变差的时候，只有那些转向饮酒的人才能生存下来，这种情况经常发生。有人声称他们发现了将流动性（水）立即变成收益（酒）的方法，但是我们对此保持怀疑。你不能一阵子酿酒，又一阵子不酿——这是你一生的决策（并且很可能延续到你的孩子）。有一系列障碍需要克服，你必须不断学习才能掌握细节。很可能在早些年你酿出来的是醋，如果你那时放弃，前面的努力就完全没有回报。甚至以后，一些好年份也会成为灾难。但是你的酒窖会帮助你度过这些低迷时期，极佳的年份会让所有努力都物有所值。它们最终会让你静坐在黄昏时分，享用一杯自己的葡萄酒。敬你一杯！

⊖ Florence Cathiard（2002），Art de Vigne – Vivre au Pays des Grands Crus. Aubanel.

术语表

有过错离职人员（bad leaver） 短时间内离职或因故被解聘的员工，或在其他情况下不被允许保留分红安排（如股票增值或超额收益分成）的员工。

平衡基金（balanced fund） 聚焦早期阶段和发展阶段但没有特别集中在某一阶段的风险投资基金。

天使投资人（business angel） 天使投资人是非正式投资者，是投资于新型成长企业以获取股权份额的富有的企业家个人。

并购（buyout） 从当前股东（卖方）手中收购一项业务、业务单元或一家公司的交易。

并购基金（buyout fund） 以收购其他企业为战略的基金；也可能包括夹层债权基金，这些基金提供（通常是次级）债务，以促进财务收购，通常还附带一些股权上行的权利。

专属基金（captive fund） 管理公司的主要股东提供大部分资金的基金，即母公司从其内部资源向专属基金配置资金，并将已实现的资金收益再投资于该基金。与半专属基金和独立基金相对应。

超额收益分成（carried interest） 累计给一只投资基金的管理公司或基金管理团队成员个人的奖金。一旦投资者获得在基金的投资本金加规定的门槛收益率，就可以支付超额收益分成（通常高达基金利润的20%）。

追赶机制（catch-up） 首先，普通合伙人必须为有限合伙人提供优先级收益（即门槛收益率）。然后进入追赶阶段，普通合伙人收到全部或大部分自己应得的分配资金。当达到协议约定的超额收益分割时，追赶阶段结束。

回拨机制（claw-back） 回拨机制条款要求，当一只投资基金的普通合伙人收到的利润超过商定的利润分配时，普通合伙人向有限合伙人返还资金。假如一只投资基金在生命周期的早期阶段就实现高收益退出，业绩差的项目留到最后退出，那么回拨机制确保了有限合伙人收回有限合伙协议承诺的实缴本金、费用和任何优先级收益。

关账（closing） 当一定金额的资金承诺认缴到一只私募股权基金时，就达到了关账条件。在基金最后关账之前，中间可能分几次关账。

认缴（commitment） 在普通合伙人要求缴款时，有限合伙人向私募股权基金提供一定金额资本的义务。

企业创投（corporate venturing） 企业创投没有让各方都满意的单一定义，因此我们将间接企业创投与直接企业创投计划区分开，前者是指企业直接投资于由独立风险投资家管理的基金，后者是指企业直接投资于小型未上市公司的少数权益。

成长基金（development fund） 成长基金是投资于需要扩展资本的后期阶段公司的风险投资基金。

投入资本收益率（distribution to paid-in，DPI） DPI 测量返还给投资者（有限合伙人）的累计分配资金占累计投入资本的比例。DPI 是扣除费用和超额收益分成的净值。DPI 也经常被称为"现金回报率"。这是基金已实现投资回报的相对测量指标。

瀑布式收益分配（distribution waterfall） 在基金的生命周期中，发生流动性事件并根据预先确定的瀑布式收益分配顺序进行资金分配，由此，有限合伙人通常在普通合伙人获得自己的利益份额之前收到一定金额的利润。

提款（drawdown） 当投资者承诺支持一只私募股权基金时，并不一定需要立即支付资金。其中一部分稍后用作提款。提款的金额被定义为实缴资本。

尽职调查（due diligence） 对私募股权基金专业人士来说，尽职调查可以狭义地适用于验证一项业务或销售备忘录中呈现数据的过程，也可以广义地适用于完成承诺投资之前的调查分析的过程。尽职调查的目的是确定与潜在被投公司交易的吸引力、风险及存在的问题。尽职调查应当能够让基金经理实现有效的决策过程，优化交易条件。

早期阶段（early stage） 一项业务的种子期和初创期阶段。

早期阶段基金（early-stage fund） 聚焦投资于早期阶段公司的风险投资基金。

等值溢价（equalisation premium） 后来成为有限合伙人的投资者必须像他们在首次关账时就已经投资那样实缴出资。这些等值缴款是一种融资前收取的资金，通常根据国债利率和基金最后一次关账前发生的现金流进行估计，然后按照新投资者入伙之前上一轮关账时确定的比例分配给现有的投资者。

退出（exit） 一只私募股权基金持股的清算。退出一项投资的方法包括：交易出售；公开转让出售（包括IPO）；注销；返还优先股或贷款；转让给另一位风险投资家；出售给金融机构。

退出策略（exit strategy） 一家私募股权公司或风险投资家结束投资、清算所持股权、实现收益最大化的计划。

扩张资本（expansion capital） 也称为成长资本。这是为一家公司增长或扩张提供的融资，公司可能实现了盈亏平衡或盈利，也可能没有实现。资金可能会用于：扩大生产能力；市场或产品开发；提供额外的运营资金等。

预期业绩评分（expected performing grading） 预期业绩评分是根据一只私募股权基金定量和定性得分计算的内在年限加权平均值。

后续投资（follow-on investment） 一位风险投资家已经投资一家投资组合公司后的另一轮投资。

基金（fund） 私募股权投资基金是一种汇集许多投资者资金、投资于公司（被投公司）的股权或股权相关证券的工具。这些公司一般为私人公司，股票尚未在任何股票交易所挂牌。基金可以采用公司或非法人的形式，比如有限合伙企业。

基金年限（fund age） 一只基金的年限（按年计算）是从首次提款到计算 IRR 的时间。

基金聚焦 / 投资阶段（fund focus/investment stage） 按投资阶段、投资行业、地域集中度划分的专业化策略。与不聚焦任何特定地域、行业或阶段的一般化基金相对应。

基金的基金（fund-of-fund） 持有其他基金权益头寸的基金。主要投资于新基金的 FOF 是初级 FOF。集中投资于存续基金的 FOF 称为二级 FOF。

基金规模（fund size） 基金有限合伙人和普通合伙人认缴资本总额。

募集资金（fundraising） 创业投资家募集资金建立投资基金的过程。这些基金从私人、公司或机构投资者手中募集，并承诺由基金普通合伙人投资。

守门人（gatekeepers） 机构投资者和公司投资者投资私募股权基金时，向其提供帮助的专业顾问。

普通合伙人（general partner） 私募股权管理公司中对有限合伙企业债务和义务承担无限个人责任并有权参与其管理的合伙人。

评分（grading） 请参阅预期业绩和运营状态评分。

门槛收益率（hurdle rate） 私募股权基金经理在收到超额收益分成之前必须返还给投资者的 IRR。

独立基金（independent fund） 主要募资来源为第三方的基金。与专属基金、半专属基金相对应。

机构投资者（institutional investor） 通常拥有大量资产和丰富投资经验的投资者，比如投资公司、共同基金、保险公司、养老基金或捐赠基金。

内在年限（internal age） 基金的内在年限与日历年限相对应，范围从 0 到 1。根据基金的内在年限，对定量和定性分数赋予不同的权重，确定基金的预期业绩评分。

内部收益率（internal Rate of Return，IRR） IRR 是从基金成立到某一特定日期，投资者所获得的期间净收益率。IRR 为年化有效复合收益率，采用向投资者支付和从投资者收取的月度现金流，结合剩余价值作为向投资者支付的最终现金流计算得到。因此，IRR 是扣除所有费用和超额收益分成的净值。对于没有费用和超额收益分成的专属或半专属投资工具，采用假设的费用和超额收益分成，将 IRR 调整为合成净收益率。

J 曲线（J-curve） 一只私募股权基金从成立到终止所产生的收益作图所产生的曲线。

关键人士条款（key person provision） 如果一位被冠以"关键人士"的人员从团队离开，或者将自己的权益转让给管理公司，那么关键人士条款允许有限合伙人暂停出资和投资活动，直到找到替代人物，或者甚至终止基金运作。

后期阶段（later stage） 投资的扩展、置换资本和并购阶段。与早期阶段相对应。

杠杆收购（leveraged buyout，LBO） 新公司的资本结构包含特别高水平债务的并购方式，通常用公司资产做担保。

领投（lead investor） 在一个私募股权合资企业或联合交易中贡献主要份额的投资者。

有限合伙人（limited partner） 有限合伙企业即私募股权基金的投资者。与普通合伙人相对应。

有限合伙企业（limited partnership） 大多数风险投资基金和私募股权基金采用的法律结构。合伙企业通常是一种固定期限投资工具，由普通合伙人（管理公司，承担无限责任）和有限合伙人（投资者，承担有限责任，不参与日常经营）组成。普通合伙人收取管理费和一定比例的利润。有限合伙人获得收入、资本所得和税收优惠。普通合伙人（管理公司）采用合伙协议制定的政策管理合伙企业。合伙协议还包括有限合伙人和普通合伙人达成的各项条款、费用、结构和其他事项。

管理层买进（management buy-in，MBI） 外部经理人收购公司的并购方式。在私募股权基金投资者的帮助下，提供融资使目标公司外部的一位经理人或经理人团队买入公司股份。

管理层收购（management buyout，MBO） 在私募股权基金投资者的帮助下，目标公司的管理层团队从卖方手中收购现有产品线或业务的并购方式。

管理费（management fees） 一只私募股权基金的管理公司收到的报酬。该年度管理费用等于投资者最初向基金认缴的一定比例。

成熟期基金（mature funds） 存续超过两年的基金。

夹层融资（mezzanine finance） 介于股权和担保债权之间的贷款融资，要么是无担保的，要么是有次级担保的。通常情况下，该工具的部分回报以累积实物支付利息和/或股权激励的形式递延。夹层基金是专注于夹层融资的基金。

倍数（multiple） 参见投入资本总值倍数（TVPI）。

利基策略（niche strategy） 利基策略的定义相对模糊。极端情况下，它是指除了普通的风险投资和并购之外的所有策略。

运行状态评分（operational status grade） 运行状态评分是对预期业绩评估的补充。运行状态评分捕捉那些在概念上接近事件风险的信息。它们涉及在私募股权基金生命周期中投资前未知的信息，但是被认为可能对私募股权基金的预期收益产生影响。

同类组（peer group） 具有相似风险特征的一组基金，即具有相同的风格或专业领域，在相似的市场环境下募集（通常按照成立年份分类）。

发行代理（placement agent） 作为私募股权基金公司募集投资基金代理人的个人或机构。

合并IRR（pooled IRR） 将每只基金成立以来的现金流与剩余价值合并到一个池子中，就像它们是一只基金一样计算得到的IRR。这种方法既优于平均值，也优于资本加权 IRR，前者可能因相对较小的投资产生较大的回报而有所偏差，后者则根据承诺认缴的资本对每个 IRR 进行加权。只有在基金成立之初立即进行所有投资，后一种衡量标准才是准确的。

投资组合公司，或被投公司（portfolio company, or investee company） 直接由私募股权基金投资的公司或实体。

优先购买权（pre-emption rights） 现有股东优先购买离任股东股份（优先受让），或认购公司发行新股（发行时优先购买）的权利。

优先级收益率（preferred return） 参见门槛收益率。

私募股权（private equity） 私募股权向未在股票市场上市的企业提供股权资本。私募股权可用于开发新产品和技术，扩大运营资本，进行收购，或加强公司的资产负债表。它还可以解决所有权和管理问题。家族企业的继承，或者由经验丰富的经理人收购一家企业，都可以通过私募股权融资来实现。严格地说，创业投资是私募股权的一个子集，指的是为企业的启动、早期成长或扩张而进行的股权投资。

私募备忘录（private placement memorandum） 普通合伙人在募集基金过程中提供的宣传册。该文件专供潜在投资者（有限合伙人）使用，通常包含（除其他信息外）管理团队的业绩记录、条款和条件以及投资策略。

定性得分（qualitative score） 定性得分是根据构成投资建议的核心要素进行评估的。定性打分的主要目的是将分析标准化，便于进行比较，确保其一致性和完整性。

定量得分（quantitative score） 定量得分是根据与金融同类组数据进行比较得到的。

四分位数（quartile） 四分位数是样本群体常用的度量。第一四分位数是指 25% 的样本高于四分位数，75% 的样本低于四分位数。第二四分位数等同于中位数：半数样本高于中位数，半数样本低于中位数。第三四分位数是指 75% 的样本在四分位数以上，25% 的样本在四分位数以下。

变现比例（realisation ratios） 对投资业绩的基准测量指标，是对 IRR 的补充。变现比例有投入资本收益率（DPI）、投入资本剩余价值（RVPI）和投入资本总值倍数（TVPI）。这些是对投资资本收益率的测量指标。这些指标未考虑货币的时间价值。

投入资本剩余价值（residual value to paid-in capital，RVPI） 该变现比例是投资者投资的资本还有多少仍然绑定在基金的权益上的一个指标，相对于累计投入资本的概念。RVPI 扣除费用和超额收益分成。

轮次（rounds） 一家公司融资的阶段。首轮融资是首次募集外部资本。随着公司的成熟，后续轮次可能会吸引不同类型的投资者。

二级市场（secondary market） 证券首次出售后进行买卖的市场或交易所。相比之下，一级市场的投资者直接从发行人处购买股票。

二级交易（secondary transaction） 现有私募股权基金的权益市场正在迅速发展，称为"二级交易"。二次发行可能包括单一管理人直接投资的整个基金，或者更常见的是，许多不同基金权益的组合。擅长从原始投资者手中购买现有基金权益的资金实力雄厚的投资者越来越多。然而，一般来说，投资者不应假设二级购买者会提供流动性强或有吸引力的退出路径。

证券化（securitisation） 通过证券化，公司型基金工具能够以具有信用评级的票据或债券（包括可转换证券）的形式向投资者提供权益。这些权益也可能受益于投资本金的部分或全部担保。迄今为止，这类产品通常是结构为"常青"基金的 FOF，这意味着实现的投资回报不会分配给投资者，而是在基金内部进行再投资。同样，出资承诺通常在一开始就提款，而不是根据投资需要即时提取。这些基金通常都是公开上市报价的。

种子期（seed stage） 一项业务达到初创阶段之前，为研究、评估和开发初始概念所提供的融资。

半专属基金（semi-captive fund） 虽然主要股东提供了大部分资金，但仍有很大比例的资金是从第三方筹集的基金。

初创企业（start-up） 为公司的产品开发和初期营销提供融资。公司可能正在建立过程中，或者可能已经短期经营，但其产品尚未商业化销售。

条款清单（term sheet） 概述拟投项目主要财务和其他条款的简要文件。通常不具有约束力，但是可能会对投资者和公司施加一定的法律义务。

投入资本总值倍数（total value to paid-in, TVPI） 投入资本收益率（DPI）与投入资本剩余价值（RVPI）之和的变现比例。TVPI 扣除费用和超额收益分成。

业绩记录（track record） 一家私募股权基金管理公司的经验、历史和过去的业绩。

不确定性（uncertainty） 经济学家通常明确区分"风险"和"不确定性"。一个事件根据历史经验有发生的概率则存在风险，而当没有客观方式可以确定其概率时，则存在不确定性。

风险投资基金（venture capital） 与企业家共同投资于早期（种子期和初创期）或扩张期创业企业的专业股权基金。对投资获得高于平均收益率的预期抵消了投资者承担的高风险。

风险投资家（venture capitalist） 私募股权基金的经理人，负责管理基金对特定投资组合公司的投资。在实操中（私募股权投资的一般模式），风险投资家带来的不仅是作为股权资本的资金（即没有资产担保或抵押），而且带来了极其宝贵的专业知识、商业关系、品牌资产、战略建议等。

兑现（vesting） 兑现某项权利（比如股票期权和认股权证）的完全所有权的过程（然后成为既得权利）。未被兑现的权利不能出售或交易，并且可以被没收。

成立年份（vintage year） 基金成立并且首次缴款的年份。

成立年份分类（vintage year cohort） 按照同一年（即成立年份）形成的同类基金组比较行业业绩的基准。

参考文献

3i Plc (2002) *Reports and Accounts, 2001.* London, 3i plc; www.3i.com.

AFIC, BVCA & EVCA (2004) *Consultation Document—Valuation Guidelines for Private Equity and Venture Capital.* Brussels, EVCA; www.evca.com.

AIMA (2002) *AIMA's Illustrative Questionnaire for Due Diligence of Fund-of-Funds Managers.* London, AIMA; www.aima.org.

Aitchinson, M. *et al.* (2001) *Current Topics 2001.* Edinburgh, Faculties of Actuaries Students' Society; http://www.actuaries.org.uk/Display_Page.cgi?url=/library/local_society_papers.xml.

Allchorne, T. (2004) Mowbray capital launches European venture FoFs. *European Venture Capital Journal,* May.

Alphonse, P., Hellmann, T. & Wei, J. (1999) *Minority Private Equity: A Market in Transition. Journal of Private Equity.* Vol. 2(4): 27–45.

AltAssets (2002a) *Institutional Investor Profiles,* Volume I. London, AltAssets; www.altassets.com.

AltAssets (2002b) *Institutional Investor Profiles,* Volume II. London, AltAssets; www.altassets.com.

AltAssets (2003a) *Fund-of-Funds Forum Paper.* London, AltAssets; www.altassets.com.

AltAssets (2003b) *Institutional Investor Profiles,* Volume III. London, AltAssets; www.altassets.com.

AltAssets Research (2002) *The Limited Partner Perspective—A Survey of European Institutional Investors.* London, AltAssets, May.

Altman, E.I. & Rijken, H.A. (2003) Influence of migration policies on the dynamics of credit agency ratings. New York, New York University, Stern, Salomon Center, Working Paper Series S-03-11, April.

Andrews, D., Linnell, I. & Prescott, C. (1999) *Rating Preference Stock and Hybrid Securities of Financial Institutions.* Financial Institutions Special Report. London, Fitch; www.fitchratings.com/corporate/reports/report.france.cfm?rpt_id=50114.

Arthus, P. & Teïetche, J. (2004) *Asset Allocation and European Private Equity: A First Approach Using Aggregated Data.* Brussels, EVCA.

Bailey, J.V., Richards, T.M. & Tierney, D.E. (1990) Benchmark portfolios and the manager/plan sponsor relationship. *Current Topics in Investment Management,* F. J. Fabozzi and T. Dessa Fabozzi (eds). New York, Harper & Row, pp. 71–85.

Baker, G.P. & Smith, G.D. (1998) *The New Financial Capitalists—Kohlberg Kravis Roberts and the Creation of Corporate Value.* Cambridge, Cambridge University Press.

Bance, A. (2004) *Why and How to Invest in Private Equity?,* 2nd edn. Zaventem, EVCA Investor Relations Committee Paper, European Venture Capital and Private Equity Association; http://www.evca.com/ht, available at ml/publications/bookstore_investor.asp.

Barber, J. & Zage, L. (2002) *Moving in Tandem?* London, Helix Associates.

Barès, P.A., Gibson, R. & Gyger, S. (2001) *Style Consistency and Survival Probability in the Hedge Fund Industry.* Zurich, Swiss Banking Institute; www.isb.unizh.ch.

Basel Committee on Banking Supervision (2001) Working paper on risk-sensitive approaches for equity exposures in the banking book for IRB banks. Basel, August.

Bauer, M., Bilo, S. & Zimmermann, H. (2001) Publicly traded private equity: an empirical investigation, 2nd Draft, Working Paper No. 5/01. Università St. Gallen, Swiss Institute of Banking and Finance.

Beaudoin, T.A. (2003) *Top-Tier VCs—The More Things Change, the More they Remain the Same?* Boston, MA, Testa, Hurwitz & Thibeault Research.

Beinhocker, E.D. (1999) On the origin of strategies. *McKinsey Quarterly,* 4.

Benson, B. (1990) *The Enterprise of Law: Justice Without a State.* San Francisco, CA, Pacific Research Institute for Public Policy.

Blaydon, C. & Horvath, M. (2003a) LPs need to trust general partners in setting valuations. *Venture Capital Journal,* March.

Blaydon, C. & Horvath, M. (2003b) What's a company worth? Depends which GP you ask. *Venture Capital Journal,* May.

Blaydon, C., Wainwright, F. & DeOliveira, E. (2004) *Limited Partnership Agreement Project—Results of GP, LP Surveys.* Dartmouth, Center for Private Equity and Entrepreneurship, Tuck School of Business.

Bonadurer, W. (2003) Valuation by multiple. Paper prepared for doctorate seminar in corporate finance, University of St. Gallen.

Bookstaber, R. (1999) Risk management in complex organizations. *Association for Investment Management and Research,* March/April.

Borel, P. (2004) Making private equity work. *Private Equity International,* November.

Borello, I. & Bader, H. (2004) *Hedge Funds: A Threat to Private Equity?* Geneva, Unigestion.

Bosut, L. (2003) *Private Equity and Venture Capital.* London, AltAssets.

Brands, S. & Gallagher, D.R. (2003) *Portfolio Selection, Diversification and Funds-of-Funds.* Sydney, School of Banking and Finance, The University of New South Wales.

Braunschweig, C. (2001) Beset by falling IRRs, CalPERS plays defence. *Venture Capital Journal,* October.

Brealey, R. & Myers, S. (2000) *Principles of Corporate Finance,* 6th edn. New York, McGraw-Hill.

Brett, B. (2002) *Secondary Sales of Private Equity Interests.* New York, Venture Capital Fund of America.

British Venture Capital Association (2003) *Reporting and Valuation Guidelines.* London, BVCA.

Brown, A. & Morrow, B. (2001) Private equity investing. Research Note. St. Louis, MO, Hammond Associates; www.haifc.com/attides/priveq.PDF.

Brull, S. (2002) Style shift. *Institutional Investor,* May,107–115.

Burgel, O. (2000) *UK Venture Capital and Venture Capital as an Asset Class for Institutional Investors.* London, BVCA.

Burgel, O. & Murray, G.C. (2000) *The Impact of Fund Size and Investment Preferences on Venture Capitalists' Returns.* London, London Business School.

Burrough, B. & Helyar, J. (1990) *Barbarians at the Gate: The Fall of RJR Nabisco.* New York, Harper Collins.

Bushrod, L. (2003a) Pick a number, any number! *European Venture Capital Journal,* June.

Bushrod, L. (2003b) Fees: unable to move out of the spotlight. *European Venture Capital Journal,* July/August.

Bushrod, L. (2003c) Ratings: transparency by another name. *European Venture Capital Journal,* September.

Bushrod, L. (2004a) Grappling the fund management problem. *European Venture Capital Journal,* March.

Bushrod, L. (2004b) To co-invest or not to co-invest? *European Venture Capital Journal,* April.

Bushrod, L. (2004c) Does branding apply to private equity? *European Venture Capital Journal,* May.

Bygrave, W.D., Hay, M. & Peters, J.B. (1999) *The Venture Capital Handbook.* Harlow, UK, Pearson Education Ltd.

Callan Associates (2003) *Private Equity Market Trends.* San Francisco, CA, Callan Associates; www.callan.com/resource/periodicals.

Camp, J.J. (2002) *Venture Capital Due Diligence.* New York, Wiley.

Carcano, B. (2001) Debt–equity Guidelines and the "classification of securities". NAIC Securities Valuation Office, *SVO Research*, 1(3).

Castle, J.K. (2001) *Asset Allocation: Deciding Between Venture Capital and Buyouts,* Part I. Sacramento, CA, Institute for Fiduciary Education.

Chen, J. (2004) *Economic and Biological Evolution: A Real Option Approach.* Department of Finance and Accounting, National University of Singapore.

Cheng, P., Baierl, G. & Kaplan, P.D. (2002) Venture capital and its role in strategic asset allocation. *Journal of Portfolio Management,* 28(2, Winter), 83 ff.

Cheung, L. *et al.* (2003) *Rating Private Equity CFOs: Cash Flow Benchmarks.* New York, Standard & Poor's CDO Research Special Report.

Cheung, L., Kapoor, V. & Howley, C. (2003) *Rating Private Equity CFOs: Stochastic Market Cash*

Flows. New York, Standard & Poor's CDO Research Special Report.

Cochrane, J.H. (2001) *The risk and return of venture capital.* NEBR Working Paper Series, WP8066. Cambridge, MA, NEBR.

Cohen, P. & Aiello, J. (2004) *Secondary Investing in Private Equity Funds: Primary Issues for General Partners.* London, AltAssets.

Collins, M. (2004) *Creeping Regulation of Private Equity Fund Managers.* Boston, MA, Testa, Hurwitz & Thibeault, Venture Update.

Courtney, H.G., Kirkland, J. & Viguerie S.P. (1997) Strategy under uncertainty. *Harvard Business Review,* November-December.

Covitz, D. & Liang, N. (2002) *Recent Developments in the Private Equity Market and the Role of Preferred Returns.* Washington, DC, Division of Research and Statistics, Board of Governors of the Federal Reserve System.

Credit Suisse Group (2001) *The New Basel Capital Accord, Consultative Paper of Jan. 16, 2001— Comments,* May. Zurich, Credit Suisse Group.

Crouhy, M., Galai, D. & Mark, R. (2001) Prototype risk rating system. *Journal of Banking and Finance,* 25.

Cullen, A. (2004) *Locating Venture Returns.* Boston, MA, HBS Working Knowledge.

Cumming, D.J. (2003) *The Determinants of Venture Capital Portfolio Size: Empirical Evidence.* School of Business, University of Alberta.

Cumming, D.J., Fleming, G.A. & Schwienbacher, A. (2004) Style drift in private equity. Amherst, MA, Center for International Securities and Derivatives Markets, Working Paper, May.

Damodaran, A. (2001) *The Dark Side of Valuation. Valuing Old Tech, New Tech, and New Economy Companies.* Upper Saddle River, NJ, Financial Times Prentice-Hall: http://vig.prenhall.com/catalog/academic/product/0,1144, 013040652X-00 de Las Heras, E. (2000) Understanding private equity—an institutional investor's perspective. *Morgan Stanley Dean Witter Global Pensions Quarterly,* August.

Diem, G. (2002) The Information Deficiency Problem of Private Equity Funds-of-funds: A Risk and Monitoring Management Perspective. MBA Thesis, University of Birmingham.

Diller, C. & Kaserer, C. (2004) European private equity funds—a cash flow-based performance analysis. Technische Universitä München, Center for Entrepreneurial and Financial Studies, Working Paper No. 2004-01.

Dowd, K. (1998) *Beyond Value at Risk. The New Science of Risk Management.* Chichester, Wiley.

Dunbar, N. (2000) The challenge of private equity. *Riskwaters,* October.

Edgar, L., Sweeney, G. & Taylor, J. (2001) *The Management and Sale of Distributed Securities.* San Francisco CA, W. R. Hambrecht Asset Management Group.

Edvinsson, L. & Malone, M.S. (1997) *Intellectual Capital.* New York, HarperBusiness.

Elsea, J. (2003) *Accessing Top Quartile Venture Capital Funds.* Sacramento, CA, Institute for

Fiduciary Education.

Emery, K. (2003) Private equity risk and reward: assessing the stale pricing problem. *Journal of Private Equity,* Spring, 43–50.

Emkin, A.R. (2003) *Changing Relationships Changing Terms.* Sacramento, CA, Institute for Fiduciary Education.

Ender, R. & Jaeggi, A. (2003) Investieren in Private Equity kann sich lohnen. *Finanz und Wirtschaft;* http://www.adveq.com/index.cfm?page=37&news=107 (accessed 8 January 2003).

Erturk, E., Cheung, L. & Fong, W. (2001) *Private Equity Fund-of-Funds: Overview and Rating Criteria.* New York, Standard and Poors Publication.

European Private Equity & Venture Capital Association (EVCA) (2002) The economic and social impact of venture capital in Europe. Research Paper. Zaventem, EVCA.

European Private Equity & Venture Capital Association (EVCA) (2003) *EVCA Guidelines.* Zaventem, EVCA.

Evans, H. & Marks, A. (2002) *Distributions in Kind: Avoiding the Pitfalls.* London, AltAssets.

Fama, G. & French, G. (1997) Industry costs of equity. *Journal of Financial Economics,* 43, 153–193.

Flag Venture Management (1995) *The J-Curve.* Venture Insights 3rd Quarter. Stamford, CT, Flag Venture Management, Special Report; www.flagcapital.com.

Flag Venture Management (2001) *The Right Level of Diversification.* Venture Insights 1st Quarter. Stamford, CT, Flag Venture Management, Special Report; www.flagcapital.com.

Flag Venture Management (2002a) *What's it Worth? Valuation Methodology 101.* 1st Quarter. Stamford, CT, Flag Venture Management, Special Report; www.flagcapital.com.

Flag Venture Management (2002b) *Venture Confidential—Is Disclosure Constructive?* 000, 3rd Quarter. Stamford, CT, Flag Venture Management, Special Report; www.flagcapital.com.

Flag Venture Management (2003a) *Evaluating Funds-of-Funds.* 3rd Quarter. Stamford, CT, Flag Venture Management Special Report; www.flagcapital.com.

Flag Venture Management (2003b) *Let's Talk Terms.* 4th Quarter 2003. Stamford, CT, Flag Venture Management, Special Report; www.flagcapital.com.

Folkerts-Landau, D. (2001) *Structured Private Equity: An Old Market Becomes an Emerging Asset Class.* Frankfurt, Deutsche Bank Global Markets Research.

Fort Washington Capital Partners (2004) *Investing in Private Equity through a Fund of Funds.* White paper. Cincinnati, OH, Ford Washington Capital Partners.

Fraser-Sampson, G. (2004a) *Private Equity Investing: An Overview.* London, Mowbray Capital; http://www.altassets.com/casefor/sectors/2004/nz4982.php; www.mowbraycapital.com.

Fraser-Sampson, G. (2004b) *Institutional Investor Profile.* AltAssets. October.

French (1997) Industry costs of equity. *Journal of Financial Economics,* 43, 153–193.

Fritz, S. (2001) Examining the latest practical methodologies for effective validation and back testing of the different internal credit risk rating systems and assessing the level of accuracy achieved.

Geneva, ICBI Risk Management Conference; www.icbi-uk.com.

Fugazy, D (2002) European market pummels American venture firms. *Venture Capital Journal,* July.

Fung, W. & Hsieh, D. (1997) *Is Mean-Variance Analysis Applicable to Hedge Funds?* Fuqua School of Business, Duke University, Durham, USA.

Gautam, A., Gronning, J. & Hoj, A. (2002) *Coming of Age: The European Venture Capital Industry.* Research Report. London, Brask & Company, July: www.braskandcompany.com.

Geltner, D. & Ling, D. (2000) *Benchmark and Index Needs in the US Private Real Estate Investment Industry: Trying to Close the Gap.* Hartford, CT, RERI study for the Pension Real Estate Association; www.reri.org/research/RERI Rept_final.pdf.

Giacometti, M. (2001) *Asset Allocation in Private Equity.* Sacramento, CA, Institute for Fiduciary Education.

Gottschalg, O., Phalippou, L. & Zollo, M. (2003) Performance of private equity funds: another puzzle? Fontainbleau, INSEAD–Wharton Alliance Center for Global Research & Development, Working Paper 2003/93/SM/ACGRD; www.insead.edu/alliance/faculty/2003–93.pdf.

Grove Street Advisors (2002) *The Case for Investing with New and Emerging Private Equity Fund Managers.* Wellesley, MA, Grove Street Advisors; www.grovestreetadvisors.com.

Gull, J.S. (2003) Comment letter on the proposed venture capital and private equity provisions. Charlottesville, MA, AIMR; www.efainstitute.org.

Healy, B. (2001) Calpers posts fund's record on web site—money managers aghast that pension investor shows returns, rankings. *Boston Globe,* August.

Hellman, R.B. & Katz, E. (2002) *The Evolution of Partnership Terms—Aligning GP and LP Interests.* Sacramento, CA, Institute of Fiduciary Education.

Henderson Global Investors (2002) The case for smallest sized private equity funds. Chicago, IL, Henderson Global Investors.

Henker, T. (1998) Naïe diversification for hedge funds. *Journal of Alternative Investments,* Winter.

Himelstein, L. (2002) Venture capital—all cashed up with no place to go. *Business Week,* September.

Houlihan Valuation Advisors & Ventureone Study (1998) The pricing of successful venture capital backed high-tech and life sciences companies. *Journal of Business Venturing,* 13.

Hsu, C.H. & Wei, H.J. (2003) *Stock Diversification in the US Equity Market.* Long Beach, CA, College of Business, California State University.

Hueng C.J. & Yau, R. (2004) Investor preferences and portfolio selection: is diversification an appropriate strategy? Working paper, Western Michigan University, Kalamazoo, MI: http://homepages.wmich.edu/chueng/dj30.pdf.

Hutchings, W. (2003) Vontobel cuts private equity exposure. *Private Equity Funds and Investors,* efinancialnews.com.

Ibbotson, R., Kaplan, P. & Peterson, J. (1997) Estimates of small stock betas are much too low: adjusted estimates of beta are positively related to future common stock returns. *Journal of*

Portfolio Management, Summer.

Inderst, R. & Muennich, F. (2003) *The Benefits of Shallow Pockets.* London, London School of Economics.

Institutional Investor (2002) Deutsche Bank, Lazard securitize private equity. *Alternative Investment News,* April.

International Accounting Standards Committee (2001) *International Accounting Standards 2001.* London, IASC.

International Accounting Standards Board (2001) *Exposure Draft Proposed Amendments to IAS 39.* London, IASB.

International Swaps and Derivatives Association (2001) Modelling equity risk exposure—response to the Models Task Force. New York, ISDA letter to Models Task Force of Financial Service Authority.

Investor Risk Committee (2001) *Hedge Fund Disclosure for Institutional Investors.* New York, International Association of Financial Engineers.

Jaeger, L. (2002) *Management for Multi-manager Portfolios of Alternative Investments.* Zug, Swiss Alternative Investment Strategies AG.

Jo, H. (2002) *Perspectives and Problems of Private Equity Funds-of-Funds.* Santa Clara, CA, Leavey School of Business & Administration.

Kaneyuki, M. (2003) Creative valuation techniques for venture capital fund reporting. *Finanz Betrieb,* July/August, 506–511.

Kaplan, S.N. & Schoar, A. (2004) Private equity performance: returns, persistence and capital flows. *Journal of Finance* (forthcoming: reference in Lerner, Schoar & Wong, 2004).

Kaserer, C. & Diller, C. (2004) *European Private Equity—A Cash Flow-based Performance Analysis.* Brussels, EVCA.

Kaserer, C., Wagner, N. & Achleitner, A.-K. (2004) Managing investment risks of institutional private equity investors—the challenge of illiquidity. In Frenkel, M., Hommel, U. & Rudolf, M. (eds): *Risk Management,* 2nd edn. Springer, Berlin.

Kelly, T.G. (2002) Private equity: a look at a maturing asset class. Presentation to Chicago GSB Finance Round Table.

Kempf, A. & Memmel, C. (2003) *On the Estimation of the Global Minimum Variance Portfolio.* University of Cologne, Department of Finance, Cologne: http://ssrn.com/abstract=385760.

Kerins, F., Smith, J.K. & Smith, R. (2001) New venture opportunity cost of capital and financial contracting. Claremont Graduate University, Working Paper in Economics: http://papers.ssm.com/savailable at 013/papers.cfm?abstract_id=273882.

King, D.A. & Young, M.S. (1994) Why diversification doesn't work? *Real Estate Review,* 25 (2, Summer), 6–12.

Kogelman, S. (1999) *The Importance of Asset Allocation in Managing Private Equity Commitments.*

New York, Investment Management Research, Goldman Sachs Client Research and Strategy Group.

Kolotas, P., Kearns, P. & Le Merre, M. (2003) *New Economy Development Fund S.A. ("TANEO")*. London, Fitch Ratings Structured Finance Presale Report.

KPMG (2002) *Insight into Portfolio Management*. Report in cooperation with Manchester Business School, February; www.kpmg.com.

Kraemer-Eis, H. (2003) Modelle bergen Risiken. *Kredit & Rating Praxis*, 2.

Krahnen, J.P. & Weber, M. (2000) Generally accepted rating principles: a primer. Working paper (to be published).

Layton, D.H. (2000) Managing risk in the 21st century, IIB Speech, June; www.iib.org.

Leiter, J.M.E. (2001) Performance in private equity. McKinsey & Company Presentation at EVCA Investors Workshop, Munich.

Lerner, J. (1998) The returns to investments in innovative activities: an overview and an analysis of the software industry. Draft, Boston, MA, Harvard Business School.

Lerner, J. (2000) *The Future of Private Equity: Research and Hypotheses*. Boston, MA, Harvard Business School and National Bureau of Economic Research.

Lerner, J. & Schoar, A. (2002) The illiquidity puzzle: theory and evidence from private equity. *Journal of Financial Economics*, 72 (1), 3–40.

Lerner, J., Schoar, A. & Wong, W. (2004) Smart institutions, foolish choices? The limited partner performance puzzle. Working paper, Boston, MA, Harvard Business School.

Levine, I.J. (2003) Legal and regulatory aspects of applying securitisation techniques to private equity. Presentation at IIR Conference on Private Equity Securitisation; www.iir-conferences.com.

Levine, I.J. & Smith, G. (2004) Securitising private equity portfolios—an attractive proposition? S.J. Berwin article, published courtesy of *British Venture Capital Association Technical Bulletin*.

Lhabitant, F.S. & Learned, M. (2002) Hedge fund diversification: how much is enough? Research paper No. 52. Geneva, International Center for Financial Asset Management and Engineering, July; http://www.fame.ch/library/EN/RP52.pdf.

Littlejohn, A.C. (2003) *LP Disclosure vs. GP Confidentiality*. Sacramento, CA, Institute for Fiduciary Education.

Ljungqvist, A. & Richardson, M. (2003) The cash flow, return and risk characteristics of private equity. Finance Working Paper No. 03-001, New York University: http://ssrn.com/abstract=369600. (accessed 12 October 2004).

Maginn, J. & Dyra, G. (2000) *Building Private Equity Portfolios*. St. Louis, MO, Summit Strategies Group; www.summitstrategies.com.

Magnani, P. (2003) Fund of-funds investment strategy. Unpublished Report. Luxembourg, European Investment Fund.

Malkiel, B. & Firstenberg, P. (1976) *Managing Risk in an Uncertain Era: An Analysis for Endowed*

Institutions. Princeton, NJ, Princeton University Press.

Mallet, V. (2004) Reformists flex their muscles. *Financial Times*, February,10.

Malmsten, E., Portanger, E. & Drazin, C. (2001) *Boo Hoo—A Dot.com Story from Concept to Catastrophe.* London, Random House.

Mangiero, S.M. (2003) Model risk and valuation. *Valuation Strategies*, March/April.

Manigart & al. (2002) Determinants of required return in venture capital investments: a five country study. *Journal of Business Venturing*, 17(4, July), 291–312.

Manyem, S. (2002) *Effect of Investment Focus and Manager Selection in Private Equity Returns.* University of Chicago, Graduate School of Business.

Markowitz, H. (1952) *Portfolio Selection.* Journal of Finanace 7 (March), pp. 77–91.

Mason, E. (2004) *Mass. May Cloak Data to Attract P.E. Funds.* Columbia, MO, The Freedom of Information Center; http://foi.missouri.edu.

Mathonet, P.Y. (2004) *The "Fair" Financing Cost of Venture Capital Funds Investments.* Luxembourg, European Investment Fund.

Mathonet, P.Y.&Meyer, T. (2004) *How Fair Is my Valuation?* Luxembourg, European Investment Fund.

Maugain, O. (2001) The evaluation of hedge funds. Doctoral Seminar, International Finance, Prof. Dr Klaus Spremann; http://www.sbf.unisg.ch/org/sbf/web.usf/c2d5250e0954edd3c12568e40027f306/f1fefb02759c139ec1256ba3002e2266/$FILE/HedgeFunds.pdf.

Maxwell, R. (2002a) *Private Equity: The Role of Fund-of-Funds Investing.* London, Invesco.

Maxwell, R. (2002b) *How Due was My Diligence?* London, AltAssets.

Maxwell, R. (2003a) *To Disclose or Not to Disclose? That is the Question.* London, AltAssets.

Maxwell, R. (2003b) *Hurdle? What Hurdle?* London, AltAssets.

Maxwell, R. (2004) *Success and Succession.* London, AltAssets.

McCune, A. (2001) *Looking at the Nuts and Bolts of the Secondary Market for LP Interests.* New York, Venture Economics.

McGrady, C. (2002a) *Pricing Private Equity Secondary Transactions.* Dallas, TX, Cogent Partners.

McGrady, C. (2002b) *The Advantages of Purchasing Secondaries.* Dallas, TX, Cogent Partners.

McIntosh, W. (2003) *The Proverbial Question—How Do You Create a Better Benchmark?* Sacramento, CA, Institute for Fiduciary Education.

McLaren, J.M. (2001) *Asset Allocation: Deciding Between Venture Capital and Buyouts*, Part I. Sacramento, CA, Institute for Fiduciary Education.

Meek, V. (2002) *Bottom of the Pile.* London, AltAssets.

Meek, V. (2004a) New direction for Swiss listed PE funds? *European Venture Capital Journal*, April.

.Meek, V. (2004b) *Time to Deviate From the Standard?* London, AltAssets.

Mellon Financial Corporation (2003) *Annual Report 2003.* Pittsburgh, PA, Mellon Financial Corporation.

Metzger, C.E. & Greenwald, T.R. (2004) *Micro View—FOIA Update*. Boston, MA, Testa, Hurwitz & Thibeault.

Meyer, T. & Gschrei, M.J. (2005) *Liquiditäsmanagement in Private Equity und Venture Capital Dachfonds – Herausforderungen und Löungsansäze*. RWB Schriftenreihe Private Equity. Vol. 2. Munich.

Meyer, T. & Mathonet, P.Y. (2004) *A Prototype Internal Venture Capital Fund Grading System*. Luxembourg, European Investment Fund.

Meyer, T. & Weidig, T. (2003) Modelling venture capital funds. *Risk Magazine*, October.

Moise, M. *et al.* (2002) *Going Public with Private Equity CFOs*. London, Fitch Ratings Credit Product Criteria Report, November.

Moise, M. *et al.* (2003) *Silver Leaf CFO 1 SCA*. London, Fitch Presale Report.

Mooney, B. (2003) *Timing Secondary Transactions. When Should You Sell, When Should You Buy?* Dallas, TX, Cogent Partners.

Moskowitz, T. & Vissing-Jøgensen, A. (2002) The returns to entrepreneurial investment: a private equity premium puzzle? *American Economic Review*, 92, (4), 745–778.

Moultrup, J. (1998) The multiple-equity fund portfolio investment strategy. *Journal of Financial Planning*, August.

Muller, K.W. (2004) *Formation and Operation of Venture Capital/Private Equity Funds*. Presentation. Palo Alto, CA, Cooley Godward LLP: http://www.cooley.com/files/tbl_s5SiteRepository/FileUpload21/168/A2-2004-Muller.pdf.

New, D. (2001) An introduction to private equity. *Topics of Interest*. Seattle, WA, Wurts & Associates; http://wurts.com/.

Nicholas, J. (2004) *Hedge Fund of Funds Investing: An Investor's Guide*. Princeton, NJ, Bloomberg Press.

Northedge, R. (2004) Can you hear us Basel? *Real Deals*, June.

Nowak, E., Knigge, A. & Schmidt, D. (2004) *On the Performance of Private Equity Investments: Does Market Timing Matter?* Frankfurt, CEPRES: http://papers.ssrn.com/sol3/papers.cfm?abstract_id=492982.

Oren, T. (2003) *VC Disclosures, IRRs and the J-Curve*. June 18: http://www.pacificavc.com/blog/2003/06/18.html (accessed 24 September 2004).

Otterlei, J. & Barrington, S. (2003) *Alternative Assets—Private Equity Fund-of-funds*. Minneapolis, MO, Piper Jaffray Private Capital, Special report; http://www.piperjaffray.com/info3.aspx?id=79.

Painter, R.A. (2004) *What Is the Market on Terms? A New Look at an Age-old Question*. Boston, MA, Testa, Hurwitz & Thibeault; London, AltAssets.

Pease, R. (2000) *Private Equity Funds-of-funds—State of the Market*. Research Report, Wellesley, MA, Asset Alternatives Inc.

Peng, L. (2001) Building a venture capital index. Working Paper No. 00-51. New Haven, CT, Yale ICF. http://icf.som.yale.edu/.

Peninon, D. (2003) *The GP–LP Relationship: At the Heart of Private Equity.* London, AltAssets.

Pfeffer, M. (2001) *Blurring the Lines between Private Equity and Venture Capital: What Does the Future Hold?* Sacramento, CA, Institute for Fiduciary Education.

Pfeiffer, E. (2002) Discount daze. *Red Herring*, February.

Piper Jaffray Private Capital (2003) *Alternative Assets—Private Equity Fund-of-funds.* Special Report. Minneapolis, MO, Piper Jaffray Private Capital.

Private Equity Online (2004) *VCs Are Not Nice People*: http://www.privateequityonline.com/Newsletter/default.asp?NewsletterID=133.

Probitas Partners (2003) *Foreign Exchange Prudence* New York, Private Equity Central; http://www.probitaspartners.com/news/news_pecentra1071803.html.

Prowse, S.D. (1998) *The Economics of the Private Equity Market.* Economic Review. Dallas, TX, Federal Reserve Bank of Dallas.

Quigley, J. & Woodward, S. (2003) An index for venture capital. Working Paper E03-333, Economics Department, University of California, Berkeley, CA.

Radcliffe, R.C. (1994) *Investment: Concept, Analysis, Strategy.* New York, Harper Collins College Publishers.

Raschle, B.E. (2000) Capturing returns: is private equity the solution? Centre for Investor Education, Conference Paper "Major Market Players": http://www.adveq.com/ index.cfm?page=37&news=25

Raschle, B.E. (2002) *Europe—An Overview.* Zurich, Adveq Management.

Raschle, B.E. & Ender, R. (2004) *Absolute Returns or Private Equity Asset Allocation?* Zurich, Adveq Management.

Raschle, B.E. & Jaeggi, A. (2004) *The Quality of the Fund Manager is Crucial in Private Equity Investments.* Zurich, Adveq Management.

Rating Capital Partners (2002) Fiduciary ratings—measuring trustworthiness in the investment management industry. Wiesbaden, RCP & Partners SA, presentation; www.rcp-partners.de.

Rattner, S. *et al.* (2001) *GP Valuations: Are They Realistic?* Sacramento, CA, Institute for Fiduciary Education.

Real Deals (2004a) Viewpoint: interview with Javier Echarri of EVCA. *Real Deals*, 8 April, 24–25; http://www.realdeals.eu.com.

Real Deals (2004b) Mowbray launches first ever European early-stage venture fund-of-funds. *Real Deals*, 6 May, 4; htt://www.realdeals.eu.com.

Reyes, J. (2004) Funds-of-funds are here to stay. *European Venture Capital Journal*, February.

Richardson, J. (2002) The next 25 years: private equity investing. www.benefitscanada.com.

Robbie, K., Wright, M. & Chiplin, B. (1997) The monitoring of venture capital firms. *Entrepreneurship Theory and Practice*, 21(4), 9–28.

Rouvinez, C. (2003a) Asset class: how volatile is private equity? *Private Equity International,* June.

Rouvinez, C. (2003b) Private equity and risk—looking at diversified portfolios. RiskInvest 2003,

London, 27 and 28 October 2003.

Rouvinez, C. (2004) Benchmarking: private against private. *Private Equity International,* October.

Sachar, R. & Jinnah, J. (2001) *Next Generation Managers: The Prospects for First Time Private Equity Funds in Europe.* London, Almeida Capital Ltd; http://www.almeidacapit, available at al.com/press/innews120la.htm.

Sao-Wei Lee, A. (2003) *Private Equity Secondary Funds and their Competitive Strategies.* Fontainbleau, INSEAD.

Scardino, J. (2004) Past performance a guide to likely future performance in private equity. *Private Equity Monitor.* Redhell, UK, Initiative Europe Ltd.

Schaechterle, S. (2000) *Taking Away the Disadvantages.* Baar-Zug, Switzerland, Partners Group.

Schäi, S. Frei, A. & Studer, M. (2002) Top Quartile als umstrittener Benchmark. *Neue Züricher Zeitung,* 6 November (No. 132), 29–30.

Schwartzman, T.J. (2002) Alternative and liquid alternative assets—structuring and oversight. Presentation to Investment Management Institute's Endowment and Foundation Forum. Atlanta, GA, Hewitt Investment Group: http://www.hewittinvest.com/pdf/IMIAlternative%20Assets012002.pdf.

Scott, A. (2003) *Changing Nature of Pension Investments. Private Equity.* Staffordshune, UK, PSCA International Ltd; http://www.publicservice.co.uk/pdf/finance/winter2003/F1_Alex_Scott_ATL88.pdf.

SECA-News (2003) Spotlight on Christophe de Dardel. *Swiss Private Equity & Corporate Finance Association Newsletter*, 15 (June).

Sharpe, W. (1964) Capital asset prices: a theory of market equilibrium under conditions of risk. *Journal of Finance,* 19 (3, September), 425–442.

Shearburn, J. & Griffiths, B. (2002a) Back to basics on private equity. *Pension Week* (in association with Goldman Sachs), April; http://www.altassets.com/pdfs/pensions_Week_FINAL_Goldman.pdf.

Shearburn, J. & Griffiths, B. (2002b) Private equity building blocks. *Pension Week* (in association with Goldman Sachs), April; http://www.altassets.com/pdfs/pensions_Week_FINAL_Goldman.pdf.

Shearburn, J., Griffiths, B. & Culhane, S. (2002) The nuts and bolts of private equity. *Pension Week* (in association with Goldman Sachs), April; http://www.atlassets.com/pdfs/Pensions_Week_FINAL_Goldman.pdf.

Siegel, J. (1999) The shrinking equity premium. *Journal of Portfolio Management,* Fall.

Simons, K. (2000) The use of value at risk by institutional investors. *New England Economic Review,* November/December.

Smart, C. (2002) *The Ageing of Venture Capital.* London, IDGVE: http://idgve.com.

Smith, M.D. (2000) Private equity funds-of-funds: getting what you pay for. Presentation at Asset Alternatives' Fund-of-Funds Summit, 2000. Atlanta, GA, Hewitt Investment Group; http://www.hewittinvest.com/pdf/AssetAlternativesFoFSummit10122000.pdf.

Smith, M.D. (2001) Venture capital: a look back and a look forward. Presentation at Fabozzi/IMN's Sixth Annual West Coast Endowment & Foundation Summit. Atlanta, GA, Hewitt Investment Group: http://www.hewittinvest.com/pdf/venture_capital.pdf.

Smith, T. (1996) *Accounting for Growth—Stripping the Camouflage from Company Accounts,* 2nd edn. London, Arrow.

Sönholz, D. (2001) *Single Investor Private Equity Fund of Funds: Why Compromise?* 0000, FERI Private Equity GmbH, AltAssets.

Sönholz, D. (2002) Private equity fundrating: increasing the transparency of fund selection by using an "objective" approach. Paris, Super Investor Conference.

Sood, V. (2003) Investment strategies in private equity. *Journal of Private Equity,* Summer.

Sormani, A. (2003a) Back to square one: asset allocation. *European Venture Capital Journal,* London, May.

Sormani, A. (2003b) Fund-of-funds: a bubble burst? *European Venture Capital Journal,* September.

Sormani, A. (2004a) Securitisation: still early days. *European Venture Capital Journal,* February.

Sormani, A. (2004b) VCTs: Living in the shadow of share price. *European Venture Capital Journal,* May.

Sormani, A. (2004c) When does a fund raising go stale? *European Venture Capital Journal,* London, May.

Sortino, F.A. (2004) Upside potential ratio. Menlo Park, CA, Pension Research Institute; http://www.sortino.com/htm/upside%20potential.htm.

Statman, M. (2002) *How Much Diversification is Enough?* Leavey School of Business, Santa Clara University.

Steers, H. (2002) *Special Rules of the Game.* 000, Frank Russel Company, AltAssets.

Stein, T. (2003) Exposed! *Red Herring,* 23 January; http://www.redherring.com.

Surowiecki, J. (2004) *The Wisdom of Crowds.* New York, Doubleday.

Sweeney, G. *et al.* (2001a) *Private Equity Sub-asset Allocation—Part One: The Sub-asset Classes.* San Francisco, CA, WR Hambrecht Asset Management Group.

Sweeney, G. *et al.* (2001b) *Private Equity Sub-asset Allocation—Part Two: Market Timing.* San Francisco, CA, WR Hambrecht Asset Management Group.

Sweeney, G. *et al.* (2001c) *Private Equity Sub-asset Allocation—Part Three: Portfolio Construction.* San Francisco, CA, WR Hambrecht Asset Management Group, October.

Swensen, D.F. (2000) *Pioneering Portfolio Management—An Unconventional Approach to Institutional Investment.* New York, Simon & Schuster.

Takahashi, D. & Alexander, S. (2001) *Illiquid Alternative Asset Fund Modelling.* New Haven, CT, Yale University Investments Office.

Tegeler, D. & Caplice, K. (2002) *Secondary Considerations: An Introduction to Secondary Funds.* Boston, MA, Testa, Hurwitz & Thibeault.

Thalmann, O. & Weinwurm, U. (2002) Public equity or private equity? Paper prepared for doctorate seminar in corporate finance, University of St. Gallen.

The Economist (2004a) Why does it take firms so long to produce their annual accounts? (May).

The Economist (2004b) Once burnt, still hopeful (November).

The Economist (2005) *Size matters—buy-outs are all the rage.* 29 January—4 February.

The PEO Column (2004) One in four. privateequityonline.com.

Thompson, D.B. (1999) *Are There Too Many Private Equity Funds? Survival of the Fittest?* Sacramento, CA, Institute of Fiduciary Education.

Tierney, J.F. & Folkerts-Landau, D. (2001) *Structured Private Equity—An Old Market Becomes an Emerging Asset Class.* Frankfurt, Deutsche Bank Global Markets Research.

Timsit, T. (2003) European buyouts: a virtuous asset class in a worried world. *Funds Europe*, March; http://www.funds-europe.com.

Tobin, J. (1974) What is permanent endowment income? *American Economic Review*, 64(2), 427–432.

Troche, C.J. (2003) Development of a rating instrument for private equity funds. MBA Management Project Report, NIMBAS Graduate School of Management; http://www.nimbas.com.

van der Heijden, K. (1996) *Scenarios—The Art of Strategic Conversation.* Chichester, Wiley.

van Putten, A. & MacMillan, I. (2004) Making real options really work. *Harvard Business Review*, December, 134–142.

VCH Equity Group (2003) Investitionsverhalten eines PE Fund-of-Funds in Wirtschaftszyklen. Presentation to Forum Alternative Investments Conference.

Venture Economics (1988) *Research Report on Venture Capital Performance.* New York, Venture Economics Inc.

von Braun, E. (2000) Selektion und Strukturierung von Private Equity Fonds-Portfolios. Munich, IIR Private Equity & Venture Capital Conference.

von Haacke, B. (2002) Rentable Pleite. *Wirtschaftwoche*, 44.

Walter, I. (2003) *Strategies in Banking and Financial Service Firms: A Survey.* New York University, New York: http://www.stern.nyu.edu/salomon/financialinstitutions/S-FI-03-23.pdf.

Waters, R. (2005) The biggest gains are concentrated in a handful of funds. *Financial Times*, London, February 16.

Weaver, R.N. (2003) *Clawbacks and Returns—What's the Right Hurdle Rate? What's the Right Preferred Return?* Sacramento, CA, Institute for Fiduciary Education.

Webb, A. (2001) Credit merging where credit merging is due. *Metal Bulletin* (reproduced from www.fow.com), January.

Weidig, T. (2002a) *Towards a Risk Model for Venture Capital Funds: Performance and Liquidity Forecasting.* Luxembourg, European Investment Fund; http://papers.ssrn.com/sol3/cf_dev/AbsByAuth.cfm?per_id=336052.

Weidig, T. (2002b) *Risk Model for Venture Capital Funds.* Luxembourg, European Investment Fund; http://papers.ssrn.com/sol3/cf_dev/AbsByAuth.cfm?per_id=336052.

Weidig, T. & Mathonet, P.Y. (2004) *The Risk Profiles of Private Equity.* Brussells, EVCA.

White, M.C. (1999) *Business Valuation Techniques and Negotiations.* Menlo Park, CA, White & Lee LLP.

Wiesner, S. *et al.* (2002) *LBO Distributions-in-Kind.* Special Situations Research. Woodland Hills, CA, Zuma Capital Partners LLC; www.zumacp.com.

Wietlisbach, U. (2002) *Private Equity Fund-of-fund Management: A Strategic Approach.* London, AltAssets.

Winograd, B. (2002) *Hamlet and Modern Portfolio Theory.* Newark, NJ, Prudential Investment Management.

Wintner, B.A. (2001) *How Many Hedge Funds are Needed to Create a Diversified Fund-of-Funds?* New York, Asset Alliance Corporation.

Zimmermann, H. *et al.* (2004) The risk and return of publicly traded private equity. Working Paper No. 6/04. WWZ/Department of Finance, University of Basel.

Zimmermann, H., Bühler, A. & Scherer, H. (1997) *Diversifikationseigenschaften von Risikokapitalanlagen.*

Zürich, University of Sankt Gallen.

缩写表

AFIC	Association Française des Investisseurs en Capital，法国风险投资协会
AIMA	Alternative Investment Management Association，另类投资管理协会
AIMR	Association for Investment Management and Research（new CFA Institute），投资管理与研究协会（如今的 CFA 协会）
BVCA	British Venture Capital Association，英国风险投资协会
CAPM	Capital asset pricing model，资本资产定价模型
CFO	Collateralised fund obligation，抵押基金债务
DCF	Discounted cash flow，折现现金流
DPI	Distributions to paid-in capital，投入资本收益率
EIF	European Investment Fund，欧洲投资基金
EU	European Union，欧盟
EVCA	European Private Equity and Venture Capital Association，欧洲私募股权与风险投资协会
FOIA	Freedom of Information Act，《信息自由法案》
GEM	Grading-based economic model，基于评分的经济模型
GP	General partner，普通合伙人
IAS	International accounting standards，国际会计准则
IASB	International Accounting Standards Board，国际会计准则理事会
IASC	International Accounting Standards Committee，国际会计准则委员会
ICBI	International Centre for Business Information，国际商业信息中心
ICF	International Center for Finance，国际金融中心
IFRS	International financial reporting standards，国际财务报告准则
IIB	Institute of International Bankers，国际银行家协会

ILPA	Institutional Limited Partners Association,	机构有限合伙人协会
IRR	Internal rate of return,	内部收益率
ISDA	International Swaps and Derivatives Association,	国际互换与衍生品协会
LP	Limited partner,	有限合伙人
LBO	Leverage buyout,	杠杆收购
NAPF	National Association of Pension Funds,	英国养老基金协会
NAV	Net asset value,	净资产价值
NBER	National Bureau of Economic Research,	美国国家经济研究局
NPI	Net paid-in,	净投入
NPV	Net present value,	净现值
NVCA	National Venture Capital Association,	美国风险投资协会
PE	Private equity,	私募股权
PEF	Private equity fund,	私募股权基金
POC	Performance, operational, and compliance grading,	业绩、运营与合规评分
PTPE	Publicly traded private equity,	上市交易私募股权基金
RERI	Real Estate Research Institute,	美国房地产研究院
RVPI	Residual value to paid-in capital,	投入资本剩余价值
TVPI	Total value to paid-in capital,	投入资本总值倍数
VaR	Value-at-risk,	风险价值
VC	Venture capital,	创业投资